EZLN
Documentos y comunicados

EZLN
Documentos y comunicados
1° de enero / 8 de agosto de 1994

Prólogo de Antonio García de León
Crónicas de Carlos Monsiváis y Elena Poniatowska

Fotografías de Paula Haro

Colección
Problemas de México

Ediciones Era

Primera edición: 1994
Tercera reimpresión: 1996
ISBN: 968-411-368-4
DR del prólogo, las crónicas de Carlos Monsiváis,
Elena Poniatowska y Antonio García de León,
y las fotografías de Paula Haro
© 1994, Ediciones Era, S. A. de C. V.
Calle del Trabajo 31, 14269 México, D. F.
Impreso y hecho en México
Printed and made in Mexico

Índice

Prólogo / Antonio García de León, *11*

EL ESCENARIO, *31*

Declaración de la Selva Lacandona, *33*
El Despertador Mexicano, *36*
Chiapas: el Sureste en dos vientos, una tormenta y una profecía, *49*

LOS DÍAS DE LA GUERRA, *67*

Lo ocurrido a la Cruz Roja y a la prensa, *69*
Presentación de Marcos a seis comunicados, 13 de enero, *70*
Composición del EZLN y condiciones para el diálogo, 6 de enero, *72*
Oferta del PFCRN, recientes ataques del ejército federal, atentados terroristas, nombramiento del Comisionado para la Paz, 11 de enero, *78*
Alto al fuego, 12 de febrero, *81*
Requisitos para los mediadores, 12 de enero, *82*
Violación al cese al fuego por el gobierno, 13 de enero, *84*
Ayuda militar de EU a México, 13 de enero, *85*

ENTRE LA GUERRA Y LA PAZ, *87*

¿De qué nos van a perdonar?, 18 de enero, *89*
Nombramiento de Manuel Camacho Solís, 13 de enero, *91*
Nuevas violaciones al cese al fuego, 17 de enero, *92*
Ley de amnistía, 18 de enero, *93*
Reconocimiento al comisionado, 18 de enero, *94*
Presentación de Marcos a cuatro comunicados, 20 de enero, *95*
Condiciones y agenda para el diálogo, 20 de enero, *99*
A otras organizaciones indígenas, 20 de enero, *101*
Otras formas de lucha, 20 de enero, *102*

Conclusiones del juicio popular seguido para establecer
   responsabilidad del señor general de división Absalón Castellanos
   Domínguez..., *104*
Dicen algunos miembros del EZLN, 26 de enero, *106*
Medios que están invitados a cubrir el diálogo, 29 de enero, *110*
Fuerza política en formación, 31 de enero, *112*
Respuesta a carta del Comisionado, 31 de enero, *114*
Retiro de tropas de dos poblados, 31 de enero, *117*
Presentación de Marcos a tres cartas del CCRI-CG, 2 de febrero, *118*
Al consejo 500 años de resistencia indígena, 1º de febrero, *118*
A las ONG, 1º de febrero, *121*
Al CEOIC, 2 de febrero, *122*
Carta de Marcos a Gaspar Morquecho, 2 de febrero, *124*
Presentación de Marcos a siete cartas del CCRI-CG, 8 de febrero, *128*
Al CEU, 6 de febrero, *129*
Al Frente Cívico de Mapastepec, 8 de febrero, *131*
Al presidente municipal de Sixto Verduzco, Mich., 8 de febrero, *132*
A la CNPI, 8 de febrero, *133*
A la CNPA, 8 de febrero, *133*
A la ARELIDH, 8 de febrero, *134*
A niños internos de Guadalajara, 8 de febrero, *135*
Carta de Marcos sobre la prensa, 11 de febrero, *137*
A los candidatos aspirantes a la presidencia, 13 de febrero, *144*
A la Conac-LN, 14 de febrero, *145*
Al PDM y a la UNO, 15 de febrero, *148*
Condiciones para la liberación de Absalón Castellanos,
   15 de febrero, *149*
De la comunidad Guadalupe Tepeyac, 16 de febrero, *150*
Presentación de Marcos a comunicado del CCRI-CG, 16 de febrero, *154*
El inicio del diálogo, 16 de febrero, *155*
A los indígenas expulsados, 17 de febrero, *157*

EL DIÁLOGO, *159*

A las ONG, 20 de febrero, *161*
Informe de Marcos, 22 de febrero, *162*
Informe de Marcos, 23 de febrero, *163*
Informe de Marcos, 24 de febrero, *168*
Informe de Marcos, 25 de febrero, *171*
Al PRD, 25 de febrero, *174*
Mandar obedeciendo, 26 de febrero, *175*

Sigue el diálogo, 26 de febrero, *178*
Pliego de demandas, 1° de marzo, *178*
Agradecimiento a las ONG, 1° de marzo, *185*
Fin del diálogo, 1° de marzo, *186*

LA CONSULTA, *189*

Para que no sean necesarios los soldados, *191*
Al CEOIC, 15 de marzo, *193*
No hubo acuerdos, sólo diálogo, 15 de marzo, *195*
La Conac-LN ofrece apoyo jurídico, 15 de marzo, *196*
Carta y poema, 15 de marzo, *197*
AL CEIOC, 19 de marzo, *200*
Asesinato de Colosio, 24 de marzo, *201*
A los topos, 24 de marzo, *204*
Requisitos para corresponsales de guerra, 24 de marzo, *206*
Presos de Cerro Hueco, 7 de abril, *207*
Aniversario del asesinato de Zapata, 10 de abril, *208*
Votán Zapata, 10 de abril, *210*
A las bases del EZLN, 10 de abril, *213*
Respuesta a la *Declaración Morelense*, 10 de abril, *214*
Apoyo a iniciativa sobre legisladores indios, 12 de abril, *216*
Durito, 10 de abril, *217*
Asesinato de Francisco Mena López, 12 de abril, *219*
Ataque a un retén militar cerca de Tuxtla, 15 de abril, *221*
El cerco militar, 21 de abril, *222*
Liberados, alerta roja y consultas, 20 de abril, *223*
Celebración del primero de mayo, 30 de abril, *224*
Día del niño, 30 de abril, *225*
Primero de mayo, 1° de mayo, *229*
Despenalización del aborto, 5 de mayo, *232*
Invitación a Cuauhtémoc Cárdenas, 9 de mayo, *234*
Discurso del Subcomandante Marcos durante la visita del candidato presidencial del PRD, Cuauhtémoc Cárdenas, *235*
Los arroyos cuando bajan, 28 de mayo, *239*
Fin de la consulta, 28 de mayo, *245*
Medalla Roque Dalton, 26 de mayo, *246*
Torricelli, 1° de junio, *247*
Resultados de la consulta nacional, 1° de junio, *249*
Breve guión cinematográfico, 3 de junio, *251*
No hay relación con PROCUP ni con PT, 3 de junio, *254*

Breve guión cinematográfico, 3 de junio, *251*
No hay relación con PROCUP ni con PT, 3 de junio, *254*
Forma de realización de la consulta, 3 de junio, *256*
Resultado de la consulta, 10 de junio, *257*
Respuesta a la propuesta de acuerdos para la paz del supremo gobierno, 10 de junio, *260*
Los zapatistas no se rinden, 10 de junio, *267*
Segunda Declaración de la Selva Lacandona, 12 de junio, *269*

LA CONVENCIÓN: LA NAVE DE LOS LOCOS, *279*

El cerco ha sido roto, 18 de junio, *281*
A Jorge Madrazo, 8 de julio, *285*
Invita el EZLN a Samuel Ruiz a la nueva Comisión de Intermediación, 8 de julio, *286*
Niega Marcos que el EZLN reciba apoyo del extranjero, 10 de julio, *287*
El México que quieren los zapatistas, 17 de julio, *290*
El "accidente" de Avendaño, 28 de julio, *293*
Hay un clima de provocación, 28 de julio, *294*
Por qué se requiere otra Constitución y un gobierno de transición, 27 de julio, *295*
Los comicios en la zona de conflicto, s.f., *300*
Un poderoso navío: el *Aguascalientes*, 3 de agosto, *301*
Discurso del Subcomandante Marcos ante la CND, 8 de agosto, *304*

Crónica de una Convención (que no lo fue tanto) y de un acontecimiento muy significativo, por Carlos Monsiváis, *313*
La CND: de naves mayores a menores, por Elena Poniatowska, *324*
La nave capitana, por Antonio García de León, *329*

Prólogo
por Antonio García de León

El jaguar de la noche

Larga noche de resurrecciones ha sido la historia de Chiapas. Agazapada en la oscuridad que se esconde tras la luz de los grandes acontecimientos nacionales, es siempre una historia sorprendente, una presencia que ha llegado tarde a la conformación de la nación misma, pero que, a veces, arrastra al conjunto a horizontes insospechados. Su tardía integración política a México, y las formas permanentes de marginalidad que la caracterizan —tan antiguas que persisten allí desde el siglo XVI—, le han dado un color particular, una luz propia. El accidentado proceso de su integración ha teñido también su territorio de manera discontinua y desigual, formando poco a poco una situación económica y social que semeja la piel de un inmenso jaguar: con manchas irregulares, en donde se combinan las partes claras, de una mayor penetración de las relaciones capitalistas, con las partes oscuras y profundas que vienen de un pasado inmemorial. Pasado que en su variedad y en su contacto con las más diversas formas de explotación, coerción y control, se ha convertido en un presente de miseria e injusticia para los más desposeídos, para los pequeños hombres de maíz.

Este contrapunteo ha generado también en todas las épocas situaciones de conflicto, sobre todo cuando el gobierno federal o las fuerzas centrales del país han intentado impulsar reformas de muy diverso tipo sin reparar en las condiciones regionales, o cuando los gobiernos locales han llenado de cárceles y cementerios sus montañas verde azul. Y eso sin tomar en cuenta el rasgo más importante de la historia regional: la resistencia india y campesina que caracteriza por siglos el devenir tortuoso de los acontecimientos que allí se suceden. Para un observador colocado a prudente distancia, la historia nacional da la apariencia de ir a contrapelo de los procesos regionales, los que suelen tener otro ritmo y otra dinámica. Pero para quienes ven el mundo desde allí, las cosas parecen siempre girar todas alrededor y a diferentes velocidades.

El acontecimiento que ha roto con esta particularidad y que conscientemente se asume en una dimensión total, a pesar de estar profundamente anclado en muchas de las raíces del pasado propio, es la sublevación del primero de enero de 1994. Fundamentalmente, porque la honda revuelta popular encabezada por el Ejército Zapatista de Liberación Nacional (EZLN) ha apelado a las más auténticas referencias del pasado común, sin dejar de fincar su crecimiento en las formas regionales de organización y resistencia.

El amanecer sorpresivo

La colección de documentos producidos por el propio EZLN refleja, en su enorme variedad y tamaño, en su particular estilo, lo acelerado de los tiempos que se iniciaron en 1994, el trastocamiento de un devenir que se halla profundamente comprimido y en donde se han quemado varias etapas militares y políticas a gran velocidad. Refleja la transformación del discurso político en discurso poético y el uso radicalmente creativo de la guerra y de la información. Pero por sobre esta velocidad coyuntural y por sobre esta novedad de los usos y las maneras de una práctica militar que se rebasó a sí misma en el cuerpo de la política, se erigen los tiempos largos de la propia historia chiapaneca y nacional. Los tiempos insólitos de una guerra que, hasta el momento, llevan ganada estos indios alzados en los medios, la prensa, la parte más adelantada de la sociedad civil nacional y en la propia región, hoy virtualmente insurrecta, en donde se dieron los enfrentamientos.

Los documentos de esta colección, que conforman ya a pocos meses un *corpus* inmenso, nos están hablando en un nuevo y antiguo lenguaje, y son el puente de comunicación entre un grupo de campesinos en armas y una sociedad civil cuya forma aún indefinida escucha y olvida por etapas. Son el llamado ancestral, el lenguaje terrestre y primordial, que le da hoy un toque moderno a las nuevas maneras y a las nuevas propuestas de la política. Refleja una particular combinación de discurso radical, teñido a menudo de un sentimiento rulfiano ante la muerte, con un tono de frescura antisolemne que rompe con todas las referencias anteriores de la izquierda estatalista o fundamentalista. En esta combinación desconcertante es por donde la palabra verdadera ha logrado avanzar con fuerza hacia los otros espacios y rincones de la patria, poniendo en jaque al poderoso, al hombre de oro, al de los palacios solitarios, al que los campesinos mexicanos llaman desde el siglo XVIII "el Supremo Gobierno", el por antonomasia "mal gobierno".

Y es que varios "nunca antes" aún no comprendidos en su totalidad se juntaron en un amasijo de coyunturas y acontecimientos paralelos o desatados por la misma dinámica de la sublevación: nunca antes una revuelta campesina había puesto en entredicho la dominación omnímoda del partido de Estado, nunca antes se había dado con el consenso de todas las comunidades que en ella participaron, nunca antes un movimiento de este tipo había producido tanto material escrito y tantas alternativas políticas para toda la nación, nunca antes un movimiento popular había desafiado de tal manera al sistema sin ser rápidamente exterminado en un baño de sangre e impunidad, nunca antes el terreno de la guerra se había desplegado tan claramente en la arena del lenguaje mismo, nunca antes una opción armada había hecho tan evidentes las salidas pacíficas al nudo mexicano de fin de siglo, y no sólo en la continuación de la política por medio de la guerra, sino también en su contrario: la continuación de la guerra en los combates de la política y en la influencia hacia la sociedad civil. Nunca antes, en el transcurso de nuestras vidas, las palabras habían significado tan claramente lo que supuestamente significaban, poniendo tan en claro la naturaleza acartonada e hipócrita del discurso oficial....

Ha dicho Pierre Vilar que las mentalidades colectivas, que suelen atravesar siempre varias etapas históricas, son en realidad "cárceles de larga duración" que aprisionan a sociedades completas durante largos periodos de tiempo. Las nuestras, las emitidas por el Estado y por la totalidad de los medios que monopoliza, las transmitidas a todo el cuerpo social por años —y reproducidas diariamente en el entorno de la familia, la escuela, la sociedad misma—, se evidenciaron en los combates de muy diverso tipo que con celeridad se han escenificado desde enero. Quedaron al desnudo también en todas las interpretaciones peregrinas y en las amenazas que surgieron desde la ciudad prohibida del Estado y sus medios, en la dureza de las respuestas oficiales ante un movimiento dúctil y creativo que lo tomó, como nunca antes, por sorpresa. Aparecieron en los avances y retrocesos de una sociedad que parecía a momentos liberarse de sus cadenas invisibles, para volver a refugiarse en la falsa comodidad de sus ya semiderruidas estructuras.

Porque el movimiento, de principio, puso en entredicho la validez de un proyecto que parecía acabado, razonable y moderno: el proyecto del neoliberalismo que se nos trató de presentar como único y que mostró desde enero sus enormes fisuras y la gran ilegitimidad sobre la que se venía sustentando. Este complejo propio de aplicación de las recetas mundiales del capitalismo salvaje, que la clase dirigente ha denominado púdicamente "liberalismo social", y que desde 1982 ha sustituido claramente al viejo discurso de la Revolución, había venido acumulando "reformas" que tenían el aval de una cierta forma de concebir "la modernidad", pero que de hecho constituían una acumulación silenciosa de afrentas en los sectores más débiles y expuestos de la economía y la sociedad: el campo, la pequeña industria, los sectores asalariados, etcétera. Los documentos hablan por sí mismos y están allí como surgidos del corazón de la patria (otra de las palabras que retomaron su sentido primigenio). Recrean, en todo caso, el retorno a una dignidad original que parecía perdida para siempre, como ida por el caño de los desencantos y derrotas de fin de siglo.

La historia recomienza

> Despreciado y tenido como la basura de los hombres, hombre de dolores y familiarizado con el sufrimiento, semejante a aquéllos a los que se les vuelve la cara, estaba despreciado y no habíamos hecho caso de él. Sin embargo, eran nuestras dolencias las que él llevaba, eran nuestros dolores los que le pesaban, mientras nosotros lo creíamos azotado por Dios, castigado y humillado por Él...
> [Isaías 53, 3-4]

Desde el primero de enero surgieron las interpretaciones que intentaban reducir la sublevación al solo ámbito chiapaneco, y, más frecuentemente, al medio indígena: un sector social atrasado y marginal que poco tenía que ver con el resto de la sociedad mexicana. Un ámbito que llamaba a la conmiseración mientras más ajeno aparecía a "nosotros", al resto de la nación supuestamente beneficiaria del progreso. Un territorio de sólo "cuatro municipios" al que el gobierno intentó también reducir a los zapatistas — "fuerza política en formación" —, en los discursos internacionales y en las conversaciones de la catedral: un territorio en donde el Estado siempre se había movido asistencialmente a sus anchas, y en donde podría vencer a sus nuevos adversarios.

Pero sin embargo, y en la medida en que proliferaban los comunicados rebeldes, nos fuimos percatando que la revuelta en realidad venía del fondo de nosotros mismos, que cubría todo nuestro territorio social, y que mientras creíamos al indio pagando las culpas del progreso necesario — al margen hasta ahora de los supuestos beneficios regados a manos llenas por el Estado benefactor o por la nueva política del "liberalismo social" —, en realidad lo que llevaba a cuestas eran nuestras propias dolencias, los crímenes de una sociedad entera carente de democracia y de justicia. Es por eso que el llamado de la selva caló tan hondo en el corazón de los mexicanos de todas las latitudes. Es por eso que el rostro oculto de ellos apareció ante nosotros como un espejo, en donde podríamos contemplar nuestro propio rostro aprisionado.

Lo que la revuelta mostró en realidad eran las aristas de un proceso de modernización desigual que ocurre a diario en varias regiones del país, y que era sólo la proa de una larga historia de conflictos y resentimientos acumulados: los que se habían madurado en las grandes luchas urbanas y sociales del pasado reciente —los estertores de un sistema indigno que se niega a dejar la escena—, y las que venían abonándose en Chiapas desde siglos. Era en realidad la comunión de las revueltas, la unión de los herederos y sobrevivientes de una de las más olvidadas "guerras sucias" de América Latina —la ocurrida en México durante los setentas—, con los rescoldos y carbones encendidos de una de las más antiguas resistencias indias y campesinas del continente. Fue esta conjunción y no otra la que dio legitimidad y raíz a los rebeldes, la que alimentó su paso desde un principio.

La historia reciente de Chiapas en realidad parecía haberse detenido durante treinta y cinco años —entre 1939 y 1974—, cuando cesaron la mayor parte de las luchas agrarias, al cumplirse su ciclo junto con el gran momento de conclusión de las reformas que provenían de la revolución, expresadas todas en los cambios generados por el cardenismo. Aquí habían destacado las luchas agrarias y sindicales del Soconusco, los movimientos agrarios de la Frailesca y Cintalapa y los movimientos políticos y sociales de los Altos y la región Norte. Sólo en este último entorno predominaba la población india —tzotzil, tzeltal, tojolabal y chol—, que aparecía también como fuerza de trabajo estacional en las fincas cafetaleras del Soconusco.

Durante estos tres decenios, Chiapas era una región marginal más en el contexto del desarrollo estabilizador, con una producción agrícola en crecimiento y que daba, en algunas ramas de cultivos comerciales (café, banano, cacao...), incluso para la exportación con ganancias. O era también conocida por un cúmulo muy considerable de monografías antropológicas, que describían sobre todo las comunidades tzotziles y tzeltales de los Altos, y que nos ofrecen, en general, una visión idílica de las relaciones internas en las comunidades alteñas de aquellos años. Y lo que pasaba era que en general describían un momento, pero sólo un momento, de relativo equilibrio: cuando esas comunidades aún no iniciaban la larga marcha a la selva y eran la reserva de mano de obra de la pujante producción cafetalera del Soconusco y de la región Norte. Al margen de esa semiproletarización cíclica, que había originado revueltas y luchas sindicales en los años treintas, los indios de los Altos retornaban después del corte de café a sus municipios de origen y participaban allí de la vida comunitaria y de los complejos sistemas de cargo, reproduciendo relaciones sociales que de alguna manera los protegían del mundo exterior al que se debían. En un equilibrio precario pero prolongado, la etnicidad se reproducía gracias al excedente familiar logrado en la venta casi forzosa de la fuerza de trabajo.

Pero la población crecía y exigía nuevos espacios. La selva Lacandona, refugio inmemorial de las grandes rebeliones del pasado, empezó a fines de los cincuentas a ser colonizada por osados grupos de solicitantes que eran muchas veces conducidos allí por una burocracia agraria que protegía con ello las viejas haciendas de la región Norte, de los bordes templados de los Altos y de la depresión del Grijalva: fincas de gran tamaño o de medio pelo que mantenían todavía relaciones de servidumbre y control de la fuerza de trabajo en su interior (peonaje, semiesclavitud, racismo, derecho de pernada, castigos corporales, crímenes silenciados, etcétera).

Como todo Chiapas parecía haberse detenido en una intemporal burbuja de la historia, las relaciones de todas esas comunidades con el centro rector ladino de San Cristóbal de Las Casas reflejaban mucho del ambiente de siglos pasados, con todo y sus recuerdos de "guerras de castas" que habían ocurrido allí en tiempos anteriores. La acción indigenista federal todavía tenía los viejos impulsos agrarios y laborales del cardenismo, que en los Altos habían sido representados por las acciones de justicia social directa de don Erasto Urbina. Esta acción chocaba por supuesto con los intereses mezquinos de la vieja clase terrateniente y comerciante, la que venía gobernando Chiapas ininterrumpidamente desde tiempos coloniales y administrándola como una gigantesca finca o un inmenso potrero. Los conflictos agrarios, aparentemente resueltos, acechaban en el silencio desde 1939, año en que la política de Cárdenas en Chiapas había prácticamente cesado.

Para fines de los sesentas, muchas de estas comunidades empezaron a mostrar la existencia de un proceso interno de acumulación en pocas manos y de sensible diferenciación social. Esto se expresó, en los Altos, con el surgimiento de los primeros brotes de disidencia religiosa, encabezados por un nuevo protestantismo que penetraba la región, y que muchos vieron como sólo una extensión de la mano negra del imperialismo, justificando en sus inicios lo que devendría uno de los grandes conflictos inacabados de los Altos.

Al rescate de todo lo perdido

De pronto, como la lava de un volcán que hubiera estado acumulando energía por milenios, a partir de 1974 se dieron cita varias tendencias que hoy se han desarrollado sin demasiadas válvulas de escape: el precio del café cayó estrepitosamente, afectando a las comunidades de la región Norte y a los propietarios privados del Soconusco, que empezaron a contratar por menor salario a jornaleros indios guatemaltecos, desplazando a los tradicionales migrantes de los Altos (principalmente tzotziles de San Juan Chamula). Los conflictos político-religiosos se desarrollaron en esta última comunidad sobrepoblada a partir de entonces, iniciándose el ciclo de las expulsiones de disidentes políticos y religiosos, católicos y protestantes, y el endurecimiento de un grupo de caciques indios aliados del PRI.

El crecimiento de una nueva generación de campesinos sin tierras golpeó los cimientos de la titubeante política agraria y empezó a presionar de manera cada vez más organizada en las regiones indias y ladinas de Chiapas. La crisis agraria había sentado sus reales y la violencia se generalizó a partir de acciones represivas que se cebaron sobre algunas comunidades y sus dirigentes. Un nuevo estilo punitivo, con fuertes raíces en el añejo conflicto interétnico y en el racismo de viejo cuño, caracterizó desde entonces el escenario de violencia institucional permanente en la región.

Hoy, y sobre todo después de la insurrección, algunos voceros de la verdad oficial insisten todavía en la afirmación de que en Chiapas no existe realmente un problema de la tierra, de que se trata de una de las regiones más parceladas por el reparto agrario, de que la pulverización no sólo afecta a las tierras ejidales y comunales sino también a la propiedad privada, de que el latifundio es inexistente y de que, por lo tanto, la cancelación de los repartos agrarios que conlleva el nuevo texto salinista del artículo 27 constitucional —la llamada Ley del 6 de enero de 1992—, es aquí también una medida ampliamente justificada y consensada: cuando en realidad, los campesinos la estaban viendo como una luz verde a la acción de guardias blancas y caciques, como la última puerta abierta que se cerraba para siempre.

Estas afirmaciones de la nueva burocracia agraria, que reducen lo rural a un problema de número de hectáreas, ocultan sin embargo la compleja gravedad del problema social chiapaneco y, sobre todo, de las estructuras injustas que en esa región perduran, en donde se imbrican caprichosamente aspectos agrarios, ideológicos y políticos. Forman parte, eso sí, de una visión autoritaria que desprecia las condiciones que

17

hacen posible todavía la esperanza de los más empobrecidos a aferrarse a un pedazo de tierra, supuesto dador de la vida, por pequeño que éste sea, que corresponde a los campesinos por derecho consuetudinario y por simple justicia histórica: tan simple como la entendiera Emiliano Zapata en 1910.

Desde antes de 1974, los campesinos sin tierra y sin empleo fijo empezaron a formar los cinturones de miseria de San Cristóbal y Tuxtla Gutiérrez. A principios de los ochenta la reserva de fuerza de trabajo se había duplicado, y desde entonces, también, la política de "tierra arrasada" del gobierno de Ríos Montt en Guatemala arrojó a Chiapas a más de ochenta mil refugiados mayas, que huían del conflicto en la nación vecina, y que se unieron al ejército de reserva de este lado de la frontera. Una vez desarticulado el antiguo sistema de compra-venta y reproducción de la fuerza de trabajo, y sin haberse creado un nuevo marco de absorción de una masa creciente de desempleados rurales, la desesperación y la crisis empezaron a mostrar sus efectos más perversos.

Muchos campesinos se refugiaron en los nuevos cultos —de crisis y de espera—, mejor representados entonces por las nuevas denominaciones protestantes que por una iglesia católica que vivía ya un proceso de autocrítica y revaloración de sus acciones pasadas. La conciencia popular también crecía en el seno de esta última, en los grupos de catequistas y diáconos, y había ya sido parte de la organización misma del Primer Congreso Indígena, realizado en octubre de 1974. Zonas anteriormente prósperas, como el Soconusco o la región maicera de la Frailesca, sufrieron los efectos de la desvaloración paulatina de la producción y del trabajo agrícola. El tradicional rezago agrario (que para 1993 era ya el 30% del total nacional), administrado por una clase gobernante y propietaria heredera directa de los viejos tratantes y encomenderos (aliada a los sectores más emprendedores y modernos de la nueva clase política nacional), se daba en el permanente conflicto con los movimientos más representativos del campesinado y las comunidades indias, también poseedores de un antiquísimo arsenal de referencias simbólicas.

Al desatarse todas estas energías acumuladas, en un ciclo de casi veinte años que pareció concluir en diciembre de 1993, la vieja historia volvía a sus andadas: apareciendo con muchos de los elementos del pasado colonial y decimonónico, que aquí se muestra siempre como contemporáneo por la relación particular que Chiapas mantiene con el tiempo mismo. En 1974, la historia brotó incontenible en los mismos lugares en donde parecía haberse detenido desde 1939.

La mayor parte de las organizaciones campesinas actuales, que hoy se agrupan en las fracciones independiente y oficialista del Consejo Estatal de Organizaciones Indígenas y Campesinas (CEOIC), surgieron después de 1974. La mayor parte de ellas son producto de una arborescencia muy compleja del mismo Primer Congreso Indígena, que, incapaz de convertirse entonces en una organización, se fragmentó en varias vertientes. Cada una de estas agrupaciones siguió caminos de lucha paralelos o divergentes y se enfrentó de diferente manera a las acciones y programas del gobierno estatal y federal. Surgieron así núcleos independientes locales, como la Organización Campesina Emiliano Zapata (OCEZ, creada en 1980), o secciones locales de organizaciones independientes nacionales, como la Central Independiente de Obreros Agrícolas y Campesinos (CIOAC, establecida desde 1976). Otras se formaron al calor de la gestoría económica y animadas por promotores externos: como las que emergieron en Ocosingo y Margaritas a raíz de la acción de activistas semioficiales que trabajaron desde 1978 en Chiapas: del grupo "Línea Proletaria" o "Línea de Masas", pretendidamente formado por maoístas del norte de la República, que se han convertido todos en altos funcionarios del partido oficial, de la CNC, de Conasupo, Pronasol y otras instituciones, y que desde su llegada a la región infiltraron deliberadamente sectores muy combativos del movimiento para entregarlo a las varias políticas de coptación del gobierno federal.

Y si bien la línea de las organizaciones independientes se enfrentó a una durísima represión, en la que cayeron asesinados la mayoría de sus dirigentes, la de los segundos derivó en un fuerte trabajo de promoción económica asentado en organizaciones despojadas de contenido político, cuyos dirigentes sirven hoy fielmente al Estado —como los de la ARIC Unión de Uniones o los de la llamada Solidaridad Campesino-Magisterial—, pero que a la postre han tenido pocos éxitos en ese terreno, incluso en las condiciones de contrainsurgencia y de tutela que el gobierno ha tratado de impulsar entre ellos desde enero de 1994. Los únicos beneficiados —con puestos, salarios, camionetas, avionetas y prebendas—, han sido algunos de sus líderes: mientras una gran parte de "sus bases" engrosaban también poco a poco las filas del ejército insurgente.

Por su parte, el movimiento campesino independiente se radicalizó gradualmente desde su nacimiento, al mismo tiempo que los aspectos autoritarios del gobierno estatal se sofisticaban crecientemente. Sus demandas principales se articularon alrededor de las solicitudes de tierras, derechos laborales, intentos de lucha por el poder político a nivel municipal y regional, demandas de dotación de servicios y todas las cuestiones referentes a la producción agraria, el abasto y la comercialización.

Hoy podemos decir también que este movimiento ha vivido varias etapas en los veinte años de su agitada y perseguida existencia. Primeramente, un periodo de ascenso constante que corrió de 1974 a 1984, cumpliendo una década de reacomodo, consolidación y avance; y un segundo momento, de aparente reflujo que iría de 1985 a 1993, en donde las políticas oficiales lograron coptarlo, disminuirlo y dispersarlo, a menos en sus manifestaciones superficiales. A partir de enero de 1994, este escenario se modificó radicalmente y está estrechamente determinado por las nuevas condiciones de insurrección ciudadana que generó la sublevación zapatista en todo el estado de Chiapas. Condiciones que ayudaron a que el CEOIC, un frente mayoritariamente indio (de 280 agrupaciones de todo tipo), propiciado por el mismo gobierno en los primeros días de la guerra para oponerlo a los rebeldes, se solidarizara en su inmensa mayoría con la justeza de las demandas zapatistas, adoptándolas como propias.

Pero hay un aspecto de toda esta lucha, quizás el más importante pero poco visible: por sobre sus diferencias de membrete, el movimiento se desarrolló más en las regiones indias de colonización antigua y reciente, entre las que destacan principalmente la región Norte, el Grijalva y los diferentes municipios de la selva Lacandona, y secundariamente en las regiones no indias. En la primera franja, los migrantes indios desarrollaron y reinterpretaron algunos aspectos de su antigua cultura, creando nuevas formas y poniendo el acento sobre estructuras democráticas ancestrales a las que dieron otro carácter y otro contenido. Estas formas organizativas, fundadas en el acuerdo, el consenso, la democracia directa, la consulta constante y la vigilancia de los dirigentes por parte de las asambleas comunales —lo que los tzeltales llaman *wojk ta wojk*, "lanzar y recoger la palabra", y los rebeldes "mandar obedeciendo"—, fueron las que en definitiva permitieron que las organizaciones del más diverso signo se desarrollaran con una fuerza incontenible: con un profundo espíritu democrático que hoy es ejemplo para todo el país.

Hay que decir también que estas estructuras "civiles" no tienen una frontera precisa con lo religioso, motivo por el cual penetraron también, primero, los cimientos de la acción pastoral y popular de la Diócesis de San Cristóbal, y, posteriormente, la práctica de algunas denominaciones protestantes. Este espíritu vivo y profundo bañó con todos sus colores el conjunto de la política y la religión: está presente en mucho de la acción nueva y generosa de los zapatistas y modificó desde abajo las prácticas políticas y religiosas de una gran parte de la sociedad regional. Decir que "indianizó" al conjunto de lo religioso y lo político es sólo una forma un poco estrecha de describir este fenómeno de intensa creatividad humana y popular: porque aquí los evangelizadores resultaron evangelizados y los activistas, politizados...

Es por ello que la gran virtud de los militantes externos, que se integraron a la selva desde hace diez años en el núcleo organizador del embrión de lo que sería el EZLN, consiste en haber ido paulatinamente modificando su discurso y su práctica, y fundiéndose socialmente en el pueblo, en una situación de extrema cautela y de gran respeto por estas formas que algunos consideran tradicionales. Es por ello también, que en una región frecuentada y atravesada por activistas y promotores de todo tipo, lograron pasar simplemente desapercibidos. El estilo depurado de Marcos, que se puede constatar en todos sus comunicados y cartas, condensa de manera singular estos riquísimos veneros.

Es bien sabido, por otra parte, que durante los primeros años de implantación del núcleo original del EZLN, el crecimiento fue lento: son las políticas represivas de los últimos cuatro años, y las "reformas" antipopulares, las que hicieron crecer geométricamente a un grupo armado que en otras condiciones posiblemente hubiera fracasado, o hubiera sido aislado y exterminado, tal y como sucedió —también en mayo de 1974—, con un grupo de seguidores de Lucio Cabañas en la finca El Diamante, de Ocosingo.

Divide y vencerás

Desde 1974, Chiapas es una región incendiada y desalojada, aun cuando durante veinte años esta pequeña guerra haya sido silenciosa y silenciada. En realidad ha sido reseñada con creces por la prensa diaria, como sucesión ininterrumpida de actos de barbarie oficial y semioficial, perpetrados cotidianamente contra ejidos y comunidades, y que estuvieron sembrando a punta de bayoneta la semilla del intenso resentimiento en contra del mal gobierno. Es este clima de violencia permanente uno de los factores más importantes para entender lo que ahora ocurre, y el porqué un grupo de campesinos empobrecidos haya sido capaz de desafiar con las armas al Ejército nacional.

Este ciclo se inició a partir de marzo de 1974, cuando 40 soldados del 46 Batallón incendiaron las 29 chozas de San Francisco, en Altamirano. Un movimiento así de tropas no se había visto desde la sublevación de Trinitaria, ocurrida en 1955: sólo que en esta ocasión estaba destinado a "castigar" a un grupo de solicitantes de tierras, en una acción que iniciaba la profunda desviación del Ejército nacional como una fuerza policiaca al servicio de terratenientes, funcionarios corruptos y caciques. A las sublevaciones de Larráinzar y Carranza —la primera de "viejo tipo" y la segunda relacionada con un grupo guerrillero de aquellos años, los llamados "lacandones"—, se sumaron los conflictos electorales en San Juan Chamula, la primera expulsión que realizaron caciques y autoridades chamulas y coletas, y las tomas de tierras de la Frailesca (que iniciara la Alianza Campesina 10 de Abril). En octubre de 1974 se llevó a cabo el Primer Congreso Indígena de Chiapas, originalmente promovido por la Diócesis de San Cristóbal y por el gobierno estatal, y luego desconocido por éste en virtud de la radicalidad de las demandas y denuncias allí externadas. La mayoría de los dirigentes de este Congreso serían asesinados en los años posteriores.

Una nueva oleada represiva, encabezada otra vez por el Ejército, caracterizó al último año de gobierno de Luis Echeverría (y del gobernador Manuel Velasco Suárez): ocurrió entre mayo de 1976 y mediados del año siguiente (siendo ya José López Portillo y Jorge de la Vega Domínguez presidente y gobernador, respectivamente). Hubo en ese lapso 120 desalojos en la Frailesca (20 heridos, 250 detenidos), un nuevo alzamiento en Venustiano Carranza (en donde en agosto de 1975 había sido asesinado el líder comunero Bartolomé Martínez y en abril de 1976 ultimado el cacique Augusto Castellanos). Allí, el Ejército y la Procuraduría estatal agredieron, en mayo de 1976, a los comuneros con saldo de varios muertos (2 campesinos y 7 soldados), varios heridos, 6 mujeres violadas, 13 comuneros encarcelados y el triunfo aparente de los caciques Orantes y Castellanos. Otra feroz ola represiva ocurrió entre mayo y julio de 1977: un grupo de policías, contratados por finqueros, efectuaron detenciones y torturas en San Quintín (selva Lacandona), antes de ser emboscados y ejecutados por campesinos enfurecidos. En represalia, y a muchos kilómetros de allí (en la región Norte, de donde son originarios los migrantes de San Quintín), el Ejército desalojó con gran violencia varios ejidos de Simojovel y Huitiupán, después de hacer aparecer en la radio que la emboscada de San Quintín se había cometido allí. Era el mes de julio y 16 ejidos fueron sorpresivamente atacados, con saldo de varios niños ahogados en el río que pretendían cruzar los empavorecidos ejidatarios, y un par de dirigentes tzotziles que "se cayeron" de un helicóptero de la Procuraduría estatal. Se vivía entonces la transición entre el populismo echeverrista y el *boom* petrolero del sexenio siguiente. Los gobiernos efímeros de Jorge de la Vega Domínguez y de Salomón González Blanco (padre de Patrocinio González Garrido) hacían entonces esfuerzos para contener la marea de descontento rural, sobre todo en zonas de implantación y exploración de pozos petroleros. Un mes antes, ocho obreros huelguistas, de la Liga de Soldadores de PEMEX, habían sido asesinados por un pelotón del Ejército en Cactus, un pozo cercano a Pichucalco. Con el descubrimiento de nuevos yacimientos en la región, las reservas petroleras nacionales pasaron de 4 mil millones a 17 mil millones de barriles...

El posterior gobierno de Juan Sabines Gutiérrez (1979-1982) permitió administrar el *boom* en obras suntuosas y utilizar entonces parte de los excedentes en distribuir dinero a manos llenas, corromper alcaldes, comprar a algunos dirigentes y otorgar créditos y prebendas, o, incluso, aprovechar catástrofes naturales, como la erupción del volcán Chichonal en abril de 1982, para realizar nuevos desalojos de indios zoques hacia la selva. Empezó entonces la política de promover la compra de tierras a particulares para resolver algunos conflictos agrarios. La represión, sin embargo, siguió su curso.

En abril de 1978, el Ejército desalojó por primera vez Nuevo Monte Líbano, en la selva de Ocosingo: el primer saldo fueron 150 chozas incendiadas, 2 tzeltales muertos y 6 torturados. Se presumía que habían invadido tierras de la finca de Herbert Stacpole (100 mil hectáreas repartidas entre sus hijos y algunos prestanombres). Aparecieron en los caminos banderas blancas con la leyenda en tzeltal *mayuc uts'inel*, "no más injusticia". Nuevo Monte Líbano fue atacado después, en un par de ocasiones, por policías y guardias blancas, pagando nuevos tributos de sangre. En esa cañada de la selva se formaría años después, y por sobradas razones, uno de los primeros núcleos rebeldes zapatistas.

Ese año continuaron los conflictos en San Juan Chamula y en Venustiano Carranza. En septiembre se organizó una marcha a pie a la ciudad de México —la primera de muchas que culminarían con la gran marcha *Xinich'* de 1992—, se fundó la Unión Cañera 28 de septiembre, y en diciembre terminó el año con un ataque del Ejército a peones de la finca Xoc, en Simojovel (16 choles torturados, saqueos, violaciones e incendios de chozas y cosechas). Wulfrano Constantino, el dueño de Xoc (4 mil hectáreas), se ufanaba entonces de haber contratado soldados y rentado avionetas para el operativo de "castigo contra indios alzados". Durante 1979 se agudizaron los conflictos en Venustiano Carranza.

En 1980 se llevan a cabo varios desalojos sangrientos en el Soconusco y en mayo y junio son tomadas 68 fincas por campesinos solicitantes en Sitalá, Tila, Tumbalá, Yajalón, Bachajón y Chilón. En junio, el gobernador Sabines secuestra por diez horas en su despacho a dirigentes de Venustiano Carranza, para obligarlos a firmar un documento en el que se comprometían a abandonar la lucha por la tierra. Como se niegan a firmar, el Ejército sitia la comunidad. Es en este contexto, también, que ocurre el último gran ataque directo del Ejército contra campesinos. En el mes de julio, las tropas, al mando del jefe de la 31 Zona Militar, general Absalón Castellanos Domínguez, atacan el poblado de Wololchán, en Sibacá. Se utilizan ametralladoras, bombas lacrimógenas y lanzallamas: 12 tzeltales son asesinados e incinerados *in situ*. Wololchán, que en tzeltal significa "nudo de serpientes", desaparece del mapa y sus habitantes se dispersan, o huyen a la selva, al igual que los indios rebeldes de la vecina Cancuc en 1712.

Un testimonio tzeltal de esos días, parece arrancado de alguna olvidada página de la *Visión de los vencidos*:

Y usaron un aparato desconocido para mí, una ametralladora. Una bomba suena y estalla, y así va desparramándose por las casas. Es una cosa espantable y así fue como sucedió. Todos nos dimos a la fuga porque no respondimos al fuego. Varios compañeros nuestros quedaron muertos, una mujer quedó tendida. Muchos heridos, aun entre las criaturas. Pobres niños y pobres mujeres: salieron como puercos de sus casas, cubiertas todas de lodo [...] éramos tratados como viles perros, ahí mismo se encontraban los finqueros. El acuerdo era claro, el dinero surtió sus efectos, ya que el dinero fue el que hizo venir a los soldados a Wololchán.

Marchas, desalojos y crímenes se suceden por todo Chiapas. En noviembre, 9 mil soldados efectúan un simulacro de cerco y desalojo en la región tojolabal de Las Margaritas. La lista de ataques es interminable, aun cuando a partir de Wololchán el gobierno cambia de táctica, empleando cada vez más a fuerzas policiales diversas, o creando cuerpos parapoliciales. Según Amnistía Internacional, entre 1982 y 1985 fueron asesinados en el país 525 campesinos por razones políticas; 70 por ciento de ellos cayeron en Oaxaca y Chiapas. Entre 1983 y 1986 gobernó Chiapas el mismo general Castellanos, terrateniente de viejo cuño y militar de carrera, bajo cuyo mando se incrementaron la represión y los crímenes contra solicitantes. Sus propiedades, en la actual zona zapatista, crecieron...

En noviembre de 1984, Castellanos creó el Plan de Rehabilitación Agraria, formando "distritos de rehabilitación", para contrarrestar a un ya dividido y debilitado movimiento (diez años de represión pesaban bastante), que seguía centrando sus acciones en las tomas de tierras. Las organizaciones independientes (principalmente OCEZ y CIOAC) fueron atraídas por el nuevo Plan, a lo que la central oficial (CNC) respondió invadiendo tierras ya tituladas a otros solicitantes y revirtiendo las pretendidas intenciones del gobierno. En esos días, penetró al norte de Chiapas una nueva organización priísta, de corte paramilitar: la autodenominada Antorcha Campesina.

La doble titulación deliberada de muchos de estos predios y ejidos creó nuevos conflictos, que modificaron la hasta entonces vigente tendencia histórica: el enfrentamiento tradicional entre campesinos y ganaderos fue convertido por el gobierno estatal (con la complicidad del gobierno federal) en un diferendo entre diversas clientelas campesinas. Conflictos entre organizaciones que han trascendido incluso a la revuelta zapatista de hoy, pues de esa época datan los ya irreconciliables enfrentamientos entre diversas organizaciones campesinas en Venustiano Carranza y Simojovel (donde, a partir de entonces, los campesinos no han cesado de enfrentarse entre sí). Los mejores dirigentes de aquel entonces, y las dos regiones que dictaban la política del movimiento, fueron de esta manera sometidos y llevados a una secuela de violencia intestina que continúa hasta nuestros días. Otras acciones de represalia, en las que el Ejército volvió a ser utilizado como policía, ocurrieron en mayo de 1986, cuando el gobierno de Castellanos emprendiera el castigo de los productores de maíz de la Frailesca, agrupados todos en la central campesina oficial, la CNC...

"Divide y vencerás" fue el resultado más exitoso del triunfo del Estado sobre los combativos campesinos chiapanecos, de las beligerancias promovidas también en la región de los Altos y en la selva, allí donde el gobierno de Castellanos creó varios Frankensteins que hoy sirven a la contrainsurgencia y a la violencia impune ejercida por el gobierno: los caciques indios de los Altos, los dirigentes y asesores de las agrupaciones oficialistas y los guardias blancas de los finqueros. Poco después, se gestaba a nivel nacional la coptación, en el llamado Consejo Agrario Permanente (CAP), de la casi totalidad del movimiento campesino del país: hecho que permitió, entre otras cosas, que la reforma salinista al 27 pasara sin gran oposición de las cúpulas del "sector".

A la represión local chiapaneca se sumó después la eliminación selectiva de los dirigentes que no se doblegaban, iniciada por Castellanos y seguida puntualmente por el gobierno de Patrocinio González Garrido, en la que cayeron asesinados los líderes más connotados de la CIOAC, de la OCEZ y de otras organizaciones. En estos años se intensifica también la diversificación productiva de los viejos terratenientes: algunos de ellos penetran con aserraderos clandestinos y plantíos de mariguana y amapola a la vecina selva oaxaqueña de Chimalapas, lo que origina un conflicto de límites entre Chiapas y Oaxaca, enfrentamientos con comuneros zoques de Chimalapas y la colonización de esa selva por refugiados chiapanecos. Otros caciques, como los Orantes del Grijalva, siguen los pasos de los Castellanos y se enfrascan en sangrientas *vendettas*. En general, muchos de los poderosos locales entran en relación con sectores nacionales más modernos, integrándose a las crecientes redes del narcotráfico y la producción de enervantes.

Las acciones locales del gobierno de Patrocinio González Garrido son mucho más conocidas: un Código Penal que reprime toda manifestación pública de los campesinos (motivo por el cual gran parte de esta energía se desplaza hacia la organización clandestina de un Ejército popular), represión a todos los sectores de la sociedad civil chiapaneca, crímenes políticos y "mano dura" contra disidentes, periodistas, estudiantes, etcétera. Y en vista del éxito obtenido en la aparente derrota y desarticulación del movimiento, González Garrido es premiado por Carlos Salinas de Gortari con la Secretaría de Gobernación, mientras en Chiapas el empresario cafetalero Elmar Setzer asume la gubernatura "interina", siguiendo los pasos de su padrino y benefactor.

Pero desde 1986 por lo menos, la naturaleza del poder político local había variado sustancialmente: a la vieja clase política dominante, la ancestral *familia chiapaneca*, se sumaron intereses modernos de todo tipo, en especial un nuevo grupo de empresarios agroindustriales, ligados a los fraudes bancarios, a las concesiones en la industria de la construcción, a la producción de banano y al lavado de dinero del narcotráfico en un nuevo "cártel del Sureste" que comprende Veracruz, Tabasco, Chiapas, Campeche y Yucatán.

Gestación de la tormenta

Desde 1984, un nuevo núcleo de activistas penetró las zonas más álgidas del campo chiapaneco, en el momento preciso en que se iniciaba un periodo de intenso reflujo causado por la represión. Era también el momento cuando las comunidades habían visto caer asesinados a sus mejores dirigentes, en una secuela que se continuaría todavía por varios años, cuando los campesinos empezaron a buscar formas organizativas más discretas y defensivas que les permitieran mantener a flote sus organizaciones y proteger a sus dirigentes. Estos activistas, sobrevivientes de la guerrilla urbana de los setentas, la que había sido virtualmente aniquilada por la "guerra sucia" emprendida en aquellos años por la Brigada Blanca y otras organizaciones paramilitares, llegaron a implantarse en muchas de las regiones en donde la represión se cebaba con las características ya apuntadas. Ya convertidos en hombres de la montaña —en donde pasaron largas temporadas de adiestramiento—, se reclamaban herederos de un último núcleo de la guerrilla urbana, el abatido en una casa de seguridad en Nepantla (en el estado de México), y enseñaron a los campesinos dispersos y perseguidos muchas de sus tácticas defensivas, aprendiendo de ellos tradiciones de lucha centenarias, e integrando poco a poco el embrión de las entonces llamadas Fuerzas de Liberación Nacional. Durante ocho años, el crecimiento organizativo fue como un trabajo de filigrana, lento pero seguro, implantándose poco a poco en cañadas, montañas y valles en donde otras organizaciones independientes y oficialistas realizaban formas de organización pacíficas. Para 1992 el núcleo militar y la organización política, agrupada ésta en la entonces llamada Asociación Nacional Campesina Independiente Emiliano Zapata (ANCIEZ), vieron crecer sus filas de manera importante: la política represiva de Patrocinio González propició, en su cerrazón autoritaria, la organización en varias regiones del estado, mientras la reforma al artículo 27 cancelaba la última esperanza de una salida pacífica.

La primera aparición espectacular del movimiento político, las llamadas "bases de apoyo" que aquí tienen más una connotación social que geográfica, ocurrió el 12 de octubre de ese año. Con motivo de las celebraciones del quinto centenario de la conquista de América por los europeos, cerca de diez mil campesinos de ANCIEZ y otras organizaciones independientes, en su mayoría armados simbólicamente de arcos y flechas, ocuparon pacíficamente la ciudad de San Cristóbal, en donde realizaron una marcha y un mitin, no sin antes derribar la estatua del conquistador y fundador de la antigua Ciudad Real, Diego de Mazariegos. La segunda gran evidencia se manifestaría hasta la madrugada del primero de enero de 1994, cuando ya en mayo de 1993 se habían dado las primeras escaramuzas entre el EZLN y el Ejército federal en los combates silenciados de Corralchén, cuando ya las comunidades habían decidido sublevarse.

La realidad local nos muestra así un escenario mucho más complejo, con aristas de modernidad y arcaísmo que son generalizables al clima de impunidad que se vive en todo el país. De principio hoy, lo que parece ser el corazón de la insurrección se halla en varias cañadas de la selva Lacandona, una zona originalmente de bosque tropical lluvioso devastada ya por la ganadería, la agricultura de tumba, roza y quema y las explotaciones madereras. Una zona de intensa colonización de tzeltales, tzotziles, choles, tojolabales, zoques, mames y campesinos de otras regiones del país, que obtuvieron allí tierras ejidales desde principios de los sesenta: una región de "válvula de escape" que durante años permitió eludir los repartos en las demás zonas conflictivas.

En este ámbito se conformaba una nueva Babel de las etnias originales y de los campesinos ladinizados, con ejidos la mayoría de cuyos habitantes hablan el español y por lo menos dos lenguas indias de la región. En esta caldera en constante movimiento, la inmensa mayoría es de jóvenes, hijos de ejidatarios dotados anteriormente pero que ya no tienen acceso a la tierra, ni esperanza ni futuro. La crisis prolongada les cerró las fuentes de trabajo, la política moderna el acceso a la tierra, el precio del café se había derrumbado junto con las viejas plantaciones del Soconusco y de la región Norte, los ingenios azucareros cerraron sus puertas y sus cultivos, y los eventuales trabajos en el Tabasco petrolero se cancelaron...

Hoy, el ejército zapatista se conforma principalmente de esta masa joven y marginal, moderna, multilingüe y con experiencia en el trabajo asalariado. Su perfil tiene muy poco que ver con el indio aislado que imaginamos desde la ciudad de México. En su hábitat reciente convive, sin embargo, con las viejas fincas de peones acasillados, con los grupos de guardias blancas puestos al día por la administración patrocinista, con los latifundios disimulados, con las estructuras anacrónicas del Estado. Éste parece ser el fermento social de un verdadero ejército popular, con miles de combatientes y simpatizantes en la selva, los Altos, la región Norte y la Sierra Madre, que confirma el carácter insólito de Chiapas, la combinación creadora que la historia de esa región ha hecho siempre del pasado y el futuro. Estos relámpagos de enero, este nuevo actor político, que ocupa ya un lugar central en la escena nacional, se ha perfilado en pocos meses como el ejército garante de una fallida transición pacífica a la democracia, favoreciendo, a través de iniciativas como la **Convención Nacional Democrática**, el tránsito pacífico a un Estado de derecho en el país. Un ejército popular que ha destruido en pocos días las verdades absolutas maduradas en años de concertación parcelada, de paz injusta y de oportunismo. Su estallido replantea la historia nacional y el futuro de las luchas populares en toda América Latina. Su nuevo estilo político y su lenguaje fresco y directo, lleno de referencias simbólicas y con una poesía nata que le viene de sus estructuras pensadas en las lenguas mayas de la región, está presente en esta colección portentosa de documentos que son ya fundamentales para la historia presente y futura del país. Elaborados unos por el Comité Clandestino Revolucionario Indígena (CCRI) del EZLN y otros por su privilegiado vocero, el estratega militar y poeta —el subcomandante insurgente Marcos—, se reúnen aquí por primera vez en una edición que los compila hasta los primeros días de agosto. Al igual que las hazañas militares que hicieron posible la toma simultánea de cuatro ciudades en las primeras horas de enero, estos fragmentos de historia nos contemplan desde el futuro con esa mirada de esperanza que se oculta detrás de miles de pasamontañas.

Tepoztlán, septiembre de 1994

El escenario

Escenario triste es éste, entristecido aún más por el frío temblor de la mañana. En los días y meses que preceden a la guerra se forjan los pensamientos que retoman la dignidad de los siempre ofendidos. Las tropas campesinas inician su marcha para tomar posición. Se ha decidido ya usar los pasamontañas de color negro, color que evoca el del tizón apagado del fuego, del fuego que termina y del que apenas se inicia.

La consulta entre parajes, ejidos y cañadas ha producido ya la respuesta: es tiempo de iniciar la revuelta, es tiempo de atizar el fuego. La conjunción de los vientos y el estallar de la tormenta materializan la primera de las profecías.

Declaración de la Selva Lacandona [2 de enero]

HOY DECIMOS ¡BASTA!

Al pueblo de México:
Hermanos mexicanos:
Somos producto de 500 años de luchas: primero contra la esclavitud, en la guerra de Independencia contra España encabezada por los insurgentes, después por evitar ser absorbidos por el expansionismo norteamericano, luego por promulgar nuestra Constitución y expulsar al Imperio Francés de nuestro suelo, después la dictadura porfirista nos negó la aplicación justa de las leyes de Reforma y el pueblo se rebeló formando sus propios líderes, surgieron Villa y Zapata, hombres pobres como nosotros a los que se nos ha negado la preparación más elemental para así poder utilizarnos como carne de cañón y saquear las riquezas de nuestra patria sin importarles que estemos muriendo de hambre y enfermedades curables, sin importarles que no tengamos nada, absolutamente nada, ni un techo digno, ni tierra, ni trabajo, ni salud, ni alimentación, ni educación, sin tener derecho a elegir libre y democráticamente a nuestras autoridades, sin independencia de los extranjeros, sin paz ni justicia para nosotros y nuestros hijos.

Pero nosotros HOY DECIMOS ¡BASTA!, somos los herederos de los verdaderos forjadores de nuestra nacionalidad, los desposeídos somos millones y llamamos a todos nuestros hermanos a que se sumen a este llamado como el único camino para no morir de hambre ante la ambición insaciable de una dictadura de más de 70 años encabezada por una camarilla de traidores que representan a los grupos más conservadores y vendepatrias. Son los mismos que se opusieron a Hidalgo y a Morelos, los que traicionaron a Vicente Guerrero, son los mismos que vendieron más de la mitad de nuestro suelo al extranjero invasor, son los mismos que trajeron un príncipe europeo a gobernarnos, son los mismos que formaron la dictadura de los científicos porfiristas, son los mismos que se opusieron a la Expropiación Petrolera, son los mismos que masacraron a los trabajadores ferrocarrileros en 1958 y a los estudiantes en 1968, son los mismos que hoy nos quitan todo, absolutamente todo.

Para evitarlo y como nuestra última esperanza, después de haber intentado todo por poner en práctica la legalidad basada en nuestra Carta Magna, recurrimos a ella, nuestra Constitución, para aplicar el Artículo 39 Constitucional que a la letra dice:

"La soberanía nacional reside esencial y originariamente en el pueblo. Todo poder público dimana del pueblo y se instituye para beneficio de éste. El pueblo tiene, en todo tiempo, el inalienable derecho de alterar o modificar la forma de su gobierno."

Por tanto, en apego a nuestra Constitución, emitimos la presente al ejército federal mexicano, pilar básico de la dictadura que padecemos, monopolizada por el partido en el poder y encabezada por el ejecutivo federal que hoy detenta su jefe máximo e ilegítimo, Carlos Salinas de Gortari.

Conforme a esta Declaración de guerra pedimos a los otros Poderes de la Nación se aboquen a restaurar la legalidad y la estabilidad de la Nación deponiendo al dictador.

También pedimos a los organismos Internacionales y a la Cruz Roja Internacional que vigilen y regulen los combates que nuestras fuerzas libran protegiendo a la población civil, pues nosotros declaramos ahora y siempre que estamos sujetos a lo estipulado por las Leyes sobre la Guerra de la Convención de Ginebra, formando el EZLN como fuerza beligerante de nuestra lucha de liberación. Tenemos al pueblo mexicano de nuestra parte, tenemos Patria y la Bandera tricolor es amada y respetada por los combatientes INSURGENTES, utilizamos los colores rojo y negro en nuestro uniforme, símbolos del pueblo trabajador en sus luchas de huelga, nuestra bandera lleva las letras "EZLN", EJÉRCITO ZAPATISTA DE LIBERACIÓN NACIONAL, y con ella iremos a los combates siempre.

Rechazamos de antemano cualquier intento de desvirtuar la justa causa de nuestra lucha acusándola de narcotráfico, narcoguerrilla, bandidaje u otro calificativo que puedan usar nuestros enemigos. Nuestra lucha se apega al derecho constitucional y es abanderada por la justicia y la igualdad.

Por lo tanto, y conforme a esta Declaración de guerra, damos a nuestras fuerzas militares del Ejército Zapatista de Liberación Nacional las siguientes órdenes:

Primero. Avanzar hacia la capital del país venciendo al ejército federal mexicano, protegiendo en su avance liberador a la población civil y permitiendo a los pueblos liberados elegir, libre y democráticamente, a sus propias autoridades administrativas.

Segundo. Respetar la vida de los prisioneros y entregar a los heridos a la Cruz Roja Internacional para su atención médica.

Tercero. Iniciar juicios sumarios contra los soldados del ejército federal mexicano y la policía política que hayan recibido cursos y que hayan sido asesorados, entrenados, o pagados por extranjeros, sea dentro de nuestra nación o fuera de ella, acusados de traición a la Patria, y contra todos aquellos que repriman y maltraten a la población civil y roben o atenten contra los bienes del pueblo.

Cuarto. Formar nuevas filas con todos aquellos mexicanos que manifiesten sumarse a nuestra justa lucha, incluidos aquellos que, siendo soldados enemigos, se entreguen sin combatir a nuestras fuerzas y juren responder a las órdenes de esta Comandancia General del EJÉRCITO ZAPATISTA DE LIBERACIÓN NACIONAL.

Quinto. Pedir la rendición incondicional de los cuarteles enemigos antes de entablar los combates.

Sexto. Suspender el saqueo de nuestras riquezas naturales en los lugares controlados por el EZLN.

PUEBLO DE MÉXICO: Nosotros, hombres y mujeres íntegros y libres, estamos conscientes de que la guerra que declaramos es una medida última pero justa. Los dictadores están aplicando una guerra genocida no declarada contra nuestros pueblos desde hace muchos años, por lo que pedimos tu participación decidida apoyando este plan del pueblo mexicano que lucha por *trabajo, tierra, techo, alimentación, salud, educación, independencia, libertad, democracia, justicia y paz*. Declaramos que no dejaremos de pelear hasta lograr el cumplimiento de estas demandas básicas de nuestro pueblo formando un gobierno de nuestro país libre y democrático.

INTÉGRATE A LAS FUERZAS INSURGENTES
DEL EJÉRCITO ZAPATISTA DE LIBERACIÓN NACIONAL

Comandancia General del EZLN
Año de 1993

El Despertador Mexicano
Órgano Informativo del EZLN, México, n. 1, diciembre de 1993

Editorial

Mexicanos: obreros, campesinos, estudiantes, profesionistas honestos, chicanos, progresistas de otros países, hemos empezado la lucha que necesitamos hacer para alcanzar demandas que nunca ha satisfecho el Estado mexicano: trabajo, tierra, techo, alimentación, salud, educación, independencia, libertad, democracia, justicia y paz.

Llevamos caminados cientos de años pidiendo y creyendo en promesas que nunca se cumplieron, siempre nos dijeron que fuéramos pacientes y que supiéramos esperar tiempos mejores. Nos recomendaron prudencia, nos prometieron que el futuro sería distinto. Y ya vimos que no, todo sigue igual o peor que como lo vivieron nuestros abuelos y nuestros padres. Nuestro pueblo sigue muriendo de hambre y de enfermedades curables, sumido en la ignorancia, en el analfabetismo, en la incultura. Y hemos comprendido que, si nosotros no peleamos, nuestros hijos volverán a pasar por lo mismo. Y no es justo.

La necesidad nos fue juntando y dijimos BASTA. Ya no hay tiempo, ni ánimo de esperar que otros vengan a resolver nuestros problemas. Nos organizamos y hemos decidido EXIGIR LO NUESTRO EMPUÑANDO LAS ARMAS, así como lo han hecho los mejores hijos del pueblo mexicano a lo largo de su historia.

Hemos comenzado los combates contra el ejército federal y otras fuerzas represivas; somos miles los mexicanos dispuestos a VIVIR POR LA PATRIA O MORIR POR LA LIBERTAD en esta guerra necesaria para todos los pobres, explotados y miserables de México y no vamos a parar hasta lograr nuestros propósitos.

Los exhortamos a que se sumen a nuestro movimiento pues el enemigo que enfrentamos, los ricos y el Estado, son crueles y despiadados y no pondrán límites a su naturaleza sanguinaria para acabar con nosotros. Hace falta darle la pelea en todos los frentes de lucha y de allí que la simpatía de ustedes, su apoyo solidario, la difusión que le den a nuestra causa, el que hagan suyos los ideales que exigimos, el que se incorporen a la revolución levantando a sus pueblos donde quiera que se encuentren, sean factores muy importantes hasta el triunfo final.

EL DESPERTADOR MEXICANO es el periódico del Ejército Zapatista de Liberación Nacional y cumple con la tarea de informar a nuestro pueblo sobre el desarrollo de la guerra justa que hemos declarado a nuestros enemigos de clase. En este primer número presentamos la Declaración de Guerra que hacemos al ejército federal, y se dan a conocer las Órdenes que deben cumplir los Jefes y Oficiales de tropa del EZLN en su avance por el territorio nacional. Asimismo, se presentan las Leyes Revolucionarias que se impondrán, con el apoyo de los pueblos en lucha, en los territorios liberados para garantizar su control revolucionario y las bases para empezar a construir una Patria nueva.

VIVIR POR LA PATRIA O MORIR POR LA LIBERTAD

Instrucciones para Jefes y Oficiales del EZLN

Las siguientes órdenes deben cumplirse obligatoriamente por todos los jefes y oficiales de tropas bajo la dirección del Ejército Zapatista de Liberación Nacional.

Primera. Operarán de acuerdo a las órdenes que reciban de la Comandancia General o Comandancias de Frente de Combate.

Segunda. Los jefes y oficiales que se encuentren operando militarmente en zonas aisladas o con dificultades de comunicación con las Comandancias deberán efectuar sus trabajos militares, combatir constantemente al enemigo, de acuerdo a su iniciativa propia, teniendo cuidado de procurar el adelanto de la Revolución en los lugares donde se encuentren operando.

Tercera. Deberán rendir Parte de Guerra siempre que sea posible, o a más tardar mensualmente a las Comandancias respectivas.

Cuarta. Procurarán guardar, lo más posible, el buen orden de la tropa, especialmente cuando entren a las poblaciones, dando toda clase de garantías a las vidas e intereses de los habitantes que no sean enemigos de la revolución.

Quinta. Para socorrer a la tropa en sus necesidades materiales hasta donde sea posible, deberán imponer contribuciones de guerra a las negociaciones o propietarios que se hallen en la zona donde operen, siempre que ellos cuenten con capitales de importancia, de acuerdo a la LEY DE IMPUESTOS DE GUERRA y a las leyes revolucionarias de afectación de capitales comerciales, agropecuarios, financieros e industriales.

Sexta. Los fondos materiales que se recauden por estos medios se emplearán estrictamente para las necesidades materiales de la tropa. El jefe u oficial que tome para su beneficio personal parte de estos fondos, por mínima que sea, será tomado prisionero y juzgado de acuerdo al reglamento del EZLN por un tribunal militar revolucionario.

Séptima. Para alimentos de la tropa, pastura de la caballada, combustible y refacciones de vehículos, deberán dirigirse a la autoridad democráticamente elegida del lugar que se trate. Esta autoridad recogerá de entre los pobladores civiles lo posible y necesario para las necesidades materiales de la unidad militar zapatista y los entregará al jefe u oficial de más alto grado de dicha unidad militar y sólo a él.

Octava. Únicamente los oficiales con grado de Mayor o superior a éste, irán cambiando a las autoridades de las plazas que caigan en poder de la revolución, de acuerdo con la voluntad del pueblo y con lo dispuesto por la LEY DE GOBIERNO REVOLUCIONARIO en su parte relativa.

Novena. Los pueblos, en general, deberán tomar posesión de sus bienes de acuerdo con lo establecido en las Leyes Revolucionarias. Los jefes y oficiales del EZLN prestarán a dichos pueblos su apoyo moral y material a fin de que se cumpla con lo dispuesto en estas leyes revolucionarias siempre y cuando los mismos pueblos soliciten tal ayuda.

Décima. Absolutamente nadie podrá celebrar entrevistas o tratados con el gobierno opresor o con sus representantes, sin la previa autorización de la Comandancia General del EZLN.

Ley de Impuestos de Guerra

En las zonas controladas por el EZLN se implantará la siguiente LEY DE IMPUESTOS DE GUERRA y se hará valer con la fuerza moral, política y militar de nuestra organización revolucionaria.

Primero. La LEY DE IMPUESTOS DE GUERRA se aplicará desde el momento que una unidad militar del EZLN se encuentre operando en un territorio específico.

Segundo. La LEY DE IMPUESTOS DE GUERRA afecta a todos los pobladores civiles, nacionales o extranjeros, asentados o de paso por dicho territorio.

Tercero. La LEY DE IMPUESTOS DE GUERRA no es obligatoria para los pobladores civiles que vivan de sus propios recursos sin explotar fuerza de trabajo alguna, y sin obtener provecho alguno del pueblo. Para campesinos pobres, jornaleros, obreros, empleados y desocupados el cumplimiento de esta ley es voluntario y de ninguna manera serán obligados moral o físicamente a sujetarse a dicha ley.

Cuarto. La LEY DE IMPUESTOS DE GUERRA es obligatoria para todos los pobladores civiles que vivan de la explotación de fuerza de trabajo o que obtienen algún provecho del pueblo en sus actividades. Los pequeños, medianos y grandes capitalistas del campo y de la ciudad podrán ser obligados al cumplimiento de esta ley sin excepción, **además de sujetarse a las leyes revolucionarias de afectación de capitales agropecuarios, comerciales, financieros e industriales.**

Quinto. Se establecen los siguientes porcentajes de impuestos según el trabajo de cada quien:

a] Para comerciantes en pequeño, pequeños propietarios, talleres e industrias pequeñas el 7% de sus ingresos mensuales. De ninguna manera podrán ser afectados sus medios de producción para el cobro de este impuesto.

b] Para profesionistas el 10% de sus ingresos mensuales. De ninguna manera podrán ser afectados los medios materiales estrictamente necesarios para el ejercicio de su profesión.

c] Para los medianos propietarios el 15% de sus ingresos mensuales. Sus bienes serán afectados según las leyes revolucionarias respectivas de afectación de capitales agropecuarios, comerciales, financieros e industriales.

d] Para los grandes capitalistas el 20% de sus ingresos mensuales. Sus bienes serán afectados según las leyes revolucionarias respectivas de afectación de capitales agropecuarios, comerciales, financieros e industriales.

Sexto. Todos los bienes arrebatados a las fuerzas armadas del enemigo serán propiedad del EZLN.

Séptimo. Todos los bienes recuperados por la Revolución de las manos del gobierno opresor serán de propiedad del gobierno revolucionario según las leyes del gobierno revolucionario.

Octavo. Se desconocen todos los impuestos y gravámenes del gobierno opresor, así como los adeudos en dinero o especie a los que el pueblo explotado del campo y la ciudad se ve obligado por gobernantes y capitalistas.

Noveno. Todos los impuestos de guerra recabados por las fuerzas armadas revolucionarias o por el pueblo organizado pasarán a propiedad colectiva de las poblaciones respectivas y serán administrados según la voluntad popular por las autoridades civiles democráticamente elegidas, entregando al EZLN sólo lo necesario para el socorro de las necesidades materiales de las tropas regulares y para la continuación del movimiento liberador según la LEY DE DERECHOS Y OBLIGACIONES DE LOS PUEBLOS EN LUCHA.

Décimo. Ninguna autoridad civil o militar, sea del gobierno opresor o de las fuerzas revolucionarias, podrá tomar para su beneficio personal o de sus familiares parte de estos impuestos de guerra.

Ley de Derechos y Obligaciones de los Pueblos en Lucha

En su avance liberador por el territorio mexicano y en lucha contra el gobierno opresor y los grandes explotadores nacionales y extranjeros, el EZLN hará valer, con el apoyo de los pueblos en lucha, la siguiente Ley de Derechos y Obligaciones de los Pueblos en Lucha:

Primero. Los pueblos en lucha contra el gobierno opresor y los grandes explotadores nacionales y extranjeros, sin importar su filiación política, credo religioso, raza o color, tendrán los siguientes DERECHOS:

a] A elegir, libre y democráticamente, a sus autoridades de cualquier clase que consideren conveniente y a exigir que sean respetadas.

b] A exigir de las fuerzas armadas revolucionarias que no intervengan en asuntos de orden civil o afectación de capitales agropecuarios, comerciales, financieros e industriales que son competencia exclusiva de las autoridades civiles elegidas libre y democráticamente.

c] A organizar y ejercer la defensa armada de sus bienes colectivos y particulares, así como a organizar y ejercer la vigilancia del orden público y buen gobierno según la voluntad popular.

d] A exigir de las fuerzas armadas revolucionarias garantías para personas, familias y propiedades particulares y colectivas de vecinos o transeúntes siempre que no sean enemigos de la revolución.

e] Los habitantes de cada población tienen derecho a adquirir y poseer armas para defender sus personas, familias y propiedades, de acuerdo a las leyes de afectación de capitales agropecuarios, comerciales, financieros e industriales, contra los ataques o atentados que cometan o pretendan cometer las fuerzas armadas revolucionarias o las del gobierno opresor.

Por lo mismo están ampliamente facultados para hacer uso de las armas contra cualquier hombre o grupo de hombres que asalten sus hogares, atenten contra el honor de sus familias o intenten cometer robos o atropellos de cualquier clase contra sus personas. Esto es válido sólo para los que no son enemigos de la revolución.

Segundo. Las autoridades civiles de cualquier clase, elegidas democráticamente tendrán, además de los derechos anteriores y de las atribuciones que les señalen las leyes revolucionarias respectivas, los siguientes DERECHOS:

a] Podrán apresar, desarmar y remitir a las Comandancias respectivas a quienes se sorprenda robando, allanando o saqueando algún domicilio, o cometiendo cualquier otro delito, para que reciban su merecido castigo, aunque sea un miembro de las fuerzas armadas revolucionarias. Igual se procederá contra los que hubieren cometido algún delito aunque no sean sorprendidos en el momento de ejecutarlo, siempre y cuando su culpabilidad sea demostrada suficientemente.

b] Tendrán derecho a que por su conducto se cobren los impuestos revolucionarios establecidos por la LEY DE IMPUESTOS DE GUERRA.

Tercero. Los pueblos en lucha contra el gobierno opresor y los grandes explotadores nacionales y extranjeros, sin importar su filiación política, credo religioso, raza o color, tendrán las siguientes OBLIGACIONES:

a] Prestar sus servicios en los trabajos de vigilancia acordados por voluntad mayoritaria o por necesidades militares de la guerra revolucionaria.

b] Responder a los llamados de ayuda hechos por las autoridades elegidas democráticamente, las fuerzas armadas revolucionarias o por algún militar revolucionario en casos urgentes para combatir al enemigo.

c] Prestar sus servicios como correos o guías de las fuerzas armadas revolucionarias.

d] Prestar sus servicios para llevar alimentos a las tropas revolucionarias cuando estén combatiendo contra el enemigo.

e] Prestar sus servicios para trasladar heridos, enterrar cadáveres, u otros trabajos semejantes ligados al interés de la causa de la revolución.

f] Dar alimentos y alojamiento a las fuerzas armadas revolucionarias, que estén de guarnición o de paso en la población respectiva en la medida de sus posibilidades.

g] Pagar los impuestos y contribuciones que establecen la LEY DE IMPUESTOS DE GUERRA y otras leyes revolucionarias.

h] No podrán ayudar de ninguna manera al enemigo ni proporcionarle artículos de primera necesidad.

i] Dedicarse a un trabajo lícito.

Cuarto. Las autoridades civiles de cualquier tipo, elegidas democráticamente, tendrán, además de las obligaciones anteriores, las siguientes OBLIGACIONES:

a] Dar cuenta regularmente a la población civil de las actividades de su mandato y del origen y destino de todos los recursos materiales y humanos puestos bajo su administración.

b] Informar regularmente a la Comandancia respectiva de las fuerzas armadas revolucionarias de las novedades que ocurran en su lugar.

Ley de Derechos y Obligaciones de las Fuerzas Armadas Revolucionarias

Las fuerzas armadas revolucionarias del EZLN en su lucha contra el gobierno opresor y los grandes explotadores nacionales y extranjeros, y en su avance liberador sobre el territorio mexicano se comprometen a cumplir y hacer cumplir la siguiente LEY DE DERECHOS Y OBLIGACIONES DE LAS FUERZAS ARMADAS REVOLUCIONARIAS:

Primero. Las tropas revolucionarias del EZLN en su combate contra el opresor tienen los siguientes DERECHOS:

a] Las tropas que transiten o pasen por una población tendrán derecho a recibir de los pueblos, por conducto de las autoridades democráticamente elegidas, alojamiento, alimentos y medios para el cumplimiento de sus misiones militares, esto en la medida de las posibilidades de los pobladores.

b] Las tropas que, por órdenes de las Comandancias respectivas, estén de guarnición en alguna plaza tendrán derecho a recibir alojamiento, alimentos y medios según lo establecido en el inciso a] de este artículo.

c] Los jefes, oficiales o soldados que observen que alguna autoridad no cumple lo establecido por las leyes revolucionarias y falten a la voluntad popular, tendrán derecho a denunciar a esta autoridad con el gobierno revolucionario.

Segundo. Las tropas revolucionarias del EZLN en su combate contra el opresor tienen las siguientes OBLIGACIONES:

a] Hacer que los pueblos que no hayan nombrado libre y democráticamente a sus autoridades, procedan inmediatamente a la libre elección de las mismas, sin la intervención de la fuerza armada, la cual, bajo la responsabilidad de su mando militar, dejará obrar a los pobladores sin presión alguna.

b] Respetar a las autoridades civiles elegidas libre y democráticamente.

c] No intervenir en asuntos civiles y dejar obrar libremente a las autoridades civiles en estos asuntos.

d] Respetar el comercio legal que cumpla con las leyes revolucionarias al respecto.

e] Respetar los repartos agrarios realizados por el gobierno revolucionario.

f] Respetar los reglamentos, costumbres y acuerdos de los pueblos y sujetarse a ellos en los casos de relación civil-militar.

g] No cobrar impuestos a los pobladores, bajo ninguna forma ni pretexto, por el uso de sus tierras y aguas.

h] No apoderarse de las tierras de los pueblos o de los latifundios arrebatados a los opresores para beneficio personal.

i] Cumplir con todas las leyes y reglamentos emitidos por el gobierno revolucionario.

j] No exigir a los pobladores servicios personales o trabajos de beneficio personal.

k] Reportar a los subordinados que cometan algún delito, apresarlos y remitirlos a un tribunal militar revolucionario para que reciban su merecido castigo.

l] Respetar la justicia civil.

m] Los jefes y oficiales serán responsables ante las Comandancias respectivas de los abusos o delitos de sus subordinados que no sean remitidos a los tribunales militares revolucionarios.

n] Dedicarse a hacerle la guerra al enemigo hasta sacarlo definitivamente del territorio en cuestión o aniquilarlo totalmente.

Ley Agraria Revolucionaria

La lucha de los campesinos pobres en México sigue reclamando la tierra para los que la trabajan. Después de Emiliano Zapata y en contra de las reformas al artículo 27 de la Constitución Mexicana, el EZLN retoma la justa lucha del campo mexicano por tierra y libertad. Con el fin de normar el nuevo reparto agrario que la revolución trae a las tierras mexicanas se expide la siguiente LEY AGRARIA REVOLUCIONARIA.

Primero. Esta ley tiene validez para todo el territorio mexicano y beneficia a todos los campesinos pobres y jornaleros agrícolas mexicanos sin importar su filiación política, credo religioso, sexo, raza o color.

Segundo. Esta ley afecta todas las propiedades agrícolas y empresas agropecuarias nacionales o extranjeras dentro del territorio mexicano.

Tercero. Serán objeto de afectación agraria revolucionaria todas las extensiones de tierra que excedan las 100 hectáreas en condiciones de mala calidad y de 50 hectáreas en condiciones de buena calidad. A los propietarios cuyas tierras excedan los límites arriba mencionados se les quitarán los excedentes y quedarán con el mínimo permitido por esta ley pudiendo permanecer como pequeños propietarios o sumarse al movimiento campesino de cooperativas, sociedades campesinas o tierras comunales.

Cuarto. No serán objeto de afectación agraria las tierras comunales, ejidales o en tenencia de cooperativas populares aunque excedan los límites mencionados en el artículo tercero de esta ley.

Quinto. Las tierras afectadas por esta ley agraria, serán repartidas a los campesinos sin tierra y jornaleros agrícolas que así lo soliciten, en PROPIEDAD COLECTIVA para la formación de cooperativas, sociedades campesinas o colectivos de producción agrícola y ganadera. Las tierras afectadas deberán trabajarse en colectivo.

Sexto. Tienen DERECHO PRIMARIO de solicitud los colectivos de campesinos pobres sin tierra y jornaleros agrícolas, hombres, mujeres y niños, que acrediten debidamente la no tenencia de tierra alguna o de tierra de mala calidad.

Séptimo. Para la explotación de la tierra en beneficio de los campesinos pobres y jornaleros agrícolas las afectaciones de los grandes latifundios y monopolios agropecuarios incluirán los medios de producción tales como maquinarias, fertilizantes, bodegas, recursos financieros, productos químicos y asesoría técnica.

Todos estos medios deben pasar a manos de los campesinos pobres y jornaleros agrícolas con especial atención a los grupos organizados en cooperativas, colectivos y sociedades.

Octavo. Los grupos beneficiados con esta Ley Agraria deberán dedicarse preferentemente a la producción en colectivo de alimentos necesarios para el pueblo mexicano: maíz, frijol, arroz, hortalizas y frutas, así como la cría de ganado vacuno, apícola, bovino, porcino y caballar, y a los productos derivados (carne, leche, huevos, etcétera).

Noveno. En tiempo de guerra, una parte de la producción de las tierras afectadas por esta ley se destinará al sostenimiento de huérfanos y viudas de combatientes revolucionarios y al sostenimiento de las fuerzas revolucionarias.

Décimo. El objetivo de la producción en colectivo es satisfacer primeramente las necesidades del pueblo, formar en los beneficiados la conciencia colectiva de trabajo y beneficio y crear unidades de producción, defensa y ayuda mutua en el campo mexicano. Cuando en una región no se produzca algún bien se intercambiará con otra región donde sí se produzca en condiciones de justicia e igualdad. Los excedentes de producción podrán ser exportados a otros países si es que no hay demanda nacional para el producto.

Undécimo. Las grandes empresas agrícolas serán **expropiadas** y pasarán a manos del pueblo mexicano, y serán administradas en colectivo por los mismos trabajadores. La maquinaria de labranza, aperos, semillas, etcétera que se encuentren ociosos en fábricas y negocios u otros lugares, serán distribuidos entre los colectivos rurales, a fin de hacer producir la tierra extensivamente y empezar a erradicar el hambre del pueblo.

Duodécimo. No se permitirá el acaparamiento individual de tierras y medios de producción.

Décimo Tercero. Se preservarán las zonas selváticas vírgenes y los bosques y se harán campañas de reforestación en las zonas principales.

Décimo Cuarto. Los manantiales, ríos, lagunas y mares son propiedad colectiva del pueblo mexicano y se cuidarán evitando la contaminación y castigando su mal uso.

Décimo Quinto. En beneficio de los campesinos pobres sin tierra y obreros agrícolas, además del reparto agrario que esta ley establece, se crearán centros de comercio que compren a precio justo los productos del campesino y le vendan a precios justos las mercancías que el campesino necesita para una vida digna. Se crearán centros de salud comunitaria con todos los adelantos de la medicina moderna, con doctores y enfermeras capacitados y conscientes, y con medicinas gratuitas para el pueblo. Se crearán centros de diversión para que los campesinos y sus familias tengan un descanso digno sin cantinas ni burdeles. Se crearán centros de educación y escuelas gratuitas donde los campesinos y sus familias se eduquen sin importar su edad, sexo, raza o filiación política y aprendan la técnica necesaria para su desarrollo. Se crearán centros de construcción de viviendas y carreteras con ingenieros, arquitectos y materiales necesarios para que los campesinos puedan tener una vivienda digna y buenos caminos para el transporte. Se crearán centros de servicios para garantizar que los campesinos y sus familias tengan luz eléctrica, agua entubada y potable, drenaje, radio y televisión, además de todo lo necesario para facilitar el trabajo de la casa, estufa, refrigerador, lavadoras, molinos, etcétera.

Décimo Sexto. No habrá impuestos para los campesinos que trabajen en colectivo, ni para ejidatarios, cooperativas y tierras comunales. DESDE EL MOMENTO EN QUE SE EXPIDE ESTA LEY AGRARIA REVOLUCIONARIA SE DESCONOCEN TODAS LAS DEUDAS QUE POR CRÉDITOS, IMPUESTOS O PRÉSTAMOS TENGAN LOS CAMPESINOS POBRES Y OBREROS AGRÍCOLAS CON EL GOBIERNO OPRESOR, CON EL EXTRANJERO O CON LOS CAPITALISTAS.

Ley Revolucionaria de Mujeres

En su justa lucha por la liberación de nuestro pueblo, el EZLN incorpora a las mujeres en la lucha revolucionaria sin importar su raza, credo, color o filiación política, con el único requisito de hacer suyas las demandas del pueblo explotado y su compromiso a cumplir y hacer cumplir las leyes y reglamentos de la revolución. Además, tomando en cuenta la situación de la mujer trabajadora en México, se incorporan sus justas demandas de igualdad y justicia en la siguiente LEY REVOLUCIONARIA DE MUJERES:

Primero. Las mujeres, sin importar su raza, credo, color o filiación política, tienen derecho a participar en la lucha revolucionaria en el lugar y grado que su voluntad y capacidad determinen.

Segundo. Las mujeres tienen derecho a trabajar y recibir un salario justo.

Tercero. Las mujeres tienen derecho a decidir el número de hijos que pueden tener y cuidar.

Cuarto. Las mujeres tienen derecho a participar en los asuntos de la comunidad y tener cargo si son elegidas libre y democráticamente.

Quinto. Las mujeres y sus hijos tienen derecho a ATENCIÓN PRIMARIA en su salud y alimentación.

Sexto. Las mujeres tienen derecho a la educación.

Séptimo. Las mujeres tienen derecho a elegir su pareja y a no ser obligadas por la fuerza a contraer matrimonio.

Octavo. Ninguna mujer podrá ser golpeada o maltratada físicamente ni por familiares ni por extraños. Los delitos de intento de violación o violación serán castigados severamente.

Noveno. Las mujeres podrán ocupar cargos de dirección en la organización y tener grados militares en las fuerzas armadas revolucionarias.

Décimo. Las mujeres tendrán todos los derechos y obligaciones que señalan las leyes y reglamentos revolucionarios.

Ley de Reforma Urbana

En las zonas urbanas controladas por el Ejército Zapatista de Liberación Nacional entran en vigor las siguientes leyes para proporcionar una vivienda digna a las familias desposeídas:

Primera. Los habitantes que tengan casa propia o departamento dejarán de pagar los impuestos catastrales.

Segunda. Los inquilinos que paguen renta y lleven más de 15 años habitando en una vivienda dejarán de pagar la renta al propietario hasta que triunfe el gobierno revolucionario y se legisle.

Tercera. Los inquilinos que tengan menos de 15 años habitando una vivienda y pagando renta por ello pagarán únicamente el 10% del salario que gane el jefe de la familia y dejarán de pagar al llegar a cumplir los 15 años viviendo en el mismo lugar.

Cuarta. Los lotes urbanos que cuenten ya con servicios públicos pueden ser ocupados inmediatamente, notificando a las autoridades civiles libre y democráticamente elegidas, para construir en dichos lotes habitaciones así sea en forma provisional.

Quinta. Los edificios públicos vacíos y las grandes mansiones podrán habitarse en forma provisional por varias familias haciendo divisiones interiores. Para esto las autoridades civiles nombrarán comités de vecinos que decidan sobre las solicitudes que se presenten y otorgarán los derechos a vivienda según las necesidades y los recursos disponibles.

Ley del Trabajo

Las siguientes leyes serán adicionadas a la Ley Federal del Trabajo vigente en las zonas controladas por el EZLN.

Primera. Las compañías extranjeras pagarán a sus trabajadores el salario por hora en su equivalente en moneda nacional al que pagan en dólares en el extranjero.

Segunda. Las empresas nacionales deberán incrementar mensualmente los salarios en el porcentaje que determine una comisión local de precios y salarios. Dicha comisión estará integrada por representantes de trabajadores, colonos, patrones, comerciantes y autoridades libre y democráticamente elegidas.

Tercera. Todos los trabajadores del campo y la ciudad recibirán atención médica gratuita en cualquier centro de salud, hospital o clínica, públicos o privados. Los gastos médicos serán cubiertos por el patrón.

Cuarta. Todos los trabajadores tendrán derecho a recibir de la empresa donde trabajan un tanto de acciones intransferibles de acuerdo a los años de servicio, además de su pensión actual. El valor monetario de dichas acciones podrá usarse en la jubilación por el trabajador, su esposa o un beneficiario.

Ley de Industria y Comercio

Primera. Los precios de los productos básicos serán regulados por una comisión local de precios y salarios. Dicha comisión estará integrada por trabajadores, colonos, patrones, comerciantes y autoridades libre y democráticamente elegidas.

Segunda. Está prohibido el acaparamiento de cualquier producto. Los acaparadores serán detenidos y entregados a las autoridades militares acusados del delito de sabotaje y traición a la patria.

Tercera. El comercio de una localidad deberá asegurar el suministro de tortillas y pan para todos en tiempo de guerra.

Cuarta. Las industrias y comercios que los patrones consideren improductivas e intenten ser cerradas para llevarse la maquinaria y materias primas, pasarán a poder de los trabajadores en su administración y las maquinarias pasarán a ser propiedad de la nación.

Ley de Seguridad Social

Primera. Los niños abandonados serán alimentados y protegidos por los vecinos más cercanos con cargo al EZLN antes de ser entregados a las autoridades civiles, quienes los cuidarán hasta llegar a la edad de 13 años.

Segunda. Los ancianos sin familia serán protegidos y tendrán prioridad para recibir habitación y cupones de alimentación gratuita.

Tercera. Los enfermos incapacitados de guerra recibirán atención y trabajo prioritario a cargo del EZLN.

Cuarta. Las pensiones de jubilados se igualarán a los salarios mínimos establecidos por las comisiones locales de precios y salarios.

Ley de Justicia

Primera. Todos los presos en las cárceles serán liberados, exceptuando los culpables de asesinato, violación y los jefes del narcotráfico.

Segunda. Todos los gobernantes del nivel de presidente municipal hasta el de presidente de la República serán sujetos a auditoría y juzgados por malversación de fondos en caso de encontrarse elementos de culpabilidad.

VIVIR POR LA PATRIA O MORIR POR LA LIBERTAD

[27 de enero]
Chiapas: el Sureste en dos vientos, una tormenta y una profecía

Muy estimados señores:
Ahora que Chiapas nos reventó en la conciencia nacional, muchos y muy variados autores desempolvan su pequeño *Larousse ilustrado*, su *México desconocido*, sus diskets de datos estadísticos del Inegi o el Fonapo o hasta los textos clásicos que vienen desde Bartolomé de Las Casas. Con el afán de aportar a esta sed de conocimientos sobre la situación chiapaneca, les mandamos un escrito que nuestro compañero Sc. I. Marcos realizó a mediados de 1992, para buscar que fuera despertando la conciencia de varios compañeros que por entonces se iban acercando a nuestra lucha.

Esperamos que este material se gane un lugar en alguna de las secciones o suplementos que conforman su prestigiado diario. Los derechos de autor pertenecen a los insurgentes, los cuales se sentirán retribuidos al ver algo de su historia circular a nivel nacional. Tal vez así otros compañeros se animen a escribir sobre sus estados y localidades, esperando que otras profecías, al igual que la chiapaneca, también se vayan cumpliendo.

Departamento de Prensa y Propaganda, EZLN
Selva Lacandona, México, enero de 1994

Viento primero
EL DE ARRIBA

CAPÍTULO I

Que narra cómo el supremo gobierno se enterneció de la miseria indígena de Chiapas y tuvo a bien dotar a la entidad de hoteles, cárceles, cuarteles y un aeropuerto militar. Y que narra también cómo la bestia se alimenta de la sangre de este pueblo y otros infelices y desdichados sucesos.

Suponga que habita usted en el norte, centro u occidente del país. Suponga que hace usted caso de la antigua frase de Sectur de "Conozca México primero". Suponga que decide conocer el sureste de su país y suponga que del sureste elige usted al estado de Chiapas. Suponga que toma usted por carretera (llegar por aire a Chiapas no sólo es caro sino improbable y de fantasía: sólo hay dos aeropuertos "civiles" y uno militar). Suponga que enfila usted por la carretera Transístmica. Suponga que no hace usted caso de ese cuartel que un regimiento de artillería del ejército federal tiene a la altura de Matías Romero y sigue usted hasta la Ventosa. Suponga que usted no advierte la garita que el Servicio de Inmigración de la Secretaría de Gobernación tiene en ese punto (y que hace pensar que uno sale de un país y entra en otro). Suponga que usted gira a la izquierda y toma decididamente hacia Chiapas. Kilómetros más adelante dejará usted Oaxaca y encontrará un gran letrero que reza "BIENVENIDO A CHIAPAS". ¿Lo encontró? Bien, suponga que sí. Usted entró por una de las tres carreteras que hay para llegar al estado: por el norte del estado, por la costa del Pacífico y por esta carretera que usted supone haber tomado, se llega a este rincón del sureste desde el resto del país. Y la riqueza sale de estas tierras no sólo por estas tres carreteras. Por miles de caminos se desangra Chiapas: por oleoductos y gasoductos, por tendidos eléctricos, por vagones de ferrocarril, por cuentas bancarias, por camiones y camionetas, por barcos y aviones, por veredas clandestinas, caminos de terracería, brechas y picadas; esta tierra sigue pagando su tributo a los imperios: petróleo, energía eléctrica, ganado, dinero, café, plátano, miel, maíz, cacao, tabaco, azúcar, soya, sorgo, melón, mamey, mango, tamarindo y aguacate, y sangre chiapaneca fluye por los mil y un colmillos del saqueo clavados en la garganta del sureste mexicano. Materias primas, miles de millones de toneladas que fluyen a los puertos mexicanos, a las centrales ferroviarias, aéreas y camioneras, con caminos diversos: Estados Unidos, Canadá, Holanda, Alemania, Italia, Japón; pero con el mismo destino: el imperio. La cuota que impone el capitalismo al sureste de este país rezuma, como desde su nacimiento, sangre y lodo.

Un puñado de mercaderes, entre los que se cuenta el Estado mexicano, se llevan de Chiapas toda la riqueza y a cambio dejan su huella mortal y pestilente: el colmillo financiero obtuvo, en 1989, una captación integral de un millón 222 mil 669 millones de pesos y sólo derramó en créditos y obras 616 mil 340 millones. Más de 600 mil millones de pesos fueron a dar al estómago de la bestia.

En las tierras chiapanecas hay 86 colmillos de Pemex clavados en los municipios de Estación Juárez, Reforma, Ostuacán, Pichucalco y Ocosingo. Cada día succionan 92 mil barriles de petróleo y 516.7 mil millones de pies cúbicos de gas. Se llevan el gas y el petróleo y dejan, a cambio, el sello capitalista: destrucción ecológica, despojo agrario, hiperinflación, alcoholismo, prostitución y pobreza. La bestia no está conforme y extiende sus tentáculos a la Selva Lacandona: ocho yacimientos petrolíferos están en exploración. Las brechas se abren a punta de machetes, los empuñan los mismos campesinos que quedaron sin tierra por la bestia insaciable. Caen los árboles, retumban las explosiones de dinamita en terrenos donde sólo los campesinos tienen prohibido tumbar árboles para sembrar. Cada árbol que tumben les puede costar una multa de 10 salarios mínimos y cárcel. El pobre no puede tumbar árboles, la bestia petrolera, cada vez más en manos extranjeras, sí. El campesino tumba para vivir, la bestia tumba para saquear.

También por el café se desangra Chiapas. El 35% de la producción nacional cafetalera sale de estas tierras que emplean a 87 mil personas. El 47% de la producción va al mercado nacional y el 53% se comercializa en el extranjero, principalmente en Estados Unidos y Europa. Más de 100 mil toneladas de café salen del estado para engordar las cuentas bancarias de la bestia: en 1988 el kilo de café pergamino se vendió en el extranjero a un promedio de 8 mil pesos, pero al productor chiapaneco se lo pagaron a 2 mil 500 o a menos.

El segundo saqueo en importancia, después del café, es el ganado. Tres millones de vacas esperan a coyotes y a un pequeño grupo de introductores para ir a llenar los frigoríficos de Arriaga, Villahermosa y el Distrito Federal. Las vacas son pagadas hasta en mil 400 pesos el kilo en pie a los ejidatarios empobrecidos, y revendidos por coyotes e introductores hasta en 10 veces multiplicado el valor que pagaron.

El tributo que cobra el capitalismo a Chiapas no tiene paralelo en la historia. El 55 por ciento de la energía nacional de tipo hidroeléctrico proviene de este estado, y aquí se produce el 20 por ciento de la energía eléctrica total de México. Sin embargo, sólo un tercio de viviendas chiapanecas tienen luz eléctrica. ¿A dónde van los 12 mil 907 gigawatts que producen anualmente las hidroeléctricas de Chiapas?

A pesar de la moda ecológica, el saqueo maderero sigue en los bosques chiapanecos. De 1981 a 1989 salieron 2 millones 444 mil 700 metros cúbicos de maderas preciosas, coníferas y corrientes tropicales con destino al Distrito Federal, Puebla, Veracruz y Quintana Roo. En 1988 la explotación maderera dio una ganancia de 23 mil 900 millones de pesos, 6 mil por ciento más que en 1980.

La miel que se produce en 79 mil colmenas del estado va íntegramente a los mercados de EU y Europa. 2 mil 756 toneladas de miel y cera producidas anualmente en el campo se convierten en dólares que los chiapanecos no verán.

Del maíz, más de la mitad producida aquí va al mercado nacional. Chiapas está entre los primeros estados productores a nivel nacional. El sorgo, en su mayoría, va a Tabasco. Del tamarindo el 90 por ciento va al DF y a otros estados. El aguacate en dos tercios se comercializa fuera del estado; el mamey en su totalidad. Del cacao el 69 por ciento va al mercado nacional y el 31 por ciento al exterior con destino a EU, Holanda, Japón e Italia. La mayor parte de las 451 mil 627 toneladas anuales de plátanos se exportan.

¿Qué deja la bestia a cambio de todo lo que se lleva?

Chiapas posee 75 mil 634.4 kilómetros cuadrados, unos 7.5 millones de hectáreas, ocupa el octavo lugar en extensión y tiene 111 municipios organizados para el saqueo en nueve regiones económicas. Aquí se encuentra, del total nacional, el 40 por ciento de las variedades de plantas, el 36 por ciento de los mamíferos, el 34 por ciento de los anfibios y reptiles, el 66 por ciento de las aves, el 20 por ciento de los peces de agua dulce y el 80 por ciento de las mariposas. El 9.7 por ciento de la lluvia de todo el país cae sobre estas tierras. Pero la mayor riqueza de la entidad son los 3.5 millones de chiapanecos, de los cuales las dos terceras partes viven y mueren en el medio rural. La mitad de los chiapanecos no tienen agua potable y dos tercios no tienen drenaje. El 90 por ciento de la población en el campo tiene ingresos mínimos o nulos.

La comunicación es una grotesca caricatura para un estado que produce petróleo, energía eléctrica, café, madera y ganado para la bestia hambrienta. Sólo las dos terceras partes de las cabeceras municipales tienen acceso pavimentado, 12 mil comunidades no tienen más comunicación que los centenarios caminos reales. La línea del ferrocarril no sigue las necesidades del pueblo chiapaneco sino las del saqueo capitalista desde los tiempos del porfirismo. La vía férrea que sigue la línea costera (sólo hay dos líneas: la otra atraviesa parte del norte del estado) data de principios de siglo y su tonelaje es limitado por los viejos puentes porfiristas que cruzan las hidrovenas del sureste. El único puerto chiapaneco, Puerto Madero, es sólo una puerta más de salida para que la bestia saque lo que roba.

¿*Educación*? La peor del país. En primaria, de cada 100 niños 72 no terminan el primer grado. Más de la mitad de las escuelas no ofrecen más que al tercer grado y la mitad sólo tiene un maestro para todos los cursos que imparten. Hay cifras muy altas, ocultas por cierto, de deserción escolar de niños indígenas debido a la necesidad de incorporar al niño a la explotación. En cualquier comunidad indígena es común ver a niños en las horas de escuela cargando leña o maíz, cocinando o lavando ropa. De 16 mil 58 aulas que había en 1989, sólo mil 96 estaban en zonas indígenas.

¿*Industria*? Vea usted: el 40 por ciento de la "industria" chiapaneca es de molinos de nixtamal, de tortillas y de muebles de madera. La gran empresa, el 0.2 por ciento, es del Estado mexicano (y pronto del extranjero) y la forman el petróleo y la electricidad. La mediana industria, el 0.4 por ciento, está formada por ingenios azucareros, procesadoras de pescados y mariscos, harina, calhidra, leche y café. El 94.8 por ciento es microindustria.

La salud de los chiapanecos es un claro ejemplo de la huella capitalista: un millón y medio de personas no disponen de servicio médico alguno. Hay 0.2 consultorios por cada mil habitantes, cinco veces menos que el promedio nacional; hay 0.3 camas de hospital por cada mil chiapanecos, tres veces menos que en el resto de México; hay un quirófano por cada 100 mil habitantes, dos veces menos que en el país; hay 0.5 médicos y 0.4 enfermeras por cada mil personas, dos veces menos que el promedio nacional.

Salud y alimentación van de la mano en la pobreza. El 54 por ciento de la población chiapaneca está desnutrida y en la región de los altos y la selva este porcentaje de hambre supera el 80 por ciento. El alimento promedio de un campesino es: café, pozol, tortilla y frijol.

Todo esto deja el capitalismo en pago por lo que se lleva...

Esta parte del territorio mexicano que se anexó por voluntad propia a la joven república independiente en 1824, apareció en la geografía nacional hasta que el boom petrolero recordó a la nación que había un sureste (en el sureste está el 82 por ciento de la capacidad instalada de la planta petroquímica de Pemex); en 1990 las dos terceras partes de la inversión pública en el sureste fue para energéticos. Pero este estado no responde a modas sexenales, su experiencia en saqueo y explotación se remonta desde siglos atrás. Igual que ahora, antes fluían a las metrópolis, por las venas del saqueo, maderas y frutas, ganados y hombres. A semejanza de las repúblicas bananeras pero en pleno auge del neoliberalismo y las "revoluciones libertarias", el sureste sigue exportando materias primas y mano de obra y, como desde hace 500 años, sigue importando lo principal de la producción capitalista: muerte y miseria.

Un millón de indígenas habitan estas tierras y comparten con mestizos y ladinos una desequilibrada pesadilla: aquí su opción, después de 500 años del "encuentro de dos mundos", es morir de miseria o de represión. El programa de optimización de la pobreza, esa pequeña mancha de socialdemocracia que salpica ahora al Estado mexicano y que con Salinas de Gortari lleva el nombre de Pronasol es una caricatura burlona que cobra lágrimas de sangre a los que, bajo estas lluvias y soles, se desviven.

¡¡Bienvenido!!... Ha llegado usted al estado más pobre del país: Chiapas

Suponga que sigue usted manejando y de Ocosocoautla baja usted a Tuxtla Gutiérrez, capital del estado. No se detenga mucho; Tuxtla Gutiérrez es sólo una gran bodega que concentra producción de otras partes del estado. Aquí llega parte de la riqueza que será enviada a donde los designios capitalistas decidan. No se detenga, apenas toca usted los labios de las fauces sangrantes de la fiera. Pase usted por Chiapa de Corzo sin hacer caso de la fábrica que Nestlé tiene ahí, y empiece a ascender la sierra. ¿Qué ve? Está en lo cierto, entró usted a otro mundo: el indígena. Otro mundo, pero el mismo que padecen millones en el resto del país.

Este mundo indígena está poblado por 300 mil tzeltales, 300 mil tzotziles, 120 mil choles, 90 mil zoques y 70 mil tojolabales. El supremo gobierno reconoce que "sólo" la mitad de este millón de indígenas es analfabeta.

Siga por la carretera sierra adentro, llega usted a la región llamada los altos de Chiapas. Aquí, hace 500 años el indígena era mayoritario, amo y señor de tierras y aguas. Ahora sólo es mayoritario en número y pobreza. Siga, lléguese hasta San Cristóbal de Las Casas, hace 100 años era la capital del estado pero las pugnas interburguesas le quitaron el dudoso honor de ser capital del estado más pobre de México. No, no se detenga, si Tuxtla Gutiérrez es una gran bodega, San Cristóbal es un gran mercado: por miles de rutas llega el tributo indígena al capitalismo, tzotziles, tzeltales, choles, tojolabales y zoques, todos traen algo: madera, café, ganado, telas, artesanías, frutas, verduras, maíz... Todos se llevan algo: enfermedad, ignorancia, burla y muerte. Del estado más pobre de México, ésta es la región más pobre. Bienvenido a San Cristóbal de Las Casas "Ciudad Colonial" dicen los coletos, pero la mayoría de la población es indígena. Bienvenido al gran mercado que Pronasol embellece. Aquí todo se compra y se vende, menos la dignidad indígena. Aquí todo es caro, menos la muerte. Pero no se detenga, siga adelante por la carretera, enorgullézcase de la infraestructura turística: en 1988 en el estado había 6 mil 270 habitaciones de hotel, 139 restaurantes y 42 agencias de viaje; ese año entraron un millón 58 mil 98 turistas y dejaron 250 mil millones de pesos en manos de hoteleros y restauranteros.

¿Hizo la cuenta? ¿Sí? Es correcto: hay unas siete habitaciones por cada mil turistas, mientras que hay 0.3 camas de hospital para cada mil chiapanecos. Bueno, deje usted las cuentas y siga adelante, libre con cuidado esas tres hileras de policías que, con boinas pintas, trotan por la orilla de la carretera, pase usted por el cuartel de la Seguridad Pública y siga por entre hoteles, restaurantes y grandes comercios, enfile a la salida para Comitán. Saliendo de la "olla" de San Cristóbal y por la misma carretera verá las famosas grutas de San Cristóbal, rodeadas de frondosos bosques. ¿Ve usted ese letrero? No, no se equivoca, este parque natural es administrado por... ¡el ejército! Sin salir de su desconcierto siga adelante... ¿Ve usted? Modernos edificios, buenas casas, calles pavimentadas... ¿Una universidad? ¿Una colonia para trabajadores? No, mire bien el letrero a un lado de los cañones, y lea: "Cuartel General de la 31 Zona Militar". Todavía con la hiriente imagen verdeolivo en la retina llegue usted al crucero y decida no ir a Comitán, así se evitará la pena de ver que, unos metros más adelante, en el cerro que se llama del Extranjero, personal militar norteamericano maneja, y enseña a manejar a sus pares mexicanos, un radar. Decida mejor ir a Ocosingo ya que está de moda la ecología y todas esas pamplinas. Vea usted esos árboles, respire profundo... ¿Ya se siente mejor? ¿Sí? Entonces mantenga su vista a la izquierda porque si no, en el Km. 7, verá usted otra magnífica construcción con el noble símbolo de SOLIDARIDAD en la fachada. No vea, le digo que voltee para otro lado, no se dé cuenta usted de que este edificio nuevo es... una cárcel (dicen las malas lenguas que son ventajas que ofrece Pronasol: ahora los campesinos no tendrán que ir hasta Cerro Hueco, cárcel en la capital del estado). No hombre,

no se desanime, lo peor está siempre oculto: el exceso de pobreza espanta al turismo... Siga, baje a Huixtán, ascienda a Oxchuc, vea la hermosa cascada donde nace el río Jataté cuyas aguas atraviesan la Selva Lacandona, pase por Cuxuljá y no siga la desviación que lleva a Altamirano, lléguese hasta Ocosingo: "la puerta de la Selva Lacandona"...

Está bien, deténgase un poco. Una vuelta rápida por la ciudad... ¿Principales puntos de interés? Bien: esas dos grandes construcciones a la entrada son prostíbulos, aquello es una cárcel, la de más allá la iglesia, esa otra es la Ganadera, ése de allá es un cuartel del ejército federal, allá los judiciales, la presidencia municipal y más acá Pemex, lo demás son casitas amontonadas que retumban al paso de los gigantescos camiones de Pemex y las camionetas de los finqueros.

¿Qué le parece? ¿Una hacienda porfirista? ¡Pero eso se acabó hace 75 años! No, no siga por esa carretera de terracería que llega hasta San Quintín, frente a la Reserva de los Montes Azules. No, llegue hasta donde se juntan los ríos Jataté y Perlas, no baje ahí, no camine tres jornadas de ocho horas cada una, no llegue a San Martín, no vea que es un ejido muy pobre y muy pequeño, no se acerque a ese galerón que se cae a pedazos y con láminas oxidadas y rotas. ¿Qué es? Bueno, a ratos iglesia, a ratos escuela, a ratos salón de reuniones. Ahorita es una escuela, son las 11 del día. No, no se acerque, no mire dentro, no vea a esos cuatro grupos de niños rebosando de lombrices y piojos, semidesnudos, no vea a los cuatro jóvenes indígenas que hacen de maestros por una paga miserable que tienen que recoger después de caminar las mismas tres jornadas que usted caminó; no vea que la única división entre un "aula" y otra es un pequeño pasillo. ¿Hasta qué año se cursa aquí? Tercero. No, no vea esos carteles que es lo único que el gobierno les mandó a esos niños, no los vea: son carteles para prevenir el sida...

Mejor sigamos, volvamos a la carretera pavimentada. Sí, ya sé que está en mal estado. Salgamos de Ocosingo, siga admirando estas tierras... ¿Los propietarios? Sí, finqueros. ¿Producción? Ganado, café, maíz... ¿Vio el Instituto Nacional Indigenista? Sí, a la salida. ¿Vio esos espléndidos camiones? Son dados a crédito a los campesinos indígenas. Sólo usan gasolina MagnaSin, por aquello de la ecología... ¿Que no hay MagnaSin en Ocosingo? Bueno, pues ésas son pequeñeces... Sí, usted tiene razón, el gobierno se preocupa por los campesinos. Claro que dicen las malas lenguas que en esa sierra hay guerrilleros y que la ayuda monetaria del gobierno es para comprar la lealtad indígena, pero son rumores, seguramente tratan de desprestigiar al Pronasol... ¿Qué? ¿El Comité de Defensa Ciudadana? ¡Ah sí! Es un grupo de "heroicos" ganaderos, comerciantes y charros sindicales que organizan guardias blancas para desalojos y amenazas. No, ya le dije a usted que la hacienda porfirista acabó hace 75 años... Mejor sigamos... en esa desviación tome usted a la izquierda. No, no vaya usted a Palenque. Mejor sigamos, pasemos por Chilón... bonito ¿no? Sí Yajalón... muy moderno, hasta tiene una gasolinera... mire, ése de allá es un banco, allá la presidencia municipal, por acá la judicial, la ganadera, allá el ejército... ¿Otra vez con lo de la hacienda? Vámonos y ya no vea ese otro gran y moderno edificio en las afueras, en el camino a Tila y Sabanilla, no vea su hermoso letrero de SOLIDARIDAD embelleciendo la entrada, no vea que es... una cárcel.

Bueno, llegamos al cruce, ahora a Ocosingo... ¿Palenque? ¿Está usted seguro? Bueno, vamos... Sí, bonitas tierras. Ajá, finqueros. Correcto: Ganado, café, madera. Mire, ya llegamos a Palenque. ¿Una visita rápida a la ciudad? Bueno: ésos son hoteles, allá restaurantes, acá la presidencia municipal, la Judicial, ése es el cuartel del ejército, y allá... ¿Qué? No, ya sé qué me va a decir... no lo diga, no... ¿Cansado? Bueno, paremos un poco. ¿No quiere ver las pirámides? ¿No? Bueno. ¿Xi'Nich? Ajá, una marcha indígena. Sí, hasta México. Ajá, caminando. ¿Cuánto? Mil 106 kilómetros. ¿Resultados? Recibieron sus peticiones. Sí, sólo eso. ¿Sigue cansado? ¿Más? Bueno, esperemos... ¿Para Bonampak? Está muy malo el camino. Bueno, vamos. Sí, la ruta panorámica... ése es el retén del ejército federal, este otro es de la Armada, aquél de judiciales, el de más allá el de Gobernación... ¿Siempre así? No, a veces topa uno con marchas campesinas de protesta. ¿Cansado? ¿Quiere regresar? Bueno. ¿Otros lugares? ¿Distintos? ¿En qué país? ¿México? Verá usted lo mismo, cambiarán los colores, las lenguas, el paisaje, los nombres, pero el hombre, la explotación, la miseria y la muerte, es la misma. Sólo busque bien. Sí, en cualquier estado de la república. Ajá, que le vaya bien... y si necesita un guía turístico no deje de avisarme, estoy para servirle... ¡Ah! otra cosa. No será siempre así. ¿Otro México? No, el mismo... yo hablo de otra cosa, como que empiezan a soplar otros aires, como que otro viento se levanta...

CAPÍTULO SEGUNDO

Que narra hechos del gobernador aprendiz de virrey, de su heroico combate contra el clero progresista, y de sus andanzas con los señores feudales del ganado, el café y el comercio. Y que narra también otros hechos igualmente fantásticos.

Érase que se era un virrey de chocolate con nariz de cacahuate. El aprendiz de virrey, el gobernador Patrocinio González Garrido, a la manera de los antiguos monarcas que la corona española implantó junto con la conquista, ha reorganizado la geografía chiapaneca. La asignación de espacios urbanos y rurales es un ejercicio del poder un tanto sofisticado, pero manejado con la torpeza del señor González Garrido alcanza niveles exquisitos de estupidez. El virrey ha decidido que las ciudades con servicios y ventajas sean para los que ya todo tienen. Y decide, el virrey, que la muchedumbre está bien afuera, en la intemperie, y sólo merece lugar en las cárceles, lo cual no deja de ser incómodo. Por esto, el virrey ha decidido construir las cárceles en las afueras de las ciudades, para que la cercanía de esa indeseable y delincuente muchedumbre no perturbe a los señores. Cárceles y cuarteles son las principales obras que este gobernador ha impulsado en Chiapas. Su amistad con finqueros y poderosos comerciantes no es secreto para nadie, como tampoco lo es su animadversión hacia las tres diócesis que regulan la vida católica en el estado. La diócesis de San Cristóbal, con el obispo Samuel Ruiz a la cabeza, es una molestia constante para el proyecto de reordenamiento de González Garrido. Queriendo modernizar la absurda estructura de explotación y saqueo que impera en Chiapas, Patrocinio González tropieza cada tanto con la terquedad de religiosos y seglares que predican y viven la opción por los pobres del catolicismo.

Con el aplauso fariseo del obispo tuxtleco, Aguirre Franco, y la muda aprobación del de Tapachula, González Garrido anima y sostiene las conspiraciones "heroicas" de ganaderos y comerciantes en contra de los miembros de la diócesis sancristobalense. "Los equipos de Don Samuel", como les llaman algunos, no están formados por inexpertos creyentes: antes de que Patrocinio González Garrido soñara siquiera con gobernar su estado, la diócesis de San Cristóbal de Las Casas predicaba el derecho a la libertad y a la justicia. Para una de las burguesías más retrógradas del país, la agrícola, estas palabras sólo pueden significar una cosa: rebelión. Y estos "patriotas" y "creyentes" finqueros y comerciantes saben cómo detener las rebeliones: la existencia de guardias blancas armadas con su dinero y entrenadas por miembros del ejército federal y policías de la Seguridad Pública y la judicial del estado, es de sobra conocida por los campesinos que padecen sus bravatas, torturas y balas.

En meses pasados fue detenido el sacerdote Joel Padrón, párroco de Simojovel. Acusado por los ganaderos de esa región de incitar y participar en tomas de tierra, el padre Joel fue detenido por autoridades estatales y recluido en el Penal de Cerro Hueco, en la capital del estado. Las movilizaciones de miembros de la diócesis de San Cristóbal (las de Tuxtla y Tapachula brillaron por su ausencia) y un amparo federal lograron la liberación del párroco Padrón.

Mientras miles de campesinos marcharon en Tuxtla Gutiérrez para exigir la liberación del padre, los ganaderos de Ocosingo enviaron a sus flamantes guardias blancas a desalojar a campesinos posesionados del predio El Momonal: 400 hombres armados por los finqueros golpearon y destruyeron, quemaron casas, chicotearon a las mujeres indígenas y asesinaron de un tiro en el rostro al campesino Juan. Después del desalojo, las guardias blancas, en su mayoría compuestas por vaqueros de las fincas y pequeños propietarios orgullosos de compartir correrías con los mozos terratenientes, recorrieron las carreteras de la región en las camionetas pickup facilitadas por los amos. Mostrando sus armas ostensiblemente, borrachos y drogados, gritaban: "¡La Ganadera es la número uno!" y advertían a todos que era sólo el comienzo. Las autoridades municipales de Ocosingo y los soldados destacamentados en la cabecera contemplaron impávidos el desfile triunfal de los pistoleros.

En Tuxtla Gutiérrez cerca de 10 mil campesinos desfilaban por la libertad de Joel Padrón. En un rincón de Ocosingo, la viuda de Juan enterraba solitaria a la víctima del orgulloso finquero. No hubo ni una marcha, ni un rezo, ni una firma de protesta por la muerte de Juan. Éste es Chiapas.

Recientemente, el virrey González Garrido protagonizó un nuevo escándalo que salió a la luz pública porque las víctimas cuentan con los medios para denunciar las arbitrariedades. Con la anuencia del virrey, los señores feudales de Ocosingo organizaron el Comité de Defensa Ciudadana, el intento más acabado de institucionalizar las guardias blancas neoporfiristas que resguardan el orden en el campo chiapaneco. Nada hubiera pasado seguramente, si no es descubierto un complot para asesinar al párroco Pablo Iribarren y a la religiosa María del Carmen, además de a Samuel Ruiz, obispo de la diócesis. A los párrocos y religiosas se les daba un plazo para abandonar el municipio, pero los más radicales del Comité clamaban por una solución drástica que incluyera al obispo Ruiz. La denuncia del complot corrió a cargo de la prensa chiapaneca honesta, que la hay aún, y llegó a los foros nacionales. Hubo retracciones y desmentidos, el virrey declaró que sostenía buenas relaciones con la Iglesia y nombró un fiscal especial para investigar el caso. La investigación no arrojó resultado alguno y las aguas volvieron a su cauce.

En las mismas fechas, agencias gubernamentales daban a conocer datos escalofriantes: en Chiapas mueren cada año 14 mil 500 personas, es el más alto índice de mortalidad en el país. ¿Las causas? Enfermedades curables como: infecciones respiratorias, enteritis, parasitosis, amibiasis, paludismo, salmonelosis, escabiasis, dengue, tuberculosis pulmonar, oncocercosis, tracoma, tifo, cólera y sarampión. Las malas lenguas dicen que la cifra supera los 15 mil muertos al año, porque no se lleva el registro de las defunciones en las zonas marginadas, que son la mayoría del estado... En los cuatro años de virreinato de Patrocinio González Garrido han muerto más de 60 mil chiapanecos, pobres en su mayoría. La guerra que contra el pueblo dirige el virrey y comandan los señores feudales, reviste formas más sutiles que los bombardeos. No hubo en la prensa local o nacional una nota para ese complot asesino en acción que cobra vidas y tierras como en tiempos de la conquista.

El Comité de Defensa Ciudadana sigue su labor proselitista, realiza reuniones para convencer a ricos y pobres de la ciudad de Ocosingo de que deben organizarse y armarse para que los campesinos no entren a la ciudad porque lo destruirán todo, sin respetar ni a ricos ni a pobres. El virrey sonríe con beneplácito.

CAPÍTULO TERCERO

Que narra cómo el virrey tuvo una brillante idea y la puso en práctica y que narra también cómo el imperio decretó la muerte del socialismo y, entusiasmado, se dio a la tarea de difundirlo para regocijo de los poderosos, desconsuelo de los tibios e indiferencia de los más. Narra también cómo Zapata no ha muerto, dicen. Y otros desconcertantes acontecimientos.

El virrey está preocupado. Los campesinos se niegan a aplaudir el despojo institucional que ahora está escrito en el nuevo artículo 27 de la Carta Magna. El virrey está rabiando. Los explotados no son felices explotados. Se niegan a recibir con una servil caravana las limosnas que el Pronasol salpica en el campo chiapaneco. El virrey está desesperado, consulta a sus asesores. Ellos le repiten una vieja verdad: no bastan cárceles y cuarteles para dominar, es necesario domar también el pensamiento. El virrey se pasea inquieto en su soberbio palacio. Se detiene, sonríe y redacta...

XEOCH: Rap y mentiras para los campesinos

Ocosingo y Palenque, Cancuc y Chilón, Altamirano y Yajalón, los indígenas están de fiesta. Una nueva dádiva del supremo gobierno alegra la vida de peones y pequeños propietarios, de campesinos sin tierra y empobrecidos ejidatarios. Ya tienen una estación local de radio que cubre, ahora sí, los rincones más apartados del oriente chiapaneco. La programación es de lo más adecuada: música de marimba y rap proclaman la buena nueva. El campo chiapaneco se moderniza. XEOCH transmite desde la cabecera municipal de Ocosingo, en los 600 megahertz en amplitud modulada, desde las 4:00 hasta las 22:00 horas. Sus noticieros abundan en piedras de molino: la "desorientación" que religiosos "subversivos" predican entre el campesinado, la afluencia de créditos que no llegan a las comunidades indígenas, la existencia de obras públicas que no aparecen por ningún lado. El soberbio virrey también se da tiempo de trasmitir por XEOCH sus amenazas para recordar al mundo que no todo es mentiras y rap, también hay cárceles y cuarteles y un código penal, el más represivo de la república, que sanciona cualquier muestra de descontento popular: los delitos de asonada, rebelión, incitación a la rebelión, motín, etcétera, que están tipificados en los artículos de esta ley son la muestra de que el virrey se preocupa de hacer las cosas bien y punto.

No hay para qué luchar. El socialismo ha muerto. Viva el conformismo y la reforma y la modernidad y el capitalismo y los crueles etcéteras que a esto se asocian y siguen. El virrey y los señores feudales bailan y ríen eufóricos en sus palacios y palacetes. Su regocijo es desconcierto entre algunos de los escasos pensadores independientes que habitan en estos lares. Incapaces de entender, se dan a la desazón y los golpes de pecho. Es cierto, para qué luchar. La correlación de fuerzas es desfavorable. No es tiempo... hay que esperar más... tal vez años... alerta contra los aventureros. Que haya sensatez. Que nada pase en el campo y en la ciudad, que todo siga igual. El socialismo ha muerto. Viva el capital. Radio, prensa y televisión lo proclaman, lo repiten algunos exsocialistas, ahora sensatamente arrepentidos.

Pero no todos escuchan las voces de desesperanza y conformismo. No todos se dejan llevar por el tobogán del desánimo. Los más, los millones siguen sin escuchar la voz del poderoso y el tibio, no alcanzan a oír, están ensordecidos por el llanto y la sangre que, muerte y miseria, les gritan al oído. Pero cuando hay un momento de reposo, que los hay todavía, escuchan otra voz, no la que viene de arriba, sino la que trae el viento de abajo y que nace del corazón indígena de las montañas, la que les habla de justicia y libertad, la que les habla de socialismo, la que les habla de esperanza... la única esperanza de ese mundo terrenal. Y cuentan los más viejos entre los viejos de las comunidades que hubo un tal Zapata que se alzó por los suyos y que su voz cantaba, más que gritar, ¡Tierra y Libertad! Y cuentan estos ancianos que no ha muerto, que Zapata ha de volver. Y cuentan los viejos más viejos que el viento y la lluvia y el sol le dicen al campesino cuándo debe preparar la tierra, cuándo debe sembrar y cuándo cosechar. Y cuentan que también la esperanza se siembra y se cosecha. Y dicen los viejos que el viento, la lluvia y el sol están hablando de otra forma a la tierra, que de tanta pobreza no puede seguir cosechando muerte, que es la hora de cosechar rebeldía. Así dicen los viejos. Los poderosos no escuchan, no alcanzan a oír, están ensordecidos por el embrutecimiento que los imperios les gritan al oído. "Zapata" repiten quedo los pobres jóvenes; "Zapata" insiste el viento, el de abajo, el nuestro.

Viento segundo
EL DE ABAJO

CAPÍTULO CUARTO

Que narra cómo la dignidad y la rebeldía se emparentan en el sureste y de cómo los fantasmas de Jacinto Pérez y mapaches recorren las sierras de Chiapas. Narra también de la paciencia que se agota y otros sucesos de ignorada presencia pero presumible consecuencia.

Este pueblo nació digno y rebelde, lo hermana al resto de los explotados del país no el Acta de Anexión de 1824, sino una larga cadena de ignominias y rebeldías. Desde los tiempos en que sotana y armadura conquistaban estas tierras, la dignidad y la rebeldía se vivían y difundían bajo estas lluvias.

El trabajo colectivo, el pensamiento democrático, la sujeción al acuerdo de la mayoría, son más que una tradición en zona indígena, han sido la única posibilidad de sobrevivencia, de resistencia, de dignidad y rebeldía. Estas "malas ideas", a ojos terratenientes y comerciantes, van en contra del precepto capitalista de "mucho en manos de pocos".

Se ha dicho, equivocadamente, que la rebeldía chiapaneca tiene otro tiempo y no responde al calendario nacional. Mentira: la especialidad del explotado chiapaneco es la misma del de Durango, el Bajío o Veracruz; pelear y perder. Si las voces de los que escriben la historia hablan de descompás, es porque la voz de los oprimidos no habla... todavía. No hay calendario histórico, nacional o regional, que recoja todas y cada una de las rebeliones y disconformidades contra el sistema impuesto y mantenido a sangre y fuego en todo el territorio nacional. En Chiapas esta voz de rebeldías se escucha sólo cuando estremece el mundillo de terratenientes y comerciantes. Entonces sí el fantasma de la barbarie indígena retumba en los muros de los palacios gobernantes y pasa todo con la ayuda de plomo ardiente, el encierro, el engaño y la amenaza. Si las rebeliones en el sureste pierden, como pierden en el norte, centro y occidente, no es por desacompañamiento temporal, es porque el viento es el fruto de la tierra, tiene su tiempo y madura, no en los libros de lamentos, sino en los pechos organizados de los que nada tienen más que dignidad y rebeldía. Y este viento de abajo, el de la rebeldía, el de la dignidad, no es sólo respuesta a la imposición del viento de arriba, no es sólo brava contestación, lleva en sí una propuesta nueva, no es sólo la destrucción de un sistema injusto y arbitrario, es sobre todo una esperanza, la de la conversión de dignidad y rebeldía en libertad y dignidad.

¿Cómo habrá de hacerse oír esta voz nueva en estas tierras y en todas las del país? ¿Cómo habrá de crecer este viento oculto, conforme ahora con soplar en sierras y en cañadas, sin bajar aún a los valles donde manda el dinero y gobierna la mentira?

De la montaña vendrá este viento, nace ya bajo los árboles y conspira por un nuevo mundo, tan nuevo que es apenas una intuición en el corazón colectivo que lo anima...

CAPÍTULO QUINTO

Que narra cómo la dignidad indígena se dio en caminar para hacerse oír y poco duró su voz, y narra también cómo voces de antes se repiten hoy y de que volverán los indios a caminar pero con paso firme, y junto a otros pasos desposeídos, para tomar lo que les pertenece y la música de muerte que toca ahora sólo para los que nada tienen, tocará para otros. Y narra también otros asombrosos acontecimientos que suceden y, dicen, habrán de suceder.

La marcha indígena Xi'Nich (hormiga), realizada por campesinos de Palenque, Ocosingo, y Salto de Agua, viene a demostrar lo absurdo del sistema. Estos indígenas tuvieron que caminar mil 106 kilómetros para hacerse escuchar, llegaron hasta la capital de la república para que el poder central les consiguiera una entrevista con el virrey. Llegaron al Distrito Federal cuando el capitalismo pintaba una tragedia espantosa sobre los cielos de Jalisco. Llegaron a la capital de la antigua Nueva España, hoy México, en el año 500 después de que la pesadilla extranjera se impuso en la noche de esta tierra. Llegaron y los escucharon todas las gentes honestas y nobles que hay, y las hay todavía, y también las escucharon las voces que oprimen hoy sureste, norte, centro y occidente de la patria. Regresaron otros mil 106 kilómetros llenos los bolsillos de promesas. Nada quedó de nuevo...

En la cabecera municipal de Simojovel, los campesinos de la CIOAC fueron atacados por gente pagada por ganaderos de la localidad. Los campesinos de Simojovel han decidido dejar de estar callados y responder a las amenazas cumplidas de los finqueros. Manos campesinas cercan la cabecera municipal, nada ni nadie entra o sale sin su consentimiento. El ejército federal se acuartela, la policía recula y los señores feudales del estado claman fuego para volver al orden y el respeto. Comisiones negociadoras van y vienen. El conflicto se soluciona aparentemente, las causas subsisten y con la misma apariencia, todo vuelve a la calma.

En el poblado Betania, en las afueras de San Cristóbal de Las Casas, los indígenas son detenidos y extorsionados, regularmente por agentes judiciales, por cortar leña para sus hogares. La judicial cumple con su deber de cuidar la ecología, dicen los agentes. Los indígenas deciden dejar de estar callados y secuestran a tres judiciales. No conformes con eso, toman la carretera Panamericana y cortan la comunicación al oriente de San Cristóbal. En el crucero a Ocosingo y Comitán, los campesinos tienen amarrados a los judiciales y exigen hablar con el virrey antes de desbloquear la carretera. El comercio se empantana, el turismo se derrumba. La noble burguesía coleta se mesa sus venerables cabelleras. Comisiones negociadoras van y vienen. El conflicto se soluciona aparentemente, las causas subsisten, y con la misma apariencia todo vuelve a la calma.

En Marqués de Comillas, municipio de Ocosingo, los campesinos sacan madera para sobrevivir. La judicial los detiene y requisa la madera para provecho de su comandante. Los indígenas deciden dejar de estar callados y toman los vehículos y hacen prisioneros a los agentes, el gobierno manda policías de seguridad pública y son tomados prisioneros de la misma forma. Los indígenas retienen los camiones, la madera y a los prisioneros. Sueltan a estos últimos. No hay respuesta. Marchan a Palenque para exigir solución y el ejército los reprime y secuestra a sus dirigentes. Siguen reteniendo los camiones. Comisiones negociadoras van y vienen. El gobierno suelta a los dirigentes, los campesinos sueltan los camiones. El conflicto se soluciona aparentemente, las causas subsisten, y con la misma apariencia todo vuelve a la calma.

En la cabecera municipal de Ocosingo marchan, desde distintos puntos de las fuerzas de la ciudad, 4 mil campesinos indígenas de la ANCIEZ. Tres marchas convergen frente al Palacio Municipal. El presidente no sabe de qué se trata y se da a la fuga, en el suelo de su despacho queda tirado un calendario señalando la fecha: 10 de abril de 1992. Afuera los campesinos indígenas de Ocosingo, Oxchuc, Huixtán, Chilón, Yajalón, Sabanilla, Salto de Agua, Palenque, Altamirano, Margaritas, San Cristóbal, San Andrés y Cancuc, bailan frente a una imagen gigantesca de Zapata pintada por uno de ellos, declaman poemas, cantan y dicen su palabra. Sólo ellos se escuchan. Los finqueros, comerciantes y judiciales se encierran en sus casas y comercios, la guarnición federal parece desierta. Los campesinos gritan que Zapata vive, la lucha sigue. Uno de ellos lee una carta dirigida a Carlos Salinas de Gortari donde lo acusan de haber acabado con los logros zapatistas en materia agraria, vender al país con el Tratado de Libre Comercio y volver a México a los tiempos del porfirismo, declaran contundentemente no reconocer las reformas salinistas al artículo 27 de la Constitución Política. A las dos de la tarde, la manifestación se disuelve, en orden aparente, las causas subsisten, y con la misma apariencia todo vuelve a la calma.

Abasolo, ejido del municipio de Ocosingo. Desde hace años los campesinos tomaron tierras que les correspondían por derecho legal y derecho real. Tres dirigentes de su comunidad han sido tomados presos y torturados por el gobierno. Los indígenas deciden dejar de estar callados y toman la carretera San Cristóbal-Ocosingo. Comisiones negociadoras van y vienen. Los dirigentes son liberados. El conflicto se soluciona aparentemente, las causas subsisten, y con la misma apariencia todo vuelve a la calma.

Sueña Antonio con que la tierra que trabaja le pertenece, sueña que su sudor es pagado con justicia y verdad, sueña que hay escuela para curar la ignorancia y medicina para espantar la muerte, sueña que su casa se ilumina y su mesa se llena, sueña que su tierra es libre y que es razón de su gente gobernar y gobernarse, sueña que está en paz consigo mismo y con el mundo. Sueña que debe luchar para tener ese sueño, sueña que debe haber muerto para que haya vida. Sueña Antonio y despierta... ahora sabe qué hacer y ve a su mujer en cuclillas atizar el fogón, oye a su hijo llorar, mira el sol saludando al oriente, y afila su machete mientras sonríe.

Un viento se levanta y todo lo revuelve, él se levanta y camina a encontrarse con otros. Algo le ha dicho que su deseo es deseo de muchos y va a buscarlos.

Sueña el virrey con que su tierra se agita por un viento terrible que todo lo levanta, sueña con que lo que robó le es quitado, sueña que su casa es destruida y que el reino que gobernó se derrumba. Sueña y no duerme. El virrey va donde los señores feudales y éstos le dicen que sueñan lo mismo. El virrey no descansa, va con sus médicos y entre todos deciden que es brujería india y entre todos deciden que sólo con sangre se librará de ese hechizo y el virrey manda matar y encarcelar y construye más cárceles y cuarteles y el sueño sigue desvelándolo.

En este país todos sueñan. Ya llega la hora de despertar...

LA TORMENTA...
...la que está

Nacerá del choque de estos dos vientos, llega ya su tiempo, se atiza ya el horno de la historia. Reina ahora el viento de arriba, ya viene el viento de abajo, ya la tormenta viene... así será...

LA PROFECÍA...
...la que está

Cuando amaine la tormenta, cuando lluvia y fuego dejen en paz otra vez la tierra, el mundo ya no será el mundo, sino algo mejor.

Selva Lacandona, agosto de 1992

Los días de la guerra

El amanecer del año sorprende al país y al mundo. El EZLN deja de ser una fuerza oculta, y surge desde la oscuridad de la noche al amanecer del primer día del año: su grito resuena hasta el último rincón. Las declaraciones de los rebeldes, su irrupción inesperada, empañan el día de nuestro arribo al Primer Mundo, las primeras horas de vigencia del Tratado de Libre Comercio. El azoro y la sorpresa, la ferocidad de los combates alrededor de Rancho Nuevo y de las cuatro cabeceras capturadas —San Cristóbal, Ocosingo, Altamirano y Las Margaritas—, apenas ocultan la misma insólita hazaña de un pequeño ejército loco que empieza por donde otros hubieran concluido: por tomar primero las ciudades.

La guerra fulminante cumplirá sólo once días, jornadas de lucha intensa que cesarán cabalmente hasta el 17 de enero. Medio millar de víctimas o más, entre rebeldes, soldados y civiles, caerán en combate. La estrategia del EZLN logra en el terreno muchos de sus objetivos originales, entre los que se cuenta el de aumentar sus efectivos y armas.

A la declaración de guerra de los rebeldes, a los combates, y a las operaciones del Ejército federal y los bombardeos —acciones de gobierno que se lanzan también contra población civil inerme—, seguirá un cese al fuego decretado el 12 de enero. Su inicio no será, como la versión oficial indica, una acción magnánima del poder, sino la enorme conquista del tercer actor que entra rápidamente en escena: la sociedad civil que toma masivamente el Zócalo ese día decimosegundo y que ha obligado al gobierno a la negociación y a decretar la suspensión de las hostilidades.

La otra guerra, la de la propaganda y la de los medios, apenas empieza. Los rebeldes son, pese a lo afirmado por una Secretaría de Gobernación de donde Patrocinio caerá, en su mayoría indígenas: su reclamo es histórico y justo, sus razones deben ser escuchadas. La tercera parte de sus fuerzas son mujeres, mandos y tropa: las que ya se habían sublevado al interior del EZLN desde marzo de 1993...

[LO OCURRIDO A LA CRUZ ROJA Y
A LA PRENSA, 11 de enero]*

5 de enero de 1994

DEPARTAMENTO DE PRENSA DEL EZLN

Cruz Roja. Una ambulancia de la Cruz Roja fue agredida por disparos de arma de fuego y bazuca. Esta agresión fue atribuida a nuestras fuerzas zapatistas, por lo que declaramos que en ningún momento hemos agredido de manera alguna a vehículos o personas que portan las insignias de la Cruz Roja y que no poseemos armas capaces de provocar los daños que se produjeron a la unidad de la Cruz Roja y a sus tripulantes. Declaramos que este ataque no puede ser atribuido a nuestras tropas, y reiteramos nuestro respeto a la vida, bienes y trabajo de la Cruz Roja. Las armas que produjeron estos daños deben ser buscadas en las filas del ejército federal y no del EZLN.

Prensa. El día 3 de enero de 1994 una caravana de vehículos de la prensa fue atacada por armas de fuego a la altura de El Aguaje, cerca de la comandancia de la 31 zona militar en Rancho Nuevo. En este atentado resultó herido un reportero del diario nacional *La Jornada.* Algunos sectores de la prensa han culpado a nuestras fuerzas zapatistas de la autoría de este artero ataque, por lo que declaramos que en ningún momento desde el inicio del conflicto hemos tenido posición militar en el lugar del atentado y ninguna de nuestras tropas, hasta el día del 4 de enero de 1994, ha transitado o tomado posiciones en el tramo carretero que va del CIES, en las afueras de San Cristóbal de Las Casas, al cuartel de Rancho Nuevo, por lo que es imposible que los disparos hayan sido producidos por fuerzas zapatistas. Nuevamente, como en el caso de la Cruz Roja, son artimañas de las fuerzas federales para culparnos de sus agresiones a la prensa y a la Cruz Roja.

*Los títulos entre corchetes son del editor. Las fechas que los acompañan son las de publicación. N. de E.

Caso de Tiempo-Excélsior. Pero en el caso de los reporteros del diario local de San Cristóbal de Las Casas *Tiempo* y del periódico nacional *Excélsior*, sí es cierto que fueron detenidos por nuestras tropas en la cabecera municipal de Huixtán en los momentos en que dicha posición era atacada por fuerzas enemigas. En ningún momento los miembros de la prensa fueron agredidos o torturados y se les recogieron sus medios mientras se confirmaba su identidad. Un error de apreciación del mando de la unidad zapatista provocó que a los periodistas les fuera recogida, indebidamente, la cantidad de N$700.00. Nuestro EZLN pide disculpas serias por este error cometido con los trabajadores de la prensa y se ofrece a reintegrar a la brevedad posible la cantidad decomisada.

Atentamente.
Desde algún lugar de las montañas del Sureste mexicano
CCRI-CG del EZLN
Firma del Subcomandante Marcos

•

[PRESENTACIÓN DE MARCOS A SEIS COMUNICADOS, 18 de enero]

Para el periódico nacional *La Jornada*   13 de enero de 1994
Para el periódico nacional *El Financiero*
Para el periódico local *Tiempo* de San Cristóbal de Las Casas
Señores:

Ahora me dirijo a ustedes. El CCRI-CG del EZLN ha emitido una serie de documentos y comunicados que pueden ser de interés para la prensa nacional e internacional. Los compañeros del CCRI-CG del EZLN me piden que vea de nuevo la forma en que estos documentos [del 6, 11, 12 y 13 de enero] lleguen a sus destinatarios y sean de conocimiento público. Por esto recurrimos a ustedes para ver si es posible que por sus medios periodísticos los documentos sean del dominio público. Estos documentos contienen nuestra posición sobre los acontecimientos suscitados entre los días 7 y 13 de enero de 1994. Aclaro esto porque, para llegar hasta ustedes, el paquete de documentos debe recorrer días de camino por caminos reales, brechas y picadas y atravesar sierras y valles, brincar tanques de guerra, vehículos militares y miles de uniformes verde olivo y, en fin, todo ese arsenal de guerra con el que pretenden intimidarnos. Olvidan ellos que una guerra no es una cuestión de armas o de un gran número de hombres armados, sino de política.

Bueno, el caso es que estos documentos y esta carta tardarán algunos días en llegar a sus manos, si es que llegan.

Nosotros seguimos bien, en estos documentos reiteramos nuestra disposición a un diálogo para una solución justa al conflicto. Por otra parte nos deja más bien inamovibles toda la parafernalia militar con la que el gobierno federal trata de tapar la gran cloaca de injusticia y corrupción que nuestras acciones destaparon. La paz que ahora piden algunos siempre fue guerra para nosotros, parece que les molesta a los grandes señores de la tierra, el comercio, la industria y el dinero que los indios se vayan ahora a morir a las ciudades y manchen sus calles hasta ahora sólo sucias de envolturas de productos importados, prefieren que sigan muriendo en las montañas, alejados de las buenas conciencias y el turismo. Ya no será más así, no se puede fundar el bienestar de los menos en el malestar de los más. Ahora tendrán que compartir nuestra suerte, para bien o para mal. Tuvieron antes la oportunidad de volver los ojos y hacer algo contra la gigantesca injusticia histórica que la nación hacía contra sus habitantes originales, y no los vieron más que como objeto antropológico, curiosidad turística, o partes de un "parque jurásico" (¿así se escribe?) que, afortunadamente, habría de desaparecer con un TLC que no los incluyó más que como un acta de defunción desechable, porque en las montañas la muerte no se cuenta ya. Todos son culpables, desde los altos funcionarios federales hasta el último de los líderes "indígenas" corruptos, pasando por un gobernador que no eligieron los chiapanecos según su voluntad y derecho, presidentes municipales más preocupados por obras de ornato y por estrechar relaciones con grandes señores que por gobernar para sus gentes, y funcionarios del más diverso estrato, todos negando salud, educación, tierra, vivienda, servicios, trabajo justo, alimentos, justicia, pero sobre todo negando respeto y dignidad a los que, antes que ellos, ya poblaban estas tierras. Olvidaron que la dignidad humana no es sólo patrimonio de los que tienen resueltas sus condiciones elementales de vida, también los que nada tienen de material poseen lo que nos hace diferentes de cosas y animales: la dignidad. Pero es justo reconocer que en medio de este mar de indiferencia hubo, y hay, voces que alertaron sobre lo que estas injusticias traerían. Entre esas voces estuvo, y está, la del periodismo honesto, que lo hay todavía, nacional y local. En fin, para qué los aburro, parece que ya tienen bastantes problemas tratando de convencer al ejército federal de que los deje hacer su trabajo periodístico. En resumen lo que queremos es paz con dignidad y justicia.

No nos amedrentan sus tanques, aviones, helicópteros, sus miles de soldados. La misma injusticia que nos tiene sin carreteras, caminos y servicios elementales se vuelve ahora contra ellos. No necesitamos carreteras, siempre nos hemos movido por brechas, caminos reales y picadas. Ni con todos los soldados federales alcanzarían a tapar todos los caminos que siguió antes nuestra miseria y ahora sigue nuestra rebeldía. Tampoco nos afectan las mentiras de la prensa y la televisión, ¿olvidan acaso el porcentaje de analfabetismo REAL en el estado de Chiapas? ¿Cuántas viviendas no tienen luz eléctrica y, por tanto, televisión en estas tierras? Si la nación se deja engañar nuevamente por esas mentiras, siempre quedará al menos uno de nosotros dispuesto a despertarla de nuevo. Los Comités Clandestinos Revolucionarios Indígenas son indestructibles, tienen desde que fueron formados un escalafón de mando. Si uno o varios caen, ya otro o ya varios toman su lugar y sus relevos futuros se alistan. Tendrán que aniquilarnos a todos, absolutamente a todos, para detenernos por vía militar. Y siempre les quedará la duda de si no habrá quedado alguno por ahí que vuelva a iniciar todo.

No los distraeré más. Espero que la "media filiación" del "comandante Marcos" no le haya traído contratiempos a más "inocentes" (doble contra sencillo a que con esa "media filiación" van a acabar deteniendo al que protagoniza a "Juan del Diablo" en la telenovela "Corazón Salvaje" del canal, but of course, de las estrellas). Una pregunta: ¿Servirá todo esto para que, siquiera, los "mexicanos" aprendan a decir "Chiapas" en lugar de "Chapas" y digan "tzeltales" en lugar de "Setsales"?

Salud y un abrazo, si es que hay lugar y modo todavía.

Subcomandante Insurgente Marcos

[COMPOSICIÓN DEL EZLN Y CONDICIONES PARA EL DIÁLOGO, 18 de enero]

> "Aquí estamos nosotros, los muertos de siempre,
> murieron otra vez, pero ahora para vivir."

Al pueblo de México: 6 de enero de 1994
A los pueblos y gobiernos del mundo:
Hermanos:

Desde el día 1o. de enero del presente año nuestras tropas zapatistas iniciaron una serie de acciones político-militares cuyo objetivo primordial es dar a conocer al pueblo de México y al resto del mundo las condiciones miserables en que viven y mueren millones de mexicanos, especialmente nosotros los indígenas. Con estas acciones que iniciamos damos a conocer también nuestra decisión de pelear por nuestros derechos más elementales por el único camino que nos dejaron las autoridades gubernamentales: la lucha armada.

Las graves condiciones de pobreza de nuestros compatriotas tienen una causa común: la falta de libertad y democracia. Nosotros consideramos que el respeto auténtico a las libertades y a la voluntad democrática del pueblo son los requisitos indispensables para el mejoramiento de las condiciones económicas y sociales de los desposeídos de nuestro país. Por esta razón, al igual que enarbolamos la bandera del mejoramiento de las condiciones de vida del pueblo mexicano, presentamos la demanda de libertad y democracia políticas, para lo cual pedimos la renuncia del gobierno ilegítimo de Carlos Salinas de Gortari y la formación de un gobierno de transición democrática, el cual garantice elecciones limpias en todo el país y en todos los niveles de gobierno. Reiteramos la vigencia de nuestras demandas políticas y económicas y en torno de ellas pretendemos unir a todo el pueblo de México y a sus organizaciones independientes para que, a través de todas las formas de lucha, se genere un movimiento nacional revolucionario en donde tengan cabida todas las formas de organización social que se planteen, con honestidad y patriotismo, el mejoramiento de nuestro México.

Desde el inicio de nuestra guerra de liberación hemos recibido no sólo el ataque de los cuerpos represivos gubernamentales y del ejército federal, también hemos sido calumniados por el gobierno federal y estatal y por algunos medios de comunicación masiva que pretenden, desvirtuando nuestra lucha, engañar al pueblo de México diciéndole que nuestra lucha es promovida por extranjeros, profesionales de la violencia e intereses oscuros y antipatriotas que sólo buscan beneficios personales. Debido a estas calumnias y mentiras, nuestro EZLN se ve obligado a precisar lo siguiente:

Primero: nuestro EZLN no tiene en sus filas, ni en sus organismos de dirección, extranjero alguno ni ha recibido jamás apoyo alguno o asesoría de movimientos revolucionarios de otros países ni de gobiernos extranjeros. La noticia de que guatemaltecos militan en nuestras filas y fueron entrenados en el país vecino son historias inventadas por el gobierno federal para desvirtuar nuestra causa. No hemos tenido, ni tenemos, nexo alguno con el FMLN salvadoreño ni con la URGN de Guatemala ni con ningún otro movimiento armado latinoamericano, norteamericano, europeo, africano, asiático u oceánico. Las tácticas militares que empleamos no fueron aprendidas de la insurgencia centroamericana, sino de la historia militar mexicana, de Hidalgo, Morelos, Guerrero,

Mina, de la resistencia a la invasión yanqui en 1846-1847, de la respuesta popular a la intervención francesa, de las grandes gestas heroicas de Villa y Zapata, y de las luchas de resistencia indígena a todo lo largo de la historia de nuestro país.

Segundo: nuestro EZLN no tiene liga alguna con autoridades religiosas católicas ni de ningún otro credo. No hemos recibido ni orientación ni dirección ni apoyo de estructura eclesial alguna, ni de ninguna de las diócesis del estado de Chiapas ni del nuncio apostólico ni del Vaticano ni de nadie. En nuestras filas militan, mayoritariamente, católicos, pero hay también de otros credos y religiones.

Tercero: los mandos y elementos de tropas del EZLN son mayoritariamente indígenas chiapanecos, esto es así porque nosotros los indígenas representamos el sector más humillado y desposeído de México, pero también, como se ve, el más digno. Somos miles de indígenas alzados en armas, detrás de nosotros hay decenas de miles de familiares nuestros. Así las cosas, estamos en lucha decenas de miles de indígenas. El gobierno dice que no es un alzamiento indígena, pero nosotros pensamos que si miles de indígenas se levantan en lucha, entonces sí es un alzamiento indígena. Hay también en nuestro movimiento mexicanos de otros orígenes sociales y de distintos estados de nuestro país. Ellos están de acuerdo con nosotros y se han unido a nosotros porque no están de acuerdo con la explotación que sufrimos. Así como estos mexicanos no-indígenas se unieron a nosotros, otros más lo harán porque nuestra lucha es nacional y no se limitará únicamente al estado de Chiapas. Actualmente, la dirección política de nuestra lucha es totalmente indígena, el 100 por ciento de los miembros de los comités clandestinos revolucionarios indígenas en todo el territorio en combate pertenecen a las etnias tzotzil, tzeltal, chol, tojolabal y otros. Es cierto que no están todavía todos los indígenas de Chiapas con nosotros, porque hay muchos hermanos que todavía están sometidos con las ideas y engaños del gobierno, pero ya estamos bastantes miles y tienen que tomarnos en cuenta. El uso de pasamontañas u otros medios para ocultar nuestro rostro obedece a elementales medidas de seguridad y como vacuna contra el caudillismo.

Cuarto: el armamento y equipo con que cuenta nuestro pueblo son variados y, como es de entender, no fueron mostrados públicamente en su totalidad y calidad a los medios de comunicación ni a la población civil en las cabeceras municipales que tomamos los días 1o. y 2 de los corrientes. Estas armas y equipo fueron conseguidos poco a poco y preparados a través de 10 años de acumulación de fuerzas en silencio. Los "sofisticados" medios de comunicación que poseemos se pueden conseguir en cualquier tienda de artículos de importación del país. Para conseguir el armamento y equipos nunca recurrimos al robo, el secuestro o la extorsión, siempre nos mantuvimos con los recursos que nos daban gentes del pueblo, humildes y honestas, en todo México. A esto se debe, a que nunca hayamos recurrido al bandidaje para hacernos de recursos, que los aparatos represivos del Estado no nos hayan detectado a lo largo de 10 años de preparación seria y cuidadosa.

Quinto: algunos preguntan que por qué decidimos empezar ahora, si ya nos estábamos preparando desde antes. La respuesta es que antes probamos todos los otros caminos pacíficos y legales sin resultado. Durante estos 10 años han muerto más de 150 mil de nuestros hermanos indígenas por enfermedades curables. Los planes económicos y sociales de los gobiernos federal, estatal y municipal no contemplan ninguna solución real a nuestros problemas y se limitan a darnos limosnas cada tanto que hay elecciones, pero las limosnas no resuelven más que un momento, después viene la muerte otra vez a nuestras casas. Por eso pensamos que ya no, que ya basta de morir de muerte inútil, por eso mejor pelear para cambiar. Si ahora morimos ya no será con vergüenza sino con dignidad, como nuestros antepasados. Estamos dispuestos a morir otros 150 mil si es necesario esto para que despierte nuestro pueblo del sueño de engaño en que lo tienen.

Sexto: las condiciones de "concertación" que pretende imponernos el gobierno federal son inaceptables para nuestra organización. No depondremos las armas hasta que se hayan cumplido las demandas que enarbolamos al inicio de nuestra lucha. En cambio, nosotros proponemos las siguientes condiciones para el inicio del diálogo:

A) Reconocimiento al EZLN como fuerza beligerante.

B) Cese al fuego de ambas partes en todo el territorio en beligerancia.

C) Retiro de las tropas federales de todas las comunidades con pleno respeto a los derechos humanos de la población rural. Regreso de las tropas federales a sus respectivos cuarteles en los distintos puntos del país.

D) Cese al bombardeo indiscriminado a poblaciones rurales.

E) En base a las tres condiciones anteriores, formación de una comisión nacional de intermediación.

Nuestras tropas se comprometen a respetar estas condiciones si el gobierno federal hace lo mismo. En caso contrario, nuestras tropas seguirán llevando adelante su avance sobre la ciudad capital del país.

Nuestro EZLN reitera que seguirá ateniéndose a las leyes de la guerra aprobadas en la convención de Ginebra, respetando a la población civil, a la Cruz Roja, a la prensa, a los heridos y a las tropas enemigas que se rindan sin combatir a nuestras fuerzas.

Hacemos un llamado especial al pueblo y gobierno norteamericanos. Al primero para que inicie acciones de solidaridad y ayuda para nuestros compatriotas, y al gobierno norteamericano para que suspenda toda ayuda económica y militar al gobierno federal mexicano por tratarse de un gobierno dictatorial que no respeta los derechos humanos y porque dicha ayuda será empleada para masacrar al pueblo de México.

Mexicanos: El balance militar de la contienda, hasta el día 5 de enero, arroja los siguientes resultados:

1. Bajas de las fuerzas zapatistas: 9 muertos y 20 heridos graves atendidos en nuestros hospitales de campaña. Un número indeterminado de heridos leves que se reintegraron a sus puestos de combate y 12 perdidos en acción. No hemos incluido en esta cuenta a nuestros combatientes que, heridos, fueron arteramente ejecutados a sangre fría con el tiro de gracia por oficiales del ejército federal. El número de estos compañeros no ha sido determinado todavía pues nuestras tropas siguen combatiendo en Ocosingo.

2. Bajas de las fuerzas enemigas (incluyen policías y soldados federales): 27 muertos, 40 heridos y 180 prisioneros que se rindieron a nuestras fuerzas y fueron liberados posteriormente intactos en su salud física. Hay otros 30 muertos, al menos, en el ejército federal no confirmados. Estas bajas, junto a un número indeterminado de heridos, se habrían producido el día 4 de enero en las montañas al sur de San Cristóbal de Las Casas cuando bombas arrojadas por los aviones de la FAM habrían caído sobre los camiones de soldados federales que maniobraban en esa zona.

3. Material de guerra enemigo destruido o averiado: 3 helicópteros artillados de la FAM (uno en la cabecera municipal de Ocosingo y dos en San Cristóbal de Las Casas) y 3 aeronaves artilladas de la FAM (los 3 en la cabecera de San Cristóbal de Las Casas), 15 radio patrullas, 15 vehículos de transporte, 4 centros de tortura de la Policía Judicial del estado.

4. Prisioneros liberados: 230 en las 4 cárceles atacadas y liberadas por nuestras fuerzas (2 en San Cristóbal de Las Casas, 1 en Ocosingo y 1 en Margaritas).

5. Material de guerra recuperado: Aproximadamente 207 armas de distintos calibres (M-16, G-3, M-2, lanza granadas, escopetas y pistolas) y un número indeterminado de parque de diversos calibres.

Mil 266 kilogramos de dinamita y 10 mil detonantes de TNT.

Más de 20 vehículos de transporte.

Un número indeterminado de aparatos de radio comunicación utilizados por la policía, ejército y fuerza aérea.

A la prensa nacional e internacional:

Llamamos la atención de la prensa honesta nacional e internacional sobre el genocidio que las fuerzas militares federales realizan en las cabeceras municipales de San Cristóbal de Las Casas, Ocosingo, Altamirano y Margaritas, así como en carreteras aledañas a estos puntos, donde asesinan indiscriminadamente a civiles y luego los presentan como bajas al EZLN. Algunos de los muertos zapatistas que reclama el ejército federal, gozan de cabal salud. La actitud de las tropas federales en estas ciudades contrasta con la de nuestras fuerzas que se preocuparon siempre, según pueden atestiguar civiles de esas ciudades, por proteger vidas inocentes. La mayoría de las destrucciones a edificios públicos y privados que son adjudicadas a nuestras tropas zapatistas fueron realizadas por los federales cuando entraron en las 4 cabeceras municipales.

Al ejército federal:

El conflicto presente desenmascara, una vez más, la naturaleza del ejército federal y lo presenta en su verdadera esencia: la represión indiscriminada, la violación a todos los derechos humanos y la falta total de ética y honor militar. Los asesinatos de mujeres y niños perpetrados por las fuerzas federales en los lugares de conflicto muestran a un ejército sin control. Hacemos un llamado a los oficiales, clases y tropa del ejército federal para que se nieguen rotundamente a cumplir las órdenes de exterminio de civiles y ejecución sumaria de prisioneros de guerra y heridos que les giran sus mandos superiores y se mantengan dentro de la ética y honor militares. Les reiteramos nuestra invitación para que abandonen las filas del mal gobierno y se sumen a la justa causa de un pueblo, según han constatado ustedes mismos, que sólo anhela vivir con justicia o morir con dignidad. Nosotros hemos respetado la vida de los soldados y policías que se rinden a nuestras fuerzas, ustedes se complacen en ejecutar sumariamente a los zapatistas que encuentran heridos, sin poder combatir, y a los que se rinden. Si ustedes empiezan a atacar a nuestras familias y a no respetar la vida de heridos y prisioneros, entonces nosotros empezaremos a hacer lo mismo.

Al pueblo de México:

Por último, hacemos un llamado a obreros, campesinos pobres, maestros, estudiantes, intelectuales progresistas y honestos, amas de casa y profesionistas, y a todas las organizaciones políticas y económicas independientes

para que se unan a nuestra lucha en su medio y en todas las formas posibles hasta lograr la justicia y la libertad que todos los mexicanos anhelamos.
¡No entregaremos las armas!
¡Queremos justicia, no perdón o limosnas!
Desde las montañas del Sureste mexicano
CCRI-CG del EZLN
Firma del Subcomandante Marcos

•

[OFERTA DEL PFCRN, RECIENTES ATAQUES DEL EJÉRCITO FEDERAL, ATENTADOS TERRORISTAS, NOMBRAMIENTO DEL COMISIONADO PARA LA PAZ, 18 de enero]

"Nuestra voz empezó a caminar desde siglos
y no se apagará nunca más."

Al pueblo de México: 11 de enero de 1994
A los pueblos y gobiernos del mundo:
Hermanos:
Estamos enterados que nuestro comunicado del 6 de enero de 1994 fue ya dado a conocer, cuando menos en parte, en la prensa nacional e internacional. Nuevas cosas han pasado desde el día 6 de enero hasta el día de hoy, 11 de enero de 1994, en el que volvemos a decir nuestra palabra para que sea escuchada por otros.

Primero. Una de las cosas que pasó es que el señor Aguilar Talamantes, candidato a la Presidencia de la República por el llamado Partido del Frente Cardenista de Reconstrucción Nacional, en un acto público en la ciudad de San Cristóbal de Las Casas declaró que ofrecía a su partido para ser "el brazo pacífico" del Ejército Zapatista de Liberación Nacional, y que él mismo, Aguilar Talamantes, se proponía para ser "el candidato a la Presidencia de la República del Ejército Zapatista de Liberación Nacional". Estas declaraciones fueron analizadas por nosotros, los miembros del Comité Clandestino Indígena Revolucionario-Comandancia General del EZLN, y pensamos que es bueno que digamos nuestra palabra sobre este asunto y entonces decimos así:
El Ejército Zapatista de Liberación Nacional no se levantó en armas para apoyar a uno o a varios candidatos a la Presidencia de la Repúbli-

ca. El EZLN no busca que gane un partido o que gane otro, el EZLN busca que haya justicia, que haya libertad, y que haya democracia para que el pueblo elija a quien mejor le acomode su entender y que esta voluntad, cualquiera que sea, reciba respeto y entendimiento de los mexicanos todos y de otros pueblos. El Ejército Zapatista de Liberación Nacional pide que el gobierno, de cualquier partido que sea, sea un gobierno legítimo, resultado de una elección verdaderamente libre y democrática, y resuelva las necesidades más apremiantes de nuestro pueblo mexicano, especialmente de nosotros los indígenas.

El Ejército Zapatista de Liberación Nacional respetuosamente rechaza las propuestas del Partido del Frente Cardenista de Reconstrucción Nacional de presentarse como "brazo pacífico del EZLN" y del señor Aguilar Talamantes de ser el candidato del EZLN a la Presidencia de la República. Decimos también, de una vez, que rechazamos también cualquier otra propuesta o autopropuesta de tomar nuestra voz y nuestra palabra, nuestra voz empezó a caminar desde siglos y no se apagará nunca más.

En cambio, saludamos y recibimos bien todos los intentos y propuestas, hechas de buena fe y con honestidad, de intermediación entre este EZLN y el gobierno federal.

Segundo. A nuestra propuesta de abrir el diálogo iniciando un alto al fuego por ambas partes, el ejército federal contestó bombardeando comunidades rurales en los municipios de Ocosingo, Las Margaritas y Altamirano.

La creencia, en algunos sectores del gobierno, de que es posible y deseable una solución militar al conflicto con el exterminio total de nuestro EZLN, está ganando espacios dentro de los gobernantes del país. Reiteramos nuestra disposición al diálogo, con los requisitos señalados en el comunicado del 6 de enero. Pero parece ser que esta disposición al diálogo por parte del EZLN ha sido interpretada erróneamente por las autoridades militares del gobierno, que ven en esto una muestra de debilidad de nuestras fuerzas. Nada más alejado de la realidad: a propuestas de diálogo respondemos con disposición al diálogo, a los ataques y bombardeos indiscriminados responderemos con nuestros fusiles. Si el gobierno pretende seguir engañando a la opinión pública diciendo que nuestra derrota y aniquilación están cercanas pues es cosa del gobierno, ya antes engañó y ahora todos pagan el costo de ese engaño. Pero nosotros sabemos que nuestra lucha no terminará nunca, ni siquiera con la última gota de sangre del último de nuestros combatientes. Si el gobierno federal está dispuesto a cobrar con sangre nuestras demandas de justicia, libertad y democracia, no dudaremos en pagar el precio.

En próximos días daremos órdenes a todas nuestras fuerzas en activo y en reserva de atacar todas las ciudades que se encuentren a su alcance, si no hay indicios de que la disposición al diálogo por parte del gobierno federal es algo más que palabras de engaño. No dudamos que el costo será alto, pero nos siguen orillando a este camino.

Tercero. En días pasados nos hemos enterado de diversos atentados terroristas contra objetivos civiles en diversos puntos del país. Dichos atentados son atribuidos a miembros de nuestro EZLN. El Comité Clandestino Revolucionario Indígena-Comandancia General del EZLN declara que las tropas zapatistas combaten contra las policías y el ejército federal y no contra los estacionamientos de centros comerciales. Ningún objetivo civil sufrirá ataques militares de parte de las tropas zapatistas.

Cuarto. El día 10 de enero de 1994, el gobierno federal anunció cambios en la Secretaría de Gobernación y en otras dependencias federales. Se anunció la salida del secretario de Gobernación y exgobernador de Chiapas, Patrocinio González Blanco Garrido, y el nombramiento de Manuel Camacho Solís como comisionado de paz para solucionar el conflicto de Chiapas. El EZLN declara que no conoce al señor Camacho Solís, pero si en este señor hay ánimo verdadero y honesto de buscar una salida política y justa, saludamos su nombramiento y le reiteramos nuestra disposición a dialogar en los términos expresados en el comunicado del 6 de enero de 1994.

Quinto. El Comité Clandestino Revolucionario Indígena-Comandancia General del EZLN declara que los únicos documentos válidos como emitidos por el EZLN y reconocidos por todos los combatientes zapatistas serán aquellos que tengan la firma del compañero subcomandante insurgente Marcos.

Desde las montañas del Sureste mexicano
CCRI-CG del EZLN

[ALTO AL FUEGO, 18 de enero]

> "En nuestro corazón también vive la esperanza."

Al pueblo de México: 12 de enero de 1994
A los pueblos y gobiernos del mundo:
Hermanos:

El día de hoy, 12 de enero de 1994, nos enteramos de que el señor Carlos Salinas de Gortari, en su carácter de comandante supremo del ejército federal ordenó a las tropas federales un alto al fuego. La Secretaría de la Defensa Nacional agregó que seguirá con los patrullajes aéreos y terrestres, que no abandonará las posiciones que ocupa actualmente y que impedirá el movimiento de nuestros combatientes.

El Comité Clandestino Revolucionario Indígena-Comandancia General del Ejército Zapatista de Liberación Nacional saluda esta decisión del señor Salinas de Gortari y ve en esto un primer paso para iniciar el diálogo entre las partes beligerantes.

Las condiciones planteadas por este Comité Clandestino Revolucionario Indígena-Comandancia General del EZLN en su comunicado del 6 de enero de 1994 como requisitos para iniciar el diálogo no han sido cumplidas a cabalidad. Sin embargo, lo declarado por Carlos Salinas de Gortari es un inicio.

En correspondencia, el Comité Clandestino Revolucionario Indígena-Comandancia General del Ejército Zapatista de Liberación Nacional, jefe colectivo y supremo de las tropas insurgentes zapatistas ordena:

Primero: Se ordena a todas las unidades regulares, irregulares y comandos urbanos de las diferentes armas y servicios del Ejército Zapatista de Liberación Nacional que suspendan toda operación ofensiva en contra de tropas federales, de sus guarniciones y de las posiciones que actualmente ocupan dichas tropas.

Segundo: Se ordena a todas las unidades regulares, irregulares y comandos urbanos de las diferentes armas y servicios del Ejército Zapatista de Liberación Nacional que se mantengan en las posiciones que ocupan actualmente y respondan con firmeza y decisión si son agredidas por tropas terrestres o aéreas del ejército federal.

Tercero: La orden de cese al fuego ofensivo del EZLN se cumplirá en el momento de recibir este comunicado y se mantendrá mientras así lo considere prudente y necesario este Comité Clandestino Revolucionario Indígena-Comandancia General del EZLN.

Cuarto: De ninguna manera entregaremos las armas ni rendiremos nuestras fuerzas al mal gobierno. Este cese al fuego es con el fin de aliviar la situación de la población civil en la zona en combate y abrir canales de diálogo con todos los sectores progresistas y democráticos de México.

Nuestra lucha es justa y es verdadera, no responde a intereses personales sino al ánimo de libertad de todo el pueblo mexicano en general y del pueblo indígena en particular. Queremos justicia y seguiremos adelante porque en nuestro corazón también vive la esperanza.

Desde las montañas del Sureste mexicano
CCRI-CG del EZLN

•

[REQUISITOS PARA LOS MEDIADORES, 18 de enero]

"Queremos paz con justicia, respeto y dignidad.
No viviremos más de rodillas."

Al pueblo de México: 13 de enero de 1994
A los pueblos y gobiernos del mundo:
Hermanos:

En días pasados se han conocido diversos pronunciamientos sobre las personas que podrían formar parte de una comisión de intermediación para llegar a una solución política a la situación actual en las zonas de combate en el sureste mexicano. Un supuesto comunicado, atribuido erróneamente al EZLN, publicado por el diario nacional *La Jornada*, proponía como intermediarios del diálogo al obispo de San Cristóbal de Las Casas, Chiapas, don Samuel Ruiz García, a la indígena guatemalteca y premio Nobel de la Paz, Rigoberta Menchú, y al periodista Julio Scherer, director de la revista *Proceso*. Otras voces y propuestas se han escuchado sin que hasta ahora hayamos dicho nosotros nuestra palabra. Por eso pensamos que ya es hora que digamos nuestro pensamiento sobre este punto:

Los miembros de la comisión negociadora deberán cumplir los siguientes requisitos para ser aceptados como tales por este Comité Clandestino Revolucionario Indígena-Comandancia General del EZLN:

Primero. Ser mexicanos de nacimiento. Esto porque pensamos que los problemas entre mexicanos los debemos arreglar los propios mexicanos sin injerencia de extranjero alguno, por más que estos extranjeros sean hombres y mujeres íntegros, honestos y cabales.

Segundo. No pertenecer a ningún partido político. Esto porque no queremos que nuestra justa lucha sea usada para obtener beneficios electorales para uno u otro partido y para que no se malinterprete el corazón que anima nuestra causa.

Tercero. Mantener una posición pública neutral ante el conflicto bélico actual. Es decir que no esté a favor del gobierno federal ni a favor del EZLN, y que no sea parte de las estructuras organizativas de uno o de otro.

Cuarto. Tener sensibilidad a los graves problemas sociales que aquejan a nuestro país y, especialmente, a las duras condiciones que padecen los indígenas en México.

Quinto. Ser públicamente reconocidos por su honestidad y patriotismo.

Sexto. Comprometerse públicamente a poner todo su empeño para conseguir una solución política digna al conflicto bélico.

Séptimo. Formar esta Comisión Nacional de Intermediación para mediar entre el gobierno y el EZLN.

El Comité Clandestino Revolucionario Indígena-Comandancia General del EZLN considera que el señor obispo de la diócesis de San Cristóbal de Las Casas, Chiapas, don Samuel Ruiz García, cumple con los requisitos arriba mencionados y lo invitamos formalmente a que participe, como mexicano patriota, y no como autoridad religiosa porque éste no es un problema religioso, en la futura Comisión Nacional de Intermediación.

El Comité Clandestino Revolucionario Indígena-Comandancia General del EZLN pide a la sociedad mexicana que proponga a sus mejores hombres y mujeres para la formación de esta comisión cuya misión principal sea la solución política del conflicto. Si estos hombres y mujeres cumplen con los requisitos mencionados anteriormente, el EZLN saludará su integración a la Comisión Nacional de Intermediación y escuchará con atención y respeto su voz y su corazón.

Desde las montañas del Sureste mexicano
CCRI-CG del EZLN

[VIOLACIÓN AL CESE AL FUEGO POR EL GOBIERNO, 18 de enero]

"La mentira vuelve a la boca de los poderosos."

Al pueblo de México: 13 de enero de 1994
A los pueblos y gobiernos del mundo:
Hermanos:

El día de hoy, 13 de enero de 1994, aproximadamente a las 13:30 horas tropas del ejército federal violaron el cese al fuego ordenado por el Ejecutivo federal, Carlos Salinas de Gortari, cuando atacaron a una unidad zapatista en un lugar cercano a la comunidad de Carmen Pataté, municipio de Ocosingo, Chiapas. Tropas federales transportadas en 10 camiones del ejército y con apoyo de helicópteros artillados y aviones intentaron penetrar en nuestras posiciones y fueron rechazadas por los fusiles zapatistas. Las tropas federales empezaron a detener civiles de las poblaciones cercanas al lugar del enfrentamiento seguramente con intenciones de ejercer represalias o para presentarlos como combatientes zapatistas prisioneros, como ya ha hecho antes.

En su comunicado de ayer, 12 de enero de 1994, el Comité Clandestino Revolucionario Indígena-Comandancia General del EZLN correspondió al gesto del señor Salinas de Gortari de decretar un cese al fuego por parte de las tropas federales, ordenando a su vez un cese al fuego ofensivo de las tropas zapatistas. En nuestro comunicado de ayer ordenamos a nuestras tropas no emprender acciones ofensivas y sólo responder si eran agredidas por las tropas del mal gobierno. Con esta agresión de las tropas federales a las zapatistas queda en serio entredicho la supuesta voluntad del gobierno federal para buscar una solución política al conflicto y se insiste en resolver el conflicto por la vía militar. El Ejército Zapatista de Liberación Nacional reitera su disposición al diálogo, pero no está dispuesto a dejarse engañar. O miente el señor Salinas de Gortari o el ejército federal no está dispuesto a cumplir las órdenes del Ejecutivo federal.

El Comité Clandestino Revolucionario Indígena-Comandancia General del EZLN hace un llamado de atención al pueblo de México y a los pueblos y gobiernos del mundo para no dejarse engañar por las declaraciones del gobierno federal que, como muestran los acontecimientos de hoy, no pasan de ser palabras de engaño.

Desde las montañas del Sureste mexicano
CCRI-CG del EZLN

[AYUDA MILITAR DE EU A MÉXICO, 18 de enero]

Al señor Bill Clinton,   13 de enero de 1994
Presidente de los Estados Unidos de Norteamérica:
Al Congreso norteamericano:
Al pueblo de los Estados Unidos de Norteamérica:
Señores:
Nos dirigimos a ustedes para decirles que el gobierno federal mexicano está usando la ayuda económica y militar que recibe del pueblo y gobierno de los Estados Unidos de Norteamérica para masacrar a los indígenas chiapanecos.

Nosotros preguntamos si el Congreso estadounidense y el pueblo de los Estados Unidos de Norteamérica aprobaron esta ayuda militar y económica para combatir al narcotráfico o para asesinar indígenas en el sureste mexicano. Tropas, aviones, helicópteros, radares, aparatos de comunicación, armas y pertrechos militares son utilizados actualmente no para perseguir narcotraficantes y a los grandes capos de las mafias de la droga sino para reprimir las justas luchas del pueblo de México y de los indígenas chiapanecos en el sureste de nuestro país, y para asesinar hombres, mujeres y niños inocentes.

Nosotros no recibimos ayuda alguna de gobiernos, personas u organizaciones extranjeras. Nada tenemos que ver con el narcotráfico o con el terrorismo nacionales e internacionales. Nos organizamos con voluntad y vida propia debido a nuestras grandes carencias y problemas. Nos cansamos de tantos años de engaño y muerte. Es nuestro derecho luchar por nuestra vida con dignidad. En todo momento nos hemos atenido a las leyes internacionales de la guerra respetando a la población civil.

Con el apoyo que el pueblo y gobierno norteamericanos brindan al gobierno federal no hacen sino manchar sus manos con sangre indígena. Nuestro anhelo es el de todos los pueblos del mundo: verdaderas libertad y democracia. Y por este anhelo estamos dispuestos a dar la vida. No manchen sus manos de nuestra sangre haciéndose cómplices del gobierno mexicano.

Desde las montañas del Sureste mexicano
CCRI-CG del EZLN

Entre la guerra y la paz

En el poco más de un mes que transcurre entre el fin de los combates y el inicio del diálogo, la palabra de los "armados de verdad y fuego" empieza a penetrar seriamente a los diferentes sectores de la sociedad nacional. Su pensamiento recorre también el mundo en varias entrevistas y grabaciones. El recurso del video hace familiares a los alzados a los ojos de los demás. La producción de declaraciones y comunicados encuentra seguro cauce en la mejor parte de la prensa escrita nacional y extranjera.

A la amnistía, los rebeldes responden con una sola pregunta desglosada en mil formas: ¿de qué nos van a perdonar? El lenguaje oficial se bifurca, como la lengua de la serpiente. Para el Ejército federal, los rebeldes seguirán siendo, por siempre, los "transgresores de la Ley". Para el Comisionado, Manuel Camacho, representan a una base social regional y son, en el mejor de los casos, "una fuerza política en formación": máximo galardón concedido a un ejército popular al que el gobierno reconoce como beligerante en los hechos, sin dejar nunca de minimizarlo y constreñirlo a un pequeño territorio de influencia, a la ínfima dimensión en que siempre ha visto a los indios.

Los rebeldes han capturado desde los primeros días de la guerra su máximo trofeo, al general y exgobernador Absalón Castellanos Domínguez. Después de un juicio sumario, el terrateniente de Nuevo Momón será entregado sano y salvo a la Cruz Roja Internacional. El perdón popular hará más grandes a los pequeños que son capaces de olvidar los golpes del verdugo. Este otro perdón caerá con todo el peso de una autoridad moral ganada en muy escasos días.

El EZLN, El Comité Clandestino Revolucionario Indígena y, en especial, Marcos, establecerán con la prensa nacional e internacional la relación privilegiada que hará más nítidos e insólitos los eventos de esta nueva guerra. Son los días en que se miden fuerzas con el Estado y sus representantes, son los días del conocimiento mutuo con las señales que vienen de otras partes del país.

[¿DE QUÉ NOS VAN A PERDONAR?, 21 de enero]

Señores: 18 de enero de 1994
Debo empezar por unas disculpas ("mal comienzo", decía mi abuela). Por un error en nuestro Departamento de Prensa y Propaganda, la carta anterior (de fecha 13 de enero de 1994) omitió al semanario nacional *Proceso* entre los destinatarios. Espero que este error sea comprendido por los de *Proceso* y reciban esta misiva sin rencor, resquemor y reetcétera.

Bien, me dirijo a ustedes para solicitarles atentamente la difusión de los comunicados adjuntos del CCRI-CG del EZLN. En ellos se refieren a reiteradas violaciones al cese al fuego por parte de las tropas federales, a la iniciativa de ley de amnistía del ejecutivo federal y al desempeño del señor Camacho Solís como Comisionado para la paz y la reconciliación en Chiapas.

Creo que ya deben haber llegado a sus manos los documentos que enviamos el 13 de enero de los corrientes. Ignoro qué reacciones suscitarán estos documentos ni cuál será la respuesta del gobierno federal a nuestros planteamientos, así que no me referiré a ellos. Hasta el día de hoy, 18 de enero de 1994, sólo hemos tenido conocimiento de la formalización del "perdón" que ofrece el gobierno federal a nuestras fuerzas. ¿De qué tenemos que pedir perdón? ¿De qué nos van a perdonar? ¿De no morirnos de hambre? ¿De no callarnos en nuestra miseria? ¿De no haber aceptado humildemente la gigantesca carga histórica de desprecio y abandono? ¿De habernos levantado en armas cuando encontramos todos los otros caminos cerrados? ¿De no habernos atenido al Código Penal de Chiapas, el más absurdo y represivo del que se tenga memoria? ¿De haber demostrado al resto del país y al mundo entero que la dignidad humana vive aún y está en sus habitantes más empobrecidos? ¿De habernos preparado bien y a conciencia antes de iniciar? ¿De haber llevado fusiles al combate, en lugar de arcos y flechas? ¿De haber aprendido a pelear antes de hacerlo? ¿De ser mexicanos todos? ¿De ser mayoritariamente indígenas? ¿De llamar al pueblo mexicano todo a luchar, de todas las formas posibles, por lo que les pertenece? ¿De luchar por libertad, democracia y justicia? ¿De no seguir los patrones de las guerrillas anteriores? ¿De no rendirnos? ¿De no vendernos? ¿De no traicionarnos?

¿Quién tiene que pedir perdón y quién puede otorgarlo? ¿Los que, durante años y años, se sentaron ante una mesa llena y se saciaron mientras con nosotros se sentaba la muerte, tan cotidiana, tan nuestra que acabamos por dejar de tenerle miedo? ¿Los que nos llenaron las bolsas y el alma de declaraciones y promesas? ¿Los muertos, nuestros muertos, tan mortalmente muertos de muerte "natural", es decir, de sarampión, tosferina, dengue, cólera, tifoidea, mononucleosis, tétanos, pulmonía, paludismo y otras lindezas gastrointestinales y pulmonares? ¿Nuestros muertos, tan mayoritariamente muertos, tan democráticamente muertos de pena porque nadie hacía nada, porque todos los muertos, nuestros muertos, se iban así nomás, sin que nadie llevara la cuenta, sin que nadie dijera, por fin, el "¡YA BASTA!" que devolviera a esas muertes su sentido, sin que nadie pidiera a los muertos de siempre, nuestros muertos, que regresaran a morir otra vez pero ahora para vivir? ¿Los que nos negaron el derecho y don de nuestras gentes de gobernar y gobernarnos? ¿Los que negaron el respeto a nuestra costumbre, a nuestro color, a nuestra lengua? ¿Los que nos tratan como extranjeros en nuestra propia tierra y nos piden papeles y obediencia a una ley cuya existencia y justeza ignoramos? ¿Los que nos torturaron, apresaron, asesinaron y desaparecieron por el grave "delito" de querer un pedazo de tierra, no un pedazo grande, no un pedazo chico, sólo un pedazo al que se le pudiera sacar algo para completar el estómago?

¿Quién tiene que pedir perdón y quién puede otorgarlo?

¿El presidente de la república? ¿Los secretarios de estado? ¿Los senadores? ¿Los diputados? ¿Los gobernadores? ¿Los presidentes municipales? ¿Los policías? ¿El ejército federal? ¿Los grandes señores de la banca, la industria, el comercio y la tierra? ¿Los partidos políticos? ¿Los intelectuales? ¿Galio y Nexos? ¿Los medios de comunicación? ¿Los estudiantes? ¿Los maestros? ¿Los colonos? ¿Los obreros? ¿Los campesinos? ¿Los indígenas? ¿Los muertos de muerte inútil?

¿Quién tiene que pedir perdón y quién puede otorgarlo?

Bueno, es todo por ahora.

Salud y un abrazo, y con este frío ambas cosas se agradecen (creo), aunque vengan de un "profesional de la violencia".

Subcomandante Insurgente Marcos

[NOMBRAMIENTO DE MANUEL CAMACHO SOLÍS, 19 de enero]

Al señor Manuel Camacho Solís,   13 de enero de 1994
Comisionado para la Paz y la Reconciliación de Chiapas:
Señor Camacho Solís: Por este medio nos dirigimos a usted, nosotros, los miembros del Comité Clandestino Revolucionario Indígena-Comandancia General del EZLN:

Nos hemos enterado que el señor Salinas de Gortari lo nombró a usted como Comisionado para la Paz y la Reconciliación en Chiapas; por eso, nosotros aprovechamos esta carta para decirle algunas cosas:

Primero. Queremos decirle que si usted ha venido a estas tierras con auténtico ánimo de buscar una solución política al conflicto, entonces saludamos su llegada y nombramiento, pero si por el contrario, es usted otro embajador más del engaño y la mentira, entonces le decimos claro que su palabra no vale nada para nosotros.

Segundo. Nosotros ya establecimos en nuestro comunicado del 6 de enero de 1994 las condiciones previas para poder iniciar un diálogo encaminado a la solución política de nuestras problemas. El cese al fuego y la suspensión de los bombardeos a la población civil, si son efectivamente respetados por los federales, cumplen dos de los requisitos establecidos por nosotros. Quedan todavía dos más para poder construir la Comisión Nacional de Intermediación.

Una de estas condiciones es que nosotros pedimos que se nos reconozca como fuerza beligerante.

El gobierno federal y algunos medios de comunicación no han dejado de tratarnos con los calificativos de transgresores de la ley, maleantes, profesionales de la violencia, vándalos y otras cosas.

Y entonces, nosotros preguntamos: ¿Cómo vamos a poder dialogar si no se nos reconoce como fuerza beligerante y si, para ustedes, sólo somos una banda de agitadores? Por eso es un problema para poder dialogar, porque si para ustedes somos maleantes o terroristas, entonces no se puede dialogar.

El gobierno federal debe reconocernos representatividad para poder hablar con nosotros. Nosotros reconocemos a los miembros del gobierno federal como representantes de una de las partes en conflicto.

¿Qué representación reconoce el gobierno federal a nuestro Ejército Zapatista de Liberación Nacional? Si quiere dialogar con nosotros, señor Camacho Solís, debe responder antes a esta pregunta que hacemos.

Tercero. Todas las propuestas de diálogo o asuntos del gobierno federal que se tengan que tratar con nosotros, deberán ser dirigidas a través del señor Samuel Ruiz García, obispo de la Diócesis de San Cristóbal de Las Casas, Chiapas. Sólo las comunicaciones que recibamos a través del señor Samuel Ruiz García serán verdaderas para nosotros. Cualquier otro medio no será tomado en cuenta.

Cuarto. Como usted comprenderá, la situación bélica en que nos encontramos nos impide dar respuesta rápida a los planteamientos que nos haga el Comisionado para la Paz y la Reconciliación en Chiapas, por lo que deberá usted tener paciencia a que, según nuestros medios y situación, podamos hacerle llegar nuestros planteamientos.

Desde las montañas del Sureste mexicano
CCRI-CG del EZLN
Firma, Subcomandante Marcos

•

[NUEVAS VIOLACIONES AL CESE AL FUEGO, 21 de enero]

Al pueblo de México: 17 de enero de 1994
A los pueblos y gobiernos del mundo:

Enviamos este mensaje a la prensa nacional e internacional para denunciar nuevas violaciones al cese al fuego por parte de las tropas federales.

El día 16 de enero de 1994, a las 11:30 horas, aproximadamente, 35 vehículos militares de transporte de tropas, con aproximadamente 400 elementos del Ejército federal, asaltaron la cabecera municipal de Oxchuc y se llevaron detenidas a más de 12 personas civiles, injustamente acusadas de pertenecer a nuestro EZLN. El Comité Clandestino Revolucionario Indígena-Comandancia General del EZLN denuncia que el Ejército federal está tomando atribuciones jurídicas que no le corresponden y que sigue amedrentando a la población civil. La actitud prepotente de los federales al agredir a pobladores pacíficos constituye una flagrante violación al cese al fuego dictado por su comandante supremo el día 12 de enero de 1994.

La noche del 16 de enero de 1994 aviones artillados de la Fuerza Aérea Mexicana bombardearon rancherías cercanas al poblado Monte Líbano, municipio de Ocosingo. La violación al cese al fuego nuevamente afecta a la población civil.

Nuestras tropas siguen atenidas a las órdenes de este Comité Clandestino Revolucionario Indígena-Comandancia General del EZLN de cesar todo fuego ofensivo en contra de las fuerzas federales. Seguimos en disposición a un diálogo para buscar una solución justa al conflicto, pero es nuestro deber cuidar de la población civil en la zona en combate, por lo que advertimos que, si siguen las violaciones al cese al fuego por parte de los federales, podríamos reconsiderar el cese al fuego ofensivo de nuestras tropas.

Pedimos que el cumplimiento del cese al fuego por parte de las tropas federales sea vigilado por miembros del gobierno federal, pues las repetidas violaciones traerán la ruina del proceso de diálogo que recién se inicia.

Desde las montañas del Sureste mexicano
CCRI-CG del EZLN

•

[LEY DE AMNISTÍA, 21 de enero]

Al Sr. Don Samuel Ruiz García, 18 de enero de 1994
Comisionado Nacional de Intermediación.
A Manuel Camacho Solís,
Comisionado para la Paz y la Reconciliación en Chiapas.
Señores:
El Comité Clandestino Revolucionario Indígena-Comandancia General del Ejército Zapatista de Liberación Nacional se dirige a ustedes con respeto para decirles lo siguiente:
Primero. Por diversos medios de comunicación nos hemos enterado de que existe una iniciativa de Ley de Amnistía que el señor Salinas de Gortari presentó al Congreso para ser aprobada.
Segundo. Según declaramos en el Comunicado de este CCRI-CG del EZLN al señor Manuel Camacho Solís, de fecha de 13 de enero de 1994, en el punto tercero, "todas las propuestas de diálogo o asuntos del gobierno federal que se tengan que tratar con nosotros, deberán ser dirigidas a través del señor Samuel Ruiz García, obispo de la Diócesis de San Cristóbal de Las Casas, Chiapas. Sólo las comunicaciones que recibamos a través del señor Samuel Ruiz García serán valederas para nosotros. Cualquier otro medio no será tomado en cuenta". No hemos recibido comunicación escrita alguna sobre la mencionada "iniciativa de

Ley de Amnistía", por lo tanto, no podemos pronunciarnos oficialmente sobre su contenido.

Tercero. Por lo que hemos alcanzado a escuchar en los medios de comunicación, en lo referente a la mencionada "Ley de Amnistía", sólo podemos opinar, en lo general, que es prematura en el actual proceso de diálogo, pues prevalecen las causas políticas y sociales que originaron nuestro movimiento.

Cuarto. Solicitamos atentamente que el proceso de diálogo para llegar a una solución política justa del conflicto siga sus tiempos y pasos propios, tal y como ha declarado públicamente el señor Manuel Camacho Solís en diversas oportunidades.

Quinto. Les recordamos que las condiciones previas para el inicio de un diálogo encaminado a una solución política justa del conflicto no han sido cumplidas en su totalidad, pues el Ejército federal sigue violando el cese al fuego y permanece fuera de sus cuarteles, amenazando a nuestras fuerzas y a la población civil.

Sexto. Pensamos que el proceso iniciado por ustedes dos se encamina en la justicia y el respeto. Saludamos su desempeño y les reiteramos nuestra mejor disposición a escucharlos y mantener abiertos los canales de comunicación posibles y necesarios para el bien de nuestros pueblos y de la patria toda.

Respetuosamente
Desde las montañas del Sureste mexicano
CCRI-CG del EZLN
Firma el Subcomandante Marcos

•

[RECONOCIMIENTO AL COMISIONADO, 21 de enero]

Al señor Manuel Camacho Solís,   18 de enero de 1994
Comisionado para la Paz y la Reconciliación en Chiapas
Señor Camacho Solís:

El Comité Clandestino Revolucionario Indígena-Comandancia General del Ejército Zapatista de Liberación Nacional se dirige nuevamente a usted. Hemos escuchado en el radio, con atención y respeto, sus palabras de respuesta a nuestra carta de fecha del 13 de enero de 1994. Hay en su pensamiento algunas cosas que debemos pensar bien y analizar para poder decir nuestra palabra de verdad. La respuesta completa a lo planteado por usted deberá esperar un poco de tiempo, pues no hemos recibido aún la comunicación escrita y sólo tenemos lo que declaró usted en la radio. Sin embargo, en lo general, vemos en su respuesta de usted un gran valor y saludamos el espíritu que llevan sus palabras. Por tanto, el CCRI-CG del EZLN declara:

Primero. El Comité Clandestino Revolucionario Indígena-Comandancia General del EZLN reconoce oficialmente al señor Manuel Camacho Solís como Comisionado para la Paz y la Reconciliación en Chiapas.

Segundo. El Comité Clandestino Revolucionario Indígena-Comandancia General del EZLN reconoce al señor Manuel Camacho Solís como interlocutor verdadero y todas sus palabras y pensamiento serán recibidos por nosotros con atención y respeto, analizados con cuidado y seriedad y recibirán respuesta con formalidad y verdad.

Tercero. El Comité Clandestino Revolucionario Indígena-Comandancia General del EZLN en consecuencia con su reconocimiento oficial al señor Camacho Solís como Comisionado para la Paz y la Reconciliación en Chiapas, garantiza el libre tránsito y movimiento del señor Camacho Solís dentro de los territorios bajo control del EZLN y da la seguridad de que su persona y bienes serán respetados cabalmente por las tropas zapatistas.

Respetuosamente:
Desde las montañas del Sureste mexicano
CCRI-CG del EZLN
Firma el Subcomandante Marcos

•

[PRESENTACIÓN DE MARCOS A CUATRO COMUNICADOS, 25 de enero]

Al semanario nacional *Proceso*.   20 de enero de 1994
Al periódico nacional *La Jornada*.
Al periódico nacional *El Financiero*.
Al periódico local de San Cristóbal de Las Casas, Chiapas, *Tiempo*.
Señores:

Tratamos de acercarnos un poco, buscando la posibilidad de un contacto personal con el señor Camacho Solís, pero hubo que replegarse por la presión de los federales. Así que volverán a tardar nuestros envíos. Aquí les mando otra serie de comunicados: uno dirigido a otras organizaciones indígenas de Chiapas, otro dirigido al pueblo de México, uno más sobre el juicio seguido al general de división Absalón Castellanos Domínguez que me acaba de llegar del Tribunal de Justicia Zapatista, y el último dirigido a los señores Samuel Ruiz García y Manuel Camacho Solís. Agradezco de antemano que vean la forma de que sean del dominio público.

Los tiempos se acortan, los cercos se cierran. Cada vez es más difícil mandarles algo para que nos vayan conociendo más allá de pasamontañas, fusiles de madera, lanzas y "temibles cuernos de chivo". Amparados en el supuesto "cese al fuego" los federales siguen tejiendo el aparato de inteligencia militar y represión que les permita dar el golpe espectacular que opaque, al fin, su torpeza en los combates y sus atropellos a la población civil. Con acciones militares de las que llaman "de comando", el ejército federal toca la tentadora posibilidad de dar con el grupo de mando central y aniquilarlo. Todo estaba ya, años hace, dentro de lo previsible para nosotros. En caso de que tengan éxito nada cambiará en lo fundamental, la sucesión de mandos y la omnipresencia de los Comités Clandestinos Revolucionarios Indígenas acabarán por levantarse de golpe cualquiera, por espectacular y contundente que parezca. Bien, por fin he tenido oportunidad de unas horas para leer algunas publicaciones que alguien tuvo a bien enviarme (la llegada de voceadores o suscripciones a las montañas del sureste es tan improbable como un asiento vacío en el metro capitalino en horas pico). Por acá me doy cuenta de la angustia que provocan los pasamontañas y las "oscuras" intenciones de la "dirigencia" zapatista. He abusado, conscientemente, de ustedes al tomarlos como interlocutores. Sin embargo creo que a todos ha servido esta correspondencia inoportuna y retrasada. Ahora el horizonte se empieza a oscurecer y cada línea puede ser la última. Así que, reiterando el abuso, aprovecho ésta para tocar algunos puntos aunque sólo queden señalados. Gracias si los leen, muchas más si los publican. Por acá pintan mal los tiempos y pueden ser los últimos.

Tengo el honor de tener como mis superiores a los mejores hombres y mujeres de las etnias tzeltal, tzotzil, chol, tojolabal, mam y zoque. Con ellos he vivido por más de 10 años y me enorgullece obedecerlos y servirlos con mis armas y mi alma. Me han enseñado más de lo que ahora enseñan al país y al mundo entero. Ellos son mis comandantes y los seguiré por las rutas que elijan. Ellos son la dirección colectiva y democrática del EZLN, su aceptación al diálogo es verdadera como verdadero su corazón de lucha y verdadera su desconfianza a ser engañados de nuevo.

El EZLN no tiene ni el deseo ni la capacidad de aglutinar en torno a su proyecto y su camino a los mexicanos todos. Pero tiene la capacidad y el deseo de sumar su fuerza a la fuerza nacional que anime a nuestro país por el camino de justicia, democracia y libertad que nosotros queremos.

Si tenemos que escoger entre caminos, siempre escogeremos el de la dignidad. Si encontramos una paz digna, seguiremos el camino de la paz digna. Si encontramos la guerra digna, empuñaremos nuestras armas para encontrarla. Si encontramos una vida digna seguiremos viviendo. Si, por el contrario, la dignidad significa muerte entonces iremos, sin dudarlo, a encontrarla.

Lo que el EZLN busca para los indígenas en Chiapas lo debe buscar toda organización honesta en todo el país para todos los mexicanos. Lo que el EZLN busca con las armas lo debe buscar toda organización honesta con diferentes formas de lucha.

No tomaremos al país como rehén. No queremos ni podemos imponerle a la sociedad civil mexicana nuestra idea por la fuerza de nuestras armas, como sí hace el actual gobierno que impone con la fuerza de sus armas su proyecto de país. No impediremos el proceso electoral venidero.

Cuando una fuerza político-militar (como la del gobierno federal mexicano) pide a otra fuerza político-militar (como la del EZLN) que entregue sus armas eso significa, en términos políticos y militares, que se pide una rendición incondicional. A cambio de esa rendición incondicional, el gobierno federal ofrece lo de siempre: un ajuste de cuentas interno, un paquete de declaraciones, promesas y más dependencias burocráticas.

En concreto, el pedido de "deponer las armas" es el que más suspicacias provoca. La lección histórica nacional y latinoamericana es que quien entrega sus armas confiando en el "olvido" de quien lo persigue termina sus días acribillado en cualquier lugar por las armas de cualquier escuadrón de la muerte de cualquier fracción política o gobernante. ¿Por qué habríamos de pensar nosotros que no ocurrirá así aquí en nuestro país?

Nosotros pensamos que el cambio revolucionario en México no será producto de la acción en un solo sentido. Es decir, no será, en sentido estricto, una revolución armada o una revolución pacífica. Será, primordialmente, una revolución que resulte de la lucha en variados frentes sociales, con muchos métodos, bajo diferentes formas sociales, con grados diversos de compromiso y participación. Y su resultado será, no el de un partido, organización o alianza de organizaciones triunfante con su propuesta social específica, sino una suerte de espacio democrático de resolución de la confrontación entre diversas propuestas políticas. Este espacio democrático de resolución tendrá tres premisas fundamentales que son inseparables, ya, históricamente: la democracia para decidir la propuesta social dominante, la libertad para suscribir una u otra propuesta y la justicia a la que todas las propuestas deberán ceñirse. El cambio revolucionario en México no seguirá un calendario estricto, podrá ser un huracán que estalla después de tiempo de acumulación, o una serie de batallas sociales que, paulatinamente, vayan derrotando las fuerzas que se le contraponen. El cambio revolucionario en México no será bajo una dirección única con una sola agrupación homogénea y un caudillo que la guíe, sino una pluralidad con dominantes que cambian pero giran sobre un punto común: el tríptico de democracia, libertad y justicia sobre el que será el nuevo México o no será.

La paz social sólo será si es justa y digna para todos.

El proceso de diálogo para la paz viene de una determinante fundamental, no de la voluntad política del gobierno federal, no de nuestra supuesta fuerza político-militar (que para la mayoría sigue siendo un misterio), *sino de la acción firme de lo que llaman la sociedad civil mexicana*. De esta misma acción de la sociedad civil mexicana, y no de la voluntad del gobierno o de la fuerza de nuestros fusiles, saldrá la posibilidad real de un cambio democrático en México.

Epílogo. "De pasamontañas y otras máscaras"

¿A qué tanto escándalo por el pasamontañas? ¿No es la cultura política mexicana una "cultura de tapados"? Pero, en bien de frenar la creciente angustia de algunos que temen (o desean) que algún "kamarrada" o "boggie el aceitoso" sea el que termine por aparecer tras el pasamontañas y la "nariz pronunciada" (como dice *La Jornada*) del "sup" (como dicen los compañeros), propongo lo siguiente: yo estoy dispuesto a quitarme el pasamontañas si la sociedad mexicana se quita la máscara que ansias con vocación extranjera le han colocado años ha. ¿Qué pasará? Lo previsible: la sociedad civil mexicana (excluyendo a los zapatistas porque ellos lo conocen perfectamente en imagen, pensamiento, palabra y obra) se dará cuenta, no sin desilusión, que el "sup-Marcos" no es extranjero y que no es tan guapo como lo promovía la "media filiación" de la PGR. Pero no sólo eso, al quitarse su propia máscara, la sociedad civil mexicana se dará cuenta, con un impacto mayor, que la imagen que le habían *vendido* de sí misma es falsa y la realidad es bastante más aterradora de lo que suponía. Uno y otra mostraríamos la cara, pero la gran diferencia estará en que el "sup-Marcos" siempre supo cómo era su cara realmente, y la sociedad civil apenas despertará del largo y perezoso sueño que la "modernidad" le impuso a costa de todo y de todos. El "sup-Marcos" está listo a quitarse el pasamontañas, ¿está la sociedad civil mexicana lista a quitarse su máscara? No se pierda el próximo episodio de esta historia de máscaras y rostros que se afirman y niegan (si los aviones, helicópteros y máscaras verde olivo lo permiten).

Es todo... pero falta mucho. Bueno, éste puede ser el final de un muy corto intercambio epistolar entre un pasamontañas de nariz pronunciada y algo de lo mejor de la prensa honesta de México.

Salud y ya no un abrazo porque puede despertar celos y suspicacias.

Subcomandante Insurgente Marcos

•

[CONDICIONES Y AGENDA PARA EL DIÁLOGO, 25 de enero]

Al Señor Samuel Ruiz García, 20 de enero de 1994
Comisión Nacional de Intermediación.
Al Señor Manuel Camacho Solís,
Comisionado para La Paz y la Reconciliación en Chiapas.
Señores:
Nos dirigimos nuevamente a ustedes, nosotros los miembros del Comité Clandestino Revolucionario Indígena-Comandancia General del Ejército Zapatista de Liberación Nacional, para decirles lo siguiente:

Primero. No hemos recibido aún comunicación escrita alguna sobre la mencionada "Ley de Amnistía", por lo que seguimos sin poder manifestarnos al respecto. Pero como quiera que sea queremos decirles que el contenido de la "Ley de Amnistía" no es ni será un obstáculo para nuestra disposición al diálogo que nos lleve a una solución política justa al conflicto actual. Es decir, independientemente de la dicha ley, seguiremos adelante con el proceso de diálogo, si es que no es una condición el ceñirse a esta ley para iniciar el diálogo. Si no es una condición para sentarse a discutir la salida política a nuestra lucha, entonces continuaremos con el proceso de diálogo.

Segundo. Después de la carta del señor Manuel Camacho Solís, de fecha 18 de enero de 1994, no hemos recibido ninguna otra comunicación escrita del Comisionado para la Paz y la Reconciliación en Chiapas. Les recordamos que sólo las comunicaciones escritas que nos dirijan a través del señor Samuel Ruiz García tendrán validez para nosotros.

Tercero. El Comité Clandestino Revolucionario Indígena-Comandancia General del EZLN leyó con atención la carta del señor Manuel Camacho Solís, Comisionado para la Paz y la Reconciliación en Chiapas, de fecha del 18 de enero de 1994. Sobre esta carta, tenemos una pregunta: ¿Qué representatividad nos reconoce el gobierno federal para dialogar con nosotros? ¿Como fuerza beligerante? ¿Como fuerza política? Necesitamos conocer esto para saber qué garantías tenemos para el proceso de diálogo y para el cumplimiento de los acuerdos a los que, eventualmente, llegue el diálogo. No está claro el reconocimiento que nos da el señor Manuel Camacho Solís en la carta del 18 de enero de 1994.

Cuarto. El Comité Clandestino Revolucionario Indígena-Comandancia General del EZLN declara que no tiene rehén alguno. Sólo tiene al prisionero de guerra general de división Absalón Castellanos Domínguez, cuya liberación está ya en trámite según les comunicamos oportunamente. Liberado el señor general de división Absalón Castellanos Domínguez, no queda en nuestro poder prisionero o rehén alguno ni militares ni policías ni civiles. Todos han sido dejados en libertad.

Quinto. El Comité Clandestino Revolucionario Indígena-Comandancia General del EZLN se ha enterado, por los medios de comunicación, que el ejército federal se retirará de las zonas civiles que actualmente ocupa y se agrupará en sus guarniciones.

Sexto. El Comité Clandestino Revolucionario Indígena-Comandancia General del EZLN declara que, desde el día 17 de enero de 1994 hasta la fecha de hoy, no se han registrado violaciones al cese al fuego por parte de las tropas federales.

Séptimo. El Comité Clandestino Revolucionario Indígena-Comandancia General del EZLN declara que están por cumplirse las condiciones previas para el inicio del diálogo con el Comisionado para la Paz y la Reconciliación en Chiapas, por lo que exhorta a los señores Manuel Camacho Solís y Samuel Ruiz García, para que se inicien los trabajos encaminados al inicio de un diálogo público verdadero y con plenas garantías de respeto a la vida, libertad, libre tránsito y bienes de quienes sean nombrados delegados por el CCRI-CG del EZLN, para asistir personalmente al encuentro de diálogo.

Octavo. Garantizado por los señores Manuel Camacho Solís y Samuel Ruiz García el respeto a la vida, libertad, libre tránsito y bienes de los delegados zapatistas, proponemos que el primer punto del diálogo sea el establecer, de mutuo acuerdo, la agenda de discusión y los tiempos para iniciarla.

Noveno. La agenda de discusión que propone el CCRI-CG del EZLN es la siguiente:

a] *Demandas económicas*. Todas ellas referentes a las graves condiciones materiales de vida que padecemos nosotros, los indígenas de Chiapas. Situación actual y caminos de solución inmediata y a largo plazo.

b] *Demandas sociales.* Todas ellas referentes a lo que padecemos los indígenas de Chiapas: racismo, marginación, falta de respeto, expulsiones, ataques a nuestra cultura y tradiciones, etcétera. Situación actual y caminos de solución definitiva.

c] *Demandas políticas.* Todas ellas referentes a la falta de espacios legales de participación real de nosotros, los indígenas de Chiapas y de los mexicanos todos en la vida política nacional. Situación actual y caminos de solución inmediata.

d] *Cese a las hostilidades y enfrentamientos violentos.* Garantías a una y otra parte en conflicto.

Esperamos su respuesta escrita a la presente.
Desde las montañas del Sureste mexicano
CCRI-CG del EZLN
Firma del Subcomandante Marcos

•

[A OTRAS ORGANIZACIONES INDÍGENAS, 25 de enero]

"Es común la tierra que nos dio vida y lucha."

A nuestros hermanos   20 de enero de 1994
indígenas de otras organizaciones:
Al pueblo de México:
A los pueblos y gobiernos del mundo:
Hermanos:

Nos dirigimos a ustedes, hermanos indígenas de diferentes organizaciones independientes y honestas de Chiapas y de México. Les hablamos nosotros, los indígenas del Comité Clandestino Revolucionario Indígena-Comandancia General del Ejército Zapatista de Liberación Nacional, para decirles lo siguiente:

Primero. Nosotros los zapatistas siempre hemos respetado y seguiremos respetando a las diferentes organizaciones independientes y honestas. No las hemos obligado a que se entren en nuestra lucha; cuando se han entrado es siempre por su voluntad y libremente.

Segundo. Nosotros vemos con respeto su forma de lucha de ustedes; saludamos su independencia y honestidad si éstas son verdaderas. Nosotros tomamos las armas porque no nos dejaron otro camino. Si ustedes siguen su camino, nosotros estamos de acuerdo porque luchamos por lo mismo y es común la tierra que nos dio vida y lucha.

Tercero. Nuestra forma de lucha armada es justa y es verdadera. Si nosotros no hubiéramos levantado nuestros fusiles, el gobierno nunca se hubiera preocupado de los indígenas de nuestras tierras y seguiríamos ahora en el olvido y la pobreza. Ahora el gobierno se preocupa mucho de los problemas de indígenas y campesinos y eso está bien. Pero fue necesario que hablara el fusil zapatista para que México escuchara la voz de los pobres chiapanecos.

Cuarto. Nosotros seguiremos respetándolos a ustedes y respetando sus formas de lucha. Los invitamos a que, cada quien según su organización y su forma de lucha, unamos nuestro corazón con la misma esperanza de libertad, democracia y justicia.

¡Todas las organizaciones y una sola lucha!
Desde las montañas del Sureste mexicano
CCRI-CG del EZLN
Firma de Subcomandante Marcos

•

[OTRAS FORMAS DE LUCHA, 25 de enero]

"Queremos que los pasos de todos los que caminan con verdad, se unan en un solo paso."

Al pueblo de México: 20 de enero de 1994
A todas las personas y organizaciones civiles y políticas democráticas, honestas e independientes de México:
A los pueblos y gobiernos del mundo:
Hermanos:
La digna lucha de los combatientes del Ejército Zapatista de Liberación Nacional ha recibido la simpatía de diversas personas, organizaciones y sectores de la sociedad civil mexicana e internacional. La acción honrada y decidida de estas fuerzas progresistas es la que, verdaderamente, ha abierto las posibilidades de una solución política justa al conflicto que cubre nuestros cielos. Ni la sola voluntad política del Ejecutivo federal ni las gloriosas acciones militares de nuestros combatientes han sido tan decisivas para este giro del conflicto, como sí lo han sido

las diversas manifestaciones públicas, en las calles, las montañas y los medios de comunicación, de las más diferentes organizaciones y personas honestas e independientes que forman parte de lo que llaman la sociedad civil mexicana.

Nosotros, los últimos de los ciudadanos mexicanos y los primeros de los patriotas, hemos entendido desde un principio que nuestros problemas, y los de la patria toda, sólo pueden resolverse por medio de un movimiento nacional revolucionario en torno a 3 demandas principales: libertad, democracia y justicia.

Nuestra forma de lucha no es la única, tal vez para muchos ni siquiera sea la adecuada. Existen y tienen gran valor otras formas de lucha. Nuestra organización no es la única, tal vez para muchos ni siquiera sea la deseable. Existen y tienen gran valor otras organizaciones honestas, progresistas e independientes. El Ejército Zapatista de Liberación Nacional nunca ha pretendido que su forma de lucha sea la única legítima. De hecho, para nosotros es la única que nos han dejado. El EZLN saluda el desarrollo honesto y consecuente de todas las formas de lucha que sigan la ruta que nos lleve, a todos, a la libertad, la democracia y la justicia. El Ejército Zapatista de Liberación Nacional nunca ha pretendido que su organización sea la única verdadera, honesta y revolucionaria en México o en Chiapas.

De hecho, nosotros nos organizamos así porque es la única forma que nos dejaron. El EZLN saluda el desarrollo honesto y consecuente de todas las organizaciones independientes y progresistas que luchan por la libertad, la democracia y la justicia para la patria toda. Hay y habrá otras organizaciones revolucionarias. Hay y habrá otros ejércitos populares. Nosotros no pretendemos ser la vanguardia histórica, una, única y verdadera. Nosotros no pretendemos aglutinar bajo nuestra bandera zapatista a todos los mexicanos honestos. Nosotros ofrecemos nuestra bandera. Pero hay una bandera más grande y poderosa bajo la cual podemos cobijarnos todos. La bandera de un movimiento nacional revolucionario donde cupieran las más diversas tendencias, los más diferentes pensamientos, las distintas formas de lucha, pero sólo existiera un anhelo y una meta: la libertad, la democracia y la justicia.

El EZLN llama a los mexicanos todos a enarbolar esta bandera, no la bandera del EZLN, no la bandera de la lucha armada, sino la bandera de lo que es derecho de todo ser pensante, razón de nuestro pueblo y entender de nuestra gente: la libertad, la democracia y la justicia. Bajo esta gran bandera ondeará también nuestra bandera zapatista, bajo esta gran bandera marcharán también nuestros fusiles.

La lucha por la libertad, la democracia y la justicia no es sólo tarea del EZLN, es trabajo de todos los mexicanos y organizaciones honestas, independientes y progresistas. Cada quien en su terreno, cada quien con su forma de lucha, cada quien con su organización y su idea.

Los pasos de todos los que caminan con verdad deberán unirse en un solo paso: el que lleve a la libertad, la democracia y la justicia.

No termina nuestra lucha ni se acalla nuestro grito después del "¡Ya basta!" que dijimos el primero de enero de 1994. Falta mucho por andar, son distintos los pasos pero uno el anhelo: ¡libertad!, ¡democracia!, ¡justicia!

¡Seguiremos luchando hasta alcanzar la libertad que es nuestro derecho, la democracia que es nuestra razón, y la justicia que es nuestra vida!

Desde las montañas del Sureste mexicano
CCRI-CG del EZLN

•

CONCLUSIONES DEL JUICIO POPULAR seguido para establecer responsabilidad del señor general de división Absalón Castellanos Domínguez en los delitos de violación de los derechos humanos, asesinato, secuestro, robo, corrupción y los que se derivan de la persecución de los mismos en perjuicio del pueblo indígena de Chiapas, México. [25 de enero]

Al pueblo de México.   20 de enero de 1994
A los pueblos y gobiernos del mundo.
Hermanos:

El Comité Clandestino Revolucionario Indígena-Comandancia General del Ejército Zapatista de Liberación Nacional establece las conclusiones del juicio popular seguido en contra del prisionero de guerra de nombre Absalón Castellanos Domínguez, general de división del Ejército Federal Mexicano, acusado de delitos varios en perjuicio de la población indígena chiapaneca:

Primero. El general de división Absalón Castellanos Domínguez fue acusado de haber orillado a la población indígena chiapaneca a alzarse en armas en contra de las injusticias, al cerrarle todo camino legal y pacífico para sus justas demandas durante el periodo en que se desempeñó como titular del Ejecutivo estatal en Chiapas.

Conclusión. El general de división Absalón Castellanos Domínguez fue encontrado culpable de, en complicidad con el gobierno federal en turno durante su mandato estatal, haber obligado a los indígenas chiapanecos a alzarse en armas al cerrarles toda posibilidad de una solución pacífica a sus problemas. Son cómplices del general de división Absalón Castellanos Domínguez, en la comisión de este delito, los señores Patrocinio González Blanco Garrido y Elmar Setzer Marseille, que le siguieron en la titularidad del Ejecutivo estatal y que, con la complicidad de los respectivos gobiernos federales, siguieron orillando a nuestros pueblos a este camino.

Segundo. El general de división Absalón Castellanos Domínguez fue acusado de, antes, durante y después del periodo en que se desempeñó al frente del Ejecutivo estatal en Chiapas, haber reprimido, secuestrado, encarcelado, torturado, violado y asesinado a miembros de las poblaciones indígenas chiapanecas que luchaban legal y pacíficamente por sus justos derechos.

Conclusión. El general de división Absalón Castellanos Domínguez fue encontrado culpable de, en complicidad con el gobierno federal en turno durante su mandato estatal, haber reprimido, secuestrado, encarcelado, torturado, violado y asesinado a miembros de las poblaciones indígenas chiapanecas que luchaban legal y pacíficamente por sus justos derechos.

Tercero. El general de división Absalón Castellanos Domínguez fue acusado de, antes, durante y después del periodo en que se desempeñó al frente del Ejecutivo estatal en Chiapas, haber despojado a campesinos indígenas chiapanecos de sus tierras en complicidad con el gobierno federal en turno.

Conclusión. El general de división Absalón Castellanos Domínguez fue encontrado culpable de, en complicidad con el gobierno federal en turno, antes, durante y después de su mandato estatal, haber despojado a campesinos indígenas chiapanecos de sus tierras y, de esa forma, haberse constituido en uno de los más poderosos terratenientes del estado de Chiapas.

Cuarto. Después de haber deliberado y analizado todas las acusaciones en contra del general de división Absalón Castellanos Domínguez, y habiéndose demostrado su culpabilidad, el Tribunal de Justicia Zapatista emite el siguiente veredicto y dicta sentencia:

El señor general de división Absalón Castellanos Domínguez fue encontrado culpable de los delitos de violación a los derechos humanos indígenas, robo, despojo, secuestro, corrupción y asesinato. Sin encontrarse atenuante alguno en la comisión de estos delitos, el Tribunal de Justicia Zapatista dicta la siguiente sentencia:

Se condena al señor general de división Absalón Castellanos Domínguez a cadena perpetua, haciendo trabajos manuales en una comunidad indígena de Chiapas y a ganarse de esta forma el pan y medios necesarios para su subsistencia.

Quinto. Como mensaje al pueblo de México y a los pueblos y gobiernos del mundo, el Tribunal de Justicia Zapatista del EZLN conmuta la pena de cadena perpetua al señor general de división Absalón Castellanos Domínguez, lo deja libre físicamente y, en su lugar, lo condena a vivir hasta el último de sus días con la pena y la vergüenza de haber recibido el perdón y la bondad de aquellos a quienes tanto tiempo humilló, secuestró, despojó, robó y asesinó.

Sexto. El Tribunal de Justicia Zapatista turna esta resolución al Comité Clandestino Revolucionario Indígena-Comandancia General del Ejército Zapatista de Liberación Nacional, para que se tomen las medidas necesarias y pertinentes para el cumplimiento de lo resuelto en este Tribunal de Justicia Zapatista; asimismo, recomienda que se proponga al gobierno federal el intercambio del señor general de división Absalón Castellanos Domínguez por la totalidad de los combatientes zapatistas y los civiles injustamente presos por las tropas federales, durante los días que dura actualmente nuestra justa guerra. También se ofrece canjear al militar por víveres y otros medios que alivien la grave situación de la población civil en los territorios bajo control del EZLN.

Dictado a 13 días del mes de enero de 1994.
Atentamente
Desde las montañas del Sureste mexicano
Tribunal de Justicia Zapatista
CCRI-CG del EZLN
(Rúbrica del Subcomandante Marcos)

•

[DICEN ALGUNOS MIEMBROS DEL EZLN, 30 de enero]

Para el periódico nacional *La Jornada*   26 de enero de 1994
Para el periódico local de San Cristóbal
de Las Casas, Chiapas, *Tiempo*
Señor Álvaro Cepeda Neri.
Columna Conjeturas.
Periódico nacional *La Jornada*. México, D. F.

Señor Cepeda Neri y familia:
Acuso recibo de su carta publicada en *La Jornada* con fecha de 24 de enero de 1994. Agradecemos su pensamiento. Nosotros acá estamos bien. Helicópteros y aviones van y vienen, se acercan, nos ven, los vemos, se alejan, regresan, y así día y noche. La montaña nos protege, la montaña es compañera desde hace muchos años.

Quisiera platicarle a usted algunas cosas que ocurren por estas tierras y que, es seguro, no saldrán nunca en diarios y revistas pues lo cotidiano no les interesa. Y hay, créame usted, un heroísmo cotidiano que es el que hace posible que existan los destellos que, de tanto en tanto, iluminan la aparente mediocridad de nuestra historia patria. Acabo de reunirme hace unas horas con algunos miembros del Comité Clandestino Revolucionario Indígena. Discutieron la forma en que nombrarán delegados para el diálogo con el Comisionado para la Paz y la Reconciliación en Chiapas. Después estuvieron revisando algunos periódicos que llegaron (retrasados, por supuesto). Las notas y comentarios periodísticos provocan reacciones diversas en todos nosotros.

Javier, un tzotzil de hablar pausado que busca la palabra que diga la verdad, ha leído ahora lo ocurrido en Tlalmanalco, estado de México. Indignado viene hacia mí y me dice que "hay que invitar a esas gentes que se vengan acá con nosotros". Le empiezo a explicar por qué no los podemos invitar, porque son de un partido político y nosotros no podemos intervenir en el pensamiento de otras organizaciones políticas, porque ese lugar está muy lejos, porque no los van a dejar pasar en los retenes, porque no nos va a alcanzar el frijol para tantos, porque etcétera. Javier espera pacientemente a que yo termine de hablar. Me dice ahora, serio: "Yo no te digo los del PRD". Y agrega: "Yo te digo los policías que los golpearon". En cuclillas decreta, sentencia, ordena: "Invita a esos policías a que vengan acá. Diles que si son hombres de veras que se vengan a pelear contra nosotros. A ver si es lo mismo golpear gente inocente y pacífica que pelear contra nosotros. Diles, escribe que nosotros les vamos a enseñar a respetar al pueblo humilde".

Javier sigue en cuclillas frente a mí, espera a que empiece a escribir la carta dirigida a los granaderos del estado de México. Yo dudo... En ese momento la guardia avisa que están entrando unos periodistas y que piden hablar con alguien. Me disculpo con Javier, veo quién ha de ir a hablar con los periodistas. La carta de invitación a los granaderos queda pendiente.

Ahora es Ángel, tzeltal cuyo orgullo es haber leído completo el libro de Womack sobre Zapata ("Tardé tres años. Sufrí, pero lo terminé", dice cada que alguien se atreve a dudar de su proeza). Se viene encima mío blandiendo en la mano izquierda un periódico (en la derecha porta una carabina M-l). "No entiendo su palabra de este señor", me reclama. "Usa palabras duras y no se conoce su camino. Parece que entiende nuestra lucha y parece que no la entiende." Yo reviso el periódico y Ángel me señala la columna de un editorialista "X". Le explico a Ángel lo que ese señor dice: que sí es cierto que hay pobreza en Chiapas, pero que no es posible que los indígenas se hayan preparado tan bien y que se hayan alzado con un plan, que los indígenas siempre se alzan sin plan, así nomás, de pronto; que eso quiere decir que hay gente extraña y extranjera que se está aprovechando de la pobreza indígena para hablar mal de México y de su presidente, que el EZLN está entre los indígenas pero no los representa. Ángel empieza a dar vuelta y vuelta; enfurecido, no alcanza a hablar con orden, mezcla atropelladamente palabras en dialecto y en "castilla". "¿Por qué siempre nos piensan como niños chiquitos?", me avienta en la cara la pregunta. Yo casi tiro el arroz semicrudo que algún cocinero novato me ha dedicado "especialmente para el sub". Sigue más calmado cuando le dan su plato: "¿Por qué para ellos nosotros no podemos pensar solos y tener buen pensamiento con buen plan y buena lucha?" Yo entiendo que no es a mí a quien pregunta; Ángel entiende que no es para mí esa pregunta; sabe bien Ángel que esa pregunta va para el improbable señor del "artículo de fondo". Sabemos los dos, Ángel y yo, que esa y otras preguntas quedarán sin respuesta. "¿Acaso la inteligencia sólo llega en su cabeza del ladino? ¿Acaso nuestros abuelos no tuvieron bueno su pensamiento cuando ellos eran?" Ángel pregunta y pregunta, nadie responde, nadie lo hará...

Susana, tzotzil, está enojada. Hace rato la burlaban porque, dicen los demás del CCRI, ella tuvo la culpa del primer alzamiento del EZLN, en marzo de 1993. "Estoy brava", me dice. Yo, mientras averiguo de qué se trata, me protejo tras una roca. "Los compañeros dicen que por mi culpa se alzaron los zapatistas el año pasado." Yo me empiezo a acercar cauteloso. Después de un rato descubro de qué se trata: En marzo de 1993 los compañeros discutían lo que después serían las "Leyes Revolucionarias". A Susana le tocó recorrer decenas de comunidades para hablar con los grupos de mujeres y sacar así, de su pensamiento, la "Ley de Mujeres". Cuando se reunió el CCRI a votar las leyes, fueron pasando una a una las comisiones de justicia, ley agraria, impuestos de guerra, derechos y obligaciones de los pueblos en lucha, y la de mujeres. A Susana le tocó leer las propuestas que había juntado del pensamiento de miles de mujeres indígenas. Empezó a leer y, conforme avanzaba en la lectura, la asamblea del CCRI se notaba más y más inquieta. Se escuchaban rumores y comentarios. En chol, tzeltal, tzotzil, tojolabal, mam, zoque y "castilla", los comentarios saltaban en un lado y otro. Susana no se arredró y siguió embistiendo contra todo y contra todos: "Queremos que no nos obliguen a casarnos con el que no queremos. Queremos tener los hijos que queramos y podamos cuidar. Queremos derecho a tener cargo en la comunidad. Queremos derecho a decir nuestra palabra y que se respete. Queremos derecho a estudiar y hasta de ser choferes". Así siguió hasta que terminó. Al final dejó un silencio pesado. Las "leyes de mujeres" que acababa de leer Susana significaban, para las comunidades indígenas, una verdadera revolución. Las responsables mujeres estaban todavía recibiendo la traducción, en sus dialectos, de lo dicho por Susana. Los varones se miraban unos a otros, nerviosos, inquietos. De pronto, casi simultáneamente, las traductoras acabaron y, en un movimiento que se fue agregando, las compañeras responsables empezaron a aplaudir y hablar entre ellas. Ni qué decir que las leyes "de mujeres" fueron aprobadas por unanimidad. Algún responsable tzeltal comentó: "Lo bueno es que mi mujer no entiende español, que si no..." Una oficial insurgente, tzotzil y con grado de mayor de infantería, se le va encima: "Te chingaste porque lo vamos a traducir en todos los dialectos". El compañero baja la mirada. Las responsables mujeres están cantando, los varones se rascan la cabeza. Yo, prudentemente, declaro un receso. Ésa es la historia que, según me dice *Susana* ahora, salió cuando alguien del CCRI leyó una nota periodística que señalaba que la prueba de que el EZLN no era auténticamente indígena es que no podía ser que los indígenas se hubieran puesto de acuerdo en iniciar su alzamiento el primero de enero. Alguno, en broma, dijo que no era el primer alzamiento, que el primero había sido en marzo de 1993. Bromearon a Susana y ésta se retiró con un contundente "váyanse a la chingada" y algo más en tzotzil que nadie se atrevió a traducir. Ésa es la verdad: el primer alzamiento del EZLN fue en marzo de 1993 y lo encabezaron las mujeres zapatistas. No hubo bajas y ganaron. Cosas de estas tierras.

A medianoche Pedro, chol y bigotón, se me acerca con un ocote encendido en la diestra. Se sienta a mi lado. Nada dice, se queda mirando fijamente la luz del ocote, brillan sus ojos negros. "Tenemos que ir a México", me dice y se dice. Yo me empiezo a rascar la cabeza pensando ya en las órdenes que habrá que dar para iniciar la marcha, las rutas que seguiremos, las bajas que tendremos, la salida otra vez a la luz de las ciudades, al asfalto de las carreteras.

Pedro me interrumpe: "Los mexicanos dicen que Chiapas es diferente a otras partes, que aquí estamos mal pero lo demás de México está bien". Ahora yo lo miro; él no voltea a verme pero me alcanza el periódico que trae en la mano. Busco mi lámpara de mano y empiezo a leer el artículo que Pedro me señala con la mano: dice el artículo que nuestra lucha está destinada al fracaso porque no es nacional, y no es nacional porque nuestras demandas son locales, indígenas. "Es pobre su pensamiento", dice Pedro. "Más pobre que nosotros porque nosotros queremos justicia pero también libertad y democracia. Y este señor piensa que no es pobre aunque no pueda elegir a su gobierno con verdad. Nos tienen lástima. Pobrecitos." El ocote flamea entre los dos. Pedro entiende, yo entiendo, la noche entiende... "Los mexicanos no entienden. Tenemos que ir a México", dice Pedro mientras se aleja con la luz de un ocote iluminando su diestra. El frío aprieta duro esta madrugada. La posta grita: "¡Alto! ¿Quién vive?" "¡La Patria!", responde otra voz y algo tibio se llega hasta nosotros.

Bueno, señor Cepeda Neri, quería aprovechar esta carta para platicarle esta y otras cosas. Por ahora es todo. Esperamos que usted y su familia estén bien de salud. Será hasta la próxima, cosa más bien improbable.

Salud y respetos a usted y a los que lo acompañan. Vale.
Desde las montañas del Sureste mexicano
Subcomandante Insurgente Marcos

P.S.: Javier se me acaba de acercar, entusiasmado, a preguntar si ésta es la carta para invitar a los granaderos del estado de México. Le respondo que no, que es para un periodista. "Ah", dice desilusionado. Pero agrega contundente: "Dile que no nos olviden, que nuestra verdad también es para ellos". Vale.

•

[MEDIOS QUE ESTÁN INVITADOS A CUBRIR EL DIÁLOGO, 2 de febrero]

A la prensa nacional e internacional.   29 de enero de 1994
Señores:

El Comité Clandestino Revolucionario Indígena-Comandancia General del EZLN se dirige a ustedes respetuosamente para plantearles lo siguiente:

Primero. Como es del dominio público es inminente el inicio del diálogo para la paz entre el EZLN y el gobierno federal en lugar y fecha aún por definirse. Hay ya acuerdos fundamentales entre este CCRI-CG del EZLN y el señor Comisionado para la Paz y la Reconciliación en Chiapas. Falta ultimar algunos detalles y concretar acuerdos previos, pero lo básico está definido.

Segundo. Sabemos que su trabajo de ustedes es informar al pueblo de México y al mundo de lo que ocurra en esta etapa de la justa guerra de nuestro EZLN contra la opresión, la injusticia y la mentira.

Tercero. Existen algunos medios informativos que se han negado rotundamente a informar con objetividad lo ocurrido en nuestro estado. Diversos medios se han ensañado particularmente en contra de nuestra causa y la del pueblo indígena chiapaneco, nosotros nunca hemos pedido a los medios de comunicación que se conviertan en "portavoces" del EZLN, pero consideramos que es su deber, y derecho de la sociedad toda, el informar con objetividad.

Cuarto. Por parte del CCRI-CG del EZLN existe una política de puertas abiertas a los medios informativos que, a nuestro parecer, se desempeñan con objetividad, sin tomar partido por uno u otro bando.

Quinto. Por lo tanto, el CCRI-CG del EZLN declara que toda la prensa escrita, sin importar filiación política, partidaria u orientación ideológica, puede, por parte del EZLN, cubrir el evento del diálogo por la paz y la reconciliación. En cuanto a los medios televisivos, el EZLN sólo vetaría la asistencia de las televisiones privadas nacionales Televisa y Televisión Azteca. La primera porque no necesita buscar noticias pues las inventa y maquilla a su gusto y conveniencia. La segunda porque sus reporteros han demostrado falta de profesionalismo al ofrecer dinero a nuestros combatientes para que hagan declaraciones. El resto de los medios televisivos nacionales y extranjeros serán acreditados sin problema por el EZLN.

Sexto. La acreditación por parte del EZLN de cualquier medio de prensa se hará a través del Comisionado Nacional de Intermediación, señor Samuel Ruiz García, en fecha, hora y lugar que él comunicará oportunamente.

Séptimo. El EZLN quiere hacer una invitación especial a los siguientes medios informativos:

a] Periódicos: *La Jornada, El Financiero, Tiempo* (de San Cristóbal Las Casas), *El Norte* (de Monterrey), *The New York Times, The Washington Post, Los Angeles Times, Le Monde, Houston Chronicle.*

b] Revistas y semanarios: *Proceso, Siempre!, Mira.*

c] Televisoras: Canal 6 de Julio, Multivisión, Canal 11, CNN.

d] Agencias noticiosas: Ap, Upi, Afp, Reuter, Prensa Latina.

e] Radiodifusoras: Radio Educación, WM (de San Cristóbal de Las Casas), XEVA (de Tabasco), Radio Red, Grupo Acir.

Octavo. El EZLN declara que, con todo gusto y si esto es posible, atenderá especialmente a los reporteros de los medios arriba mencionados.

Noveno. El EZLN se reserva el derecho de conceder entrevistas o declaraciones a cualquiera de los medios informativos que se le acerquen.

Respetuosamente.
Desde las montañas del Sureste mexicano
CCRI-CG del EZLN

•

[FUERZA POLÍTICA EN FORMACIÓN, 4 de febrero]

Al semanario nacional *Proceso*:   31 de enero de 1994
Al periódico nacional *La Jornada*:
Al periódico nacional *El Financiero*:
Al periódico local de San Cristóbal de Las Casas, Chiapas, *Tiempo*:
Señores:

Adjuntos a la presente encontrarán una serie de comunicados emitidos por el CCRI-CG del EZLN. Les reitero la petición de que los hagan públicos.

Lo del reconocimiento al EZLN como "fuerza política en formación" debe ser una broma de *monsieur* Córdoba. ¿Qué significa? ¿Que la miseria indígena no existe sino que "está en formación"? ¿Que no existió un primero de enero de 1994 sino que "está en formación"? ¿Que no hay miles de indígenas alzados en armas ("1 500", dicen los ingenuos del Pentágono) sino que están "en formación"? ¿Por qué esa reiteración en negar una realidad? ¿Todavía creen engañar a la sociedad o se tranquilizan a sí mismos con esa negación en formación? ¿Qué van a hacer? ¿Repetir un millón de veces: el EZLN no existe, está en formación? ¿Para qué? ¿Con la esperanza de que esa mentira, a fuerza de repetirla, se convierta en verdad?

¿Por qué callan todos? ¿La "democracia" que querían era ésta? ¿La complicidad con la mentira? ¿El hacerse de oídos sordos cuando, recién lanzado a los cuatro vientos el elogiable mensaje para la democracia de ocho partidos políticos nacionales, el señor Salinas de Gortari tiene el cinismo de apoyar explícitamente al candidato del PRI? ¿Ésta es la democracia que nos proponen a cambio de deponer las armas? ¿La democracia en la que el gobierno federal es juez y parte del proceso electoral? ¿Por qué el gobierno federal retira de la agenda de diálogo el punto referente a la política nacional? ¿Los indígenas chiapanecos son "mexicanos" para explotarlos y no pueden ni opinar cuando se trata de la política nacional? ¿El país quiere el petróleo chiapaneco, la energía eléctrica chiapaneca, las materias primas chiapanecas, la fuerza de trabajo chiapaneca, en fin, la sangre chiapaneca, pero NO QUIERE LA OPINIÓN DE LOS INDÍGENAS CHIAPANECOS sobre la marcha del país? ¿Qué categoría de ciudadanos tienen los indígenas chiapanecos? ¿La de "ciudadanos en formación"? ¿Para el gobierno federal los indígenas siguen siendo niños chiquitos, es decir "adultos en formación"? ¿Hasta cuándo van a entender? ¿Cuánta sangre más se necesita para que entiendan que queremos respeto y no limosnas? Todo intento de hablar parece inútil, el gobierno federal quiere hablar consigo mismo. ¿Por qué nadie hace el favor de decirle al gobierno federal que lo que piden no es diálogo sino monólogo? ¿O es el monólogo un "diálogo en formación"?

Quieren mostrarnos como intransigentes ante la opinión pública poniendo más y más trabas al inicio de un diálogo respetuoso. Están sentando las bases para pasarnos de "fuerza política en formación" a "fuerza político-militar en proceso de aniquilación". No les basta el cerco militar que nos imponen. Inician ahora el cerco político e ideológico. ¿Lo va a permitir la sociedad civil mexicana?

El CCRI-CG del EZLN irá al diálogo con todas las reservas del caso pues es grande la desconfianza a la traición del gobierno federal.

Nos quieren comprar con un montón de promesas, quieren que vendamos lo único que nos queda, la dignidad. No bastó el primero de enero para que el gobierno aprenda a hablar de igual a igual con sus gobernados. Parecen necesarios más primeros de enero. Traigan otra vez la imagen de Venustiano Carranza para ofrecer la limosna del perdón, aquí está Zapata vivo y digno todavía. Traten de asesinarlo de nuevo. Nuestra sangre va en prenda, que la levante el que aún tenga vergüenza.

Desde las montañas del Sureste mexicano
Subcomandante Insurgente Marcos

•

[RESPUESTA A CARTA DEL COMISIONADO, 4 de febrero]

> "Hay en nosotros un solo rostro y un solo pensamiento. Nuestra palabra camina con verdad. En vida y muerte seguiremos caminando. No hay ya dolor en la muerte, esperanza hay en la vida. Escojan."

Al pueblo de México: 31 de enero de 1994
A los pueblos y gobiernos del mundo:
Hermanos:

El Comité Clandestino Revolucionario Indígena-Comandancia General del EZLN ha revisado con atención la carta que, con fecha de 29 de enero de 1994, ha dirigido a esta comandancia del EZLN el Comisionado para la Paz y la Reconciliación, el señor Manuel Camacho Solís.

La carta del señor comisionado para la paz no satisface plenamente las aspiraciones de nuestro EZLN, pero refleja una verdadera preocupación e interés en lograr avances significativos que se enfilen a la paz con dignidad que todos deseamos.

Nuestra insatisfacción proviene de algunos puntos señalados en la carta del señor Comisionado para la Paz:

a] El reconocimiento del EZLN como "fuerza política en formación" no nos satisface porque se sigue eludiendo la responsabilidad, por parte del gobierno federal, de un reconocimiento a nuestra organización que lo comprometa en los eventuales acuerdos a los que llegue el diálogo. El EZLN no está mendigando su reconocimiento por parte del gobierno federal. El EZLN es una realidad política y militar a nivel regional, nacional e internacional. El EZLN ha ofrecido al gobierno federal la oportunidad de resolver, por la vía del diálogo, el presente conflicto dentro del ámbito nacional. El gobierno federal se resiste a dar reconocimiento alguno al EZLN. Por lo tanto declaramos que, a partir de ahora, recurriremos a instancias organizativas internacionales para lograr el reconocimiento de nuestro EZLN como "fuerza beligerante" y acogernos así a todos los tratados internacionales.

b] El EZLN rechaza que se eliminen de la agenda de diálogo los puntos referentes a la vida política nacional. No pretendemos forzar acuerdos nacionales, pero tenemos el derecho a opinar y a manifestarnos sobre los diversos aspectos de la vida política de México, puesto que somos, todos los miembros del EZLN, mexicanos de nacimiento.

Por lo tanto, proponemos que el punto referente a la vida política nacional se incluya en la agenda como punto no resolutivo, pero que el Comisionado para la Paz y la Reconciliación en Chiapas no se niegue a escuchar nuestro pensamiento sobre el rumbo político de nuestro país.

c] El supuesto compromiso del señor Carlos Salinas de Gortari con la "opción política democrática" en el proceso electoral venidero quedó bien en claro cuando, con la investidura que detenta, apoyó explícitamente a uno, y sólo a uno, de los candidatos a la Presidencia de la República.

d] El EZLN declara que el Comisionado para la Paz y la Reconciliación en Chiapas, Manuel Camacho Solís, siempre se ha dirigido a nosotros en términos respetuosos y dignos. El EZLN lamenta profundamente el cambio de tono en la palabra del señor Comisionado para la Paz y la Reconciliación. Cuando nuestros antepasados fueron acorralados contra las márgenes del Grijalva y recibieron el ultimátum de rendición política y espiritual de las tropas españolas, prefirieron arrojarse a las aguas del río antes que traicionarse a sí mismos. Nosotros, herederos en la lucha y dignidad de nuestros abuelos Chiapas, no podemos sino hacer honor a esa lección de dignidad. El "endurecimiento" lo padecemos desde hace mucho tiempo, antes callábamos y ahora hablamos. La paz sin dignidad ni respeto sigue siendo, para nosotros, la guerra no declarada de los poderosos en contra de nuestros pueblos. El gobierno federal miente cuando habla de nosotros, a su boca llega la mentira cuando habla de nosotros. No hay peor sufrimiento que el vernos, otra vez, humillados. No hay mayor destrucción de pueblos que la que hace ya, y desde hace años, el gobierno federal. No hay más grande ruptura en las comunidades que la muerte indigna que los programas económicos federales nos ofrecen. No hay pobreza más grande que la de un espíritu esclavo. La marginación y el desprecio está ya en su boca del poderoso cuando a nosotros se refiere. La situación de inseguridad la vivimos y morimos desde hace 501 años. Los recursos de la fuerza siempre fueron de los poderosos. ¿Qué es lo que ha cambiado? El dilema no es "paz con democracia o endurecimiento". El verdadero dilema, para nosotros, es paz con dignidad o guerra con dignidad.

e] El CCRI-CG del EZLN exhorta al Comisionado para la Paz y la Reconciliación en Chiapas y al gobierno federal a que hagan un esfuerzo serio y comprometido por la paz con dignidad que esperamos todos.

f] El EZLN seguirá ateniéndose al cese al fuego, mismo que sigue siendo respetado hasta el día de hoy y desde el 17 de enero por el ejército federal y por nuestras tropas. Negamos rotundamente que tropas nuestras sean las que han estado saqueando ranchos en los municipios de Ocosingo, Altamirano y Margaritas.

g] La actitud prepotente del gobierno federal pretende ponernos de rodillas antes de hablar con nosotros. En contraste con esta posición gubernamental, numerosos sectores de lo que llaman la sociedad civil mexicana se han preocupado honestamente porque se realice el diálogo para la paz y la dignidad. En atención a estos llamados de nuestro pueblo decimos: asistiremos al diálogo público, justo y verdadero al que nos invita el Comisionado para la Paz y la Reconciliación en Chiapas en los términos que le hacemos llegar en nuestra propuesta confidencial anexa.

h] Como un saludo y reconocimiento a los serios y comprometidos esfuerzos por una paz con justicia y dignidad que realizan el señor Comisionado Nacional de Intermediación, Samuel Ruiz García y el señor Comisionado para la Paz y la Reconciliación en Chiapas, Manuel Camacho Solís, el Comité Clandestino Revolucionario Indígena-Comandancia General del Ejército Zapatista de Liberación Nacional declara que:

Primero. Ordena a sus tropas regulares que, el día dos de febrero de 1994, se retiren de las posiciones que ocupan actualmente en los ejidos de San Miguel, municipio de Ocosingo, y de Guadalupe Tepeyac, municipio de Las Margaritas, para que en estos lugares se instalen los campamentos de ayuda humanitaria del Comité Internacional de la Cruz Roja y queden estos dos puntos como zonas grises bajo control de la Cruz Roja Internacional.

Segundo. Que si las jornadas para la paz y la reconciliación avanzan en buen rumbo, otras posiciones ocupadas por tropas del EZLN serán entregadas a la Cruz Roja Internacional para la instalación de más campamentos de ayuda humanitaria.

Tercero. Que durante el tiempo que dure la primera ronda de las jornadas para la paz y la reconciliación, el CCRI-CG del EZLN ordenará el desmantelamiento temporal de todos los retenes zapatistas en el área bajo control del EZLN, permitiendo el libre tránsito sólo de civiles. Ningún civil será molestado por nuestras tropas y sólo se mantendrán guardias móviles y patrullas para vigilar que personal militar, policiaco o gubernamental no se interne en nuestras posiciones. Este retiro de nuestros retenes podrá mantenerse indefinidamente si el diálogo avanza en buen rumbo.

Desde las montañas del Sureste mexicano
CCRI-CG del EZLN

[RETIRO DE TROPAS DE DOS POBLADOS, 4 de febrero]

Al señor Samuel Ruiz García,   31 de enero de 1994
Comisionado Nacional de Intermediación.
Al señor Manuel Camacho Solís, Comisionado para la Paz y la Reconciliación en Chiapas.
Señores:
Nos dirigimos nuevamente a ustedes nosotros, el Comité Clandestino Revolucionario Indígena-Comandancia General del EZLN, para decirles lo siguiente:
Primero. Recibimos la carta del señor comisionado Camacho Solís con fecha 29 de enero de 1994 referente a la liberación del señor general de división Absalón Castellanos Domínguez. Hemos comprobado que los 38 prisioneros a los que se refiere fueron puestos efectivamente en libertad. El señor general Absalón Castellanos Domínguez se encuentra en perfecto estado de salud y sabe ya que en breve será liberado. La liberación del señor general de división Absalón Castellanos se encamina decididamente a su concreción.
Segundo. Recibimos la carta del señor comisionado Manuel Camacho Solís con fecha de 29 de enero de 1994 referente al establecimiento de zonas francas (o grises). Les comunicamos a ustedes que estamos completamente de acuerdo con la totalidad de la propuesta del señor Comisionado para la Paz y la Reconciliación en Chiapas en lo referente a este punto.
Tercero. En saludo a la clara intención del Comisionado por la Paz y la Reconciliación en Chiapas de lograr avances que alivien la grave situación de la población civil en las áreas en conflicto, el Comité Clandestino Revolucionario Indígena-Comandancia General del EZLN ordenará, a la brevedad posible, el retiro de las tropas zapatistas de los ejidos: San Miguel, municipio de Ocosingo, y Guadalupe Tepeyac, municipio de Las Margaritas. El retiro de nuestras tropas se hará en el momento en que la Cruz Roja Internacional tome posesión de estas dos zonas francas o grises instalando sus campamentos de ayuda humanitaria.
Respetuosamente.
Desde las montañas del Sureste mexicano
CCRI-CG del EZLN

[PRESENTACIÓN DE MARCOS A TRES CARTAS DEL CCRI-CG, 6 de febrero]

Al semanario nacional *Proceso*.   2 de febrero de 1994
Al periódico nacional *La Jornada*.
Al periódico nacional *El Financiero*.
Al periódico San Cristóbal de Las Casas, Chis., *Tiempo*.
Señores:

Aquí les mando una serie de cartas que envía el CCRI-CG del EZLN a destinatarios diversos. Espero que tengan espacio, si no para publicarlas cuando menos para comentarlas o ver que lleguen a sus destinatarios.

Por ahora es todo. Nosotros esperamos pacientemente a que a ese avión que sobrevuela encima nuestro se le acabe la gasolina y se caiga. Las opiniones se dividen en cuanto a si, cuando caiga, nos lo comemos asado o después del primer hervor. Los más detallistas recomiendan en escabeche. El servicio de sanidad nos advierte del riesgo de indigestión por exceso de aluminio. De todas formas, sal es lo único que nos sobra. ¿Gustarían una probadita en dado el caso? (Dicen que el aluminio se conserva bien.)

Indigestamente (lo que quiere decir que ahora no mando salud, obviamente).

Desde las montañas del Sureste mexicano
Subcomandante Insurgente Marcos

P.D. ¿Y cómo les va de anónimos? Lindos, ¿no?

•

[AL CONSEJO 500 AÑOS DE RESISTENCIA INDÍGENA, 6 de febrero]

Al Consejo Guerrerense   1° de febrero de 1994
500 Años de Resistencia Indígena, A.C.
Chilpancingo, Guerrero, México.
Hermanos:

Queremos decirles que recibimos su carta que nos mandaron el 24 de enero de 1994. Nosotros estamos muy contentos al saber que nuestros hermanos indígenas amuzgos, mixtecos, náhuatls y tlapanecos están conocedores de nuestra justa lucha por la dignidad y la libertad para los indígenas y para los mexicanos todos.

Nuestro corazón se hace fuerte con sus palabras de ustedes que vienen de tan lejos, que vienen de toda la historia de opresión, muerte y miseria que los malos gobernantes han dictado para nuestros pueblos y nuestras gentes. Nuestro corazón se hace grande con su mensaje que llega hasta nosotros brincando montes y ríos, ciudades y carreteras, desconfianzas y discriminaciones.

En nuestro nombre, en el nombre de ustedes, en el nombre de todos los indígenas de México, en nombre de todos los indígenas y no indígenas mexicanos, en nombre de todos los hombres buenos y de buen camino, recibimos nosotros sus palabras de ustedes, hermanos, hermanos ayer en la explotación y miseria, hermanos hoy y mañana en la lucha digna y verdadera.

Hoy se cumple un mes desde la primera vez que la luz zapatista se dio en alumbrar la noche de nuestras gentes.

En nuestro corazón había tanto dolor, tanta era nuestra muerte y pena, que no cabía ya, hermanos, en este mundo que nuestros abuelos nos dieron para seguir viviendo y luchando. Tan grande era el dolor y la pena que no cabía ya en el corazón de unos cuantos, y se fue desbordando y se fueron llenando otros corazones de dolor y de pena, y se llenaron los corazones de los más viejos y sabios de nuestros pueblos, y se llenaron los corazones de hombres y mujeres jóvenes, valientes todos ellos, y se llenaron los corazones de los niños, hasta de los más pequeños, y se llenaron de pena y dolor los corazones de animales y plantas, se llenó el corazón de las piedras, y todo nuestro mundo se llenó de pena y dolor, y tenían pena y dolor el viento y el sol, y la tierra tenía pena y dolor. Todo era pena y dolor, todo era silencio.

Entonces ese dolor que nos unía nos hizo hablar, y reconocimos que en nuestras palabras había verdad, supimos que no sólo pena y dolor habitaban nuestra lengua, conocimos que hay esperanza todavía en nuestros pechos. Hablamos con nosotros, miramos hacia dentro nuestro y miramos nuestra historia: vimos a nuestros más grandes padres sufrir y luchar, vimos a nuestros abuelos luchar, vimos a nuestros padres con la furia en las manos, vimos que no todo nos había sido quitado, que teníamos lo más valioso, lo que nos hacía vivir, lo que hacía que nuestro paso se levantara sobre plantas y animales, lo que hacía que la piedra estuviera bajo nuestros pies, y vimos, hermanos, que era DIGNIDAD todo lo que teníamos, y vimos que era grande la vergüenza de haberla olvidado, y vimos que era buena la DIGNIDAD para que los hombres fueran otra vez hombres, y volvió la dignidad a habitar en nuestro corazón, y fuimos nuevos todavía, y los muertos, nuestros muertos, vieron que éramos nuevos todavía y nos llamaron otra vez, a la dignidad, a la lucha.

Y entonces nuestro corazón no era ya sólo pena y dolor, llegó el coraje, la valentía vino a nosotros por boca de nuestros mayores ya muertos, pero vivos otra vez en nuestra dignidad que ellos nos daban. Y vimos así que es malo morir de pena y dolor, vimos que es malo morir sin haber luchado, vimos que teníamos que ganar una muerte digna para que todos vivieran, un día, con bien y razón. Entonces nuestras manos buscaron la libertad y la justicia, entonces nuestras manos vacías de esperanzas se llenaron de fuego para pedir y gritar nuestras ansias, nuestra lucha, entonces nos levantamos a caminar de nuevo, nuestro paso se hizo firme otra vez, nuestras manos y corazón estaban armados. "¡Por todos!", dice nuestro corazón, no para unos solamente, no para los menos. "¡Por todos!", dice nuestro paso. "¡Por todos!", grita nuestra sangre derramada, floreciendo en las calles de las ciudades donde gobiernan la mentira y el despojo.

Dejamos atrás nuestras tierras, nuestras casas están lejos, dejamos todo todos, nos quitamos la piel para vestirnos de guerra y muerte, para vivir morimos. Nada para nosotros, para todos todo, lo que es nuestro de por sí y de nuestros hijos. Todo dejamos todos nosotros.

Ahora nos quieren dejar solos hermanos, quieren que nuestra muerte sea inútil, quieren que nuestra sangre sea olvidada entre las piedras y el estiércol, quieren que nuestra voz se apague, quieren que nuestro paso se vuelva otra vez lejano.

No nos abandonen hermanos, tomen nuestra sangre de alimento, llenen su corazón de ustedes y de todos los hombres buenos de estas tierras, indígenas y no indígenas, hombres y mujeres, ancianos y niños. No nos dejen solos. Que no todo sea en vano.

Que la voz de la sangre que nos unió cuando la tierra y los cielos no eran propiedad de grandes señores nos llame otra vez, que nuestros corazones junten sus pasos, que los poderosos tiemblen, que se alegre su corazón del pequeño y miserable, que tengan vida los muertos de siempre.

No nos abandonen, no nos dejen morir solos, no dejen nuestra lucha en el vacío de los grandes señores.

Hermanos, que nuestro camino sea el mismo para todos: libertad, democracia, justicia.

Respetuosamente.
Desde las montañas del Sureste mexicano
CCRI-CG del EZLN
Firma del Subcomandante Marcos

[A LAS ONG, 6 de febrero]

A todas las Organizaciones　　　　　　　1º de febrero de 1994
No Gubernamentales de México
Señores:
El Comité Clandestino Revolucionario Indígena-Comandancia General del Ejército Zapatista de Liberación Nacional se dirige respetuosamente a todos ustedes para hacerles una atenta súplica.

Como es del dominio público, es inminente el inicio del Diálogo para la Paz entre el señor Manuel Camacho Solís y el EZLN. El hecho de que este diálogo se realice dentro de una zona en conflicto implica riesgos de provocaciones que pueden impedir el diálogo o empantanarlo. Con el fin de reducir al mínimo los roces indeseados entre las partes en conflicto, es necesario que en torno al lugar del diálogo se forme un "cinturón de seguridad" o "cinturón de paz" que evite, con su presencia, la presión, intimidación o hasta la agresión de una de las partes en conflicto hacia la otra.

Nosotros sabemos que las llamadas Organizaciones No Gubernamentales han permanecido neutrales en el presente conflicto y se han preocupado en todo momento de aliviar las graves condiciones de la población civil, así como de impulsar los esfuerzos hacia la paz con dignidad que desean nuestras fuerzas y los mexicanos honestos todos.

Por lo anterior queremos pedirles respetuosamente que se aboquen ustedes a formar ese cinturón de paz que evite que tanto las tropas federales como las del EZLN se inmiscuyan en el espacio físico de la mesa de diálogo. Esto en el entendido que no significa para ustedes compromiso alguno o simpatía para la justa causa que anima nuestra lucha, y que nosotros seguiremos respetando y saludando su neutralidad y labor humanitaria.

Esperamos su respuesta.
Respetuosamente
Desde las montañas del Sureste mexicano
CCRI-CG del EZLN

•

[AL CEOIC, 6 de febrero]

A la Comisión Coordinadora Ejecutiva 2 de febrero de 1994
del Consejo Estatal de Organizaciones Indígenas y Campesinas.
San Cristóbal de Las Casas, Chiapas, México.
Hermanos:
Grande alegría llegó a nuestro corazón cuando recibimos su carta de ustedes de fecha del 31 de enero de 1994. Queremos contestarles con la atención y el respeto total que nos merecen ustedes, indígenas como nosotros, explotados como nosotros, rebeldes como nosotros.

Nuestro corazón pensaba que estaba solo en las tierras de Chiapas. Pensaba con error nuestro corazón creyendo que nuestros hermanos de miseria y lucha habían vendido su dignidad a las fuerzas oscuras y divisionistas del mal gobierno. Nuestra muerte caminaba sola, sin que otros oídos indígenas escucharan su clamor de justicia, libertad y democracia. Vuelve a cantar nuestra palabra: NO ESTAMOS SOLOS, nuestra sangre y nuestra raza se hermanan por encima de las bayonetas y los tanques de guerra.

Nosotros, los más humildes de sus hermanos de ustedes, sentimos grande el honor de recibir su palabra de unidad y apoyo. Nosotros nos hacemos grandes con el honor que nos dan al darnos su apoyo para nuestras exigencias y demandas.

La lucha del EZLN no es sólo para los zapatistas, no es sólo para los chiapanecos, ni sólo para los indígenas. Es para los mexicanos todos, para los que nada tienen, para los desposeídos, para los mayoritarios en pobreza, ignorancia y muerte. Con humildad y agradecimiento recibimos su saludo al trueno de nuestros fusiles. Con honor y respeto les agradecemos su apoyo para que se detuviera el baño de sangre que el supremo gobierno hacía en nuestro pueblo, su participación honesta y decidida para que fuera posible que se abriera el diálogo justo y verdadero.

Nuestras voces se hermanan, el supremo gobierno tendrá que reconocer el derecho de nuestras gentes a gobernar y gobernarse, pues hay en nosotros razón y justicia para que haya igualdad y paz en nuestras tierras indias. No necesitamos las policías y los ejércitos del mal gobierno para que haya justicia en nuestras casas, podemos gobernar con razón y prudencia como nuestros antepasados.

Hermanos, queremos decirles que será un gran honor y alegría para nosotros que nos envíen los resolutivos que acordaron ustedes los días 22, 23 y 24 de enero en el II Encuentro de Organizaciones Indígenas y Campesinas que se realizó en San Cristóbal de Las Casas, Chiapas, México. Los analizaremos con atención y respeto, y, si la muerte no llega antes a nosotros, les diremos nuestros comentarios.

Hermanos del CEOIC, con la misma franqueza con la que nos dicen su preocupación por las faltas de respeto a los derechos humanos de campesinos que no simpatizan con nuestra justa causa en las zonas bajo control del EZLN, con la verdad les hablamos: Este Comité Clandestino Revolucionario Indígena-Comandancia General del EZLN ha tomado con toda seriedad su denuncia. Miembros de nuestro CCRI-CG del EZLN se trasladaron a los lugares mencionados por ustedes y sancionaron a aquellos zapatistas que han estado hostigando VERBALMENTE a pobladores ajenos a nuestra lucha. Ni amenazas físicas ni verbales para obligar a nadie a unirse a nuestra lucha le serán permitidas a nuestras tropas y simpatizantes. Nuestras leyes de guerra son muy claras al respecto y actuamos ya para remediar lo mal hecho y prevenir que el problema se agrave. Pero hermanos, es de justicia que nosotros les hablemos a ustedes con la misma franqueza: hay grandes mentiras que se están tejiendo en contra nuestra con el patrocinio del Ejército Federal y el mal gobierno, en estas mentiras son cómplices algunas autoridades y asesores de la ARIC-Unión de Uniones, que se venden al supremo gobierno y a sus fuerzas armadas y ofrecen despensas y dinero a pobladores que llegan a Ocosingo a conseguir su necesidad y son usados para que hagan declaraciones que les dictan los del mal gobierno. Hay testimonios de gente ajena a nosotros, pero con dignidad y vergüenza, que llorando nos platican que tuvieron que mentir por hambre y bajo amenazas, que los obligaron a aprenderse de memoria lo que tenían que decir a los periodistas y a los obispos, que era la única forma de conseguir alimento para sus grandes necesidades. Algunas, no todas, autoridades de la ARIC-Unión de Uniones y sus asesores se han vendido y son cómplices, ¿por qué?, ¿no son indígenas pobres también? La respuesta, hermanos, es que estas personas temen la justicia zapatista, pues es sabido de todos que gran parte de la ayuda del gobierno federal destinada a aliviar, desde hace años, las graves condiciones de vida de nuestros pueblos, se quedó en sus manos. Tienen miedo estos señores de que se descubra el gran robo en el que participaron en complicidad con las autoridades estatales y municipales en contra de sus hermanos de raza y sangre. Hermanos, alejen de su presencia a esos traidores, no escuchen sus palabras, vienen de una política de "dos caras" para engañar a unos y a otros y obtener beneficios personales.

Nosotros les ofrecemos a ustedes, a México y al mundo, nuestro mejor esfuerzo para que no se agraven las ya difíciles condiciones de la población civil en el territorio en conflicto. Por favor, no se presten ustedes a la campaña de mentiras cuyo fin único es darle razón legal local al inicio de una campaña militar masiva en contra de nuestras posiciones en los municipios de Las Margaritas, Altamirano y Ocosingo. No manchen sus manos de sangre nuestra apoyando las mentiras del mal gobierno y de sus cómplices traidores. Nosotros estamos dispuestos a permitirles que una comisión de ustedes (en la que no se incluyan los traidores) entre a nuestro territorio y constate personalmente lo que nuestras tropas hacen con la población civil que, como todos saben, es mayoritariamente zapatista y con los que no son zapatistas pero no se venden a cambio de una despensa. La gran ofensiva militar del ejército federal en contra de las posiciones zapatistas llenará de sangre indígena la selva lacandona. Los líderes y asesores corruptos de la ARIC-Unión de Uniones tendrán el dudoso honor de contarle a sus nietos que vendieron la sangre de sus hermanos a cambio de unas cuantas monedas. Ellos vivirán con vergüenza, nosotros moriremos con dignidad.

Nuestra lucha es verdadera, si cometemos errores y excesos estamos dispuestos a enmendarlos, de esto tengan la seguridad, hermanos.

Como ustedes lo señalan al final de su carta, está por iniciarse el diálogo con el señor Comisionado para la Paz y la Reconciliación en Chiapas, Manuel Camacho Solís. Haremos todo el esfuerzo para llegar a una PAZ CON DIGNIDAD y, cualquiera que sea el desenlace del diálogo, seguiremos adelante luchando por lo que ustedes señalan en el lema de su organización: "Por la dignidad, la paz y el desarrollo de nuestros pueblos".

Respetuosa y fraternalmente.
Desde las montañas del Sureste mexicano
CCRI-CG del EZLN

•

[CARTA DE MARCOS A GASPAR MORQUECHO, 7 de febrero]

Al señor Gaspar Morquecho Escamilla. 2 de febrero de 1994
Periódico *Tiempo*.
San Cristóbal de Las Casas, Chiapas.
Señor:
Recibí su carta, sin fecha por supuesto, recién ahora. Al mismo tiempo leo en un periódico que lo acusan a usted y a otras nobles gentes de ser "voceros del EZLN" o "zapatistas". Problemas. Si quiere usted saber

de dónde provienen esas denuncias y amenazas, busque en los directorios de las asociaciones ganaderas y encontrará mucha tela de donde cortar.

Bien, pasando a otra cosa y ya que de recuerdos se trata, espero que por fin se le haya pasado a usted la mezcla de borrachera-cruda con la que pretendió entrevistarnos ese hermoso día primero de enero. Tal vez usted no lo recuerde bien, pero esa vez el entrevistado era usted mismo pues me hacía usted una pregunta y usted mismo la contestaba. Ignoro si habrá podido usted sacar algo coherente para el periódico después de ese monólogo de preguntas y respuestas con el que enfrentó gallardamente la sorpresa y el temor que se apoderó de la antigua capital del estado de Chiapas el primer día del año.

Fuimos muchos los que quemamos nuestras naves esa madrugada del primero de enero y asumimos este pesado andar con un pasamontañas amordazando nuestro rostro. Fuimos muchos los que dimos este paso sin retorno, sabiendo ya que al final nos espera la muerte probable o el improbable ver el triunfo. ¿La toma del poder? No, apenas algo más difícil: un mundo nuevo. Nada nos queda ya, dejamos todo atrás. Y no nos arrepentimos. Nuestro paso sigue siendo firme aunque ahora lo busquen, para aniquilarlo, decenas de miles de grotescas máscaras verde olivo. Pero, señor Morquecho, resulta que nosotros lo sabíamos desde hace tiempo y, no sin dolor, tuvimos que hacernos fuertes con la muerte de los que a nuestro lado fueron cayendo, muriendo de bala y de honor, eso sí, pero muriendo siempre. Y hubo que blindarse el corazón, señor Morquecho, para poder ver a compañeros de muchos años en las montañas con el cuerpo cocido a balazos y a esquirlas de granadas, morteros y cohetes, para ver sus cuerpos con las manos atadas y el tiro de gracia en la cabeza, para poder ver y tocar su sangre, la nuestra señor Morquecho, haciéndose color marrón en las calles de Ocosingo, de Las Margaritas, en la tierra de Rancho Nuevo, en las montañas de San Cristóbal, en los altos ocotales de Altamirano. Y entender nosotros, señor Morquecho, en medio de esa sangre, de esos tiros, de esas granadas, de esos tanques, de esos helicópteros ametrallando y esos aviones picando para lanzar sus dardos explosivos, la sencilla verdad: somos invencibles, no podemos perder... no merecemos perder.

Pero como decimos acá, nuestro trabajo es ése: pelear y morir para que otros vivan pero una vida mejor, mucho mejor que la que nos tocó morir a nosotros. Es nuestro trabajo, sí, pero no el de ustedes. Así que por favor cuídense, la bestia fascista acecha y dirige sus ataques a los más indefensos.

De las acusaciones que le hacen a usted y a todo ese equipo de personas nobles y honestas que dan a luz, porque con esas condiciones técnicas hacer un periódico debe ser un auténtico parto, ese impreso de imparcialidad y verdad que lleva el nombre de *Tiempo*, le quiero decir algunas cosas:

El heroísmo auténtico de *Tiempo* no viene tanto de sacar un periódico con esa maquinaria de Pedro Picapiedra. Viene de, en un ambiente cultural tan cerrado y absurdo como el coleto, darle voz a los que nada tenían (ahora tenemos armas). Viene de desafiar, con cuatro páginas cuatro (a veces seis) llenas de verdades, a los poderosos señores del comercio y la tierra que sientan sus reales en la ciudad idem. Viene de no ceder a chantajes e intimidaciones para obligarlos a publicar una mentira o para dejar de publicar una verdad. Viene de, en medio de esa atmósfera cultural asfixiante que teje en torno suyo la mediocridad coleta, buscar aires nuevos y vivificantes, democráticos pues, para limpiar las calles y las mentes de Jovel. Viene de que, cuando bajaban los indios de la montaña (ojo: antes del 1o. de enero) a la ciudad, no a vender, no a comprar, sino a pedir que alguien los escuchara encontrando oídos y puertas cerrados, una puerta había siempre abierta, la que abrieron un grupo de no indígenas desde hace tiempo y pusieron un letrero que decía lo mismo: *Tiempo*. Y de que, al traspasar esa puerta, esos indios que hoy hacen hablar al mundo por su osadía de negarse a morir indignamente, encontraban a alguien que los escuchaba, lo que ya era bastante, y encontraban a quien ponía esas voces indias en tinta y papel y cabeceaba *Tiempo*, lo que ya era antes, y más ahora, heroico. Porque resulta, señor Morquecho, que el heroísmo y la valentía no se encuentran sólo detrás de un fusil y un pasamontañas, también están frente a una máquina de escribir cuando el afán de verdad es el que anima a las manos que teclean.

Me entero ahora que los acusan a todos ustedes de "zapatistas". Si decir la verdad y buscar la justicia es ser "zapatista", entonces somos millones. Traigan más soldados.

Pero, cuando vengan los policías e inquisidores a amedrentarlo, dígales usted la verdad señor Morquecho. Dígales que ustedes siempre levantaron la voz para advertir a todos que, si no cambiaban esas injustas relaciones de opresión cotidiana, los indígenas iban a reventar. Dígales que ustedes siempre recomendaron buscar otros caminos, legales y pacíficos, por los cuales andar esa desesperación que rodeaba las ciudades todas de Chiapas (y de México, no le crea usted a Salinas que dice que el problema es local). Dígales usted que, junto a otros profesionales honestos (una verdadera rareza), doctores, periodistas y abogados buscaron apoyos en donde fuera para impulsar proyectos económicos, educativos, culturales que aliviaran la muerte que se iba tejiendo en las comunidades indígenas. Dígales usted la verdad, señor Morquecho. Dígales que ustedes siempre buscaron un camino pacífico y justo, digno y verdadero. Dígales usted la verdad, señor Morquecho.

Pero, por favor señor Morquecho, no les diga lo que usted y yo sabemos que a usted le ocurre, no les diga lo que su corazón le susurra al oído en los desvelos y revuelos de día y de noche, no les diga lo que le quiere salir de los labios cuando habla y de las manos cuando escribe, no les diga ese pensamiento que le va creciendo primero en el pecho y va subiendo paulatinamente a la cabeza conforme corre el año y avanza su paso por montañas y cañadas, no les diga lo que ahora quiere gritar: "¡Yo no soy zapatista! Pero después de ese primero de enero... quisiera serlo!"

Salude usted, si le es posible, a ese señor que se llama Amado Avendaño. Dígale que no olvido su sangre fría cuando, esa alegre mañana (cuando menos para nosotros) del primer día de nuestro ingreso triunfal "al primer mundo", le advertí que no le convenía que se acercara a hablar conmigo y me respondió: "Estoy haciendo mi trabajo". Aprovechando el viaje salude usted a Concepción Villafuerte, cuya entereza y valentía al escribir saludamos con regocijo cuando el improbable enlace llega y trae el diario. Salude usted a todos los de ese periódico que no sólo merece mejor maquinaria sino el saludo de todos los periodistas honestos del mundo. Salude usted a esos profesionistas de Chiltak que sacrifican el ansia de dinero y comodidades para trabajar con y para los que nada tienen. Dígales a todos ellos (los de *Tiempo* y los de *Chiltak*) que si los que hoy gobiernan tuvieran la mitad de estatura moral que ustedes tienen, no hubieran sido necesarios ni los fusiles ni los pasamontañas ni la sangre en las montañas del sur de San Cristóbal, ni en Rancho Nuevo ni en Ocosingo ni en Las Margaritas ni en Altamirano. Y tal vez, en lugar de estarle yo escribiendo bajo el acoso de aviones y helicópteros, con el frío entumiéndome las manos que no el corazón, estaríamos hablando usted y yo sin más barrera que un par de cervezas de por medio. El mundo ya no sería el mundo sino algo mejor, y mejor para todos. Por cierto, si se llegara a dar el caso (Dios no lo quiera, pero puede ser), no tomo bebidas alcohólicas así que mejor sea: "sin más barrera que una cerveza (la suya, sin ofender) y un refresco (el mío) de por medio".

Salud y un gran tierno abrazo. Y, por favor, aprenda usted a poner la fecha en sus cartas, aunque la historia corre ya tan rápido que, creo, sería bueno incluir la hora.

Desde las montañas del Sureste mexicano
Subcomandante insurgente Marcos

Son las 22:00 horas, hace frío y el ruido del avión que sobrevuela amenazante hasta parece que arrulla.

•

[PRESENTACIÓN DE MARCOS A SIETE CARTAS DEL CCRI-CG, 12 de febrero]

Al semanario nacional *Proceso*.   8 de febrero de 1994
Al periódico nacional *La Jornada*.
Al periódico nacional *El Financiero*.
Al periódico local de San Cristóbal de Las Casas, Chiapas, *Tiempo*.
Señores:
Aquí les mando otra serie de cartas que envía el CCRI-CG del EZLN a destinatarios diversos. Espero que tengan tiempo de ver que lleguen a sus destinatarios.
Comprendo su desesperación (y la de sus jefes de redacción por las altas cuentas de hoteles, restaurantes y gasolineras) por el retraso en el inicio del diálogo. No es culpa nuestra (ni del Comisionado) o vedetismo que se hace desear. Tampoco es por desacuerdos en la agenda o algo por el estilo. Es porque faltan detalles de seguridad para nuestros delegados. Detalles que debemos cuidar para evitar "sorpresas" y tragos amargos. En fin, "serenidad y paciencia, mucha paciencia".
Como consuelo les digo que no será, el diálogo, en la selva. Entre otras cosas porque ahí sólo sacarían ventaja los que puedan comunicarse por satélite, porque teléfono o fax *forget it*. Y, si "el tiempo está a favor de los pequeños", nosotros preferimos que la democracia y la igualdad de oportunidades sea también para los medios de comunicación y las "primicias" no sean sólo para los poderosos.
Salud y paciencia.
Desde las montañas del Sureste mexicano
Subcomandante Insurgente Marcos

[AL CEU, 12 de febrero]

Al Consejo Estudiantil Universitario   6 de febrero de 1994
Universidad Nacional Autónoma de México, México, D.F.
Compañeros y compañeras:
Recibimos su carta del 29 de enero de 1994, a cuyo calce aparece la firma de "Argel Gómez C." Agradecemos su pensamiento que nos dirigen.

Nosotros somos mayoritariamente indígenas, mayoritariamente analfabetas y mayoritariamente discriminados. No tuvimos oportunidad alguna de terminar siquiera la primaria. Hubiéramos querido no sólo terminar la primaria y la secundaria sino llegar hasta la universidad.

Con gusto recibimos el saludo y apoyo de ustedes, hombres y mujeres, que luchan en otras tierras y por caminos diversos para lograr las mismas libertades, democracia y justicia que ansiamos todos. Sabemos que en tiempos distintos la valiente voz de los estudiantes mexicanos ha puesto a temblar al mal gobierno y en verdad que, si unieran su voz a la nuestra y a la de los desposeídos todos, nada quedaría en pie de esa gigantesca mentira que nos hacen tragar todos los días, las noches todas, en muerte y en vida, siempre. Por eso nosotros queremos dirigirnos a ustedes, hombres y mujeres estudiantes de México, para pedirles algo respetuosamente:

Si fuera posible que ustedes se organizaran y, cuando las cosas se hayan calmado un poco, vinieran a nuestras montañas a visitarnos y a platicar con nosotros y a ayudarnos con lo que ustedes saben de la técnica y las letras y todo eso que viene en los libros que a nosotros no vienen. No queremos que vengan a "grillarnos" o a "jalarnos" a una u otra corriente política. Creo que en eso más bien ustedes aprenderían de nosotros lo que es, en verdad, una organización democrática y participativa. Pero ustedes pueden ayudarnos a cortar café, a preparar la milpa, a los trabajos comunitarios de nuestros pueblos. Ustedes pueden ayudarnos a aprender a leer y escribir, a mejorar nuestra salud y alimentación, a usar técnicas para sacarle más frutos a la tierra. Pueden venir y enseñarnos y aprender, pueden venir aunque sea unos pocos días para que conozcan esta parte de México que ya existía antes del primero de enero y sin embargo...

Si es que aceptan esta invitación entonces se necesita que manden unos delegados para que, a través del intermediario, nos pongamos de acuerdo en los detalles porque se necesita organizar bien todo para que no entren espías del mal gobierno. Si es que no pueden, hermanos estudiantes, pues no importa, pero sigan luchando ahí en sus tierras para que haya justicia para los mexicanos.

Es todo, hombres y mujeres estudiantes de México, esperamos su respuesta por escrito.
Respetuosamente
Desde las montañas del Sureste mexicano
CCRI-CG del EZLN

P.D.: Sección del *sup:* "La Posdata Recurrente".

P.D. a la P.D. del CEU que decía: "Para el *Sup Marcos:* No te preocupes, nosotros tomaremos el Zócalo por ustedes": Yo de por sí le he dicho al CCRI-CG que el DF está en el otro lado del mundo y los cayucos no nos dan abasto y además, como dijo no-me-acuerdo-quién, los guerrilleros que toman zócalos tarde o temprano se hamburguesan. (Por cierto y aprovechando el viaje, reviren dos sin cebolla y sin salsa de tomate. Gracias.)

P.D. a la P.D. anterior: Ya que en posdatas estamos, ¿cuál de todos los CEU's es el que nos escribe? Porque cuando yo era un apuesto joven de 25 años (¡órales! ¡Avísale a la computadora de la PGR para que saque cuentas!) había, cuando menos, 3 CEU's. ¿Por fin se unieron?

P.D. a la P.D. de la P.D.: En dado el caso de que, ¡uf!, tomaran el Zócalo, no sean ojeras y aparten un pedacito para siquiera vender artesanías, porque pronto puedo convertirme en un "profesional de la violencia" desempleado y siempre es mejor ser un "profesional de la violencia" subempleado (por aquello del TLC, *you know*).

P.D. a la "n" potencia: En realidad estas posdatas son una carta que se disfraza de posdata (por aquello de la PGR y etcéteras de lentes oscuros y fornidos) y, *but of course*, no requiere respuesta, ni remitente, ni destinatario (ventajas inobjetables de las cartas disfrazadas de posdatas).

P.D. nostálgica: Cuando yo era joven (¿Bueno? ¿PGR? Ahí le van más datos) había un espacio ligeramente arbolado ubicado, aproximadamente, entre la Biblioteca Central, la Facultad de Filosofía y Letras, la Torre de Humanidades, la avenida Insurgentes y el circuito interior (?) de CU. A ese espacio le llamábamos, por razones comprendidas por los (as) iniciados (as), el "valle de pasiones", y era visitado asiduamente por elementos diversos de la fauna que poblaba la CU a partir de las 7 pm (hora en que las buenas conciencias toman chocolate y las malas se ponen como agua para *idem*) procedentes de las áreas de humanidades, ciencias y otras (¿hay otras?). En ese tiempo un cubano (¿Bueno? ¿Embajador Jones? Anote usted más pruebas de procastrismo) que dictaba conferencias frente al teclado de un piano del color de su piel y se hacía llamar *Bola de nieve* repetía:

"No se puede tener conciencia y corazón..."

P.D. de *finale fortissimo:* ¿Notaron el aire exquisitamente culto y delicado de estas posdatas? ¿No son dignas de nuestro ingreso al primer mundo? ¿No llama la atención que estos "transgresores" se preparan también para ser competitivos en el TLC?

P.D. *of happy end:* Ya, ya, ya me voy... pero es que ese avión ya me tiene de 7 meses, y la guardia, para variar, se quedó dormida y alguien se cansa de repetir "¿Quién vive?", y yo me digo que la patria... ¿y ustedes?

•

[AL FRENTE CÍVICO DE MAPASTEPEC, 12 de febrero]

Al Frente Cívico de Mapastepec,   8 de febrero de 1994
Mapastepec, Chiapas
Hermanos:
Queremos decirles nuestra palabra a ustedes. Recibimos su carta de fecha 6 de febrero de 1994.

La inmensa mayoría de los presidentes de los municipios chiapanecos son producto del fraude electoral, del pisoteo a la voluntad popular. Todos los presidentes municipales del estado de Chiapas deben renunciar o ser depuestos. En su lugar deberían formarse concejos municipales elegidos democráticamente por los gobernados. El gobierno colectivo es mejor que el gobierno unipersonal, pero debe ser democrático. Si el gobierno estatal suple al presidente impuesto por un concejo municipal igualmente impuesto, entonces el concejo antidemocrático debe caer también. Así debe ser hasta que la justa voluntad de la mayoría sea respetada.

El EZLN apoya, sin condición alguna, la justa demanda del pueblo de Mapastepec que lucha por una auténtica democracia y de todas las fuerzas populares que, ahora y en el futuro, luchan en contra de las arbitrariedades de presidentes municipales impuestos, y la demanda de democracia municipal forma parte ya de su pliego de demandas zapatistas.

¡Fuera presidentes municipales impuestos!
¡Vivan los Concejos Municipales democráticos!
Respetuosamente
Desde las montañas del Sureste mexicano
CCRI-CG del EZLN

[AL PRESIDENTE MUNICIPAL DE SIXTO VERDUZCO, MICH., 12 de febrero]

Al Ciudadano Licenciado Mario   8 de febrero de 1994
Robledo, Presidente Municipal
Municipio J. Sixto Verduzco, Michoacán, México
Hermano:
Recibimos su carta de fecha de 5 de febrero de 1994. Grande es nuestra alegría al saber que, desde tierras michoacanas, nos llega este saludo. Pero más grande es todavía al saber que hay, en algunas presidencias municipales de este país, gente valiente y digna, gente que camina con verdad y prudencia. Y estas gentes existen y es bueno que sean gobierno, si sus pueblos se los mandan. Porque lo que viene del respeto a la voluntad de los más, buen camino es para todos.

Nosotros, hombres y mujeres pequeños, nos dimos la tarea de ser grandes para así vivir aunque muriendo. Y vimos que para ser grande hay que mirar a todos los sufridos de estas tierras y echar a andar con ellos. Y vimos que no podíamos, y vimos que no nos dejaban ser hermanos en verdad y justicia. Y vimos que es el mal gobierno el que aparta nuestros pasos. Y vimos que es de hombres buenos y verdaderos luchar para que el gobierno cambie. Y vimos que a la buena no cambiaba. Y vimos de agarrar las armas. Y todo esto vimos y así hicimos.

Pero vimos también que no sólo la boca de fuego logra la libertad. Vimos que otras bocas necesitan abrirse y gritar para que el poderoso tiemble. Vimos que son muchas las luchas y muchos los colores y lenguas de los que en ellas caminan. Y vimos que no estábamos solos. Y vimos que no solos moriremos.

¡Salud hermanos michoacanos! ¡Que la lucha no acabe! ¡Que no muera la esperanza!
Respetuosamente
Desde las montañas del Sureste mexicano
CCRI-CG del EZLN

[A LA CNPI, 12 de febrero]

Al Consejo Supremo de Pueblos Indios   8 de febrero de 1994
Coordinadora Nacional de Pueblos Indios
Tenochtitlan, México, D.F.
Hermanos:
Queremos decirles nuestra palabra a ustedes. Recibimos su carta de fecha de 5 de febrero. Nuestras cabezas se inclinan por el honor de recibir su palabra con verdad que nos mandan a nosotros. Nuestras armas se guardan para escuchar la palabra de nuestros hermanos indígenas y mexicanos de todo el país. Porque grande es la sabiduría de su pensamiento de ustedes que le recuerdan a todo el mundo que "México es de los mexicanos, la esencia nuestra es la comunidad, es la ayuda mutua, es la justicia, es la libertad y la dignidad".

Nosotros, como pueblos indios mayas y mexicanos, unimos nuestra fuerza y nuestro pensamiento a la gran palabra de verdad que enarbola la Coordinadora Nacional de Pueblos Indios. ¡No dejemos que nuestra dignidad sea ofertada en el gran mercado de los poderosos! Si perdemos la dignidad todo perdemos. Que la lucha sea alegría para los hermanos todos, que se unan nuestras manos y nuestros pasos en el camino de la verdad y la justicia.

¡Que vivan siempre el águila mexicana y el Zapata de su escudo, hermanos de la CNPI!
¡Que viva siempre la unidad de los que por justicia luchan!
¡Libertad! ¡Justicia! ¡Democracia!
Respetuosamente
Desde las montañas del Sureste mexicano
CCRI-CG del EZLN

•

[A LA CNPA, 12 de febrero]

A la Coordinadora Nacional Plan de Ayala.   8 de febrero de 1994
Hermanos:
Recibimos su carta de fecha de 5 de febrero de 1994 y sobre ella queremos decirles algunas cosas y pensamientos nuestros.

Nosotros saludamos la lucha independiente y verdadera de la Coordinadora Nacional Plan de Ayala. Agradecemos mucho el apoyo incondicional a nuestra justa lucha que su pronunciamiento valiente y decidido declara. Unidos los indígenas, los campesinos pobres y los obreros agrícolas habremos de cambiar completamente el sistema agrario de explotación y desprecio que existe en nuestro país. De la unidad de nuestras fuerzas saldrá un campo mexicano nuevo, más justo y equitativo, donde la mirada severa del general Emiliano Zapata vigile que la opresión no se repita ahora con otro nombre.

Hermanos campesinos de la CNPA, será para nosotros un honor muy grande el poder hablar con ustedes y escuchar sus palabras de verdad y justicia. Con humildad y atención estaremos frente a ustedes que tanto tiempo llevan ya en la lucha por tierra y libertad. Nosotros, pequeños hombres de la tierra, escucharemos la palabra de su grande organización independiente.

¡Salud hermanos de la CNPA!

¡Vivan Emiliano Zapata y las organizaciones que hacen honor a su nombre! ¡Fuera las reformas salinistas al artículo 27 constitucional!

Respetuosamente:
Desde las montañas del Sureste mexicano
CCRI-CG del EZLN

•

[A LA ARELIDH, 12 de febrero]

A: Asociación Regional Liberación 8 de febrero de 1994
en Pro de los Derechos Humanos,
Económicos, Sociales y Políticos, A.C., Arelidh.
Lardizábal No. 7-A, Col. Centro. Tel. (91-246) 2-35-57.
Tlaxcala, Tlax., CP 90000.
C. Lucrecia Ortega Sánchez.
Directora administrativa:
El Comité Clandestino Revolucionario Indígena-Comandancia General del Ejército Zapatista de Liberación Nacional, se dirige respetuosamente a ustedes para agradecerles su carta del 7 de febrero de 1994, en donde nos comunican su aceptación para formar el *Cinturón de paz* en torno a la mesa de diálogo entre nuestro EZLN y el gobierno federal.

Nosotros sabemos que su organización de ustedes ha permanecido neutral en el presente conflicto y se ha preocupado en todo momento de prestar su ayuda para aliviar las graves condiciones de la población civil, así como de impulsar los esfuerzos hacia la paz. Esto lo saludamos con respeto pues la honestidad va, invariablemente, acompañando la neutralidad y el afán de paz con justicia. Agradecemos de antemano que la invitación que aceptaron la hagan extensiva a otras ONG pues, hasta ahora, los únicos que han contestado aceptando son ustedes.

Le estamos pidiendo al señor Samuel Ruiz García, obispo de San Cristóbal de Las Casas y Comisionado Nacional de Intermediación, que, cuando se hayan precisado fecha y lugar del diálogo, se dirija prontamente a ustedes para hacérseles saber con oportunidad.

Respetuosamente.
Desde las montañas del Sureste mexicano
CCRI-CG del EZLN

•

[A NIÑOS INTERNOS DE GUADALAJARA, 12 de febrero]

Al Comité de Solidaridad del Internado 8 de febrero de 1994
de Educación Primaria Núm. 4 "Beatriz Hernández",
Guadalajara, Jalisco.

Niños y niñas:

Recibimos su carta de fecha de 19 enero de 1994, y el poema *Plegaria de paz*, que viene junto a la carta. Nosotros tenemos alegría de que niños y niñas, que viven tan lejos de nuestras montañas y nuestra miseria, se preocupen porque la paz llegue a la tierra chiapaneca. Les agradecemos mucho su pequeña carta.

Queremos que sepan ustedes, y las nobles personas que son sus maestros, que nosotros no nos levantamos en armas por el gusto de matar y morir, que nosotros no buscamos la guerra porque no queramos la paz. Nosotros vivíamos sin paz, nuestros hijos son niños y niñas como ustedes, pero infinitamente más pobres. Para nuestros niños y niñas no hay escuelas ni medicinas, no hay ropa ni alimentos, no hay un techo digno en donde guardar nuestra pobreza. Para nuestros niños y niñas sólo hay trabajo, ignorancia y muerte. La tierra que tenemos no sirve para nada, con tal de conseguir algo para nuestros hijos salimos a buscar la paga en la tierra de otros, los poderosos, y nos dan muy barato nuestro trabajo. Nuestros hijos tienen que entrar a trabajar desde muy pequeños para poder conseguir algo de alimento, ropa y medicinas. Los juguetes de nuestros hijos son el machete, el hacha y el azadón, jugando y sufriendo trabajando salen a buscar leña, a tumbar monte, a sembrar desde que apenas aprenden a caminar. Comen lo mismo que nosotros: maíz, frijol y chile. No pueden ir a la escuela y aprender la castilla porque el trabajo mata todo el día y la enfermedad la noche mata. Así viven y mueren nuestros niños y niñas desde hace 501 años. Nosotros, sus padres, sus madres, sus hermanos y hermanas, no quisimos más cargar con la culpa de nada hacer por nuestros niños y niñas. Buscamos caminos de paz para tener justicia y encontramos burla, y encontramos cárcel, y encontramos golpes, y encontramos muerte; encontramos siempre dolor y pena. Ya no pudimos más, niños y niñas de Jalisco, era tanto el dolor y la pena. Y entonces tuvimos que llegar a encontrar el camino de guerra, porque lo que pedimos con voz no fue escuchado. Y nosotros, niños y niñas de Jalisco, no pedimos limosnas o caridades, nosotros pedimos justicia: un salario justo, un pedazo de buena tierra, una casa digna, una escuela de verdades, medicina que cure, pan en nuestras mesas, respeto a lo nuestro, libertad de decir lo que llega en nuestro pensamiento y abre las puertas de la boca para que las palabras nos unan a otros en paz y sin muerte. Eso pedimos siempre, niños y niñas de Jalisco, y no escucharon lo que nuestra voz clamaba. Y entonces tomamos un arma en las manos, entonces hicimos que la herramienta de trabajo se hiciera herramienta de lucha, y entonces la guerra que nos hacían, la guerra que nos mataba a nosotros sin que ustedes supieran nada, niños y niñas de Jalisco, la volvimos contra de ellos, los grandes, los poderosos, los que todo tienen y merecen nada.

Por eso, niños y niñas de Jalisco, empezamos nuestra guerra. Por eso la paz que queremos no es la misma que teníamos antes, porque no era paz, era muerte y desprecio, era pena y dolor, era vergüenza. Por eso les decimos, con respeto y cariño, niños y niñas de Jalisco, que levanten ustedes la bandera de la paz con dignidad y hagan poemas de *Plegaria a una vida digna,* y que busquen, por encima de todo, la justicia que es para todos igual o para nadie es.

Saludos niños y niñas de Jalisco.
Desde las montañas del Sureste mexicano
CCRI-CG del EZLN

[CARTA DE MARCOS SOBRE LA PRENSA, 14 de febrero]

A: Periódico *El Sur*, Periodismo Siglo XXI,   11 de febrero de 1994
Emilio Carranza 820 esquina Naranjos,
Colonia Reforma, Oaxaca de Juárez, Oaxaca, México
Atención: Jesús García / Claudia Martínez Sánchez /
Pablo Gómez Santiago
Señores:
Recibí su carta de fecha 9 de febrero de 1994. ¡Puf! Si hacen reportajes con la mitad de la agresividad de la carta que me mandan, cuando este país sea en verdad libre y justo van a ganar un Premio Nacional de Periodismo. Yo acepto el llamado de atención que me hacen (en realidad es un regaño pero hoy amanecí diplomático). Quisiera que, en medio de la indignación que les llena, tuvieran un espacio para escucharme.

Nosotros estamos en guerra. Nos alzamos en armas en contra del supremo gobierno. Nos buscan para matarnos, no sólo para entrevistarnos. Confesamos que no conocemos *El Sur*, Periodismo Siglo XXI, pero confiesen ustedes que es algo difícil de reprocharnos, cercados como estamos, sin alimentos y con la constante amenaza de aeronaves artilladas. Bien, ya nos confesamos mutuamente. A la selva han entrado muchos periodistas honestos, unos que no son tan honestos y otros que ni siquiera son periodistas pero que se presentan como tales. Nosotros tenemos que desconfiar de todo lo que no conozcamos directamente porque, repito, el gobierno nos quiere tomar una fotografía... muertos. Ya sé que para los "profesionales de la violencia" la muerte es casi una consecuencia natural, pero de saber esto a facilitarle las cosas al enemigo hay un buen trecho. No pretendo conmoverlos, sólo quiero que entiendan la situación en la que estuvimos y estamos. Tenemos muy poco margen de maniobra y, paradójicamente, estamos más necesitados que nunca de contactar a medios de información que digan la verdad. La entrada y salida de reporteros a nuestras líneas significan un golpe duro a nuestro sistema de seguridad, amén de que existe un riesgo de que en la entrada o en la salida, los trabajadores de los medios de comunicación sufran un atentado y sea achacado a nuestras fuerzas. No me considero suficientemente entrevistado, de hecho la entrevista que publica *La Jornada* es la única que he dado en mi vida, y creo que hay muchos vacíos que dejaron los reporteros de ese medio y que hubieran podido llenar con preguntas que no se hicieron. Así que no me estoy portando como una *vedette* que "escoge" a quién sí y a quién no dirige su "honorable" palabra, simplemente estoy tomando en cuenta que, en el lugar en que me presente, pongo en riesgo extra a los que ahí están y a los que llegan. En fin, nos estamos portando como lo que somos, gente perseguida por el gobierno, no por los periodistas.

Bueno, como quiera que sea si hubieran empezado por el respaldo que de ustedes hace el periódico coleto *Tiempo* se hubieran ahorrado la justa indignación que llena las 3 hojas de fax que me llegaron. Para mí basta la palabra de *Tiempo* para aceptar la honestidad de alguien, así que estoy mandando una carta al Comisionado Nacional de Intermediación, Obispo Samuel Ruiz García, para darles un salvoconducto que les permita entrar a nuestras líneas y tomar las fotografías que deseen y hagan las entrevistas que se puedan (recuerden, por favor, que estamos en guerra). Prometo solemnemente que, en cuanto sea posible, tendré el honor de recibirlos personalmente y de contestar lo que me pregunten, si es contestable.

Mientras ese improbable día llega, les mando un escrito. Sale pues, ahí les va, sin anestesia previa, el escrito titulado...

Razones y sinrazones de por qué unos medios sí

Cuando las bombas caían sobre las montañas del sur de San Cristóbal de Las Casas, cuando nuestros combatientes resistían en Ocosingo los ataques de los federales, cuando nuestras tropas se reagrupaban después del ataque al cuartel de Rancho Nuevo, cuando nos fortificábamos en Altamirano y Las Margaritas, cuando el aire olía a pólvora y sangre, el Comité Clandestino Revolucionario Indígena-Comandancia General del EZLN me llamó y me dijo, palabras más, palabras menos: "Tenemos que decir nuestra palabra y que otros la escuchen. Si no lo hacemos ahora, otros tomarán nuestra voz y la mentira saldrá de nuestra boca sin nosotros quererlo. Busca por dónde puede llegar nuestra verdad a otros que quieren escucharla". Así fue como el CCRI-CG me encargó de buscar medios de comunicación que pudieran informar lo que pasaba realmente y lo que pensábamos. A la montaña no llegan los diarios, ya lo he dicho en otra ocasión. Llega, sí, la señal de algunas estaciones de radio (la mayoría gubernamentales). Así las cosas tuvimos que decidir a quién dirigirnos según antecedentes que teníamos. Había que considerar varias cosas: la publicación de nuestros comunicados le traía, primero, una pregunta lógica a los medios que los recibieran: ¿eran auténticos dichos comunicados? Es decir, ¿eran realmente de los alzados en armas, o apócrifos? Después de que, suponiendo, se contestaran que sí (nadie podía darles la certeza de que eran auténticos), sigue la pregunta clave: ¿los publicamos? El asumir la autenticidad de los comunicados era ya un riesgo para los comités editoriales de esos medios, pero la responsabilidad de publicarlos implicaba muchas cosas más, tantas que tal vez sólo ellos puedan contar la historia de la decisión de esa apertura a un movimiento que nadie, salvo nosotros mismos, conocía bien, un movimiento cuya procedencia era un enigma en el mejor de los casos y una provocación en el peor de ellos. El EZLN se había alzado contra el supremo gobierno, había tomado 7 cabeceras municipales, combatía contra el ejército federal y estaba formado, cuando menos, por algunos indígenas, esto era un hecho. Pero ¿quién estaba detrás del EZLN? ¿Qué querían realmente? ¿Por qué por ese medio (el armado)? ¿Quién lo financiaba? En resumen, ¿qué pasaba realmente? Deben haber existido mil y una preguntas más. Esos medios contarán algún día esa historia (importante por cierto). Nosotros pensábamos todo esto y nos preguntamos: ¿Quién asumirá todos estos riesgos? La respuesta que nos dimos fue, más o menos, ésta: lo harán aquellos medios cuyo afán de saber la verdad de lo que pasa sea mayor al temor a los riesgos de encontrarla (la verdad). Bueno, la respuesta era correcta (creo) pero no solucionaba nada. Faltaba lo más importante: decidir el destinatario de esas primeras epístolas y comunicados. Narraré, brevemente, cómo y por qué fueron apareciendo los destinatarios que aparecen hasta ahora, es claro que hay que ampliarlos, al inicio de cartas y comunicados:

Tiempo. La decisión de dirigirse a este medio fue unánime en el CCRI-CG del EZLN y, se puede decir, por aclamación. Recuerden ustedes que nuestros compañeros no llegan a la lucha armada así nada más, por afán de aventuras. Han recorrido ya un largo trecho de luchas políticas, legales, pacíficas, económicas. Conocen varias cárceles y centros de tortura locales y estatales. También saben quién los escuchó ayer y quién les cerró puertas y oídos. Ya expliqué en una carta a un periodista de ese medio lo que *Tiempo* significa para los indígenas chiapanecos, así que no insistiré. Sin embargo, decidirse a poner el nombre de *Tiempo* entré los destinatarios no era sencillo. Nosotros teníamos la seguridad de la honestidad e imparcialidad de estas personas, pero estaba el problema de que hay una guerra, y en una guerra es fácil confundir las líneas que separan una fuerza de la otra. No me refiero sólo a las líneas de fuego, también a las líneas políticas e ideológicas que separan y enfrentan a uno y otro bando. ¿Qué quiero decir? Simplemente que el hecho de publicar un comunicado nuestro podría ganarle a *Tiempo* la acusación, gratuita por cierto, de ser "portavoz" de los "transgresores de la ley". Para un periódico grande eso puede significar problemas, para un periódico pequeño eso puede significar su desaparición definitiva. Como quiera los compañeros dicen: "Mándalo a *Tiempo*, si no lo publican cuando menos ellos merecen saber la verdad de lo que pasa". Ésa fue la parte de la historia de por qué *Tiempo*. Falta, por supuesto, la parte que cuente cómo esas nobles personas de *Tiempo* deciden correr todos los riesgos, a tal grado de poner en juego su existencia como medio informativo, y publicar lo que les enviamos. Cualquiera que haya sido esa historia, nosotros no podemos menos que saludar la valentía de ese medio informativo que, entre todos, era el que más tenía que perder, si no es que todo. Por eso el CCRI-CG del EZLN siempre me ha insistido en que de todo lo que enviamos se haga llegar una copia a *Tiempo*.

Después de decidir un medio informativo local al cual dirigirse venía el problema de la decisión sobre el medio informativo nacional. La televisión estaba descartada por razones obvias. La radio representaba para nosotros el problema de cómo hacerles llegar el material sin riesgos extras. Entonces estaba el problema de la prensa nacional. Recuerden que nosotros no sabíamos qué se estaba diciendo en la prensa de lo que pasaba, nosotros estábamos peleando en las montañas y en las ciudades. Así que, como dije antes, teníamos que decidir en base a los antecedentes que teníamos.

La Jornada. Entonces valoramos lo que había hecho *La Jornada* anteriormente. Su política editorial era, como se dice ahora, plural. Es decir ahí tenían espacio diversas corrientes ideológicas y políticas, en ese periódico se apreciaba, se aprecia todavía, un amplio abanico de interpretaciones de la realidad nacional e internacional. Es decir, ese periódico presenta, con calidad, un mosaico ideológico de lo más representativo de la llamada sociedad civil mexicana. Creo que esto se demuestra en el paulatino paso de la condena lapidaria contra el EZLN (remember el editorial del 2 de enero de 1994) al análisis crítico de lo que ocurría. *Mutatis mutando*, creo así ocurrió con la llamada sociedad civil: de condenarnos pasó al esfuerzo por entendernos. Hay en *La Jornada* lo que antes se llamaba izquierda, centro y derecha, así como las múltiples subdivisiones que la historia crea y deshace. Hay polémica sana y de nivel. En fin, creo que es un buen periódico. Es difícil tacharlo de izquierdista o de derechista o centrista (aunque el Frente Anticomunista Mexicano lo catalogue entre los primeros). Creo que este mosaico de corrientes editoriales es parte importante del éxito de ese diario (y "éxito editorial de un periódico" en mis tiempos de periodista significaba poder sacar el siguiente número). Sin embargo, no fue la existencia de este mosaico ideológico lo que nos decide a incluir a *La Jornada* entre los destinatarios. Lo decisivo fue la valentía y honestidad de sus reporteros. Nosotros hemos visto brillantes páginas de periodismo ("de campo", le decían antes) en notas y reportajes en este diario. Por alguna extraña razón, estos reporteros (y muchos otros, estoy de acuerdo, pero ahora hablo de *La Jornada*) no se conforman con los boletines oficiales. Son enfadosos (para los reporteados) hasta el cansancio en su afán de saber qué ocurre. Además, cuando algo importante (a su entender) pasa, no se conforman con mandar un reportero, sino que forman una verdadera unidad de asalto que empieza a develar caras diversas del hecho que están cubriendo. Tienen lo que en mis tiempos se llamaba "periodismo total", como si fuera una película con varias cámaras con distintos enfoques y ángulos de un mismo hecho. Lo que en el cine hipnotiza, en la prensa mueve a reflexión y análisis. Peleando todavía con fuego y plomo, pensábamos nosotros que, tal vez, quisieran conocer la cara detrás del pasamontañas. No digo que otros no lo quisieran (incluido el gobierno federal), pero ahora hablo de este medio informativo. Así las cosas, lo que nos hace a nosotros optar por agregar el nombre de *La Jornada* a los destinatarios es, sobre todo, su equipo de reporteros. Hay otras razones menos determinantes como las secciones eventuales (¿o regulares?) de "La Doble Jornada", "La Jornada Laboral", "Perfil" y, *last but not least,* "Histerietas".

El Financiero. Alguien me ha preguntado por qué escogemos como interlocutor a un periódico especializado en cuestiones económicas. Decir que *El Financiero* es un periódico de finanzas es faltar a la verdad en el mejor de los casos, y en el peor significa que no lo han leído. Tiene *El Financiero,* a nuestro entender, un equipo de columnistas serios y responsables en su quehacer periodístico. Sus análisis son objetivos y, sobre todo, muy críticos. La pluralidad ideológica de las columnas que lo conforman es también una riqueza que es difícil encontrar en otros diarios nacionales. Quiero decir, es una pluralidad equilibrada. Su política editorial no se conforma con salpicar alguna pluma crítica entre las que se alínean con el poder, abre espacios reales de análisis incisivos de uno y otro bando (yo dudo que haya dos bandos solamente, pero la figura literaria ayuda, creo). Su equipo de reporteros tiene el instinto de "diseccionar" la realidad, que es lo que finalmente distingue a un reportero de un observador. *El Financiero* parece decirnos y mostrarnos que un hecho social se refleja (¿"se refleja"?, creo que debo decir: "condiciona y se condiciona") en diversos aspectos económicos, políticos, culturales. Como leer un libro de historia, pues, pero de historia presente y cotidiana que, por cierto, es la historia más difícil de leer. Cuando yo era joven y bello, los intelectuales tendían a agruparse en torno a una publicación, atrincherarse, y desde ahí lanzar verdades al ignorante mundo de los mortales. En aquellos tiempos les decían "las élites de la inteligencia" y había tantas como revistas y corrientes ideológicas estuvieran de moda. Publicaciones para que las leyeran los mismos que las publicaban. "Una masturbación editorial", dice Lucha. Si tú, inocente terrícola, querías llegar a rozar esas torres de marfil tenías que seguir un proceso más bien escabroso. Si algún medio editorial parece alejarse de este "periodismo de élite" que decanta, selecciona y elimina, es *El Financiero*. Este diario nacional no reaccionó con la condena inmediata a un movimiento que nadie entendía, no se precipitó en las elucubraciones intelectuales que afectaron, y afectan, a otros medios. Esperó, que en el arte de la guerra es la virtud más difícil de aprender, investigó, reporteó y, sobre una base más firme, empezó a tejer ese análisis interdisciplinario que ahora pueden apreciar sus lectores. Nosotros no supimos esto hasta que, tiempo después, llegó un ejemplar a nuestras manos. Nos felicitamos por haber escogido bien aunque, justo es reconocerlo, no teníamos nada que perder. Si para *La Jornada* fue el equipo de reporteros el que nos decidió, en *El Financiero* fue el equipo de editorialistas (no obstante el señor Pazos).

Proceso. De este semanario vale reiterar las disculpas por su tardía aparición entre los destinatarios. La razón de esto ya la expliqué en otro lado. Quisiera recordar una anécdota, de las muchas que andan sueltas en nuestras mentes y pláticas, del día primero de enero de 1994: al anochecer, la mayoría de la gente civil que había estado entre curiosa y escandalizada por lo que veía, con nosotros en el palacio municipal de San Cristóbal de Las Casas, se había retirado a sus casas y hoteles asustada por los insistentes rumores de que el ejército federal intentaría asaltar nuestras posiciones en la oscuridad. Llegaban, sin embargo, uno que otro borracho para el que la fiesta de fin de año se había alargado 24 horas. Manteniendo con dificultad el equilibrio se dirigían a nosotros preguntándonos de qué procesión religiosa se trataba porque veían muchos "indios" en el parque central. Después de informarles de qué se trataba nos invitaban un inútil trago de una botella ya vacía y se iban, tambaleándose y discutiendo si la procesión era por la Virgen de Guadalupe o por la fiesta de Santa Lucía. Pero también se nos acercó gente en su juicio, o eso aparentaban. Y entonces ocurrió lo que ocurrió: surgieron estrategas bélicos y asesores militares espontáneos que nos hacían señalamientos rotundos de cómo correr y evitar muchas bajas cuando nos atacaran los federales, porque respecto a que seríamos aplastados había unanimidad en todos ellos.

Alguno, ya más entrada la noche y cuando nuestras tropas se alistaban para trasladarse a sus nuevas posiciones previas al asalto a Rancho Nuevo, se acercó a mí y con un tono más paternal que doctoral me dijo: "Marcos, cometiste un error estratégico iniciando la guerra en sábado". Yo me acomodé el pasamontañas que, junto con mis párpados, empezaba ya a caerme sobre los ojos, y aventuré, temeroso, "¿Por qué?"

"Mira, dice mi improvisado asesor de estrategia militar, el error está en que los sábados cierra su edición *Proceso* y entonces los análisis y reportajes verdaderos sobre su lucha no van a salir sino hasta la próxima semana". Yo sigo acomodándome el pasamontañas más por darme tiempo que porque estuviera fuera de lugar. Mi asesor militar coleto agrega implacable: "Debiste haber atacado el viernes". Yo trato, tímidamente, de argumentar en mi defensa que la cena de año nuevo, los cohetes, los festejos, los etcéteras que ahora no recuerdo pero que seguro dije porque el personaje que tenía enfrente no me dejó continuar y me interrumpió con un "Y ahora quién sabe si ustedes van a durar hasta la próxima semana". No había lástima en su tono, había una lúgubre sentencia de muerte. Se fue dándome una palmada comprensiva de mi torpeza estratégica al atacar en sábado. No he leído el *Proceso* de esa semana posterior al primero de enero, pero si en algo tenía razón el estratega de esa noche era en que en *Proceso* salen análisis y reportajes verdaderos. Poco puedo yo agregar a las virtudes que todos señalan en la labor periodística de este semanario reconocido mundialmente. Baste llamar la atención sobre la profundidad siempre presente en los artículos de *Proceso*, de los diversos enfoques de una problemática, sea nacional o internacional.

Otros. Coincido con ustedes en que hay algunos medios más, de igual o mayor valía que los arriba mencionados. Veremos de ampliar el número de destinatarios o, de plano, dirigirnos a la prensa en general. Creo que, finalmente, será lo más prudente, pues en verdad son muchos y buenos los medios informativos que hacen eso: informar.

El Sur (Oaxaca). Repito que no lo conocíamos, contrarrepito que no tenemos las ventajas del ejército federal para dar entrevistas o conferencias de prensa, archirrepito que estamos cercados y en guerra. Pero les propongo un trato: mientras se hace posible la entrevista personal podríamos avanzar algo por correspondencia. Ya sé que una entrevista epistolar no es el ideal de un reportero, pero algo podríamos avanzar. Además me comprometo a "cazarles" una entrevista con otros oficiales del EZLN y ésta sí sin más requisitos que venirse a Chiapas y recoger, en la oficina del Comisionado Nacional de Intermediación, la acreditación que como corresponsales de guerra les da el EZLN.

Como ya sabrán, el diálogo no ha empezado. Tal vez los estamos esperando a ustedes.

Bueno, señores periodistas de *El Sur* de Oaxaca, creo ya debo haber-

los aburrido bastante. Como quiera que sea, la gran ventaja de esta larga carta es que ningún medio se va a atrever a publicarla. Vale.
Salud y un abrazo cierto y sin rencores... ¿estamos?
Desde las montañas del Sureste mexicano
Subcomandante Insurgente Marcos

P.D. ¿Podrían mandarnos un ejemplar de su periódico? Prometemos solemnemente pagarlo en el improbable caso de que algún día tengamos dinero. (¿Aceptarían cartas en lugar de efectivo?)
Otra P.D. Ese avión no termina de caerse y el agua de la olla ya se evaporó en la espera. ¿Qué tal y cuando se vengan se traen un poco de ese queso oaxaqueño que, dicen, es tan sabroso? Nosotros ponemos las tortillas y el hambre. De nada.

c.c.p *Tiempo,* San Cristóbal de Las Casas, Chiapas.
c.c.p. *La Jornada,* México, D.F.
c.c.p. *El Financiero,* México, D.F.
c.c.p. *Proceso,* México, D.F.

•

[A LOS CANDIDATOS ASPIRANTES A LA PRESIDENCIA, 16 de febrero]

A la prensa nacional e internacional:　　　　　13 de febrero de 1994
A los partidos políticos nacionales con registro:
A los candidatos aspirantes a la Presidencia de la República Mexicana:
Atención: Partido Acción Nacional, Partido Revolucionario Institucional, Partido de la Revolución Democrática, Partido Frente Cardenista de Reconstrucción Nacional, Partido del Trabajo, Partido Auténtico de la Revolución Mexicana, Partido Verde Ecologista de México, Partido Popular Socialista
Señores:
Por este medio les hablamos a ustedes; nosotros el Comité Clandestino Revolucionario Indígena-Comandancia General del Ejército Zapatista de Liberación Nacional para decirles lo siguiente:
Primero. Es de todos conocido que en unos pocos días darán inicio las *Jornadas para la paz y la reconciliación en Chiapas* entre el gobierno federal y el EZLN, con la intermediación del señor obispo Samuel Ruiz García.

Segundo. El inicio del diálogo es parte importante del proceso de pacificación si se encamina, desde un principio, en la dirección de una paz con dignidad, justicia, libertad y democracia. Sin embargo, nosotros pensamos que los acuerdos a los que sea posible llegar con el representante del gobierno federal pueden verse limitados en su concreción por el futuro proceso electoral y por el cambio de poderes federales que se avecina.

Tercero. Por eso pensamos nosotros en invitarlos a ustedes a enviar delegados de las direcciones nacionales de sus partidos políticos para que se mantengan informados de los avances del diálogo para la paz y nos den su opinión sobre el rumbo que toma la concreción de los acuerdos en el caso de que sean posibles. Nosotros estamos claros que de entre sus candidatos a la Presidencia saldrá el próximo titular del Ejecutivo federal de nuestro país y al señor presidente de la República siguiente le tocará también el cumplimiento de los mencionados acuerdos.

Cuarto. Esperamos que nuestra invitación a participar en el diálogo sea aceptada por las direcciones de sus partidos políticos y por los equipos de campaña de los distintos aspirantes a la primera magistratura del país. Será un gran honor para nosotros el hablar, en su oportunidad, con los delegados que envíen.

Respetuosamente:
Desde las montañas del Sureste mexicano
CCRI-CG del EZLN

[A LA CONAC-LN, 22 de febrero]

A las organizaciones que forman la 14 de febrero de 1994
Coordinación Nacional de Acción Cívica
para la Liberación Nacional (Conac-LN)
Hermanos:
Recibimos su carta del 9 de febrero de 1994. Grande es nuestro honor y nuestras frentes se inclinan al reconocer las palabras de nuestro General Emiliano Zapata en la boca de obreros, campesinos, estudiantes, maestros e intelectuales, hombres y mujeres honestos que forman la Coordinación Nacional de Acción Cívica para la Liberación Nacional (Conac-LN).
Siguiendo las palabras del jefe Zapata nosotros llamamos al pueblo

de México a que apoyara la justa causa que anima el canto de nuestros fusiles. Saludamos con respeto el retorno de este llamado a la unidad que viene de otras partes de nuestro país.

Hermanos:

Durante años y años cosechamos la muerte de los nuestros en los campos chiapanecos, nuestros hijos morían por una fuerza que desconocíamos, nuestros hombres y mujeres caminaban en la larga noche de la ignorancia que una sombra tendía sobre nuestros pasos, nuestros pueblos caminaban sin verdad ni entendimiento. Iban nuestros pasos sin destino, solos vivíamos y moríamos.

Los más viejos de los viejos de nuestros pueblos nos hablaron palabras que venían de muy lejos, de cuando nuestras vidas no eran, de cuando nuestra voz era callada. Y caminaba la verdad en las palabras de los más viejos de los viejos de nuestros pueblos. Y aprendimos en su palabra de los más viejos de los viejos que la larga noche de dolor de nuestras gentes venía de las manos y palabras de los poderosos, que nuestra miseria era riqueza para unos cuantos, que sobre los huesos y el polvo de nuestros antepasados y de nuestros hijos se construyó una casa para los poderosos, y que a esa casa no podía entrar nuestro paso, y que la luz que la iluminaba se alimentaba de la oscuridad de los nuestros, y que la abundancia de su mesa se llenaba con el vacío de nuestros estómagos, y que sus lujos eran paridos por nuestra miseria, y que la fuerza de sus techos y paredes se levantaba sobre la fragilidad de nuestros cuerpos, y que la salud que llenaba sus espacios venía de la muerte nuestra, y que la sabiduría que ahí vivía de nuestra ignorancia se nutría, que la paz que la cobijaba era guerra para nuestras gentes, que vocaciones extranjeras la llevaban lejos de nuestra tierra y nuestra historia.

Pero la verdad que seguía los pasos de la palabra de los más viejos de los viejos de nuestros pueblos no era sólo de dolor y muerte. En su palabra de los más viejos de los viejos venía también la esperanza para nuestra historia. Y apareció en su palabra de ellos la imagen de uno como nosotros: Emiliano Zapata. Y en ella vimos el lugar a donde nuestros pasos debían caminar para ser verdaderos, y a nuestra sangre volvió nuestra historia de lucha, y nuestras manos se llenaron de los gritos de las gentes nuestras, y a nuestras bocas llegó otra vez la dignidad, y en nuestros ojos vimos un mundo nuevo.

Y entonces nos hicimos soldados, nuestro suelo se cubrió de guerra, nuestros pasos echaron a andar de nuevo armados con plomo y fuego, el temor fue enterrado junto a nuestros muertos de antes, y vimos de llevar nuestra voz a la tierra de los poderosos, y cargamos nuestra verdad para sembrarla en medio de la tierra donde gobierna la mentira, a la ciudad llegamos cargando nuestros muertos para mostrarlos a los ojos ciegos de nuestros compatriotas, de los buenos y los malos, de los sabios y de los ignorantes, de los poderosos y los humildes, de los gobiernos y los gobernados. Nuestros gritos de guerra abrieron los sordos oídos del supremo gobierno y sus cómplices. Antes, por años y años, nuestra voz de paz digna no pudo bajar de las montañas, los gobiernos levantaron altas y fuertes paredes para esconderse de nuestra muerte y nuestra miseria. Nuestra fuerza debió romper esas paredes para entrar otra vez a nuestra historia, a la que nos habían arrebatado junto a la dignidad y la razón de nuestros pueblos.

En ese primer golpe a los muros sordos de los que todo tienen, la sangre de los nuestros, nuestra sangre, corrió generosa para lavar la injusticia que vivíamos. Para vivir morimos. Volvieron nuestros muertos a andar pasos de verdad. Con lodo y sangre se abonó nuestra esperanza.

Pero la palabra de los más viejos de los viejos de nuestros pueblos no se detuvo. Habló la verdad diciendo que nuestros pasos no podían caminar solos, que en la carne y sangre de hermanos de otras tierras y cielos nuestra historia de dolor y pena se repetía y multiplicaba.

"Lleven su voz a otros oídos desposeídos, lleven su lucha a otras luchas. Hay otro techo de injusticia sobre el que cubre nuestro dolor", dijeron así los más viejos de los viejos de nuestros pueblos. Vimos en estas palabras que si nuestra lucha era sola otra vez, de nuevo sería inútil. Por eso encauzamos nuestra sangre y el paso de nuestros muertos a encontrar el camino de los otros pasos que con verdad caminan. Nada somos si solos caminamos, todo seremos si nuestros pasos caminan junto a otros pasos dignos.

Hermanos, así llegó nuestro pensamiento a nuestras manos y a nuestros labios. Y así empezamos a caminar. Que vengan sus pasos hacia nosotros, hermanos de la Coordinadora Nacional de Acción Cívica para la Liberación Nacional, nuestro corazón está ya abierto a su palabra y a su verdad. Poco tenemos que ofrecerles nosotros a ustedes pues sigue siendo muy grande la pobreza de nuestras tierras y muy pequeño nuestro lugar en la historia de México. Pero junto a su paso de ustedes y de todas las personas buenas de este mundo habremos de crecer y encontrar al fin el lugar que nuestra dignidad y nuestra historia merecen.

Salud hermanos de la Conac-LN.
¡Libertad! ¡Justicia! ¡Democracia!
Respetuosamente.
Desde las montañas del Sureste mexicano
CCRI-CG del EZLN

[AL PDM Y A LA UNO, 18 de febrero]

A la prensa nacional e internacional: 15 de febrero de 1994
A los partidos políticos nacionales
con registro:
Partido Demócrata Mexicano [PDM],
Unión Nacional Opositora [UNO]
A sus candidatos aspirantes a la Presidencia:
Señores:
Por este medio les hablamos a ustedes nosotros el Comité Clandestino Revolucionario Indígena-Comandancia General del Ejército Zapatista de Liberación Nacional para decirles lo siguiente:

Primero. Por un lamentable error producto de las prisas y la falta de atención fue omitida la aparición de los nombres de sus organizaciones políticas entre los destinatarios de la invitación a enviar delegados a las *Jornadas para la paz y la reconciliación* en Chiapas. Realmente estamos muy apenados y esperamos sinceramente que nos disculpen y nos honren con la presencia de sus delegados a tan importante evento.

Segundo. El inicio del diálogo es parte importante del proceso de pacificación si se encamina, desde un principio, en la dirección de una paz con dignidad, justicia, libertad y democracia. Sin embargo, nosotros pensamos que los acuerdos a los que se pueda llegar con el representante del gobierno federal pueden verse limitados en su concreción por el futuro proceso electoral y por el cambio de poderes federales que se avecina.

Tercero. Por eso pensamos nosotros en invitarlos a ustedes a enviar delegados de las direcciones nacionales de sus partidos políticos para que se mantengan informados de los avances del diálogo para la paz y nos den su opinión sobre el rumbo que toma la concreción de los acuerdos en el caso de que sean posibles. Nosotros estamos claros que de entre sus candidatos a la Presidencia saldrá el próximo titular del Ejecutivo Federal de nuestro país y al señor presidente de la República siguiente le tocará también el cumplimiento de los mencionados acuerdos.

Cuarto. Esperamos que nuestra invitación a participar en el diálogo sea aceptada por las direcciones de sus partidos políticos y por los equipos de campaña de los distintos aspirantes a la primera magistratura del país. Será un gran honor para nosotros el hablar, en su oportunidad, con los delegados que envíen.

Respetuosamente:
Desde las montañas del Sureste mexicano
CCRI-CG del EZLN

•

[CONDICIONES PARA LA LIBERACIÓN DE ABSALÓN CASTELLANOS, 16 de febrero]

A la prensa nacional e internacional: 15 de febrero de 1994
Al señor Samuel Ruiz García, Comisionado Nacional de Intermediación:
Al señor Manuel Camacho Solís, Comisionado para la Paz y la Reconciliación en Chiapas:
Señores:
Nos dirigimos nuevamente a ustedes nosotros, el Comité Clandestino Revolucionario Indígena-Comandancia General del EZLN, para decirles lo siguiente:

Primero. Con el fin de favorecer el pronto inicio del diálogo para la paz con dignidad que deseamos los mexicanos todos y como señal de la disposición sincera de nuestro EZLN, les comunicamos que el día miércoles 16 de febrero de 1994 será puesto en libertad el señor general de división Absalón Castellanos Domínguez.

Segundo. El señor general de división Absalón Castellanos Domínguez será entregado a los comisionados para la paz, Manuel Camacho Solís, y de Intermediación, Samuel Ruiz García, en la comunidad Guadalupe Tepeyac, municipio de Las Margaritas, Chiapas. El estado de salud del general de división Absalón Castellanos Domínguez en el momento de su liberación deberá ser constatado por personal médico del Comité Internacional de la Cruz Roja.

Tercero. Con el fin de favorecer la distensión en la zona en conflicto durante la realización del diálogo para la paz con dignidad, el CCRI-CG del EZLN anuncia también su decisión de suspender el cobro de impuestos de guerra en los territorios bajo control de nuestras tropas a partir del día 17 de febrero de 1994.

Respetuosamente:
Desde las montañas del Sureste mexicano
CCRI-CG del EZLN

[DE LA COMUNIDAD GUADALUPE TEPEYAC, 18 de febrero]

Lectura del escrito intitulado *Clamor popular de la selva chiapaneca*, tras la entrega de Absalón Castellanos.

Ciudadano licenciado Manuel 16 de febrero de 1994
Camacho Solís, enviado de la paz
Presente:
Por medio de la presente nos dirigimos a usted con la finalidad de mostrarle la realidad de la zona de la selva de Chiapas. Queremos plantearle en lo que respecta a salud que la clínica entre en funcionamiento normal y que se surta de medicamentos lo más pronto posible, además de doctores especializados en las diferentes ramas.

Por otra parte, que se completen los materiales que aún todavía nos faltan porque el señor Salinas de Gortari vino a entregar una clínica incompleta, según el director de la misma, señor Wilfrido Mendoza. Él manifestó ante los habitantes de las diferentes comunidades que la sala de operación está incompleta y por este motivo no se lleva a cabo ningún tipo de cirugía, tampoco hay personal encargado de los rayos X.

Durante el periodo que entró en funcionamiento, ninguno ha sido atendido por este servicio, sino que han sido llevados a la ciudad de Comitán o a Tuxtla Gutiérrez. Además, la mayoría del personal carece de experiencia en lo que respecta a enfermedades curables. Para nuestra zona se requieren doctores expertos en las diferentes enfermedades curables, ya que la marginación, la miseria y la pobreza de las comunidades no nos dejan salir a la ciudad para ser atendidos y por ello pedimos que entre en funcionamiento lo más pronto posible.

En educación no se cuenta con ningún apoyo desde hace muchos años, ya que se tienen maestros dividos en dos sectores, que son los democráticos y los llamados *charro*. Queremos que exista sólo una clase de estos maestros y que sea permanente en el lugar de trabajo que les corresponde y no como la han hecho, que nada más una semana o tres días vienen a trabajar por mes. Además necesitamos materiales didácticos y de construcción para el buen desarrollo y formación de nuestros hijos como futuros profesionales. Necesitamos becas para algunos que desean continuar sus estudios en algunas escuelas secundarias, preparatorias y universidades.

Otro punto es la tenencia de la tierra. Los campesinos no cuentan con tierras en buenas condiciones ni maquinaria agrícola y todos los insumos que se necesitan para la producción, ya que como se ve las mejores tierras están en manos de latifundistas, además de maquinaria, fertilizantes, créditos y préstamos.

Son ellos los que más atención les ha dado el gobierno, y a los pueblos pobres de todo México que a ellos les merece no cuentan con apoyo del mismo. Sin embargo, nos piden la reserva ecológica y montañas, aparte de la reforestación en la misma zona. ¿Cómo el gobierno no se fija dónde explotar la cuestión maderable y otros recursos naturales que se explotan? Los que de plano no cuentan con tierra para poder sobrevivir, ¿qué esperanza hay de que se puedan cultivar, si no cuentan con nada?

Otro punto importante es la vivienda. El gobierno mexicano ha desatendido la cuestión de vivienda como en todos los demás casos. Él ha dicho que ha dado apoyo a algunos, pero no es cierto, ya que la misma gente campesina lo construye desde materiales de la región y con mano de obra no calificada. Sin embargo, en sus informes valora precios de construcción para seguir engañando a los pueblos. Otra cosa es que cuando se quieren hacer casas con materiales de la región no se da permiso a los campesinos para sacar la madera que creemos que nos va a durar, ello porque el mismo gobierno ha implantado leyes que prohíben esta realización.

Si no contamos con materiales de la región, qué se diría de la situación de la luz, agua potable y una vivienda digna que es lo que realmente nuestro pueblo necesita, porque de ellos sale la mayor parte de los ingresos de nuestro país tan rico, que en todos los recursos naturales tiene.

También necesitamos pan y alimentación. No contamos ni siquiera con lo básico, ni siquiera con otro tipo de alimentos como carne, huevo, pescado, etcétera, que sirven de complemento en la dieta alimenticia diaria que tanto mencionan los jefes de salud enviados por el gobierno. Todo esto debido a lo antes mencionado: las malas tierras, falta de maquinaria, asesoría técnica que nos permita una buena producción. Como consecuencia de todo esto no hay una buena educación para nuestros hijos, mucho menos para tener una buena salud.

Democracia. El gobierno mexicano habla de democracia pero sólo para un grupo de personas que están a su favor, de la oligarquía, monopolios, tanto mexicanos como extranjeros. Este grupo de personas son los que deciden quién va a gobernar; entre los senadores y diputado eligen quién va a gobernar para cubrir sus intereses sin tomar en cuenta a la población o el pueblo mexicano.

Los senadores nunca vienen a proponer quién va a ser el que va a gobernar; no, nosotros no los elegimos, mucho menos los conocemos. Sólo ellos se eligen porque se conocen y se publican en otros países que el gobierno de México es legítimo para que les den prestaciones y ayudas, pero sólo para ellos.

Nosotros sabemos que el licenciado Salinas de Gortari es ilegítimo porque sus puestos los han ganado con trampas, fraudes, violaciones y amenazas. Nosotros creemos que la democracia es como la que planteamos dentro de nuestros programas de lucha, que el pueblo sea quien elija libre y democráticamente su gobierno, que tenga los intereses que el pueblo necesita. Para eso se necesita que sea honesto en todos los derechos que pertenecen al pueblo mexicano.

Trabajo. ¿Cómo es posible que a estas alturas de los años se siga trabajando con los instrumentos primitivos como es el machete, hachas, azadones, etcétera, en estas zonas y en las más pobres de todo México, cuando se cuenta con grandes industrias de todo tipo que pueden elaborar las mejores maquinarias para el campo mexicano y que pueden tener un buen desarrollo agrícola como lo hacen los grandes empresarios?

Esto demuestra que el gobierno no tiene interés por los campesinos, los obreros y la clase trabajadora, quienes producen para que ellos puedan vivir. Los salarios de los obreros son muy bajos que no alcanza ni siquiera para sobrevivir, porque les descuentan mucho en prestaciones y otros impuestos muy altos que le son aplicados.

Libertad. El gobierno de México habla de la libertad. Todos los mexicanos no sabemos de qué libertad habla, porque cuando tenemos que viajar tan sólo a la capital mexicana se cuenta por ciento de migración para identificarse, de dónde somos y de dónde vinimos. Creemos que no es cierto que tenemos libertad, porque ni siquiera somos libres para transitar al lugar donde queremos llegar porque los de la Judicial nos persiguen como perros. Tampoco se tiene libertad de expresión porque cuando un campesino, un maestro, obrero o estudiante expresa sus sentimientos, el gobierno de inmediato los manda matar, a torturar, a detener, a amenazar y a acusarlos de agitadores.

No se preocupa por quitar a los malos funcionarios porque son de la misma clase y familia. Por eso decimos que en México no hay democracia ni libertad. Esto es notable porque todos los gobiernos lo han puesto en práctica desde hace muchos años. En el sistema capitalista no contamos con medios de difusión de nuestras ideas y pensamientos como la televisión, radio o prensa, porque el gobierno no le conviene que la demás gente conozca los pensamientos que podrían en un momento dado ayudar a defender nuestros derechos como trabajadores explotados.

Independencia. No somos independientes porque se ve claramente que el gobierno mexicano es ordenado y manejado por gobiernos extranjeros que tienen interés por nuestras riquezas naturales, además porque las empresas extranjeras es aquí en México donde consiguen mucha mano de obra barata.

Los cambios que se han hecho son planes e ideas extranjeras que nos van a conducir nuevamente a la esclavitud como antes se hacía. El Tratado de Libre Comercio no beneficiará a nosotros los campesinos de México, porque se carece de mucha maquinaria capaz de poder competir por ellos mismos. El gobierno mexicano se deja enajenar fácilmente por gobiernos extranjeros. Por eso decimos que el gobierno no... (interrupción con una voz en *off* que dice: "la trasmisión directa que se hace por medio de un *pool*, es decir, una sola imagen". Regresa el sonido original)... de miseria, desigualdad e injusticia. El Ejército maltrata a las poblaciones, las maltrata, los amenaza, les quema sus casas y muchas otras cosas más, que ni siquiera los trata como humanos, sino como verdaderos animales, como hasta ahora se están presentando bombardeos, ametrallamientos y otros medios que el Ejército federal usa para la represión hacia la población civil. La paz que busca el pueblo es alcanzar como el que tiene la oligarquía mexicana; si el pueblo no alcanza eso que mencionamos, no dejará de luchar.

Tenemos otro apartado. Queremos pedirle directamente que no nos vengan a espantar con helicópteros en los caminos donde trabajamos. Nos preguntamos qué tipo de paz es la que proponen si ni siquiera podemos trabajar en nuestras milpas, cafetales o lugares de trabajo. Luego nos siguen y nos ametrallan, por eso creemos que este tipo de paz que nos propone el gobierno no es cierto que sea paz.

Que se retiren los retenes federales que aún permanecen en las orillas de la cabecera municipal y otros caminos por donde transitamos para que la población civil pueda transitar libremente, porque ahora detienen a todos los que pasan por donde están estos retenes, porque por causa de ellos no pueden llegar ayudas humanitarias destinadas a nuestros pueblos indígenas como es la Casa de las Imágenes y otras organizaciones que prestan ayuda humanitaria.

Que se respete y reconozca al EZLN ante las diferentes posiciones que plantea. Pues todo esto, señor licenciado Camacho, se lo damos a conocer.

•

[PRESENTACIÓN DE MARCOS A COMUNICADO DEL CCRI-CG, 20 de febrero]

Al semanario nacional *Proceso*:   16 de febrero de 1994
Al periódico nacional *La Jornada*:
Al periódico nacional *El Financiero*:
Al periódico local de San Cristóbal de Las Casas, Chiapas, *Tiempo*:
A la prensa nacional e internacional:
Señores:
Bueno, aquí les mando el comunicado del CCRI-CG del EZLN donde define, en lo general, la posición que llevará al diálogo con el comisionado para la Paz el próximo 21 de febrero.

Nosotros, atareados por ver que los delegados lleguen a tiempo a los lugares donde los van a recoger.

Ignoro si la noble ciudad de los coletos los reciba bien, pero en fin, son riesgos que hay que correr.

Mientras el CCRI-CG del EZLN decide si me manda o no al diálogo, yo estoy muy preocupado porque no sé qué ropa llevar (si es que voy). Reviso con escepticismo el gigantesco guardarropa que llevo en la mochila y me pregunto angustiado si la moda actual es todavía de invierno o debo llevar algo más coqueto por la primavera. Finalmente me decido por una camisa café (la única), un pantalón negro (el único), un alegre paliacate rojo (el único), un par de botas sucias (las únicas), y el pasamontañas de discreto color negro (el único). Como quiera que sea, vaya o no, el CCRI-CG me ha ordenado silencio escrito, así que mi poderosa máquina de "hacer comunicados" (una pluma) la guardo al terminar ésta.

Salud y suerte en el *canibalismo* periodístico (ojo: dejen algo para los más pequeños. Tomen la iniciativa política e inauguren el *Pronasol* de la comunicación, un *pool* pues).

Desde las montañas del Sureste mexicano
Subcomandante Insurgente Marcos

Sección "La Posdata Mercantilista"
P.D.: ¿A cómo se cotiza, en dólares, un pasamontañas sucio y apestoso? ¿Cuántos más de la PGR?

P.D. de la P.D.: ¿Cuánto se puede obtener si alguna marca de refrescos embotellados aparece en la mesa del diálogo?

P.D. con tasa de interés al alza: ¿Qué tal un *streap tease* (¿así se escribe?) de pasamontañas? *¿How much for this show?* O sea, ¿cuánta marmaja por eso?

P.D. a la baja en la Bolsa de Valores: ¿Cuánto por un minuto dicien-

do tonterías? ¿Cuánto por medio minuto de verdades? (Recuerden que las verdades siempre son más parcas que las mentiras y, por tanto, se venden menos.)
    P.D. machista pero cotizada en el Mercado de Valores: ¿Cuánto por la media filiación de la cintura para abajo?
    P.D. de *crack* en la Bolsa: ¿Cuánto por una exclusiva, en *close up*, de la nariz pronunciada?
    P.D. devaluada por presiones "externas": Y la "máquina de hacer comunicados", ¿cuánto porque siga? ¿Cuánto porque calle?
    P.D. sin valor monetario: Y por nuestros muertos, ¿con cuánto dolor se pagan? ¿Con cuánta luz se llenan sus bolsillos? ¿Cuánta sangre más para que no sea inútil su silencio? ¿Quién quiere la exclusiva de su pena? ¿Nadie? Sea...
    P.D. que se retira del mercado accionario: Adiós... Gracias a los que se dijeron la verdad. Mi más sentido pésame a los que siguieron el camino de la mentira.
Vale.
El sup en el ostracismo
(Yo merengues)

•

[EL INICIO DEL DIÁLOGO, 20 de febrero]

"Los que con honor pelean, hablan con honor."

Al pueblo de México: 16 de febrero de 1994
A los pueblos y gobiernos del mundo:
A la prensa nacional e internacional:
Hermanos:
    El Comité Clandestino Revolucionario Indígena-Comandancia General del EZLN se dirige con respeto y honor a todos ustedes para decir su palabra, lo que hay en su corazón y en su pensamiento:
    El día lunes 21 de febrero de 1994 se dará inicio al diálogo entre el gobierno federal y el EZLN, con el fin de encontrar una salida política justa y digna al conflicto actual. Haciendo honor a su palabra comprometida, este CCRI-CG del EZLN ha liberado al general Absalón Castellanos Domínguez y ha nombrado ya a los delegados que lo representarán en la mesa de diálogo con el comisionado nacional de intermediación,

señor Samuel Ruiz García, y el comisionado para la Paz y la Reconciliación en Chiapas, señor Manuel Camacho Solís. Nuestros delegados, sin importar el riesgo que corren sus vidas, asistirán al lugar señalado y representarán con honor y verdad el pensamiento y el corazón de los hombres que caminan con verdad.

La palabra de verdad que viene desde lo más hondo de nuestra historia, de nuestro dolor, de los muertos que con nosotros viven, luchará con dignidad en los labios de nuestros jefes. La boca de nuestros fusiles callará para que nuestra verdad hable con palabras para todos, los que con honor pelean, hablan con honor, no habrá mentira en el corazón de nosotros los hombres verdaderos.

En nuestra voz irá la voz de los más, de los que nada tienen, de los condenados al silencio y la ignorancia, de los arrojados de su tierra y su historia por la soberanía de los poderosos, de todos los hombres y mujeres buenos que caminan estos mundos de dolor y rabia, de los niños y los ancianos muertos de soledad y abandono, de las mujeres humilladas, de los hombres pequeños. Por nuestra voz hablarán los muertos, nuestros muertos, tan solos y olvidados, tan muertos y sin embargo tan vivos en nuestra voz y nuestros pasos.

No iremos a pedir perdón ni a suplicar, no iremos a mendigar limosnas o a recoger las sobras que caen de las mesas llenas de los poderosos. Iremos a exigir lo que es derecho y razón de las gentes todas: libertad, justicia, democracia, para todos todo, nada para nosotros.

Para los indígenas todos, para los campesinos todos, para los trabajadores todos, para los maestros y estudiantes todos, para los niños todos, para los ancianos todos, para las mujeres todas, para los hombres todos, para todos todo: libertad, justicia, democracia.

Para nosotros, los más pequeños de estas tierras, los sin rostro y sin historia, los armados de verdad y fuego, los que venimos de la noche y la montaña, los hombres y mujeres verdaderos, los muertos de ayer, hoy y siempre... para nosotros nada. Para todos todo.

Si la mentira vuelve a la boca de los poderosos, nuestra voz de fuego hablará de nuevo, para todos todo.

Reciban nuestra sangre hermanos, que tanta muerte no sea inútil, que vuelva la verdad a nuestras tierras. Para todos todo.

¡Libertad! ¡Justicia! ¡Democracia!
Respetuosamente
Desde las montañas del Sureste mexicano
CCRI-CG del EZLN

[A LOS INDÍGENAS EXPULSADOS, 20 de febrero]

A los expulsados de San Juan Chamula: 17 de febrero de 1994
A todos los indígenas expulsados de su tierra y de su historia,
San Cristóbal de Las Casas, Chiapas
Hermanos:
Recibimos su carta del 15 de febrero de 1994. Con honor grande recibimos su palabra de ustedes. Reciban ustedes nuestra humilde palabra que habla con verdad.

Desde hace varios días el Comité Clandestino Revolucionario Indígena-Comandancia General del Ejército Zapatista de Liberación Nacional se reunió para hacer el pliego de exigencias que hará al supremo gobierno. Desde entonces, los compañeros del CCRI-CG del EZLN analizaron que es grande la injusticia que vive en los corazones de los caciques y que es verdad que los hombres y mujeres todos merecen libertad y respeto a su pensamiento y creencia.

Por esto, la exigencia del retorno incondicional de *todos* los expulsados a sus legítimas tierras y el castigo a los que oprimen a su misma raza y desangran a sus hermanos aparece en lugar importante en nuestras demandas, y en el camino del mundo de justicia y verdad que habrá de nacer de nuestra muerte.

Su voz de ustedes, hermanos, *y la de todos los expulsados* hablará en nuestra voz. Los hombres y mujeres todos tienen derecho a la libertad, a la justicia y a la democracia. Cuando logremos esto, el mundo será mundo y no esta larga cadena de injusticias que ata y oprime nuestra historia.

¡Salud hermanos expulsados!
¡Su exigencia de justicia y respeto es nuestra exigencia!
Respetuosamente
Desde las montañas del Sureste mexicano
CCRI-CG del EZLN

•

El diálogo

El buen suceso de este encuentro pretendido por la paz y la reconciliación, entre el Comisionado Camacho y el EZLN, *estará mediado por el obispo de la Diócesis de San Cristóbal, don Samuel Ruiz: cabeza de la misma Diócesis que ha sido acusada de colaborar con los rebeldes. Los ataques a la Iglesia, de veinte años a esta parte, agudizados bajo Patrocinio a fines de 1993, se han recrudecido en el sector oscuro de los medios impresos y el monopolio televisivo. El reconocimiento al mediador y los ataques redoblados son las dos caras de la única moneda posible de la administración salinista.*

La sociedad civil estará en el cordón de paz, en la mediación efectiva de las organizaciones no gubernamentales, en la expectación y la admiración de la segunda entrada triunfal de los rebeldes a la vieja capital colonial. Las demandas rebeldes estarán en los 34 puntos, respondidos en parte por el gobierno federal, el mismo que se empeña en reducir la fuerza sublevada a cuatro municipios, en seguir gobernando Chiapas con virreyes interinos, al margen de toda legalidad. En las conversaciones de la catedral, alargadas por la traducción a las diferentes lenguas, no hubo acuerdos, sólo diálogo. Los rebeldes irán con las propuestas a consultar a sus comunidades, a recoger la palabra.

El EZLN *está aparentemente cercado en la selva, por un cinturón de "zona franca", por un cerco militar de retenes, provocaciones y constante violación de derechos humanos que pesa como una lápida sobre los humillados de siempre. Atrás del cerco, la insurrección civil y pacífica se apodera de Chiapas. El sueño democrático e igualitario envuelve a indios y ladinos pobres, a ciudadanos que quieren serlo por vez primera. Las condiciones en la región han variado, la credibilidad, la presencia del poder, se debilitan. Los finqueros y su gobierno se preparan para los combates por venir.*

[A LAS ONG, 22 de febrero]

A todas las Organizaciones 20 de febrero de 1994
No Gubernamentales de México
Hermanos y hermanas:
El Comité Clandestino Revolucionario Indígena-Comandancia General del Ejército Zapatista de Liberación Nacional se dirige respetuosamente a todos ustedes para hacerles llegar su palabra que habla con verdad.

Como es de todos conocido, el EZLN se encuentra en franca disposición a un diálogo justo y verdadero. Este diálogo se realiza dentro de una zona en conflicto, lo que implica riesgos de provocaciones que pueden impedirlo. También es posible que los delegados de una y otra parte puedan sufrir atentados contra su libertad y su vida. Con el fin de reducir los riesgos de que esto ocurra fue necesario recurrir a personas honestas y verdaderas para pedirles que nos ayudaran formando en torno al lugar del diálogo un "cinturón de seguridad" o "cinturón de paz".

Nosotros sabemos que las llamadas Organizaciones No Gubernamentales se han convertido en parte fundamental del movimiento para una paz digna para los que nada tenemos y para los que nos vimos obligados a empuñar las armas para hacernos valer como seres humanos. Las ONG's han permanecido neutrales, sus esfuerzos por preservar los derechos humanos de todos, incluso cuando miembros de nuestro EZLN han incurrido en violaciones, es una verdad patente. Además se han preocupado en todo momento de aliviar las graves condiciones de la población civil.

El hecho de que nosotros hayamos decidido confiar nuestra vida y libertad, tanto en los trayectos de ida y venida como en la estadía en el lugar del diálogo, a las Organizaciones No Gubernamentales es porque hemos visto en ellas el futuro al que aspiramos. Un futuro en el que la sociedad civil, con su fuerza de justicia verdadera, haga innecesarias no sólo las guerras sino también los ejércitos, y un futuro en el que los gobiernos, cualesquiera que sea su tendencia política, tengan por encima de ellos la vigilancia constante y severa de una sociedad civil libre y democrática.

Nuestra llegada con bien y salud hasta este lugar de diálogo la debemos al manto protector y vigilante de todas esas buenas personas que, sin pago alguno a cambio, nos dedican su tiempo, su esfuerzo y su trabajo, y que a riesgo de su propia vida, libertad y bienestar nos protegen a nosotros, los más pequeños de los mexicanos todos.

Por lo anterior, queremos pedirles respetuosamente que acepten el saludo que nuestro EZLN hace a su trabajo. Cualquiera que sea el resultado de este proceso, nuestra historia patria registrará, no tanto las voces de nuestros fusiles y nuestras muertes, sino la actitud valiente de las mujeres y hombres, todos ustedes, que, sin pedir nada a cambio y con la satisfacción única del deber cumplido, lo dieron todo.

Salud hermanos de las ONG's.

Respetuosamente
Desde las montañas del Sureste mexicano
CCRI-CG del EZLN

•

[INFORME DE MARCOS, 22 de febrero]

Por mi boca habla el Comité Clandestino Revolucionario Indígena, Comandancia General del Ejército Zapatista de Liberación Nacional, para informar al pueblo de México, a los pueblos y gobiernos del mundo y a la prensa nacional e internacional de lo sucedido hoy en esta mesa de diálogo de las *Jornadas para la paz.*

Hoy, los representantes del EZLN explicaron al comisionado en qué calidad vienen, cómo fueron nombrados por los distintos comités, por las regiones, por los poblados, por las comunidades y los parajes.

Los compañeros fueron claros al explicarle al comisionado que no vienen a pedir perdón, que no están arrepentidos de luchar por sus derechos, pero que ven que tal vez éste es un buen momento para que en vez de que hable el fuego del fusil hable la palabra del corazón de los hombres verdaderos que forman nuestro ejército.

Escuchamos con atención la posición del comisionado, quien nos explicó en qué carácter viene a esta mesa del diálogo y cuál es su posición: de escuchar, de aprender con paciencia y dedicación lo que vienen a traerle los compañeros desde sus comunidades en todo el estado.

Una y otra parte acordamos un respeto mutuo a la hora de dirigirnos unos a otros, y le manifestamos nuestra disposición a escuchar la palabra del gobierno federal porque pensamos que también el comisionado tiene disposición para escuchar la palabra del ejército zapatista. Así preparamos todo para iniciar la discusión del pliego petitorio el día de mañana.

Prácticamente hoy estuvimos poniéndonos de acuerdo en qué rumbo o con qué agenda va a avanzar el diálogo que hoy se inicia y que esperamos que mañana continúe con el espíritu que hasta ahora se ha presentado.

•

[INFORME DE MARCOS, 23 de febrero]

Buenas noches. Va a tardar un poco, así que cambien los cassettes; los censores que preparen las tijeras, que el Comité Clandestino Revolucionario Indígena, Comandancia General del Ejército Zapatista de Liberación Nacional quiere decir algunas cosas antes de decir en su palabra, en general, sobre lo que está ocurriendo en esta mesa de diálogo, aprovechando que aquí están presentes los principales medios de comunicación.

Primero, nos hemos enterado que hay alguien que se dice miembro de nuestro ejército que está en los Estados Unidos de Norteamérica, haciéndose portavoz como combatiente de nuestro ejército. Esto es falso. No tenemos combatientes en otros países haciendo este tipo de trabajo.

El segundo punto es que el veto que había acordado nuestro ejército a los autodenominados noticiarios de una cadena televisiva se mantiene, no sabemos cómo está llegando la señal ahí. Nada más les recuerdo que digan: No, a la piratería. No podemos hacer nada, nosotros no tenemos satélites para intervenir esa señal, pero sí que quede claro que no es con aprobación nuestra.

Queremos dirigirnos otra vez a todo México y a los pueblos hermanos del mundo, aprovechando que están ustedes aquí, la prensa nacional e internacional, con estas palabras:

Por mi voz, habla la voz del Ejército Zapatista de Liberación Nacional.

Cuando bajamos de las montañas cargando a nuestras mochilas, a nuestros muertos y a nuestra historia, venimos a la ciudad a buscar la patria. La patria que nos había olvidado en el último rincón del país; el rincón más solitario, el más pobre, el más sucio, el peor.

Venimos a preguntarle a la patria, a nuestra patria, ¿por qué nos dejó ahí tantos y tantos años? ¿Por qué nos dejó ahí con tantas muertes? Y queremos preguntarle otra vez, a través de ustedes, ¿por qué es necesario matar y morir para que ustedes, y a través de ustedes, todo el mundo, escuchen a Ramona —que está aquí— decir cosas tan terribles como que las mujeres indígenas quieren vivir, quieren estudiar, quieren hospitales, quieren medicinas, quieren escuelas, quieren alimento, quieren respeto, quieren justicia, quieren dignidad?

¿Por qué es necesario matar y morir para que pueda venir Ramona y puedan ustedes poner atención a lo que ella dice? ¿Por qué es necesario que Laura, Ana María, Irma, Elisa, Silvia y tantas y tantas mujeres indígenas hayan tenido que agarrar un arma, hacerse soldados, en lugar de hacerse doctoras, licenciadas, ingenieros, maestras?

¿Por qué es necesario que mueran los que murieron? ¿Por qué es necesario matar y morir? ¿Qué ocurre en este país? Y hablamos a todos: a los gobernantes y a gobernados, ¿qué ocurre en este país que es necesario matar y morir para decir unas palabras pequeñas y verdaderas sin que se pierdan en el olvido?

Venimos a la ciudad armados de verdad y fuego, para hablar con la violencia el día primero de este año. Hoy, volvemos a la ciudad para hablar otra vez pero no con fuego; quedaron en silencio nuestras armas de fuego y muerte y se abrió el camino para que la palabra volviera a reinar en el lugar donde nunca debió de irse: nuestro suelo.

Venimos a la ciudad y encontramos esta bandera, nuestra bandera. Eso encontramos; no encontramos dinero, no encontramos riquezas, no encontramos nadie que nos escuchara otra vez. Encontramos la ciudad vacía y sólo encontramos esta bandera. Venimos a la ciudad y encontramos esta bandera y vimos que bajo esta bandera vive la patria; no la patria que ha quedado olvidada en los libros y en los museos, sino la que vive, la única, la dolorosa, la de la esperanza.

Ésta es la bandera de México, nuestra bandera. Bajo esta bandera vive y muere una parte del país cuya existencia era ignorada y despreciada por los poderosos; muertes y muertes se iban sumando bajo el cielo de esta bandera, sin que otros mexicanos voltearan: ustedes.

¿Por qué tenemos que dormir con las botas puestas y el alma en un hilo cuidando esta bandera? ¿Por qué brincamos selva, montaña, valles, cañadas, caminos reales y carreteras cargando y cuidando esta bandera? ¿Por qué la traemos con nosotros como la única esperanza de democracia, libertad y justicia? ¿Por qué las armas acompañan y velan día y noche esta bandera, nuestra bandera? ¿Por qué?

Y nosotros queremos preguntarles si hay otra forma de vivir bajo esta bandera, otra forma de vivir con dignidad y justicia bajo esta bandera. Ustedes nos han dicho que sí; nos han hablado con palabras de verdad, nos hablan al corazón diciendo: Dénle una oportunidad a la paz.

Nosotros hemos recibido su mensaje y hemos venido aquí con ánimo verdadero y honesto. No traemos dos corazones, no hay fuerzas oscuras detrás nuestro ni venimos aquí buscando otra cosa que no sea hablar y escuchar sin armas.

Cuando nosotros nos sentamos a la mesa del diálogo con el mediador, el obispo don Samuel Ruiz, y el Comisionado para la Paz, el licenciado Manuel Camacho Solís, nos desarmamos, dejamos nuestras armas a un lado y entramos y hablamos de hombre a hombre sin armas de por medio, sin amenazas ni presiones.

Si traemos armas ahorita o cuando no estamos en la mesa del diálogo, son armas personales únicamente para defendernos en caso de que haya una agresión de alguna gente que se sienta agredida y ofendida por nuestra palabra de verdad y de justicia.

Ustedes nos han dicho que le demos una oportunidad a la paz y nosotros hemos venido aquí con ánimo verdadero y honesto. Si hay otro camino al mismo sitio, al lugar donde esta bandera ondée con democracia, libertad y justicia, muéstrenlo. No jugaremos con la sangre de los nuestros. Si es posible lograr que esta bandera, nuestra bandera, su bandera de ustedes, se eleve con dignidad, sin que sea necesaria la muerte que abona el suelo en que se planta, sea.

Abriremos esa puerta y seguiremos caminando con otros pasos. Si es posible que no sean ya necesarias ni las armas ni los ejércitos, sin que haya sangre y fuego para lavar la historia, sea. Pero si no. ¿Y si nos vuelven a cerrar todas las puertas? ¿Y si la palabra no logra saltar los muros de la soberbia y de la incomprensión? ¿Y si la paz no es digna y verdadera, quién —preguntamos— nos negará el sagrado derecho de vivir y morir como hombres y mujeres dignos y verdaderos? ¿Quién nos impedirá entonces vestirnos otra vez de guerra y muerte para caminar la historia? ¿Quién?

Ustedes tienen la palabra: Los que gobiernan y los gobernados, los pueblos todos de este mundo. Respondan ustedes, sabremos escuchar. Les pedimos que den un lugar en su corazón de ustedes para nuestro pensamiento; no nos dejen solos.

Con ustedes, todo somos. Sin ustedes, somos otra vez ese rincón sucio y olvidado de la patria.

Nosotros, el Ejército Zapatista de Liberación Nacional, hemos venido con la misma esperanza con la que venimos el día primero de enero de este año; no la esperanza del poder, no la esperanza del beneficio para unos cuantos, sino la esperanza de una paz con justicia, dignidad, democracia y libertad.

Por eso nos hicimos soldados, para que un día no sean necesarios los soldados. Escogimos este camino suicida de una profesión cuyo objetivo es desaparecer: soldados que son soldados para que un día ya nadie tenga que ser soldado.

Y es por esta bandera que nosotros nos hicimos soldados. Pero si ahora nuestro pueblo, nuestra gente, ustedes nos dicen que es posible hacer esto sin que haya muerte y sangre, nosotros venimos a escuchar y aprender también de ustedes.

La patria, no es idea que está entre letras y libros; la patria que queremos todos, tiene que nacer otra vez. En nuestros despojos, en nuestros cuerpos rotos, en nuestros muertos y en nuestra esperanza tendrá que levantarse otra vez esta bandera.

Pase lo que pase nosotros sabemos que en este largo y doloroso parto de la historia, algo y todo pusimos. Amor y dolor no sólo riman, sino que se hermanan y juntos marchan. Por eso somos soldados que quieren dejar de ser soldados, porque los muertos de antes y de mañana, los vivos de hoy y de siempre, los de todos que llamamos pueblo y patria, los sin nada, los perdedores de siempre antes de mañana, nosotros, los sin nombre, los sin rostro, podamos cultivar el poderoso árbol del amor que es viento que limpia y sana; no el amor pequeño y egoísta, el gran decir, el que mejora y engrandece.

Cultivar entre nosotros el árbol del amor, el árbol del deber, en este cultivo poner la vida toda, cuerpo y alma, aliento y esperanza. Ustedes nos han dicho que es posible llegar a esto sin la guerra, que es posible que la paz abra la puerta de la esperanza para nuestros pueblos, los escuchamos a todos, los gobernantes y los gobernados.

Estamos dispuestos a ver si otra puerta se abre y si es verdadera la seguiremos. Así venimos aquí; con ese ánimo y con el ánimo hemos hablado y le hemos dicho al gobierno nuestras demandas: democracia, libertad y justicia.

Vemos en él la disposición de escuchar y la disposición de buscar un camino. Y ése es el que estamos buscando ahorita.

Queremos decirle al pueblo de México, y a los pueblos y gobiernos del mundo, a ustedes, representantes de la prensa nacional e internacional, que el diálogo va por buen camino. Hemos encontrado oídos que nos escuchen y ánimo verdadero de buscar una solución.

Quería referirme yo a la preocupación que existe por nuestros rostros y nuestras armas. No entendemos por qué se preocupan tanto de nuestros rostros si antes del primero de enero no existían para ustedes; ni Ramona, ni Felipe, ni David, ni Eduardo, ni Ana María ni nadie existía para este país el día primero de enero.

Pero si quieren saber qué rostro hay detrás del pasamontañas, es muy sencillo: tomen un espejo y véanlo. Nosotros queremos decirles a ustedes, a los que han dicho la verdad, no a los que han seguido el camino de la mentira, que si la muerte se detuvo el día que se detuvo, fue gracias a ustedes y a la gente que hay detrás de ustedes.

Pedimos, como hermanos, que sigan diciendo la verdad, los que dicen la verdad; y si es posible, que los que dicen la mentira, no pongan tanto énfasis en la mentira.

Queremos que apoyen este diálogo que se da, queremos que hablen claramente lo que decimos nosotros. Lo que estamos diciendo es la verdad, no es bueno buscar dobleces donde no los hay porque eso puede traer más problemas por otros lados.

Las armas que tenemos, ya les expliqué, ni siquiera es por desconfianza al gobierno, más bien es por otras fuerzas que se han visto tocadas en sus intereses con nuestro movimiento. Pero pensamos que en este segundo día y expuestas nuestras demandas principales, que han sido sopesadas y analizadas por el Comisionado, avanzamos ya en buscar los caminos de resolución y en base a ello, llegar a acuerdos concretos, si es que éstos son posibles.

Lo que me pide el Comité que diga, que diga claro en todas estas palabras, es su disposición verdadera a buscar otro camino, si es que lo hay. Y a recibir de todos ustedes su opinión y su apoyo en esta búsqueda por la paz con dignidad que nosotros esperamos.

En mi silencio, calla la voz del Ejército Zapatista de Liberación Nacional. En mi voz, habla Marcos, otra vez.

Queríamos aprovechar estos momentos porque nos han criticado mucho que por qué hablamos con unos y hablamos con otros o con unos sí y con otros no. Y queremos decirles de corazón que sí queremos hablar con todos, y lo vamos a hacer, nada más que dénos "chance" pues acabamos de llegar y estamos batallando con la traducción de las propuestas, porque hay cuatro dialectos en el Comité Clandestino ahorita.

Cualquier iniciativa que se toma o se demanda, o respuesta del comisionado, tarda mucho porque tenemos que estarla traduciendo. Pero nosotros les prometemos, de corazón, puesto que les debemos mucho a todos ustedes, hablar a pasamontañas quitado todo lo que quieran saber sobre nosotros.

Es todo, muchas gracias.

•

[INFORME DE MARCOS, 24 de febrero]

No vengo preparado.

Por mi voz habla la voz del Comité Clandestino Revolucionario Indígena, Comandancia General del Ejército Zapatista de Liberación Nacional, para informar al pueblo de México y a los pueblos y gobiernos del mundo, a la prensa nacional e internacional, de lo ocurrido en la mesa del Diálogo para la Paz en nuestro estado.

El Ejército Zapatista de Liberación Nacional presentó ya el pliego petitorio o el pliego de demandas por las que el día primero de enero de 1994 se alzó en armas con la llamada *Declaración de la Selva Lacandona*.

El comisionado para la Paz y la Reconciliación en Chiapas, licenciado Manuel Camacho Solís, recibió y escuchó con atención y paciencia nuestras demandas y la explicación que le hicieron los compañeros delegados del Comité Clandestino.

Posteriormente presentó él un documento de respuesta a nuestras demandas, las que se pueden resolver en la mesa de San Cristóbal, porque estamos claros él y nosotros que hay demandas que presentamos que rebasan con mucho la mesa de San Cristóbal y tienen un nivel nacional.

El Comité Clandestino Revolucionario Indígena ha analizado parte del documento de respuesta del comisionado, y digo parte porque recuerden ustedes que nuestro Comité es pluriétnico, o sea que tenemos que estar traduciendo a los distintos dialectos que lo componen.

Podemos decir, aunque faltan todavía problemas de redacción, que nuestras demandas han recibido respuestas satisfactorias en los siguientes puntos hasta ahorita:

En lo referente a las demandas de salud, de educación, de información veraz y oportuna, de vivienda, de respeto a la cultura, a la tradición, a los derechos y a la dignidad de los pueblos indígenas en México. El resto de los puntos de nuestro pliego petitorio está todavía en estudio y en traducción para los compañeros del Comité. Pero en eso hemos llegado ya a acuerdos fundamentales con el comisionado.

El Comité me pide, me ordena que me dirija a ustedes para explicarles su posición respecto al diálogo y a la paz:

Cuando el primero de enero de 1994 llega la guerra a las cabeceras municipales de Ocosingo, Altamirano, Las Margaritas, Chanal, Oxchuc, Huixtán y San Cristóbal de Las Casas, esa voz que llega a declarar la guerra en estas cabeceras municipales viene desde muchos poblados.

Lo que quieren que entiendan ustedes, lo que pide el Ejército Zapatista que entiendan ustedes, es que así como democráticamente se decidió la guerra, necesariamente la paz va a tener que seguir el mismo proceso de decisión democrática. Ellos quieren que les explique que la capacidad de decisión que tienen es la misma que les marca la estructura democrática de toma de decisiones dentro del Ejército Zapatista de Liberación Nacional.

O sea que no podemos, ni ellos ni yo, tomar ninguna iniciativa personal respecto a ninguno de los acuerdos a que se lleguen en esta mesa de Diálogo para la Paz. Con esto quiero decir que los compañeros tienen que cumplir las demandas que los compañeros les hicieron para que pudieran venir al diálogo, tienen que obtener una respuesta satisfactoria y de ninguna manera pueden decidir nada.

Tienen que regresar a sus regiones, tienen que regresar a sus comunidades, exponerles a los compañeros y a las compañeras la propuesta que han recibido en los puntos que originaron nuestro movimiento el primero de enero de 1994. Y las comunidades van a responder sí o no, y según el acuerdo de la mayoría será la respuesta, sí o no, finalmente en esta mesa de diálogo.

Quieren decirles que va a tener dos procesos: inicialmente llegaremos a una serie de acuerdos, pero no pueden ser definitivos. Ahí se va a suspender la mesa del diálogo, los compañeros van a ir a sus comunidades, van a consultar con los pueblos y regiones y van a regresar otra vez, si es que es posible o a donde se diga, si es aquí en San Cristóbal o en otro lado, ahora sí ya con la respuesta de todo el Ejército Zapatista de Liberación Nacional.

Ellos quieren que entiendan, el país, que si la guerra se decidió en esa forma democrática, la paz no puede hacer menos que seguir el mismo camino para que sea verdadera, si es que se llega a ella.

Entonces los compañeros me piden que les explique esto. Los compañeros que son nombrados delegados están nombrados por cuatro grupos de comités clandestinos revolucionarios indígenas, que controlan cuatro etnias principalmente. Son ellos los que mandan y a su vez tienen que preguntarles a las distintas regiones; las regiones tienen que preguntarles a los poblados; en los poblados se reúnen los hombres, las mujeres y los niños, y deciden, según la información que tienen, qué camino van a seguir.

Luego viene el camino inverso: los pobladores les dicen a sus encargados de comunidad que vayan a la reunión regional; éstos les dicen a los que se reúnen en regional; la regional le dice al Comité Clandestino de esa etnia y ése le dice a su delegado cuál es la respuesta. Es un proceso algo complicado pero lógico para nosotros, lógico para el Ejército Zapatista de Liberación Nacional y es el que nos hace invencibles en todo caso.

Mientras nosotros respetemos el acuerdo y razón de nuestras gentes, nada nos podrá destruir; si los traicionamos o seguimos otro camino, o empezamos a tomar acuerdos sin consultarlos, igual no tendremos ninguna autoridad de ningún tipo sobre ellos. Eso es lo que nosotros queremos explicarles para que traigan más rollos para cámara, casetes o pidan un adelanto para los hoteles o lo que tengan que hacer, porque va a tardar esto. No es tan rápido como pudieran pensarlo.

Pero me piden también que les diga claramente que hasta ahora hemos recibido del pliego petitorio respuestas serias, algunas les digo que han sido ya aprobadas por estos delegados, falta que lo aprueben las comunidades, y otras falta que las estudiemos y las consultemos con un equipo de asesoría jurídica que nos ha facilitado el comisionado nacional de mediación.

Esto es lo que les queríamos decir el día de hoy. Mañana seguiremos hablando con los medios de radio, de televisión, de prensa, porque hemos recibido muchas solicitudes de hablar con nosotros. Entonces los estamos acomodando de por sí en el horario del diálogo para poder hablar con todos.

Muchas gracias.

—Pregunta: [inaudible].

—Respuesta: Va como la cuarta parte.

—Pregunta: [inaudible].

—Respuesta: Lo que nosotros les pedimos es que respeten el ritmo del diálogo. Los compañeros no entienden la prisa que pueden tener ustedes u otros; no digo ustedes en concreto, la que puede tener otro mundo por ver ya resultados. Ellos siguen un proceso de reflexión, de entendimiento de lo que están recibiendo, porque en ellos se está jugando algo muy importante: es su existencia como seres humanos dignos o volver a la misma historia de antes.

Entonces ellos están tomando las cosas con calma, no sé cuánto les vaya a tomar porque yo estoy subordinado a ellos, a lo que ellos me dicen. Ahorita va la cuarta parte, a la mejor la que sigue va a tomar más días o menos días, o tal vez en horas se resuelva. Pero ellos piden que se respete el ritmo para la paz, así como se respetó el tiempo en el que ellos decidieron la guerra.

Gracias otra vez, de nuevo. No hay más preguntas.

•

[INFORME DE MARCOS, 25 de febrero]

Lo anterior es el saludo a la bandera porque es el "Día de la Bandera"; es el saludo del ejército zapatista a la bandera mexicana.

Por mi voz habla la voz del Ejército Zapatista de Liberación Nacional para informar al pueblo de México, a los pueblos y gobiernos del mundo y a la prensa nacional e internacional, de lo acontecido el día de hoy en la mesa del diálogo con el comisionado nacional de intermediación el señor obispo Samuel Ruiz García, y el comisionado nacional para la Paz y la Reconciliación en Chiapas, el licenciado Manuel Camacho Solís.

Hemos ya resuelto el 50 por ciento del pliego de demandas y hemos recibido ya respuesta a los siguientes puntos del pliego de demandas que presentó el Comité Clandestino Revolucionario Indígena, Comandancia General del Ejército Zapatista de Liberación Nacional.

Uno sobre la demanda de electrificación de las comunidades indígenas y redistribución de la inversión federal en el estado; el otro sobre los impactos del Tratado de Libre Comercio en las comunidades indígenas; el otro referente a las demandas de salud, de información veraz —como habíamos dicho ya el día de ayer—, de vivienda, de educación, referido a la construcción de escuelas, la dotación de material didáctico y la habilitación de maestros de la educación bilingüe como obligatoria y oficial en las comunidades indígenas; el respeto a la tradición y a la cultura indígena; el castigo a la discriminación y al desprecio que reciben los indígenas; el problema de alimentación; los apoyos económicos a las víctimas de la guerra y a viudas y huérfanos provocados por el conflicto; las demandas de las mujeres respecto de los caminos que hay que seguir para que los indígenas puedan vivir en paz.

La otra demanda para que se multipliquen y se fortalezcan las organizaciones no gubernamentales de derechos humanos; la necesidad de que se forme, llegado el momento, una Comisión Nacional de Paz con

Justicia y Dignidad, que sería la encargada de dar seguimiento al cumplimiento de los acuerdos a los que llegue esta mesa de diálogo.

Y el último punto en el que hemos estado de acuerdo, es el de que la ayuda humanitaria a la zona en conflicto sea canalizada a través de los representantes auténticos de las comunidades indígenas.

Ésos son los acuerdos a los que hemos llegado hasta ahora. Les repito, el 50 por ciento del pliego de demandas que presentó el Comité ha sido ya contestado por el comisionado con satisfacción.

Hay otro mensaje de nuestro Comité, de nuestra dirección respecto a la consulta que se va a hacer con nuestras bases, con todos nuestros dirigentes en todas las comunidades, respecto a los acuerdos a que aquí lleguemos. La decisión del Comité Clandestino Revolucionario Indígena, Comandancia General del Ejército Zapatista de Liberación Nacional, es que cuando esta mesa de diálogo haya llegado a resultados concretos más acabados, remitirá los documentos respectivos a las organizaciones no gubernamentales, a la prensa nacional e internacional y, en general, al resto de la sociedad civil, tres tipos de documentos: los que se refieren al pliego de demandas de nuestro Ejército, a las respuestas que recibe del gobierno federal y a los acuerdos a que se lleguen.

Con el fin, dicen los compañeros, también de recibir las opiniones y el consenso de toda la gente que se ha manifestado en torno a este conflicto, de un camino de paz con dignidad. Esta decisión del Comité de ampliar la consulta sobre la firma de la paz, si es que llega a darse, es para hacerse en cuanto lleguemos a puntos más acabados.

La otra cosa que les quiere decir el Comité, el otro punto que quiere señalar es que han pasado algunas cosas, o nos hemos enterado de algunas cosas que han provocado molestia en los compañeros nuestros y quieren ellos decirles, directamente por voz propia, no a través mío, su palabra.

Delegado Juan del EZLN: Queremos manifestarles a todos los medios de comunicación que están aquí presentes, los motivos que nosotros, los indígenas que nos levantamos en armas, fueron porque los indígenas vivimos en la marginación, en el olvido, en el desprecio y por qué no decirlo, en la miseria.

Nos dio esa necesidad de alzarnos en armas porque tuviéramos una vivienda digna, porque tuviéramos un buen trabajo y también porque tuviéramos tierras donde trabajar, porque también tuviéramos libertad de expresión, porque también tuviéramos la participación, lo que nosotros ponemos en nuestros puntos como democracia.

Es por eso que nosotros nos levantamos en armas, nos vimos en esa necesidad de hacerlo pero también nosotros, los indígenas, luchamos porque se nos respete nuestra dignidad, que eso es lo que no estaba ni está considerado hasta estos momentos.

Eso es principalmente lo que nosotros decidimos a que hubiera un respeto, pero si de algo estamos ahora ofendidos, más que si nosotros nos estuviéramos muriendo de hambre o de miseria, que es la falta de poder expresar nuestros sentimientos, nuestras demandas. Queremos serles claros, de que también nosotros luchamos porque se nos respete nuestras dignidades como indígenas, pero que se nos respete a tal grado que entre nosotros no se diera ningún desprestigio por el estilo. También por eso luchamos.

Aparte de nuestras necesidades más sentidas que hoy demandamos, también por nuestra dignidad. Que se nos respete nuestra dignidad indígena.

También por eso nos levantamos en armas, precisamente porque no se nos había respetado durante muchos años, desde nuestros abuelos, nuestros padres, hijos, nietos, bisnietos, que de por sí no se nos había respetado.

También por eso nos levantamos en armas, para defender nuestra dignidad, para que realmente se nos respete como indígenas.

Lo que queremos decir con esto, es que nosotros, alzados en armas, dentro de ello, el respeto y la dignidad indígena es para que no nos sigan vendiendo como animales en un zoológico, sino que nos traten como personas y seres humanos.

También por eso nos alzamos en armas, porque de por sí no se nos respeta, pero ahora pedimos y demandamos que se nos respete.

Lo que más nos está doliendo y queremos manifestarlo, es que ha habido también malas personas que de nuestros mismos muertos, de la sangre de ellos, la han estado agarrando como si fuera una mercancía.

Queremos pedirles y decirles, declararles, que si la quieren hacer, la pueden hacer, pero nosotros no lo vamos a aplaudir en ningún momento.

Acá las personas que practican ese tipo de vender la sangre heroica de nuestros compañeros, que hoy nosotros los sentimos y de nuestros muertos, en ese combate del día primero de enero, queremos decirles que a ésos no los vamos a recibir con felicitaciones.

Nosotros, el Comité, lo va a desconocer ese tipo de prácticas y queremos pedirles que, a tal grado no sea para el uso de una mercancía o agarrarlo como cosa muy, pero muy corriente.

Nosotros, el Comité, estamos claros que esos compañeros caídos, a nosotros nos duele mucho verlos en un objeto ya comercial.

Esa sangre ahorita está reclamando los derechos indígenas y los derechos del pueblo mexicano.

Muchas Gracias.

•

[AL PRD, 27 de febrero]

A los señores Mario Saucedo, Samuel del Villar y Alejandro Encinas, Representantes del CEN del PRD:

25 de febrero de 1994

Señores:

Acabo de recibir su justa e indignada carta. Imaginen mi regocijo al poder, por primera vez en mucho tiempo, poder responder inmediatamente, sin esperar a que llegue la carta y a que regrese mi respuesta.

Entiendo su consternación. Miren, ustedes (o algunos de ustedes) estuvieron presentes cuando recibimos la visita de los representantes de los partidos políticos. Ustedes escucharon cómo, cuando menos dos de ellos, entraron en un certamen de oratoria partidaria ante el beneplácito de sus correligionarios y la sorpresa de nosotros que, ingenuamente, pensábamos que habían llegado a escucharnos y no a "discursiarnos" (¡a pa' palabrita!)

Cuando logramos zafarnos de la suave "magia" de las palabras de estos señores, nos retiramos con las siguientes palabras: "No nos dejen solos. Y ojalá aprendan a escuchar". Cualquiera que estuvo ahí presente sabe quiénes fueron los representantes de los partidos políticos que agarraron la "tribuna" de la Catedral. Por prohibición expresa del CCRI-CG del EZLN no puedo referirme ni a favor ni en contra de NINGUNO de los partidos políticos, por lo que, al comentar el incidente en una entrevista, me referí a "los partidos políticos".

Ustedes saben quiénes hicieron esto, y saben también que no fueron ustedes, así que ¿para qué angustiarse? Acepto la justa ira de su carta, pero entiendan que no puedo desobedecer a mis superiores, así que no puedo decir públicamente cuáles fueron los partidos políticos que "rollaron" sin ton ni son. Sin embargo, creo que sí puedo decir quiénes no lo hicieron: ustedes.

Salud y ya no posdatas porque pueden traer revire y estamos, nosotros, ligeramente agotados, *c'est à dire*, hasta la madre.
Respetuosamente.
Desde las montañas del Sureste mexicano
Subcomandante Insurgente Marcos

•

[MANDAR OBEDECIENDO, 27 de febrero]

Al pueblo de México: 26 de febrero de 1994
A los pueblos y gobiernos del mundo:
A la prensa nacional e internacional:
Hermanos:
El CCRI-CG del EZLN se dirige con respeto y honor a todos ustedes para decir su palabra, lo que hay en su corazón y en su pensamiento.
Cuando el EZLN era tan sólo una sombra arrastrándose entre la niebla y la oscuridad de la montaña, cuando las palabras justicia, libertad y democracia eran sólo eso: palabras. Apenas un sueño que los ancianos de nuestras comunidades, guardianes verdaderos de la palabra de nuestros muertos, nos habían entregado en el tiempo justo en que el día cede su paso a la noche, cuando el odio y la muerte empezaban a crecer en nuestros pechos, cuando nada había más que desesperanza. Cuando los tiempos se repetían sobre sí mismos, sin salida, sin puerta alguna, sin mañana, cuando todo era como injusto era, hablaron los hombres verdaderos, los sin rostro, los que en la noche andan, los que son montaña, y así dijeron:
"Es razón y voluntad de los hombres y mujeres buenos buscar y encontrar la manera mejor de gobernar y gobernarse, lo que es bueno para los más para todos es bueno. Pero que no se acallen las voces de los menos, sino que sigan en su lugar, esperando que el pensamiento y el corazón se hagan común en lo que es voluntad de los más y parecer de los menos, así los pueblos de los hombres y mujeres verdaderos crecen hacia dentro y se hacen grandes y no hay fuerza de fuera que los rompa o lleve sus pasos a otros caminos.
"Fue nuestro camino siempre que la voluntad de los más se hiciera común en el corazón de hombres y mujeres de mando. Era esa voluntad mayoritaria el camino en el que debía andar el paso del que mandaba. Si se apartaba su andar de lo que era razón de la gente, el cora-

zón que mandaba debía cambiar por otro que obedeciera. Así nació nuestra fuerza en la montaña, el que manda obedece si es verdadero, el que obedece manda por el corazón común de los hombres y mujeres verdaderos. Otra palabra vino de lejos para que este gobierno se nombrara, y esa palabra nombró 'democracia' este camino nuestro que andaba desde antes que caminaran las palabras."

Los que en la noche andan hablaron: "Y vemos que este camino de gobierno que nombramos no es ya camino para los más, vemos que son los menos los que ahora mandan, y mandan sin obedecer, mandan mandando. Y entre los menos se pasan el poder del mando, sin escuchar a los más, mandan mandando los menos, sin obedecer el mando de los más. Sin razón mandan los menos, la palabra que viene de lejos dice que mandan sin democracia, sin mando del pueblo, y vemos que esta sinrazón de los que mandan mandando es la que conduce el andar de nuestro dolor y la que alimenta la pena de nuestros muertos. Y vemos que los que mandan mandando deben irse lejos para que haya otra vez razón y verdad en nuestro suelo. Y vemos que hay que cambiar y que manden los que mandan obedeciendo, y vemos que esa palabra que viene de lejos para nombrar la razón de gobierno, 'democracia', es buena para los más y para los menos".

Los hombres sin rostro siguieron hablando:

"Es el mundo otro mundo, no gobierna ya la razón y voluntad de los hombres verdaderos, pocos somos y olvidados, encima nuestro caminan la muerte y el desprecio, somos pequeños, nuestra palabra se apaga, el silencio lleva mucho tiempo habitando nuestra casa, llega ya la hora de hablar para nuestro corazón y para otros corazones, de la noche y la tierra deben venir nuestros muertos, los sin rostro, los que son montaña, que se vistan de guerra para que su voz se escuche, que calle después su palabra y vuelvan otra vez a la noche y a la tierra, que hablen a otros hombres y mujeres que caminan otras tierras, que lleve verdad su palabra, que no se pierda en la mentira.

"Que busquen a los hombres y mujeres que mandan obedeciendo, los que tienen fuerza en la palabra y no en el fuego, que encontrándolos les hablen y les entreguen el bastón de mando, que vuelvan otra vez a la tierra y a la noche los sin rostro, los que son montaña, que si vuelve la razón a estas tierras se calle la furia del fuego, que los que son montaña, los sin rostro, los que en la noche andan descansen por fin junto a la tierra."

Hablaron así los hombres sin rostro, no había fuego en sus manos y era su palabra clara y sin dobleces. Antes que el día venciera otra vez la noche se fueron y en la tierra quedó su palabra sola:

"¡Ya Basta!"

Los hombres y mujeres del EZLN, los sin rostro, los que en la noche andan, los que son montaña, buscaron palabras que otros hombres entendieran y así dicen:

Primero. Demandamos que se convoque a una elección verdaderamente libre y democrática, con igualdad de derechos y obligaciones para las organizaciones políticas que luchan por el poder, con libertad auténtica para elegir una u otra propuesta y con el respeto a la voluntad mayoritaria. La democracia es el derecho fundamental de todos los pueblos indígenas y no indígenas, sin democracia no puede haber ni libertad ni justicia ni dignidad, y sin dignidad nada hay.

Segundo. Para que haya elecciones libres y democráticas verdaderas es necesario que renuncie el titular del Ejecutivo federal y los titulares de los ejecutivos estatales que llegaron al poder mediante fraudes electorales, no viene su legitimidad del respeto a la voluntad de las mayorías, sino de su usurpación. En consecuencia, es necesario que se forme un gobierno de transición para que haya igualdad y respeto a todas las corrientes políticas; los poderes legislativos federales y estatales, elegidos libre y democráticamente, deben asumir su verdadera función de dar leyes justas para todos y vigilar su cumplimiento.

Tercero. Otro camino para garantizar la realización de elecciones libres y democráticas verdaderas es que se haga realidad, en las grandes leyes de la nación y en las locales, la legitimidad de la existencia y trabajo de ciudadanos y grupos de ciudadanos que, sin militancia partidaria, vigilen todo el proceso electoral, sancionen su legalidad y resultados, y den garantía, como autoridad real máxima, de la legitimidad de todo el proceso electoral.

Ésta es la palabra del EZLN. Con democracia son posibles la libertad y la justicia. En el engaño nada florece, en la verdad todo es posible.

¡Libertad! ¡Justicia! ¡Democracia!

Respetuosamente
Desde las montañas del Sureste mexicano
CCRI-CG del EZLN

[SIGUE EL DIÁLOGO, 27 de febrero]

A la comunidad nacional: 26 de febrero de 1994
A la comunidad chiapaneca y a los medios
de comunicación locales, nacionales e internacionales:

Informamos a ustedes que las Jornadas de Diálogo por la Paz y la Reconciliación han continuado el día de hoy su marcha en un espíritu de trabajo y de responsabilidad.

No podemos soslayar la interpretación de que estamos en estos momentos en la parte más crítica de los acuerdos. Lo cual quiere decir que nos movemos en un espíritu de responsabilidad. Somos conscientes de que todo lo que aquí se acuerde en la Mesa del Diálogo que se verifica en Chiapas, tiene repercusión honda en el futuro de la entidad.

Consideramos que el esfuerzo común, la seriedad en el trabajo, el intercambio de ideas con la intencionalidad de escucharnos y comprendernos unos a otros, buscando las mejores soluciones posibles, culminarán en resultados positivos.

De igual manera, mañana domingo 27 de febrero, estaremos informándoles. Convocaremos oportunamente.

San Cristóbal de Las Casas, Chiapas
Comisionado para la Paz
(Rúbrica de Manuel Camacho Solís)
Por el EZLN
(Rúbrica del Subcomandante Insurgente Marcos)
El Mediador
(Rúbrica de Samuel Ruiz)

•

[PLIEGO DE DEMANDAS, 3 de marzo]

Al pueblo de México: 1º de marzo de 1994
A los pueblos y gobiernos del mundo:
A la prensa nacional e internacional:
Hermanos:

El Comité Clandestino Revolucionario Indígena-Comandancia General del EZLN se dirige con respeto y honor a todos ustedes para darles a conocer el pliego de demandas presentado en la mesa del diálogo de las *Jornadas por la paz y la reconciliación* en Chiapas.

"No pedimos limosnas ni regalos, pedimos el derecho a vivir con dignidad de seres humanos, con igualdad y justicia como nuestros antiguos padres y abuelos."

Al pueblo de México:

Los pueblos indígenas del estado de Chiapas, alzados en armas en el Ejército Zapatista de Liberación Nacional contra la miseria y el mal gobierno, presentan las razones de su lucha y sus demandas principales:

Las razones y las causas de nuestro movimiento armado son que el gobierno nunca ha dado ninguna solución real a los siguientes problemas:

1. El hambre, la miseria y la marginación que hemos venido padeciendo desde siempre.

2. La carencia total de tierra donde trabajar para sobrevivir.

3. La represión, desalojo, encarcelamiento, torturas y asesinatos como respuesta del gobierno a las justas demandas de nuestros pueblos.

4. Las insoportables injusticias y violación de nuestros derechos humanos como indígenas y campesinos empobrecidos.

5. La explotación brutal que sufrimos en la venta de nuestros productos, en la jornada de trabajo y en la compra de mercancías de primera necesidad.

6. La falta de todos los servicios indispensables para la gran mayoría de la población indígena.

7. Las mentiras, engaños, promesas e imposiciones de los gobiernos desde hace más de 60 años. La falta de libertad y democracia para decidir nuestros destinos.

8. Las leyes constitucionales no han sido cumplidas de parte de los que gobiernan el país; en cambio a nosotros los indígenas y campesinos nos hacen pagar hasta el más pequeño error y echan sobre nosotros todo el peso de una ley que nosotros no hicimos y que los que la hicieron son los primeros en violar.

El EZLN vino a dialogar con palabra verdadera. El EZLN vino a decir su palabra sobre las condiciones que dieron origen a su guerra justa y a pedir, al pueblo todo de México, la resolución de esas condiciones políticas, económicas y sociales que nos orillaron a empuñar las armas en defensa de nuestra existencia y de nuestros derechos.

Por lo tanto demandamos...

Primero. Demandamos que se convoque a una elección verdaderamente libre y democrática, con igualdad de derechos y obligaciones para las organizaciones políticas que luchan por el poder, con libertad auténtica para elegir una u otra propuesta y con el respeto a la voluntad mayoritaria. La democracia es el derecho fundamental de todos los pueblos indígenas y no indígenas. Sin democracia no puede haber libertad ni justicia ni dignidad. Y sin dignidad nada hay.

Segundo. Para que haya elecciones libres y democráticas verdaderas, es necesario que renuncie el titular del Ejecutivo federal y los titulares de los ejecutivos estatales que llegaron al poder mediante fraudes electorales. No viene su legitimidad del respeto a la voluntad de las mayorías sino de su usurpación. En consecuencia, es necesario que se forme un gobierno de transición para que haya igualdad y respeto a todas las corrientes políticas. Los poderes legislativos federales y estatales, elegidos libre y democráticamente, deben asumir su verdadera función de dar leyes justas para todos y vigilar su cumplimiento.

Otro camino para garantizar la realización de elecciones libres y democráticas verdaderas es que se haga realidad, en las grandes leyes de la nación y en las locales, la legitimidad de la existencia y trabajo de ciudadanos y grupos de ciudadanos que, sin militancia partidaria, vigilen todo el proceso electoral, sancionen su legalidad y resultados, y den garantía, como autoridad real máxima, de la legitimidad de todo el proceso electoral.

Tercero. Reconocimiento del Ejército Zapatista de Liberación Nacional como fuerza beligerante y de sus tropas como auténticos combatientes y aplicación de todos los tratados internacionales para regular conflictos bélicos.

Cuarto. Nuevo pacto entre los integrantes de la federación que acabe con el centralismo y permita a regiones, comunidades indígenas y municipios autogobernarse con autonomía política, económica y cultural.

Quinto. Elecciones generales para todo el estado de Chiapas y reconocimiento legal de todas las fuerzas políticas en el estado.

Sexto. Productor de electricidad y petróleo, el estado de Chiapas rinde tributo a la federación sin recibir nada a cambio. Nuestras comunidades no tienen energía eléctrica, el derrame económico producto de las exportaciones petroleras y las ventas internas no produce ningún beneficio al pueblo chiapaneco. Por tanto, es primordial que todas las comunidades chiapanecas reciban el beneficio de la energía eléctrica y que un porcentaje de los ingresos económicos por la comercialización del petróleo chiapaneco se aplique a obras de infraestructura industrial agrícola, comercial y social en beneficio de todos los chiapanecos.

Séptimo. Revisión del Tratado de Libre Comercio firmado con Canadá y Estados Unidos pues en su estado actual no considera a las poblaciones indígenas y las sentencia a la muerte por no tener calificación laboral alguna.

Octavo. El artículo 27 de la Carta Magna debe respetar el espíritu original de Emiliano Zapata: la tierra es para los indígenas y campesinos que la trabajan. No para los latifundistas. Queremos que las grandes cantidades de tierras que están en manos de finqueros y terratenientes nacionales y extranjeros y de otras personas que ocupan muchas tierras pero no son campesinos, pasen a manos de nuestros pueblos que carecen totalmente de tierras, así como está establecido en nuestra ley agraria revolucionaria. La dotación de tierras debe incluir maquinaria agrícola, fertilizantes, insecticidas, créditos, asesoría técnica, semillas mejoradas, ganado, precios justos a los productos del campo como el café, maíz y frijol. La tierra que se reparta debe ser de buena calidad y debe contar con carreteras, transporte y sistemas de riego. Los campesinos que ya tienen tierras también tienen derecho a todos los apoyos que se mencionan arriba para facilitar el trabajo en el campo y mejorar la producción. Que se formen nuevos ejidos y comunidades. La reforma salinista al 27 constitucional debe ser anulada y el derecho a la tierra debe volver a nuestra Carta Magna.

Noveno. Queremos que se construyan hospitales en las cabeceras municipales y que cuenten con médicos especializados y con suficiente medicamento para atender a los pacientes, y clínicas de campo en los ejidos, comunidades y parajes, así como capacitación y sueldo justo para los agentes de salud. Que donde ya hay hospitales, que se rehabiliten lo más pronto posible y que cuenten con servicio de cirugía completa. Que en las comunidades grandes se construyan clínicas y que tengan también doctores y medicinas para atender más de cerca al pueblo.

Décimo. Que se garantice el derecho de los indígenas a la información veraz de lo que ocurre a nivel local, regional, estatal, nacional e internacional con una radiodifusora indígena independiente del gobierno, dirigida por indígenas y manejada por indígenas.

Décimo primero. Queremos que se construyan viviendas en todas las comunidades rurales de México y que cuenten con los servicios necesarios como: luz, agua potable, caminos, drenaje, teléfono, transporte, etcétera. Y también que tengan las ventajas de la ciudad como televisión, estufa, refrigerador, lavadora, etcétera. Las comunidades deben contar con centros recreativos para el sano esparcimiento de los pobladores: deporte y cultura que dignifiquen la condición humana de los indígenas.

Décimo segundo. Queremos que se acabe con el analfabetismo en los pueblos indígenas. Para esto necesitamos mejores escuelas de primaria y secundaria en nuestras comunidades, que cuenten con material didáctico gratuito, y maestros con preparación universitaria, que estén al servicio del pueblo y no sólo para defender los intereses de los ricos. Que en las cabeceras municipales haya primaria, secundaria y preparatoria gratuitas, que el gobierno les dé a los alumnos uniformes, zapatos, alimentación y todo el material de estudio en forma gratuita. En las comunidades céntricas que se encuentran muy alejadas de las cabeceras municipales debe haber secundarias de internado. La educación debe ser totalmente gratuita, desde el prescolar hasta la universidad, y se debe otorgar a todos los mexicanos sin importar raza, credo, edad, sexo o filiación política.

Décimo tercero. Que las lenguas de todas las etnias sean oficiales y que sea obligatoria su enseñanza en las escuelas primaria, secundaria, preparatoria y universidad.

Décimo cuarto. Que se respeten nuestros derechos y dignidad como pueblos indígenas, tomando en cuenta nuestra cultura y tradición.

Décimo quinto. Ya no queremos seguir siendo objeto de discriminación y desprecio que hemos venido sufriendo desde siempre los indígenas.

Décimo sexto. Como pueblo indígena que somos, que nos dejen organizarnos y gobernarnos con autonomía propia, porque ya no queremos ser sometidos a la voluntad de los poderosos nacionales y extranjeros.

Décimo séptimo. Que la justicia sea administrada por los propios pueblos indígenas, según sus costumbres y tradiciones, sin intervención de gobiernos ilegítimos y corruptos.

Décimo octavo. Queremos tener siempre un trabajo digno con salario justo para todos los trabajadores del campo y de la ciudad de la República Mexicana, para que nuestros hermanos no tengan que dedicarse a cosas malas, como el narcotráfico, la delincuencia y la prostitución, para poder sobrevivir. Que se aplique la Ley Federal del Trabajo para los trabajadores del campo y de la ciudad con aguinaldos, prestaciones, vacaciones y derecho real de huelga.

Décimo noveno. Queremos precio justo para nuestros productos del campo. Para esto necesitamos libremente buscar o tener un mercado donde vender y comprar y no estar sujetos a *coyotes* explotadores.

Vigésimo. Que se acabe con el saqueo de la riqueza de nuestro México y, sobre todo, de Chiapas, uno de los estados más ricos de la República, pero que es donde el hambre y la miseria cada día abundan más.

Vigésimo primero. Queremos la anulación de todas las deudas por créditos, préstamos e impuestos con altos intereses porque ya no pueden pagarse debido a la gran pobreza del pueblo mexicano.

Vigésimo segundo. Queremos que se acabe con el hambre y la desnutrición porque solamente han causado la muerte de miles de nuestros hermanos del campo y de la ciudad. En cada comunidad rural debe haber tiendas cooperativas, apoyadas económicamente por el gobierno federal, estatal o municipal, y que los precios sean justos. Además debe haber vehículos de transporte, propiedad de las cooperativas, para el transporte de mercancías. Además el gobierno debe enviar alimentación gratuita para todos los niños menores de 14 años.

Vigésimo tercero. Pedimos la libertad inmediata e incondicional de todos los presos políticos y de los pobres presos injustamente en todas las cárceles de Chiapas y de México.

Vigésimo cuarto. Pedimos que el Ejército Federal y las policías de seguridad pública y judiciales ya no entren en las zonas rurales porque solamente van a intimidar, desalojar, robar, reprimir y bombardear a los campesinos que se organizan para defender sus derechos. Por eso nuestros pueblos están cansados de la presencia de los soldados y seguridad pública y judiciales porque son tan abusivos y represores. Que el gobierno federal regrese al gobierno suizo los aviones *Pilatus* usados para bombardear a nuestro pueblo y que el dinero producto de la devolución sea aplicado en programas para mejorar la vida de los trabajadores del campo y de la ciudad. También pedimos que el gobierno de Estados Unidos de Norteamérica retire sus helicópteros porque son usados para reprimir al pueblo de México.

Vigésimo quinto. El pueblo campesino indígena se levantó en armas y es que de por sí no tiene más que sus humildes chozas, pero cuando el Ejército federal bombardea poblaciones civiles destruye estas humildes casas y todas sus pocas pertenencias. Por eso pedimos y exigimos al gobierno federal indemnizar a las familias que hayan sufrido daños materiales causados por los bombardeos y la acción de las tropas federales. Y también pedimos indemnización para las viudas y huérfanos por la guerra, tanto civiles como zapatistas.

Vigésimo sexto. Nosotros, como campesinos indígenas, queremos vivir en paz y tranquilidad y que nos dejen vivir según nuestros derechos a la libertad y a una vida digna.

Vigésimo séptimo. Que se quite el Código Penal del estado de Chiapas porque no nos deja organizarnos más que con las armas, porque toda la lucha legal y pacífica la castigan y reprimen.

Vigésimo octavo. Pedimos y exigimos el cese de las expulsiones de indígenas de sus comunidades por los caciques apoyados por el Estado. Exigimos que se garantice el retorno libre y voluntario de todos los expulsados a sus tierras de origen y la indemnización por sus bienes perdidos.

Vigésimo noveno. Petición de las mujeres indígenas:

Nosotras, las mujeres campesinas indígenas, pedimos la solución inmediata de nuestras necesidades urgentes, a las que el gobierno nunca ha dado solución:

a) Clínicas de partos con ginecólogos para que las mujeres campesinas reciban la atención médica necesaria.

b) Que se construyan guarderías de niños en las comunidades.

c) Pedimos al gobierno que mande alimentos suficientes para los niños en todas las comunidades rurales como: leche, maicena, arroz, maíz, soya, aceite frijol, queso, huevos, azúcar, sopa, avena, etcétera.

d) Que se construyan cocinas y comedores para los niños en las comunidades, que cuenten con todos los servicios.

e) Que se pongan molinos de nixtamal y tortillerías en las comunidades, dependiendo del número de familias que tengan.

f) Que nos den proyectos de granjas de pollos, conejos, borregos, puercos, etcétera, y que cuenten con asesoría técnica y médicos veterinarios.

g) Pedimos proyectos de panadería que cuenten con hornos y materiales.

h) Queremos que se construyan talleres de artesanías que cuenten con maquinaria y materias primas.

i) Para la artesanía, que haya mercado donde se pueda vender con precio justo.

j) Que se construyan escuelas donde puedan recibir capacitación técnica las mujeres.

k) Que haya escuelas de prescolar y maternal en las comunidades rurales, donde los niños puedan divertirse y crecer sanos moral y físicamente.

l) Que como mujeres tengamos transportes suficientes para trasladarnos y para transportar nuestros productos de los diferentes proyectos que tengamos.

Trigésimo. Exigimos juicio político a los señores Patrocinio González Garrido, Absalón Castellanos Domínguez y Elmar Setzer M.

Trigésimo primero. Exigimos respeto a la vida de todos los miembros del EZLN y que se garantice que no habrá proceso penal alguno o acción represiva en contra de ninguno de los miembros del EZLN, combatientes, simpatizantes o colaboradores.

Trigésimo segundo. Que todas las agrupaciones y comisiones de defensa de los derechos humanos sean independientes, o sea no gubernamentales, porque las que son del gobierno sólo esconden las arbitrariedades del gobierno.

Trigésimo tercero. Que se forme una Comisión Nacional de Paz con Justicia y Dignidad formada mayoritariamente por gentes que no pertenezcan al gobierno ni a ningún partido político. Y que esta Comisión Nacional de Paz con Justicia y Dignidad sea la que vigile el cumplimiento de los acuerdos a los que lleguen entre el EZLN y el gobierno federal.

Trigésimo cuarto. Que la ayuda humanitaria para las víctimas del conflicto sea canalizada a través de representantes auténticos de las comunidades indígenas.

Mientras no tengan solución estas justas demandas de nuestros pueblos estamos dispuestos y decididos a continuar nuestra lucha hasta alcanzar nuestro objetivo.

Para nosotros, los más pequeños de estas tierras, los sin rostro y sin historia, los armados de verdad y fuego, los que venimos de la noche y la montaña, los hombres y mujeres verdaderos, los muertos de ayer, hoy y siempre... para nosotros nada. Para todos todo.

¡Libertad! ¡Justicia! ¡Democracia!

Respetuosamente,
desde el Sureste mexicano
CCRI-CG del EZLN

•

[AGRADECIMIENTO A LAS ONG, 3 de marzo]

Al pueblo de México: 1º de marzo de 1994
A los pueblos y gobiernos del mundo:
A las Organizaciones No Gubernamentales:
A la prensa nacional e internacional:
Hermanos:

El Comité Clandestino Revolucionario Indígena-Comandancia General del EZLN se dirige con respeto y honor a todos ustedes para decir su palabra:

Muchas veces hemos explicado la gran importancia que damos nosotros al trabajo desinteresado y honesto de las llamadas organizaciones no gubernamentales. Ahora queremos hablarles otra vez, para darles las gracias por haber estado todos estos días alrededor nuestro en el cinturón de paz; personas buenas y verdaderas que vinieron desde distintas partes de México y del mundo, sacrificaron su tiempo, su trabajo y su descanso para acompañarnos en esta primera etapa del camino a la paz con justicia y dignidad.

En nuestros sueños hemos visto otro mundo. Un mundo verdadero, un mundo definitivamente más justo que en el que ahora andamos. Vimos que en este mundo no eran necesarios los ejércitos, que en él eran la paz, la justicia y la libertad tan comunes que no se hablaba de ellas como cosas lejanas, como quien nombra pan, pájaro, aire, agua, como quien dice libro y voz, así eran nombradas las cosas buenas en este mundo. Y en este mundo era razón y voluntad el gobierno de los más, y eran los que mandaban gente de bien pensar; mandaban obedeciendo, no era ese mundo verdadero un sueño del pasado, no era algo que venía de nuestros antepasados. Era de adelante que venía, era del siguiente paso que dábamos. Así fue que nos echamos a andar para lograr que ese sueño se sentara a nuestra mesa, iluminara nuestra casa, creciera en nuestras milpas, llenara el corazón de nuestros hijos, limpiara nuestro sudor, sanara nuestra historia y para todos fuera.

Esto queremos. Nada más, pero nada menos.

Ahora seguimos nuestros pasos hacia nuestro verdadero corazón para preguntarle lo que habremos de hacer. Volveremos a nuestras montañas para hablar con la misma lengua y en el mismo tiempo de los nuestros.

Gracias a los hermanos que nos cuidaron todos estos días, anda ya su paso en nuestro camino. Adiós

¡Libertad! ¡Justicia! ¡Democracia!

Respetuosamente,
Subcomandante Marcos
Desde el Sureste mexicano
CCRI-CG del EZLN

•

[FIN DEL DIÁLOGO, 3 de marzo]

Al pueblo de México: 1º de marzo de 1994
A los pueblos y gobiernos del mundo:
A la prensa nacional e internacional:
Hermanos:

El Comité Clandestino Revolucionario Indígena-Comandancia General del EZLN se dirige con respeto y honor a todos ustedes para decir su palabra.

Primero. El Ejército Zapatista de Liberación Nacional vino a esta mesa de diálogo con ánimo verdadero de hacerse escuchar y explicar todas las razones que nos obligaron a empuñar las armas para no morir indignamente. Llegamos a dialogar, es decir que llegamos a hablar y a escuchar. Dijimos nuestra palabra al supremo gobierno y a todas las personas buenas y honestas que hay en el mundo. También hablamos a las gentes malas para que escucharan la verdad. Algunos recibieron nuestra palabra, otros siguieron en el camino del desprecio a nuestra voz y a nuestra raza.

Segundo. Encontramos oídos atentos y dispuestos a escuchar la verdad que salía de nuestros labios. El diálogo de San Cristóbal fue verdadero. No hubo dobleces ni mentiras, nada fue escondido a nuestros corazones y a la gente de razón y bondad. No hubo compra y venta de dignidades. Hubo igualdad en el hablar y en el escuchar. Hubo diálogo bueno y verdadero.

Tercero. Ahora tenemos respuestas que reflejan el interés verdadero del señor comisionado para encontrar la paz. Tenemos ahora la obligación de reflexionar bien lo que sus palabras dicen. Debemos ahora hablar al corazón colectivo que nos manda. Debemos escuchar su voz para caminar de nuevo; de ellos, de los nuestros, de los indígenas en montañas y cañadas, vendrá la siguiente señal para dar el próximo paso en este camino cuyo destino será la paz con justicia y dignidad, o no será.

Cuarto. Hemos encontrado en el comisionado para la Paz y la Reconciliación en Chiapas a un hombre dispuesto a escuchar nuestras razones y demandas. Él no se conformó con escucharnos y entendernos, buscó además las posibles soluciones a los problemas. Saludamos la actitud del comisionado Manuel Camacho Solís.

Quinto. Hemos visto en el señor comisionado nacional de intermediación, el obispo Samuel Ruiz García, la preocupación verdadera y permanente de allanar todos los obstáculos que se interpongan en el camino de la paz. Junto a él, hombres y mujeres buenos trabajaron día y noche para que nada interrumpiera el desarrollo del diálogo. Sacrificando su seguridad personal, su bienestar y su salud, los mediadores cumplieron su trabajo, no en medio de la paz y la guerra, sino en medio de dos voces que tratan, todavía, de encontrarse desde la paz y por la paz. Nos recibieron estos hombres y mujeres; si alguna tranquilidad florece en estas tierras se deberá, sobre todo, a su trabajo pacificador. Saludamos el sacrificio y la dedicación del grupo de la Comisión Nacional de Intermediación, y de manera especial al señor obispo Samuel Ruiz García.

Sexto. Ahora esta etapa del diálogo se ha terminado y es bueno su rumbo. Apartemos todos los obstáculos para que sigamos andando.
¡Libertad! ¡Justicia! ¡Democracia!
Respetuosamente,
Subcomandante Marcos
Desde el Sureste mexicano
CCRI-CG del EZLN

La consulta

La consulta se debe al mandar obedeciendo. Se pregunta de nuevo a quienes ordenaron la guerra, a los olvidados del último rincón de la patria, si la guerra continúa o cesa; si la propuesta del mal gobierno es o no digna de confianza.

La consulta se ve suspendida, hacia el 23 de marzo, por un nuevo crimen de Estado: el ajuste de cuentas interno que arrebata la vida del candidato oficial a la Presidencia, el crimen imperfecto atribuido a un solo hombre. Las fuerzas del poder se recomponen y la posición del Comisionado se compromete seriamente. Una alerta roja pone en tensión las fuerzas rebeldes, mientras el cerco militar se reacomoda.

Una antigua figura mitológica, la de los "cuadernillos historiales" del siglo XVII —la de Votán, "guardián y corazón del pueblo"— se funde con la de Zapata. Votán-Zapata respira y cabalga de nuevo: su aliento de siglos alimenta de nuevo la lucha. La consulta se reanuda y se amplifica a nivel nacional. El primer crecimiento civil del EZLN se dará en estas largas jornadas, en poco más de tres meses.

Los arroyos cuando bajan crecen: la respuesta de las bases de apoyo es negativa, no hay confianza en el supremo gobierno. La Segunda Declaración de la Selva Lacandona retoma los primeros pasos. El gobierno es ilegítimo, producto de una imposición. El diálogo con los partidos es de sordos. Cuauhtémoc Cárdenas, candidato del PRD a la Presidencia, es el único capaz de llegar hasta los reclamos de una fuerza política irreductible que desconfía de todos los partidos, que no teme describir la naturaleza del poder en los términos descarnados en que se le mira desde el "sótano" de la nación.

El nuevo derrotero de los rebeldes cambia de rumbo y empieza a materializarse en un barco...

[PARA QUE NO SEAN NECESARIOS LOS SOLDADOS, 6 de marzo]

Al niño Miguel A. Vázquez Valtierra,
La Paz, Baja California Sur
Miguel:
Tu mamá me entregó tu carta junto con la foto donde sales con tu perro. Aprovecho que tu mamá va de regreso a tu tierra para escribirte estas líneas apresuradas que, tal vez, no alcances a entender todavía. Sin embargo, estoy seguro que algún día, como en el que escribí lo que aquí te pongo, entenderás que es posible que existan hombres y mujeres como nosotros, sin rostro y sin nombre, que lo dejan todo. Hasta la vida misma, para que otros (niños como tú y que no son como tú) puedan levantarse cada mañana sin palabras que callar y sin máscaras para enfrentar al mundo. Cuando ese día llegue, nosotros, los sin rostro y sin nombres, podremos descansar, al fin, bajo tierra... bien muertos, eso sí, pero contentos.
Nuestra profesión: la esperanza.
Ya casi se muere el día, oscuro cuando se viste de noche y viene a nacer el otro día, primero con su negro velo y luego con el gris o el azul, según se le antoje al sol alumbrar o no, polvo y lodo en nuestro camino. Ya casi se muere el día en los brazos nocturnos de los grillos y entonces viene esa idea de escribirte para decirte algo que viene de eso de "profesionales de la violencia" que tanto nos han achacado.
Y resulta que sí, que somos profesionales. Pero nuestra profesión es la esperanza. Nosotros decidimos un buen día hacernos soldados para que un día no sean necesarios los soldados. Es decir, escogimos una profesión suicida porque es una profesión cuyo objetivo es desaparecer: soldados que son soldados para que un día ya nadie tenga que ser soldado. Claro ¿no? Y entonces resulta que estos soldados que quieren dejar de serlo, nosotros, tenemos algo que los libros y discursos llaman "patriotismo". Porque eso que llamamos patria no es una idea que vaga entre letras y libros, sino el gran cuerpo de carne y hueso, de dolor y

sufrimiento, de pena, de esperanza en que todo cambie, al fin, un buen día. Y la patria que queremos habrá de nacer también de nuestros errores y tropiezos. De nuestros despojos y rotos cuerpos habrá de levantarse un mundo nuevo. ¿Lo veremos? ¿Importa si lo veremos? Creo yo que no importa tanto como el saber a ciencia cierta que nacerá y que en largo y doloroso parto de la historia algo y todo pusimos: vida, cuerpo y alma. Amor y dolor, que no sólo riman, sino que se hermanan y juntos marchan. Por esto somos soldados que quieren dejar de ser soldados. Pero resulta que, para que ya no sean necesarios los soldados, hay que hacerse soldado y recetar una cantidad discreta de plomo, plomo caliente escribiendo libertad y justicia para todos, no para uno o para unos cuantos, sino para todos, todos, los muertos de antes y de mañana, los vivos de hoy y de siempre, los de todos que llamamos pueblo y patria, los sin nada, los perdedores de siempre antes de mañana, los sin nombre, los sin rostro.

Y ser un soldado que quiere que ya no sean necesarios los soldados es muy simple, basta responder con firmeza al pedacito de esperanza que en cada uno de nosotros depositan los más, los que nada tienen, los que todo tendrán. Por ellos y por los que han ido quedando en el camino, por una u otra razón, injustas todas. Por ellos tratar deveras de cambiar y ser mejores cada día, cada tarde, cada noche de lluvia y grillos. Acumular odio y amor con paciencia. Cultivar el fiero árbol del odio al opresor con el amor que combate y libera. Cultivar el poderoso árbol del amor que es viento que limpia y sana, no el amor pequeño y egoísta, el grande sí, el que mejora y engrandece. Cultivar entre nosotros el árbol del odio y el amor, el árbol del deber. Y en este cultivo poner la vida toda, cuerpo y alma, aliento y esperanza. Crecer, pues, crecer y crecerse paso a paso, escalón por escalón. Y en ese sube y baja de rojas estrellas no temer, no temer sino al rendirse, el sentarse en una silla a descansar mientras otros siguen, a tomar aliento mientras otros luchan, a dormir mientras otros velan.

Abandona, si lo tienes, el amor por la muerte y la fascinación por el martirio. El revolucionario ama la vida sin temer la muerte, y busca que la vida sea digna para todos, y si para esto debe pagar con su muerte lo hará sin dramas ni titubeos.

Recibe mi mejor abrazo y este tierno dolor que siempre será esperanza.

Salud Miguel.
Desde las montañas del Sureste mexicano.
Subcomandante Insurgente Marcos
P.D. Acá nosotros vivíamos peor que los perros. Tuvimos que esco-

ger: vivir como animales o morir como hombres dignos. La dignidad, Miguel, es lo único que no se debe perder nunca... nunca.

•

[AL CEOIC, 17 de marzo]

> "Sombras de tierna furia, nuestro paso arropará a los que nada tienen."

Al Consejo Estatal de Organizaciones 15 de marzo de 1994
Indígenas y Campesinas (CEOIC)
Al pueblo de México:
A los pueblos de gobiernos del mundo:
A la prensa nacional e internacional:
Hermanos:
El Comité Clandestino Revolucionario Indígena-Comandancia General del EZLN se dirige con respeto y honor a todos ustedes para decir su palabra:

El gobierno federal, usurpador ayer de la voluntad popular, vuelve a mentir sobre lo ocurrido en el diálogo de San Cristóbal de Las Casas, Chiapas; dice el mal gobierno que hay "acuerdos" donde sólo hubo diálogo. No se dejen llevar a la mentira, hermanos, los poderosos ahora usurpan la verdad y tratan de engañarnos diciendo que la paz es sólo cuestión de una firma.

¿Cómo habrá paz si los causantes de la guerra siguen clamando por la perpetuidad de nuestra miseria? La soberbia que habita los palacios de los gobiernos y las casas de los señores del gran comercio y la tierra sigue gritando guerra y muerte para nuestra raza; no toleran ellos que la sangre indígena se iguale a la blanca, buscamos entrar al país y ellos no nos dejan y pagan ahora con desprecio y burla la marcha de nuestros muertos.

Si ellos hablan con desprecio, ¿cómo habrá paz en estas tierras si acallan y asesinan a nuestros hermanos?, ¿cómo habremos de preguntar a nuestro corazón colectivo si es hora de que la paz entre, con la dignidad de la mano, por las puertas de nuestras empobrecidas tierras? Nos quieren arrinconar de nuevo para arrancarnos una rendición, sobre la muerte de nuestra dignidad quieren regresarnos a la paz que es guerra a nuestras gentes.

No lo haremos, no nos rendiremos. Si niegan la paz justa y digna, entonces nosotros, hombres y mujeres sombra, nos vestiremos otra vez de guerra, nuestra furia vendrá ahora del engaño, se afilan otra vez los machetes justicieros, huelen a pólvora de nuevo nuestras tierras.

Nosotros somos sombras de tierna furia, nuestro paso cubrirá otra vez el cielo, arropará con su manto protector a los desposeídos y a los hombres y mujeres buenos que entienden que justicia y paz bien pueden ir de la mano. Si nos niegan los derechos nuestros, entonces nuestra tierna furia entrará en las mansiones altaneras, no habrá muro que no salten, puerta que no abran, ventana que no rompan, pared que no derrumben, nuestra sombra llevará dolor a los que claman guerra y muerte para nuestra raza, habrá más llanto y sangre para que la paz se siente a nuestra mesa con bondad.

Las sombras de tierna furia, nosotros, llevaremos otra vez nuestra voz para que sea escuchada y se acalle ya la mentira. El ¡ya basta! de nuestra voz primera no bastó. No alcanza a florecer la tierra con la sangre de nuestros muertos.

Tendrán que caminar de nuevo los hombres y mujeres de tierna furia, se levantarán de nuevo nuestros muertos, volverá a hablar la historia de nuestro adolorido corazón, que acaben el engaño y la mentira, que perezca, al fin, la soberbia en estas tierras mexicanas, que vengan otra vez a nosotros los hombres y mujeres noche y, con el oscuro ropaje de la tierna furia, hablen con la voz de todos para acallar tanta mentira.

Que no hable más la boca del poderoso, sólo sale veneno y podredumbre de sus labios, que callen la mentira y sus dobleces.

Que hablen ahora nuestros hermanos que andan otros caminos para llevar nuestro dolor a nuevos soles. Que hable la voz de nuestros hermanos del CEOIC, que digan su palabra los indígenas todos de estas tierras, que no calle el campesino pobre, que grite el obrero en las ciudades, que este canto guerrero no olvide la voz de maestros y estudiantes, de los empleados y de los pequeños en todos los sentidos.

No dejen sólo en nuestras manos esta pesada bandera, que sea de todos la acción de levantarla, cambiemos todos la tierra que la abarca; hermanos mexicanos, no olviden esta voz de las montañas, es muy pequeña aún la luz que despiden nuestros muertos. Sumemos luces todos, rompamos ya esta noche vergonzosa. Es tiempo de que amanezca.

Que hable la verdad, que hable ahora su voz, que camine firme su paso, nosotros, sin rostro y sin pasado, escuchamos con el corazón y la palabra abierta, que hable la voz de los todos, que callen todavía nuestros hombres y mujeres, que siga aún el silencio en las sombras de tierna furia.

Que vele nuestro sueño su paso de ustedes, para que nada malo les ocurra, para que negras sombras no los amenacen, para ustedes hermanos sigue alerta nuestro corazón y nuestro fuego, para que marchen con bien, para que reine, al fin, esta furiosa ternura en estas tierras.

No es la paz posible en el engaño, en la libertad nace la paz, en la justicia crece y es la democracia para todos digna.

¡Salud hermanos del CEOIC!
¡Salud indígenas hermanos!
¡Salud hermanos mexicanos, caminen sin temor, levanten su cara y sus pasos, nuestras armas velan ya su andar...!
¡Libertad!
¡Justicia!
¡Democracia!
Respetuosamente:
Desde el Sureste mexicano
CCRI-CG del EZLN.

•

[NO HUBO ACUERDOS, SÓLO DIÁLOGO, 17 de marzo]

Al pueblo de México: 15 de marzo de 1994
A los pueblos y gobiernos del mundo:
A la prensa nacional e internacional:
Hermanos:
El Comité Clandestino Revolucionario Indígena-Comandancia General del EZLN se dirige con respeto y honor a todos ustedes para decir su palabra:

Primero. El gobierno federal, usurpador ayer de la voluntad popular, vuelve a mentir sobre lo ocurrido en el diálogo de San Cristóbal de Las Casas, Chiapas, dice el mal gobierno que hay "acuerdos" donde sólo hubo diálogo. Los poderosos ahora usurpan la verdad y tratan de engañar al pueblo diciendo que la paz es sólo cuestión de una firma.

Segundo. Las causas fundamentales que provocaron nuestro alzamiento pretenden ser olvidadas suplantando la verdad de un diálogo con la mentira de un "acuerdo". El CCRI-CG del EZLN no ha hecho trato alguno con el gobierno federal, no ha negociado nada que no sea lo referente a la forma en que se realiza el diálogo. Y no ha hecho ningún acuerdo con el mal gobierno que tanto tiempo lleva mintiendo.

Tercero. El CCRI-CG del EZLN señala que terminar la primera fase del diálogo con mentiras es la mejor forma de que la paz fracase. No confiaremos en un gobierno que, hasta para hacer proposiciones, miente. Si el supremo gobierno quiere presentar los documentos de San Cristóbal como "acuerdos", entonces que sea el pliego de demandas del EZLN el "acuerdo" y que, con la renuncia del Ejecutivo federal, se garantice la democracia en las próximas elecciones.

Cuarto. El CCRI-CG del EZLN solicita respetuosamente a la prensa honesta, nacional e internacional, que no se preste a este juego tramposo del usurpador y que señale, con verdad y objetividad, lo que ocurre en la etapa actual del diálogo.

¡Libertad!
¡Justicia!
¡Democracia!
Respetuosamente
Desde el Sureste mexicano:
CCRI-CG del EZLN

•

[LA CONAC-LN OFRECE APOYO JURÍDICO, 17 de marzo]

Al pueblo de México: 15 de marzo de 1994
A los pueblos y gobiernos del mundo:
A la prensa nacional e internacional:
Hermanos:

El Comité Clandestino Revolucionario Indígena-Comandancia General del Ejército Zapatista de Liberación Nacional se dirige con respeto y honor a todos ustedes para decir su palabra:

Desde la etapa previa al diálogo de San Cristóbal, el CCRI-CG del EZLN solicitó apoyo jurídico para poder consultar diversos problemas que el proceso de guerra y el proceso de paz presentaban a nuestro ejército. No recibimos respuestas inmediatas, la justeza de nuestra lucha se perdía entre las calumnias y desconfianzas. Sólo una respuesta llegó a nosotros en esas horas. La de los hermanos de la Coordinadora Nacional de Acción Cívica para la Liberación Nacional (Conac-LN) que ofrecieron el apoyo de su Comisión Jurídica.

Nosotros agradecimos ese gesto y otorgamos nuestra confianza a estas gentes. Ellos harán todo lo que esté dentro de sus fuerzas para apo-

yarnos en el aspecto jurídico. Pues grandes son nuestras necesidades. Saludamos la entrega y desinterés de los hermanos de la Conac-LN y nos dirigimos al pueblo mexicano para ratificar lo que les escribimos a ellos en fechas pasadas: todos los asuntos jurídicos legales de nuestro Ejército Zapatista de Liberación Nacional serán confiados a la Comisión Jurídica de la Coordinadora Nacional de Acción Cívica para la Liberación Nacional.
¡Libertad!
¡Justicia!
¡Democracia!
Respetuosamente
Desde el Sureste mexicano:
CCRI-CG del EZLN

•

[CARTA Y POEMA, 17 de marzo]

A la prensa nacional e internacional: 15 de marzo de 1994
Señores:
¿Me extrañabais? Bien, pues heme aquí de nuevo y no tan nuevo. Difícil consultar la paz con las otras sombras que nos llegan desde San Cristóbal. Atentos estamos, más a la voz de los del mismo anhelo que a la de los que quieren eternos privilegios e injusticias. Duele ver que se corrompan hasta las "autenticidades". ¿Quieren más guerra para que entiendan la paz? Aceptadlo coletos, érais más felices con las tropas nuestras dentro de los muros de vuestra orgullosa ciudad real, que ahora que os armáis de miedo. Aprended vosotros de esta lucha que se arma de vergüenza...
Salud y suerte en los *idus de marzo*.
Desde las montañas del Sureste mexicano.
Subcomandante insurgente Marcos.
P.D. DE LA NOSTALGIA INMEDIATA (?)
Sección: "Imágenes de ¿ayer? de la guerrilla".

I
Mi trabajo tenía ya visos de "trascendencia histórica": cuidaba yo a un pequeño saraguato que, como deben hacer TODOS los pequeños, no respetaba autoridad alguna. Ignorando mi gallardo porte militar y la ya un

poco descolorida estrella roja en el pecho (que decía al resto del entonces ya poderoso EZLN, es decir, los seis restantes, que había un teniente de infantería), el saraguatito (sospechamos siempre que era una "la" y no un "el") tenía siempre el cuidado de subirse por mi pecho hasta el hombro derecho y cargarse ahí cada que le venía en gana. Raúl, el más grande de nosotros en todos los sentidos, nos enseñaba. Lucha cantaba tangos gira que gira por las tardes, horas de tangos y de grillos. La comida se acaba. Caminábamos sabiendo lo que vendría. Éramos ya invencibles y pequeños. Enero estaba lejos todavía. ¿El año? 1984 (¿Les recuerda algo?). El sombrerero loco y la liebre de marzo cantaban:

"Feliz, feliz no cumpleaños,
a tú, te doy (bis).
Si hoy no es tu cumpleaños
pues habrá que celebraaar
etcétera (bis)."

"Alicia alcanzó a salir. Nosotros todavía estamos aquí... Y cantamos... todavía..."

II

Y era en 1987 y era capitán segundo de infantería y era la patria entre nosotros y era, por ejemplo, un poema:

PROBLEMAS

Esto de la patria
es algo difícil de explicar.
Pero más difícil es comprender
eso del amor a la patria.
Por ejemplo,
nos enseñaron que amor a la patria es,
por ejemplo,
saludar a la bandera,
ponerse de pie al escuchar el *Himno* Nacional.
Emborracharse a discreción cuando
pierde la selección de futbol.
A discreción emborracharse cuando
gana la selección de futbol.
Algunos etcéteras que poco cambian
de sexenio en sexenio...
Y por ejemplo,
no nos enseñaron que amor a la patria

puede ser,
por ejemplo,
silbar como quien se va alejando,
pero,
tras de aquella colina también hay
patria y nadie nos ve,
y nos franqueamos
(porque uno siempre se franquea
cuando nadie nos ve)
y le decimos
(a la patria),
por ejemplo,
todo lo que la odiamos
y todo lo que la amamos
y esto siempre es mejor decirlo,
por ejemplo,
a balazos y sonriendo.
Y, por ejemplo,
nos enseñaron que amor a la patria es,
por ejemplo,
usar sombrero de charro,
saber los nombres de los niños héroes,
gritar "¡Viva-arriba México!"
aunque México esté abajo-muerto.
Otros etcéteras que poco cambian
de sexenio en sexenio.
Y, por ejemplo,
no nos enseñaron que
amor a la patria
puede ser,
por ejemplo,
callar como quien se muere,
pero no,
bajo esta tierra también hay patria
y nadie nos oye
y nos franqueamos
(porque uno siempre se franquea
cuando nadie nos oye)
y le contamos
(a la patria)
la pequeña y dura historia

de los que se fueron muriendo para amarla
y que ya no están aquí para darme la razón,
pero me la dan no estando,
los que nos enseñaron
que a la patria se le ama,
por ejemplo,
a balazos y sonriendo.

P.D. QUE SE DESPIDE ENTRE AMABLE VENTARRÓN. Este marzo, como todo, desconcierta. Cuídense si hay modo. Vale.

•

[AL CEOIC, 22 de marzo]

Al Consejo Estatal de Organizaciones   19 de marzo de 1994
Indígenas y Campesinas (CEOIC):
A todas las organizaciones indígenas y campesinas honestas de México:
Al pueblo de México:
Hermanos:
El Comité Clandestino Revolucionario Indígena-Comandancia General del EZLN les pide con respeto que acepten este humilde saludo de nuestros combatientes desde las montañas del sureste mexicano.

Nosotros alzamos nuestras armas y nuestras frentes para decir al gobierno usurpador que ya estamos cansados de tantas mentiras, nos han vendido una gran farsa en todos estos años y ahora quieren coronarla con la careta de una paz humillante. No la queremos, conocemos esa paz desde hace quinientos años, sabemos lo que cuesta y el flaco beneficio para nuestro suelo y nuestra gente. A nuestras montañas quiere llegar ahora el que nunca estuvo, quieren comprarnos con limosnas a cambio de dejar solos a nuestros hermanos de otras tierras y colores, quieren comprar nuestra lucha y nuestra sangre con remedos de justicia, con limosnas de libertad y promesas de democracia.

Nosotros queremos saludar su andar de ustedes, nosotros los más pequeños y sin rostro, nosotros queremos pedirles que ya que están ahí frente al soberbio palacio del usurpador y el mal gobierno le digan, por favor, que los zapatistas no se venden, que los zapatistas no traicionan, que los zapatistas no se rinden; explíquenle ustedes al mal gobierno lo que es ser zapatista, aclárenle sus dudas, griten con nosotros las verdades, tomen nuestra voz, hermanos nuestros, para hablarles a los mexicanos todos. Díganles que a nuestra disposición de paz, el supremo gobierno contesta con señales de guerra, que a nuestra verdad oponen la mentira, que nos siguen deteniendo injustamente, que siguen llenando sus cárceles de carne indígena, que sigue la sangre nuestra aflorando en estas tierras. ¡Miente el gobierno, hermanos! Sigue su guerra contra nuestra causa, es falsa la blancura de sus manos pues siguen ensangrentadas de sangre hermana.

Hermanos indígenas de estas tierras mexicanas, campesinos pobres de carne y ricos en honor y dignidad, acepten este paso nuestro tan lejano de ciudades y oropeles, reciban nuestro saludo, llenen su corazón de ustedes de canto nuestro; escuchen hermanos, les habla la montaña, lleven su voz a los que nada tienen. Que se levanten todas las tierras mexicanas.

¡Salud, hermanos del CEOIC!
¡Salud, indígenas hermanos!
¡Salud, hermanos mexicanos!
¡Libertad!
¡Justicia!
¡Democracia!
Respetuosamente, desde el Sureste mexicano,
CCRI-CG del EZLN
Rúbrica: Subcomandante Insurgente Marcos

•

[ASESINATO DE COLOSIO, 26 de marzo]

Al pueblo de México: 24 de marzo de 1994
A los pueblos y gobiernos del mundo:
A la prensa nacional e internacional:
Hermanos:
El CCRI-CG del EZLN se dirige a ustedes para denunciar lo siguiente:
Primero. El 23 de marzo de 1994, en horas de la noche y a través de una transmisión radial, tomamos conocimiento del cobarde asesinato del señor Luis Donaldo Colosio Murrieta, candidato del Partido Revolucionario Institucional a la Presidencia de la República.
Segundo. Nuevamente el CCRI-CG del EZLN condena explícitamente el uso del terrorismo para el logro de cualquier fin.

Tercero. El CCRI-CG del EZLN lamenta profundamente que la clase gobernante no pueda resolver sus pugnas internas sin ensangrentar al país. La línea dura y la opción militarista dentro del gobierno federal fraguó y llevó a término esta provocación para anular todo intento pacífico de democratización de la vida política nacional.

Cuarto. El CCRI-CG del EZLN declara que el señor Colosio siempre se refirió a nuestro movimiento con prudencia y respeto. Sus últimas declaraciones marcaban en él un claro compromiso de competir en términos de igualdad con las demás fuerzas políticas. Reconoció que el país arrastraba grandes injusticias y tomaba clara distancia del régimen salinista y sus políticas económica y social. Las fuerzas provocadoras en contra de la esperanza de una paz con justicia y dignidad, que nació en el diálogo de San Cristóbal, eligen en el señor Colosio Murrieta la figura cuyo sacrificio es la señal para evitar el tránsito pacífico a la libertad, la democracia y la justicia.

Quinto. El EZLN sabe que el artero crimen que ahora conmueve a la nación es sólo el preludio de una gran ofensiva militar del gobierno federal en contra de nuestras posiciones y nuestras fuerzas, y el inicio de una guerra sucia contra todos aquellos seres honestos que buscan, por caminos distintos, la misma bandera que buscamos nosotros. Con el argumento de que es necesario endurecer el régimen para evitar actos como el asesinato del señor Colosio, se pretende dar sustento político e ideológico a la represión indiscriminada y al injustificable rompimiento del cese al fuego y, por ende, al diálogo para la paz.

Sexto. Hay claras señales previas de que el supremo gobierno prepara un intento de solución militar el conflicto actual: el día 19 de marzo de 1994, en horas de la madrugada, aviones del mal gobierno efectuaron bombardeos en las cercanías de la carretera de Comitán a Altamirano, en el rumbo del ejido La Mendoza. Hasta cuatro artefactos incendiarios fueron arrojados por estos aviones, produciéndose incendios de consideración, así como gases extraños que hacen pensar en guerra química. Sin juicio previo y con el sustento de una lista de nombres proporcionada por delatores, en las cabeceras municipales de Ocosingo y Altamirano los federales detienen y desaparecen a civiles sospechosos de simpatizar con nuestra justa causa. Desde el día 20 de marzo es evidente el aumento de tropas gubernamentales y armamento en la zona en conflicto hasta doblar el número de las que había en enero. Los federales hablan de un relevo de efectivos, pero nadie sale. Oficiales federales aprovechan para sacar ganancias y reciben sobornos de los grandes finqueros para patrullar especialmente sus propiedades. Las tropas federales no se encuentran dentro de sus guarniciones, en las afueras de las ciudades, sino que transitan en actitud beligerante dentro de las zonas urbanas bajo su control. El despliegue de las tropas que cercan nuestro territorio en los municipios de Las Margaritas, Altamirano y Ocosingo está por completarse. Después vendrá la ofensiva tantas veces acariciada por la línea dura gubernamental. La misma línea que anima, subterráneamente, el sabotaje que protagonizan los grandes propietarios de la tierra y el comercio en contra del proceso de paz. La misma línea que obstruye los esfuerzos pacificadores en la zona, la misma línea que amenaza a medios informativos y al obispo Samuel Ruiz García. La misma línea que se opone a una reforma política radical y democrática. Esta línea es la misma que ordena el magnicidio del candidato del Partido Revolucionario Institucional, y la que ahora pretende coronar su infame acción con la ruptura del cese al fuego y el reinicio de la guerra.

Séptimo. El EZLN ha dado muestras de disposición sincera para lograr una paz justa y digna. El supremo gobierno ha contestado con mentiras, secuestros, desapariciones, amenazas, bombardeos y, ahora, este reprobable sacrificio de un hombre público. Sus tropas se preparan a romper el cese al fuego. Nuestras fuerzas se encontraban ahora en el proceso de consulta en las comunidades para decidir el siguiente paso en el diálogo para la paz y la reconciliación. Ahora nos vemos obligados a suspender la consulta y a prepararnos a defender nuestra causa y nuestra bandera: la de la democracia, la libertad y la justicia.

Octavo. El EZLN está ya en alerta roja. Nuestras tropas están listas para defender hasta el último hombre el territorio zapatista, los accesos han sido minados y esperan nuestros combatientes el ataque del mal gobierno. El acceso indiscriminado a la prensa, parte de nuestra política de no ocultar nada a los ojos de nuestro pueblo, ha sido cancelado. En razón de la inminente agresión gubernamental, sólo se permitirá, eventualmente, el paso de "corresponsales de guerra" debidamente acreditados por la Comandancia General de nuestro EZLN. Toda gente ajena a nuestras fuerzas que se adentre en nuestro territorio será detenida e investigada profundamente. Ondea ya sobre el suelo nuestra bandera alerta. Las trincheras de los zapatistas serán ahora las de todos aquellos que quieran democracia, justicia y libertad.

Noveno. Nuestra justa lucha sigue en pie, estamos todavía dispuestos a seguir el camino de la paz y lo quieren negar. Quieren volver la guerra a las tierras mexicanas por las manos del usurpador y sus servidores.

Décimo. El EZLN reitera al mundo entero su compromiso de respetar el cese al fuego ofensivo, de no impedir el desarrollo pacífico de los próximos comicios, y de no realizar acción militar ofensiva alguna en todo el territorio nacional en contra de las fuerzas gubernamentales, en las condiciones establecidas por nuestro comunicado del 12 de enero de 1994. Si somos atacados, nuestras fuerzas harán valer, hasta lo último, lo justo de las aspiraciones de los mexicanos todos.

Si la historia patria reclama nuevamente la cuota de sangre y muerte de los nuestros para aspirar a una verdadera paz con justicia y dignidad, no dudaremos en pagarla. Los sin rostro defenderemos con dignidad y valentía la tierra en la que duermen nuestros muertos. No volveremos ya jamás a la tierra con vergüenza. No hablaremos ya jamás sin dignidad en nuestra palabra. Nuestro paso seguirá caminando con verdad aun cuando la muerte nos espere en el camino.

¡Libertad!
¡Justicia!
¡Democracia!
Respetuosamente
(Firma del Subcomandante Marcos)
Desde las montañas del Sureste mexicano
CCRI-CG del EZLN

•

[A LOS TOPOS, 26 de marzo]

Al semanario nacional *Proceso*: 24 de marzo de 1994
Al periódico nacional *La Jornada*:
Al periódico nacional *El Financiero*:
Al periódico local de San Cristóbal de Las Casas, *Tiempo*:
A la prensa nacional e internacional:
Señores:

Ellos... ¿Por qué tuvieron que hacer eso? ¿A quién castigan con esta ignominia? Si tratan de justificar una acción militar en contra nuestra y de nuestra bandera, ¿por qué no mejor matar a uno de nosotros? Sangraría así menos el país que con esta infamia que ahora nos estremece. ¿A quién hacía daño este hombre? ¿Quién recelaba de su alejamiento del grupo que se pretendía perpetuar a través de él? ¿Quién obtiene ganancias de su sangre? ¿Dónde estaban los que lo cuidaban? ¿Quién patrocina esa mano "pacifista" que abre de nuevo la gigantesca puerta de la guerra? ¿Es ésta la lógica? ¿Atribuir a la paz un crimen para así negar la posibilidad de la paz? ¿Quién sigue ahora? ¿Cuántos más para dejar entrar, por fin, la democracia, la libertad y la justicia?

Entendemos bien el mensaje que este crimen dibuja en el cielo de la nación. ¿Es necesaria más sangre nuestra? Bueno... lo sabíamos. Pero él no. Vengan. Acá estamos, donde nacimos y crecimos, donde tenemos el gran corazón que nos sustenta, donde moran nuestros muertos y la historia. Acá estamos, en las montañas del sureste mexicano... vengan por nosotros... sabremos recibir a cada quien como se merece... a buenos y malos...

Cuidaos. Ya nada está a salvo, mucho menos de la paz las esperanzas. Vale.

Desde las montañas del Sureste mexicano
Subcomandante Marcos

P.D. PARA LOS QUE NADIE VE.

Salud, hermanos topos zapatistas. Hemos brillado gracias a vuestro paciente y oscuro trabajo. Viene ya de nuevo la negra noche de la infamia. Se acerca el fin de nuestro ciclo. Os prometemos brillar intensamente, hasta cegar el sol, antes de desaparecer definitivamente. Hasta la hora última saludaremos al lado oscuro que respaldó nuestro brillo, luz INTERIOR que se filtró a través nuestro para alumbrar este pedacito de historia. Estaremos al frente, como los que nos precedieron. Honraremos la dignidad de nuestros muertos... Hermanos topos, ya casi se llega el final del camino nuestro... Será entonces vuestro turno, topos queridos. No olvidéis lo que fue el paso nuestro. Fuimos sinceros en ver si otra puerta se abría para caminar nuestra tímida luz. Aprended ya de toda esta lamentable historia. No olvidéis nunca la palabra que nos hizo grandes, aunque sólo fuera un momento: PARA TODOS TODO, NADA PARA NOSOTROS. Adiós amados topos, tened presta la bandera y preparad ya, y sin descanso, a los que os habrán de seguir. Llega vuestro turno de cubriros el rostro, borrad ya vuestro nombre, renegad del pasado vuestro, preparad vuestra tierna furia, velad las armas pues la paz se aleja tan veloz como llegó. Permitidnos antes, topos lejanos, como saludo postrero, enviaros nuestra mano izquierda en la sien y, además...

UN REGALO Y UNA CLASE POLÍTICA. Un pedacito de luna.../Pero en realidad no es uno/sino dos pedacitos:/El pedacito del lado oscuro de la luna/y el pedacido del lado brillante de la luna./Y aquí lo que hay que entender/es que el pedacito que brilla de la luna/brilla porque hay un lado oscuro./Es el lado oscuro de la luna/el que hace posible el lado brillante/de la luna. Igual nosotros,/si nos toca ser el lado oscuro de la luna/no por eso somos menos,/sino que es porque estamos dispuestos/a ser el lado oscuro/que es posible que todos vean la luna/(y, a fin de cuentas,/el lado oscuro vale más/porque brilla para otros cielos/y porque para verlo/hay que aprender a volar muy alto).

Y así es que/son pocos los que están dispuestos/a sufrir para que otros no sufran/y a morir/para que otros vivan,/y esto es así/puesto que botas y luna y etcétera/y punto.

Vale, topos de siempre, os veremos de nuevo bajo tierra...

Firma del Subcomandante Marcos.

•

[REQUISITOS PARA CORRESPONSALES DE GUERRA, 26 de marzo]

A la prensa nacional e internacional: 24 de marzo de 1994
Señores:

El CCRI-CG del EZLN se dirige con respeto y honor a todos ustedes para establecer los requisitos para obtener la acreditación de corresponsal de guerra para poder internarse en territorio bajo control del EZLN:

Primero. La situación actual en nuestro país obliga al CCRI-CG del EZLN a dar por terminada su política de apertura total e indiscriminada a los medios de información que cubren el conflicto en tierras chiapanecas dentro del territorio bajo control de nuestras fuerzas.

Segundo. A partir de las 00:00 horas del día 25 de marzo de 1994 sólo podrán acceder a nuestro territorio aquellos trabajadores de los medios informativos que hayan sido acreditados como corresponsales de guerra por la CG del EZLN.

Tercero. Para obtener la acreditación de corresponsales de guerra, los solicitantes deberán presentar una carta con las firmas del director del medio informativo y del reportero. En dicha carta deberá especificarse lo siguiente:

A) Que dicho medio informativo respalda al solicitante como trabajador de la empresa asignado a la cobertura periodística del conflicto dentro de nuestros territorios.

B) Que para el trabajo dentro de nuestro territorio del reportero mencionado no ha mediado remuneración alguna, ni en especie ni en dinero, ni del EZLN al medio informativo ni de éste al EZLN.

C) Que el trabajo dentro de nuestro territorio del reportero mencio-

nado se hace bajo cuenta y riesgo del medio en el que trabaja y del suyo propio.
D) Que el mencionado reportero acepta sujetarse a las leyes y normas que se apliquen dentro de nuestros territorios y nuestras posiciones de combate.
E) Que el medio informativo y el reportero se comprometen a, en todo momento, decir verdad de lo que ocurre.
Cuarto. La CG del EZLN se reserva el derecho de acreditar o no a cualquier medio informativo o a sus reporteros.
Quinto. Todos los solicitantes deberán presentar documento con foto propia reciente que los acredite como trabajadores del medio informativo en el que se desempeñen.
¡Libertad!
¡Justicia!
¡Democracia!
Respetuosamente
Firma del Subcomandante Marcos.
Desde el Sureste mexicano:
CCRI-CG del EZLN

•

[PRESOS DE CERRO HUECO, 10 de abril]

A la prensa nacional e internacional: 7 de abril de 1994
El Comité Clandestino Revolucionario Indígena-Comandancia General del EZLN declara lo siguiente:
Primero. En fechas recientes nos hemos enterado que 21 civiles se encuentran prisioneros en el penal de Cerro Hueco bajo la injusta acusación de formar filas en nuestro Ejército Zapatista de Liberación Nacional.
Segundo. El CCRI-CG del EZLN declara que, después de la liberación de los combatientes prisioneros en el estado de Chihuahua, no tiene combatiente alguno conocido en las cárceles del mal gobierno.
Tercero. La Comandancia General del EZLN ha revisado a conciencia las listas de sus planillas de combatientes y no aparecen los nombres de los injustamente presos en el penal de Cerro Hueco.
Cuarto. El CCRI-CG del EZLN denuncia que el mal gobierno pretende cubrir su arbitrariedad en las detenciones indiscriminadas de civiles du-

rante el conflicto acusándolos, sin fundamento alguno, de pertenecer a nuestro glorioso ejército.

Quinto. El mantener en la cárcel a estos inocentes es uno de los obstáculos para que el proceso de diálogo continúe, pues el EZLN no puede hablar de paz si el gobierno habla de guerra por boca de sus acciones.

Respetuosamente
Desde las montañas del Sureste mexicano
CCRI-CG del EZLN

•

[ANIVERSARIO DEL ASESINATO DE ZAPATA, 11 de abril]

Al pueblo de México: 10 de abril de 1994
A los pueblos y gobiernos del mundo:
A la prensa nacional e internacional:
Hermanos:

El Comité Clandestino Revolucionario Indígena-Comandancia General del Ejército Zapatista de Liberación Nacional se dirige a ustedes para decir lo siguiente:

El día de hoy, 10 de abril de 1994, se cumple el 75 aniversario del asesinato del general Emiliano Zapata. Su grito de *¡Tierra y Libertad!* pretendió ser ahogado por la traición de Venustiano Carranza. Hoy el usurpador Salinas de Gortari, quien se autodenomina "presidente de la República mexicana", miente al pueblo de México diciendo que sus reformas al artículo 27 constitucional reflejan el espíritu del general Zapata. ¡Miente el supremo gobierno! Zapata no morirá por soberbio decreto. El derecho a la tierra para quien la trabaja es irrenunciable y el grito guerrero de *¡Tierra y Libertad!* sigue sin encontrar descanso en estas tierras mexicanas. Bajo el manto del neoliberalismo que ensombrece nuestros suelos se encarcela y asesina a todos aquellos campesinos que luchan por sus derechos agrarios. Las reformas salinistas al artículo 27 de la Carta Magna representan una traición a la patria, y como responsable de este delito debe ser juzgado quien usurpa el Poder Ejecutivo federal en México.

Hermanos, el día de hoy se cumplen 100 días del nuevo amanecer de nuestra voz, en boca de los fusiles de hombres y mujeres sin rostro habló la voz de los campesinos sin tierras, de los obreros agrícolas, de los pequeños propietarios, de los indígenas mexicanos. La voz de los que nada tienen y merecen todo tuvo que seguir el camino de sus hombres más pequeños, los más humillados, los más perseguidos, los más olvidados. En la voz de los hombres verdaderos habló la voz de los mexicanos despojados de su tierra, de su dignidad y de su historia. Todo parecía perdido en la larga noche de nuestras gentes. Nada daba la tierra como no fuera dolor y muerte. Pero 10 años antes de este día algunos buenos seres sembraron en nuestras apenadas tierras la esperanza de que volvieran a la vida los hombres verdaderos. La semilla de su palabra encontró en las montañas mexicanas el buen lugar para nacerse. Su silencio se cultivó. Era noche su paso para amanecer luego.

En el amanecer de nuestro "¡Ya basta!" la tierra dio los frutos de esa siembra. En lugar de dolor nació rabia, en lugar de humillación surgió dignidad, en lugar de lamentos se cosecharon armas. Miles de hombres y mujeres desenterraron, del mismo suelo que sólo les daba pobreza, el tierno fuego que poblaría sus manos, cubrieron su rostro, borraron su pasado, dejaron atrás su nombre y sus tierras y se dieron a andar los pasos de la guerra. Ninguno de nosotros, hombres y mujeres de nocturno paso, tendremos mañana. No habrá ya jamás paz para las ansias nuestras. Nunca más tendrán descanso nuestros huesos y la sangre.

¿Por quién caminan estos hombres y mujeres? ¿Quién bebe su sangre? ¿Para quién la luz de sus palabras? ¿Para quién de su muerte la vida? 100 días. 10 años. ¿Quién tomará ahora junto a las manos de estos hombres y mujeres, que hoy no pueden estar aquí con ustedes, la bandera que su sangre arrancó de las manos de los poderosos? ¿Quién sumará sus pasos a su digno caminar? ¿Quién con ellos, nosotros, sólo mirada, voz y fiera ternura, habla? ¿Quién con nosotros grita? ¿Quién no nos abandona? ¿Quién con nosotros lucha? ¿Quién escucha a nuestros muertos?

No el usurpador, cuya soberbia despacha en Palacio Nacional. No el que nos vende. No el que nos asesina. No el que nos despoja. No el que nos humilla.

Ustedes sí hermanos. Para ustedes nuestra sangre. Para la noche de todos nuestra tímida luz. Para su vida nuestra muerte. Nuestra guerra para su paz. Para sus oídos nuestra palabra. Su dolor, hermanos, buscará alivio en nuestra lucha. Para ustedes todo, hermanos, para nosotros nada.

Hermanos, frente a ustedes, en ese palacio donde hoy reina la mentira, vive ahora el que todo nos niega y al que nadie bueno pidió que ahí estuviera. Debe salir de ahí el poderoso señor que nos arrebata cada día la vida toda. Que se vaya, hermanos. Que su voz no sea mandato para nosotros. Nada bueno de sus puertas sale. Mentira hay en su rostro y en su palabra habita el engaño. Que se vaya, hermanos. Éste es el grito que desde las montañas viene, esto es lo que habla nuestra sangre, esto es lo que piden nuestros muertos. Que se vaya. Díganle eso hermanos: ¡Que se vaya!

Que nadie más llegue a ese palacio que tienen frente a ustedes si no es por mandato de los más, que el que en esa silla se siente mande obedeciendo, que el que en ese balcón hable tenga verdad en su palabra, que el que se diga jefe nuestro lo sea obedeciendo. Díganle esto hermanos, nosotros esto queremos.

No podemos estar con ustedes este día hermanos, nuestro paso sigue de la noche la montaña, sigue amordazado nuestro rostro, nuestra palabra está lejana. ¡Tómenla un momento hermanos mexicanos! Permítanos un momento su voz de ustedes y dejen que en su boca hable nuestra palabra. En este mismo instante, en las montañas del sureste mexicano, miles de hombres y mujeres con el rostro negado, sin nombre y sin pasado, renuevan en sus pechos el grito primero del inicio del año. Está alegre el corazón nuestro pues Emiliano Zapata llegó de nuevo, en sus pasos de ustedes, al Zócalo de México. Nosotros, pequeños y olvidados, levantamos la imagen de Zapata en el otro corazón de la patria: el de las montañas del sureste mexicano.

¡Salud hermanos mexicanos! Que nuestro grito sea el suyo:
¡Viva Emiliano Zapata!
¡Muera el supremo gobierno!
¡Libertad!
¡Justicia!
¡Democracia!
Respetuosamente
Desde las montañas del Sureste mexicano:
CCRI-CG del EZLN

•

[VOTÁN ZAPATA, 11 de abril]

Al pueblo de México: 10 de abril de 1994
A los pueblos y gobiernos del mundo:
A la prensa nacional e internacional:
Hermanos:
El Comité Clandestino Revolucionario Indígena-Comandancia Gene-

ral del Ejército Zapatista de Liberación Nacional se dirige a ustedes para decir su palabra.

En estos momentos, decenas de miles de hombres, mujeres, niños y ancianos, indígenas mexicanos todos ellos, se encuentran reunidos en centenares de ejidos, rancherías, parajes y comunidades del campo mexicano. Llegan también nuestras manos hasta el corazón de asfalto. A toda esta gente nos reúne, frente a una bandera de tres colores en cuyo centro hay la imagen de un águila devorando una serpiente, nuestra miseria común, el colectivo olvido en el que fuimos reubicados desde hace 501 años, la muerte inútil que padecemos, el no tener rostro, el habernos arrancado el nombre, el haber apostado la vida y muerte todas a un futuro ajeno. A toda esta gente nos reúne un anhelo colectivo frente a esta bandera: cambiar de una vez y para siempre los cielos y suelos que hoy la oprimen. Para esto hacer, nosotros, los sin nombre y sin rostro, los autodenominados "profesionales de la esperanza", los más mortales que nunca, "transgresores de la injusticia", los que montaña somos, los del nocturno paso, los sin voz en los palacios, los extranjeros en la propia tierra, los de la muerte eterna, los despojados de la historia, los sin patria y sin mañana, los de la tierra furia, los de la verdad desembozada, los de la larga noche del desprecio, los hombres y mujeres verdaderos... Los más pequeños... Los más dignos... Los últimos... Los mejores... Nosotros hemos de abrir de nuevo la puerta del corazón hermano para que reciba nuestra palabra.

Hemos de decir verdad por nuestra boca, hemos de poner el corazón en las manos nuestras. Hermanos, queremos que sepan quién está detrás nuestro, quién nos maneja, quién camina en nuestros pies, quién nuestro corazón domina, quién cabalga en nuestras palabras, quién vive en nuestras muertes.

Queremos que sepan ya la verdad hermanos. Y es así:

Desde la hora primera de esta larga noche en que morimos, dicen nuestros más lejanos abuelos, hubo quien recogió nuestro dolor y nuestro olvido. Hubo un hombre que, caminando su palabra desde lejos, a nuestra montaña llegó y habló con la lengua de los hombres y mujeres verdaderos. Era y no era de estas tierras su paso, en la boca de los muertos nuestros, en la voz de los sabedores ancianos, caminó su palabra de él hasta el corazón nuestro. Hubo y hay, hermanos, quien siendo y no siendo semilla de estos suelos a la montaña llegó, muriendo, para vivir de nuevo, hermanos, vivió muriendo el corazón de este paso propio y ajeno cuando casa hizo en la montaña de nocturno techo. Fue y es su nombre en las nombradas cosas. Se detiene y camina en nuestro

dolor su palabra tierna. Es y no es en estas tierras: Votán Zapata, guardián y corazón del pueblo.
　Votán Zapata, luz que de lejos vino y aquí nació de nuestra tierra. Votán Zapata, nombrado nombre de nuevo siempre en nuestras gentes. Votán Zapata, tímido fuego que en nuestra muerte vivió 501 años. Votán Zapata, nombre que cambia, hombre sin rostro, tierna luz que nos ampara. Vino viniendo Votán Zapata. Estaba la muerte siempre con nosotros. Muriendo moría la esperanza. Viniendo vino Votán Zapata. Nombre sin nombre, Votán Zapata miró en Miguel, caminó en José María, Vicente fue, se nombró en Benito, voló en pajarito, montó en Emiliano, gritó en Francisco, vistió a Pedro. Muriendo vivió, nombrado sin nombre, en nuestra tierra. Nombre sin nombre, estando vino Votán Zapata en nuestra tierra. Hablando calló su palabra en nuestra boca. Viniendo está. Votán Zapata, guardián y corazón del pueblo.
　Es y no es todo en nosotros... Caminando está... Votán Zapata, guardián y corazón del pueblo. Amo de la noche... Señor de la montaña... Nosotros... Votán, guardián y corazón del pueblo. Uno y muchos es. Ninguno y todos. Estando viene. Votán Zapata, guardián y corazón del pueblo.
　Ésta es la verdad, hermanos. Deben saberla, no morirá ya más en nuestra vida, en la muerte nuestra vive ya y para siempre. Votán, guardián y corazón del pueblo. Sin nombre se nombra, cara sin rostro, todos y ninguno, uno y muchos, vivo muerto. Votán, guardián y corazón del pueblo. Pájaro Tapacamino, siempre delante nuestro, tras de nosotros anda. Votán, guardián y corazón del pueblo.
　Tomó nombre en nuestro estar sin nombre, rostro tomó de los sin rostro, cielo en la montaña es. Votán, guardián y corazón del pueblo. Y nuestro camino innominable y sin rostro, nombre tomó en nosotros: Ejército Zapatista de Liberación Nacional.
　Con este nombre nuevo son nombrados los sin nombre. Con esta bandera amordazando el rostro, de nuevo rostro tenemos todos nosotros. Con este nombre se nombra al innombrable: Votán Zapata, guardián y corazón del pueblo.
　Ejército Zapatista de Liberación Nacional. Tierna furia que se arma. Nombre innombrable. Injusta paz que se hace guerra. Muerte que nace. Angustia hecha esperanza. Dolor que ríe. Callado grito. Presente propio para un ajeno futuro. Para todos todo, nada para nosotros. Los innombrables, nosotros, los muertos de siempre. Nosotros, necia dignidad, olvidado rincón de nuestra patria. Nosotros, Ejército Zapatista de Liberación Nacional. Nosotros, rojinegra bandera bajo de la tricolor águila. Nosotros, roja estrella por fin en nuestro cielo, nunca la estrella única,

una más sí, la más pequeña. Nosotros, sólo mirada y voz. Nosotros, Ejército Zapatista de Liberación Nacional. Nosotros, Votán, guardián y corazón del pueblo.

Ésta es la verdad, hermanos. De ahí venimos. Para allá vamos. Estando viene. Muriendo la muerte vive. Votán Zapata, padre y madre, hermano y hermana, hijo e hija, grande y pequeño, nosotros, viviendo estamos...

Reciban nuestra verdad en el corazón bailando. Zapata vive, también y para siempre, en estas tierras.

¡Salud, hermanos mexicanos!
¡Salud, campesinos de esta patria!
¡Salud, indígenas de todas las tierras!
¡Salud, combatientes zapatistas!
¡Zapata, estando viene!
¡Muriendo vive!
¡Viva Zapata!
¡Democracia!
¡Libertad!
¡Justicia!
Desde las montañas del Sureste mexicano
CCRI-CG del EZLN

•

[A LAS BASES DEL EZLN, 11 de abril]

A las bases de apoyo del EZLN: 10 de abril de 1994
A los combatientes zapatistas regulares e irregulares de las diferentes armas y servicios del EZLN:
Compañeros:
El día de hoy, 10 de abril de 1994, se cumplen 75 años del asesinato del general Emiliano Zapata y 100 días de nuestra justa guerra contra el mal gobierno mexicano.

Como en 1919, los zapatistas debemos pagar con sangre el precio de nuestro grito de ¡tierra y libertad! Como en 1919, el supremo gobierno nos mata para apagar nuestra rebeldía. Como en 1919, la tierra no es de quien la trabaja. Como en 1919, las armas son el único camino que deja el mal gobierno para los sin tierra.

Por esto, nos alzamos en armas. Por esto, murieron nuestros compañeros en los 100 días de nuestra guerra. Por esto, hoy dedicamos nuestro homenaje mejor a los héroes y mártires de la lucha zapatista, a los muertos de siempre que en nosotros viven. Por esto, hoy decimos de nuevo que no nos rendiremos, que no entregaremos las armas, que no habrá paz hasta que sea justa y digna, que no dejaremos de luchar hasta que los pueblos todos de México tengan democracia, libertad, justicia, independencia, techo digno, trabajo bien pagado, tierra, buena alimentación, salud y educación. Mientras esto no se cumpla, seguirán nuestros pasos armados y seguirá ondeando nuestra bandera en las montañas mexicanas.

¡Salud, hermanos zapatistas!
¡Muera el supremo gobierno!
¡Viva el Ejército Zapatista de Liberación Nacional!
Desde las montañas del Sureste mexicano
CCRI-CG del EZLN

•

[RESPUESTA A LA *DECLARACIÓN MORELENSE*, 14 de abril]

A los firmantes de la *Declaración morelense*:   10 de abril de 1994
Atención: Teniente coronel Estanislao Tapia Sánchez
Hermanos:
Hemos recibido el histórico documento llamado *Declaración morelense*, emitido el 27 de marzo de 1994 en territorio mexicano en lucha.
Nosotros, hombres y mujeres pequeños y olvidados, hemos visto cómo su palabra abre nuestro corazón con verdad y dignidad. En la más grande tradición de lucha campesina mexicana, la *Declaración morelense* sigue la palabra de libre dignidad del Plan de Ayala y del Plan de Cerro Prieto que, en tiempos distintos, hicieron ondear nuestro máximo jefe histórico y general supremo Emiliano Zapata y el general Rubén Jaramillo. Por esto queremos que acepten ustedes los grados militares que les reconoce nuestro ejército con verdad.
Nuestro paso se alivia y más alta es nuestra bandera al leer sus palabras de apoyo a nuestra *Declaración de la Selva Lacandona*. Durante años el supremo gobierno que ahora encabeza el usurpador de Palacio Nacional ha ahogado en cárcel y sangre la palabra justa de los campesinos todos y de los indígenas juntos. Hemos sido despojados de tierra y aguas; ni el aire pertenece ya a los nuestros. Es nuestra muerte muda

en los tiempos de hoy. Mueren muriendo Zapata y Jaramillo en las reformas salinistas del 27 constitucional. Anda sin descanso la esperanza que los nuestros nos dejaron para bien vivir y gobernarnos. Extraño es nuestro paso en nuestro suelo primero. Otro paso ajeno ofende nuestra tierra. Papeles de mentira manchan nuestra historia legítima. Está nuestra dignidad presa en estatuas y museos. Vocaciones extranjeras toman nuestra voz y mata su veneno de nuestra palabra la verdad. Solos estábamos, lejos de los nuestros y olvidados unos de otros. Andaba nuestra muerte sorda para los oídos de la pobre vida que nos habita.

Pensaban ellos, los del doble rostro, que por siempre habían enmudecido nuestros gritos. Pensaban ellos, los usurpadores de la luz y dadores de lo oscuro, que muertos estaban nuestros muertos. Celebraban ya, en la soberbia soledad de sus palacios, nuestra derrota y su victoria. Bailaba su mentira sobre la verdad pisoteada. Miraba el mundo sin mirar. Estaban en un rincón la patria y su esperanza. Nada se movía entre tanta opresión. En silencio se moría, viviendo en silencio.

Pero en el nada ocurre andaba nuestro paso por noches y montañas. Tierno era el cuidado de nuestra palabra fiera. En silencio hablábamos. Paciente y compañera era la noche, amante y cómplice la montaña. Pequeños crecíamos, de nuevo éramos nuevos. Buen rumbo andaba el paso nuestro, mudo era y viniendo estaba. Diez años callaba, despacio maduraba la esperanza rota, sin hablar hablaba nuestra palabra.

En el amanecer del año, sin nombre tuvimos de nuevo nombre, sin rostro otra vez rostro tuvimos. Emiliano Zapata, nuestro padre, su apellido nos dio. Hermano nuestro, ejemplo armado marcó Emiliano Zapata. Nuestro hijo Zapata nuevo futuro nos pidió. Bandera es que arropa nuestro paso guerrero. Emiliano Zapata, de nuestra tierra suelo, dignidad de nuestra historia, luz de nuestra noche, siempre mañana limpia de la esperanza nuestra.

Hermanos, el mal gobierno sigue sordo a nuestra voz. Otras voces se necesitan para abrir sus oídos. Su palabra de ustedes hace fuerte nuestro grito:
¡Viva Emiliano Zapata!
¡Muera el supremo gobierno!
¡Salud, hermanos zapatistas y jaramillistas de Morelos!
¡Democracia!
¡Justicia!
¡Libertad!
Respetuosamente
Desde las montañas del Sureste mexicano
CCRI-CG del EZLN

[APOYO A INICIATIVA SOBRE LEGISLADORES INDIOS, 14 de abril]

Al pueblo de México: 12 de abril de 1994
A los pueblos y gobiernos del mundo:
A la prensa nacional e internacional:
Hermanos:
El Comité Clandestino Revolucionario Indígena-Comandancia General del Ejército Zapatista de Liberación Nacional se dirige a ustedes para declarar lo siguiente:

Primero. Con fecha del 8 de abril de 1994 tomamos conocimiento del documento llamado *Propuesta política de las organizaciones indígenas de México* que firma una serie de organizaciones indígenas, representantes auténticos de diversos pueblos indígenas de México.

Segundo. Demanda este documento el derecho de los indígenas a una representación directa en las cámaras federales de Diputados y Senadores, de acuerdo al porcentaje de la población mexicana indígena a nivel nacional. Reclaman con justicia estas organizaciones hermanas el derecho de los pueblos indígenas a contar con un porcentaje del 10 por ciento de representantes indígenas en las cámaras de Diputados y Senadores.

Tercero. El Ejército Zapatista de Liberación Nacional manifiesta su apoyo a esta iniciativa que busca devolver a los habitantes originales de nuestra patria su derecho a gobernar y gobernarse. La participación indígena en las diferentes instancias gubernamentales es aspiración justa y legítima. La nación debe reconocer este derecho.

¡Democracia!
¡Justicia!
¡Libertad!
Respetuosamente
Desde las montañas del Sureste mexicano
CCRI-CG del EZLN

[DURITO, 17 de abril]

A Mariana Moguel.   10 de abril de 1994
Subcomandanta Mariana Moguel:
La saludo con respeto y la felicito por el nuevo grado que adquirió con su dibujo. Permítame contarle una historia que, tal vez, algún día entenderá. Es la historia de...

DURITO

Te voy a platicar una historia que me pasó el otro día. Es la historia de un pequeño escarabajo que usa lentes y fuma pipa. Lo conocí un día que estaba buscando el tabaco para fumar y no lo encontraba. De pronto, a un lado de mi hamaca vi que estaba caído un poco de tabaco y que se formaba una hilerita. La fui siguiendo para ver dónde estaba mi tabaco y averiguar quién carajos lo había agarrado y lo estaba tirando. A unos cuantos metros y detrás de una piedra me encontré a un escarabajo sentado en un pequeño escritorio, leyendo unos papeles y fumando una pipa diminuta.

—Ejem, ejem —dije yo para que el escarabajo se percatara de mi presencia, pero no me hizo caso.

Entonces le dije:

—Oiga, ese tabaco es mío.

El escarabajo se quitó los lentes, me miró de arriba a abajo y me dijo muy enojado:

—Por favor, capitán, le suplico que no me interrumpa. ¿Qué no se da cuenta de que estoy estudiando?

Yo me sorprendí un poco y le iba a dar una patada, pero me calmé y me senté a un lado para esperar a que terminara de estudiar. Al poco rato recogió sus papeles, los guardó en el escritorio y, mordisqueando su pipa, me dijo:

—Bueno, ahora sí. ¿En qué puedo servirle, capitán?

—Mi tabaco —le respondí.

—¿Su tabaco? —me dijo—. ¿Quiere que le dé un poco?

Yo me empecé a encabronar, pero el pequeño escarabajo me alcanzó con su patita la bolsa de tabaco y agregó:

—No se enoje, capitán. Comprenda que aquí no se puede conseguir tabaco y tuve que tomar un poco del suyo.

Yo me tranquilicé. El escarabajo me caía bien y le dije:

—No se preocupe. Por ahí tengo más.

—Mmh —contestó.

—Y usted, ¿cómo se llama? —le pregunté.
—Nabucodonosor —dijo, y continuó—: Pero mis amigos me dicen Durito. Usted puede decirme Durito, capitán.
Yo le agradecí la atención y le pregunté qué era lo que estaba estudiando.
—Estudio sobre el neoliberalismo y su estrategia de dominación para América Latina —me contestó.
—Y eso de qué le sirve a un escarabajo —le pregunté.
Y él me respondió muy enojado: "¿Cómo que de qué? Tengo que saber cuánto tiempo va a durar la lucha de ustedes y si van a ganar o no. Además, un escarabajo debe preocuparse por estudiar la situación del mundo en el que vive, ¿no le parece, capitán?"
—No sé —le dije—. Pero ¿para qué quiere usted saber cuánto tiempo va a durar nuestra lucha y si vamos a ganar o no?
—Bueno, no se ha entendido nada —me dijo poniéndose las gafas y encendiendo su pipa. Después de echar una bocanada de humo continuó:
—Para saber cuánto tiempo nos vamos a estar cuidando los escarabajos de que no nos vayan a aplastar con sus bototas.
—¡Ah! —dije.
—Mmh —dijo él.
—¿Y a qué conclusión ha llegado usted en su estudio? —le pregunté.
Él sacó sus papeles del escritorio y los empezó a hojear.
—Mmh... mmh —decía a cada rato mientras los revisaba.
Después que acabó de hacerlo, me miró a los ojos y me dijo:
—Van a ganar.
—Eso ya lo sabía —le dije. Y agregué—: Pero ¿cuánto tiempo va a tardar?
—Mucho —me dijo suspirando con resignación.
—Eso también ya lo sabía... ¿No sabe cuánto tiempo exactamente? —pregunté.
—No se puede saber con exactitud. Hay que tomar en cuenta muchas cosas: las condiciones objetivas, la madurez de las condiciones subjetivas, la correlación de fuerzas, la crisis del imperialismo, la crisis del socialismo, etcétera, etcétera.
—Mmh —dije yo.
—¿En qué piensa, capitán?
—En nada —le contesté—. Bueno, señor Durito, tengo que retirarme. Tuve mucho gusto en conocerle. Sepa usted que puede tomar todo el tabaco que guste cuando quiera.
—Gracias, capitán. Puedes tutearme si quieres —me dijo.

—Gracias, Durito. Ahora voy a dar orden a mis compañeros de que esté prohibido pisar a los escarabajos. Espero que eso ayude.
—Gracias, capitán, nos será de mucha utilidad tu orden.
—Como quiera que sea, cuídese mucho porque mis muchachos son muy distraídos y no siempre se fijan dónde ponen el pie.
—Así lo haré, capitán.
—Hasta luego.
—Hasta luego. Ven cuando quieras y platicaremos.
—Así lo haré —dije, y me retiré hacia la intendencia.

Es todo, Mariana, espero conocerla personalmente algún día y poder intercambiar pasamontañas y dibujos. Vale.

Salud y otros colorines, porque con los que usaste seguro se acabó la tinta.

Subcomandante Insurgente Marcos
Montañas del Sureste mexicano

•

[ASESINATO DE FRANCISCO MENA LÓPEZ, 14 de abril]

Al pueblo de México: 12 de abril de 1994
A los pueblos y gobiernos del mundo:
A la prensa nacional e internacional:
Hermanos:
El Comité Clandestino Revolucionario Indígena-Comandancia General del Ejército Zapatista de Liberación Nacional se dirige a ustedes para denunciar lo siguiente:

Primero. El día jueves 7 de abril de 1994, cuando se dirigía a rozar para la siembra, fue cobardemente asesinado el compañero Francisco Mena López por finqueros armados. El crimen se cometió cerca del ejido Venustiano Carranza, municipio de Altamirano, Chiapas.

Segundo. Francisco Mena López fue ultimado de dos tiros, uno en la cabeza y otro en la boca, disparados por arma de fuego que llaman revólver, calibre 38 especial.

Tercero. Están acusados de esta agresión los finqueros de nombres Arturo Espinoza, Juan Espinoza y Jorge Espinoza, dueños del rancho El Miradero, municipio de Altamirano, Chiapas.

Cuarto. El compañero Francisco Mena López tenía, en el momento de su muerte, el cargo del comité local en nuestro EZLN y había sido amenazado de muerte por finqueros de Altamirano, con anterioridad al 1º de enero de 1994, por su participación en la lucha por la justicia agraria.

Quinto. Después del asesinato, los ahora acusados se dieron a la fuga y se resguardaron en propiedades de sus cómplices ganaderos de Altamirano, para escapar a la acción de la justicia zapatista. Hasta la fecha de hoy se encuentran prófugos.

Sexto. Con la complicidad de las autoridades gubernamentales, los soberbios ganaderos de Altamirano han dicho la mentira de que la familia Espinoza ha sido secuestrada por elementos pertenecientes a nuestro EZLN. Acostumbrados a ejercer la arbitrariedad y la prepotencia, los ganaderos y el gobierno piensan que nuestro EZLN se conduce con la misma injusticia que combatimos. Tratan ellos de mellar el prestigio de nuestras fuerzas entre la población, y buen número de pequeños propietarios quieren acabar de romper el ya débil proceso de diálogo y dar fundamento a una acción militar en contra nuestra.

Séptimo. El EZLN, a diferencia del mal gobierno, no realiza detenciones arbitrarias. El CCRI-CG del EZLN ha turnado el caso al tribunal de justicia zapatista para que se realice una investigación a fondo y se deslinde responsabilidad del o los ejecutores de este crimen. No se tomará ninguna acción judicial zapatista hasta tener resultados verdaderos de la investigación en curso.

Octavo. Reiteramos que no nos amedrentan las pobres argumentaciones que buscan justificar una acción militar en contra nuestra. Estamos preparados para responder a cualquier ataque y a resistir hasta el último hombre la agresión que prepara el supremo gobierno.

Noveno. El proceso de consulta sigue suspendido. No hablaremos de paz mientras sigan las señales de guerra.

Décimo. El EZLN reitera, al pueblo de México, su compromiso de conducirse con dignidad, verdad y honestidad, armas estas que el gobierno usurpador no podrá adquirir jamás.

Respetuosamente
Desde las montañas del Sureste mexicano
CCRI-CG del EZLN

[ATAQUE A UN RETÉN MILITAR CERCA DE TUXTLA, 16 de abril]

Al pueblo de México: 15 de abril de 1994
A los pueblos y gobiernos del mundo:
A la prensa nacional e internacional:
Hermanos:
El Comité Clandestino Revolucionario Indígena-Comandancia General del Ejército Zapatista de Liberación Nacional se dirige a ustedes para declarar lo siguiente:

Primero. El día de hoy, 15 de abril de 1994, en horas de la mañana y a través de una transmisión radial, tomamos conocimiento de un ataque con armas de fuego en contra de un retén militar del ejército federal en las inmediaciones de la ciudad de Tuxtla Gutiérrez, Chiapas.

Segundo. El Ejército Zapatista de Liberación Nacional declara que no tiene posición militar alguna, ni tropas en la zona en la que se encuentra el punto de revisión militar atacado.

Tercero. El Ejército Zapatista de Liberación Nacional no tiene buenas armas ni parque suficiente, pero tiene honor militar y palabra de verdad. El EZLN se comprometió, si no es atacado, a no emprender acción militar ofensiva alguna en contra de las tropas federales ni de las posiciones que ocupa actualmente.

Cuarto. El Ejército Zapatista de Liberación Nacional reitera su compromiso de respetar el cese al fuego ofensivo, de no realizar acción militar ofensiva alguna en todo el territorio nacional en contra de las fuerzas gubernamentales, en las condiciones establecidas por nuestro comunicado del 12 de enero de 1994, y de continuar por la vía del diálogo la búsqueda de una paz con justicia y dignidad. El EZLN espera que se restablezcan las condiciones propicias para el reinicio del diálogo con el supremo gobierno.

¡Libertad!
¡Justicia!
¡Democracia!
Respetuosamente
Desde las montañas del Sureste mexicano
CCRI-CG del EZLN
Subcomandante Marcos

[EL CERCO MILITAR, 22 de abril]

Al semanario nacional *Proceso*:   21 de abril de 1994
Al periódico nacional *La Jornada*:
Al periódico nacional *El Financiero*:
Al periódico local de San Cristóbal de Las Casas, *Tiempo*:
A la prensa nacional e internacional:
Señores:
Va comunicado sobre liberados, alerta roja y consultas.

Es conmovedora la estupidez de quienes declaran, con solemnidad y sin recato, que nosotros retrasamos propositivamente la reiniciación del diálogo. Buscando pretextos, dicen, pretendemos dar largas a la solución del conflicto. Tal vez para lograrlo saludamos con beneplácito el asesinato de nuestro compañero en las "pacíficas" tierras de Altamirano, tal vez nos regocijan las detenciones arbitrarias de civiles que se realizan en los retenes militares de Ocosingo, tal vez son los federales y el gobierno, y no nosotros, los que están cercados, tal vez disfrutamos al no tener alimentos ni medicinas, ni medio alguno para adquirirlos, tal vez nos entusiasma la inexorable asfixia de los pobladores civiles en nuestros territorios (a quienes el supremo gobierno impide que les llegue ayuda humanitaria. Los federales, celosos de su deber, argumentan que los alimentos no son para los civiles sino "para engordar a marquitos"), tal vez es sin fundamento nuestra incredulidad ante el supuesto abandono de tropas gubernamentales de la entidad, tal vez el avión nocturno es nuestro (¿Fuerza Aérea Zapatista?) y ve de que nada malo nos pase.

Lamento informarles, a tan brillantes analistas, que estamos cercados. Pero para no contrariarlos hemos resuelto seguir copiando "los patrones de la guerrilla centroamericana" y tomar el ejemplo de un "extranjero", "transgresor de la ley" y "profesional de la violencia" de antaño llamado José María Morelos y Pavón. De éste y de sus tropas, el "legal" y general Félix María Calleja del Rey escribió:

"Si la constancia y actividad de los defensores de Cuautla fuese con moralidad y dirigida a una justa causa, merecería algún día un lugar distinguido en la historia. Estrechados por nuestras tropas y afligidos por la necesidad, manifiestan alegría en todos los sucesos. Entierran sus cadáveres con repiques en celebridad de su muerte gloriosa, y festejan con algazara, bailes y borrachera, el regreso de sus frecuentes salidas, cualquiera que haya sido el éxito, imponiendo pena de la vida al que hable de desgracias o rendición..." (La re-cita es del libro *Siglo de caudillos. Biografía política de México [1810-1910]*. Tusquets Editores. Febrero de 1994. El autor es un sospechoso de ser "apologista de la violencia", Enrique Krauze, a quien leo con el mismo, y sano, espíritu crítico con el que él nos ve.)

En suma, confirmaremos que ésta es "la última guerrilla centroamericana" y celebraremos los cien días de cerco militar y 112 de guerra con un gran baile al que, por supuesto, no están invitados (riguroso-traje-de-noche-pasamontañas-de-etiqueta-reservamos-el-derecho-de-dimisión). No habrá cena, y no por el cerco sino porque estamos a dieta. La "orquesta zapatista" abunda en guitarras sin cuerdas, tambores, armónicas y uno que otro violín. Su repertorio es de un "extranjerismo delicioso" e incluye la *Marcha de Zacatecas* y aquello de:

"Por un cabo dos reales,
por un sargento un tostón;
por mi general Morelos
doy todo mi corazón."

Es todo. Prometo mandar la crónica para la sección de "Sociales". Vale.

Salud e historia, recuerdo que apunta hacia el futuro.

Desde las montañas del Sureste mexicano
Subcomandante Insurgente Marcos

•

[LIBERADOS, ALERTA ROJA Y CONSULTAS, 22 de abril]

Al pueblo de México:　　　　　　　　　　　　20 de abril de 1994
A los pueblos y gobiernos del mundo:
A la prensa nacional e internacional:
Hermanos:

El Comité Clandestino Revolucionario Indígena-Comandancia General del Ejército Zapatista de Liberación Nacional se dirige a ustedes para declarar lo siguiente:

Primero. El EZLN reconoce los esfuerzos honestos y decididos del comisionado para la Paz y la Reconciliación en Chiapas, licenciado Manuel Camacho Solís, y del mediador, obispo Samuel Ruiz García, para crear condiciones favorables para la continuación del diálogo cuyo objetivo es lograr una paz justa y digna. En los últimos días, tanto el comisionado como el mediador se han empeñado en la solución de distintos obstáculos que se oponen al proceso de paz. El EZLN saluda esta disposición verdadera de estos dos mexicanos.

Segundo. El EZLN saluda la liberación de algunos civiles presos, injustamente acusados de pertenecer a nuestras tropas, y ve en ello una buena señal para caminar a la continuación del diálogo para una paz justa y digna.

Tercero. En correspondencia, el CCRI-CG del EZLN ordena la desactivación parcial de la alerta roja en sus territorios y el regreso de una parte de sus tropas a sus comunidades y ejidos a partir del día 23 de abril de 1994.

Cuarto. Si el clima favorable al diálogo se mantiene, el EZLN reanudará la consulta a sus bases, en forma escalonada y comenzando por los territorios vulnerables, a la brevedad posible.

Quinto. El EZLN reitera su voluntad verdadera de una solución política a las justas demandas que animan su lucha y saluda el empeño sincero de la sociedad civil y personalidades mexicanas por buscar soluciones dignas a los grandes problemas nacionales por la razón y no por la fuerza.

Manteniendo en alto las demandas populares de libertad, justicia y democracia para todos los mexicanos.

¡Libertad!
¡Justicia!
¡Democracia!
Respetuosamente:
CCRI-CG del EZLN
Montañas del Sureste mexicano, Chiapas.

•

[CELEBRACIÓN DEL PRIMERO DE MAYO, 12 de mayo]

Al semanario nacional *Proceso*:   30 de abril de 1994
Al periódico nacional *La Jornada*:
Al periódico nacional *El Financiero*:
Al periódico local de San Cristóbal de Las Casas *Tiempo*:
Señores:
Va comunicado sobre el 1º de mayo y carta de nosotros, los niños de acá, para los niños de allá.

Nosotros celebraremos por partida doble: primero sacrificaremos a un infante (para que no haya duda de nuestra barbarie) no a los dioses mayas sino a los del Olimpo (para que no haya duda de nuestro apoyo al TLC), yo estoy enfermito pero me cuentan que llegaron globos de colores que son un regocijo y algún amargado pregunta si están seguros que son globos y no condones, el beto se quedó a cuidarme, dice él, y ahora le quiere poner mi pasamontañas a su perro. Para que no lo identifiquen en las fotos, dice el beto. Después celebraremos el día 1º de mayo con una fiesta bastante solemne y un baile ya no tanto. En ambos estaré ausente, mi pasamontañas está en huelga y aquí sí se respeta el derecho laboral.

Ojo: no se acaben los dulces. Vale.

Salud y ya dejen de jugar con las pelotas porque van a romper el jarrón.

Desde las montañas del Sureste mexicano
Subcomandante Insurgente Marcos

P.D. sintomática. El perro del beto se negó a ponerse el pasamontañas, beto lo exhortó con una patada y el perro "se huyó", dice el beto mientras junta la extensión del motor para ir a lazarlo. Aquí todos se la pasan persiguiendo lo que más quieren. Mi "enfermero" se fue detrás del perro y regresó sin el rebelde canino pero con una bolsa de globos y ahora echamos competencia a ver quién revienta más. Luego dicen que ya ni soplo...

[DÍA DEL NIÑO, 12 de mayo]

A los niños de México y el mundo: 30 de abril de 1994
Niños y niñas:
Le hemos pedido al Subcomandante Insurgente Marcos que busque las palabras que ustedes entiendan para que conozcan así lo que es nuestro pensamiento.

Nosotros somos los niños zapatistas. Somos indígenas chiapanecos. Somos pobres. Somos los NO-NACIDOS. Para nuestro gobierno, para nuestros compatriotas, para las asociaciones de derechos infantiles, para la ONU, para los periódicos, para la televisión, para la radio, para los presupuestos gubernamentales, para el Tratado de Libre Comercio, para el mundo entero, NOSOTROS NO EXISTÍAMOS antes del 1º de enero de 1994. Nunca existimos, puesto que nadie llevó la cuenta de nuestro nacimiento ni de nuestra muerte. Lo peor de todo es que tampoco para ustedes, niños y niñas de México y del mundo, existíamos antes del inicio de este año. Nosotros no conocíamos ni los dulces, ni los juguetes, ni las medicinas, ni los hospitales, ni las escuelas, ni los libros, ni la leche, ni la carne, ni las verduras, ni los huevos y, la mayoría de nosotros, ni siquiera la ropa. Ahora, en medio de esta guerra, buenas personas (que no son del gobierno) nos han mandado cosas para curarnos, para vestirnos, para comer, y para jugar. Nuestros padres y nuestros hermanos mayores tuvieron que morir peleando para que nosotros conociéramos estas cosas. Ellos salieron en la última noche del año de 1993 y muchos ya no regresaron. Algunos, nos dicen, se murieron peleando. Nosotros no conocíamos esa manera de morir. Conocíamos la muerte por calentura, por diarrea, por enfermedades que matan sin tener nombre. Pero no conocíamos la muerte que se encuentra peleando. Otros de nuestros padres y hermanos y madres y hermanas y tíos y tías y primos y primas ya no regresaron pero no se murieron. Nos dicen que se quedaron en la montaña esa que, grandota y azul, está aunque sea de noche. Son guerreros, nos dicen. Algunas veces los hemos visto. Traen otras ropas y unos fierros en las manos. Se ven iguales en la cara pero como que se ven más bonitos. Porque ahora se ríen mucho. Cuando nos ven empiezan a reír, y se ríen y nos reímos también nosotros y nadie pregunta por qué nos reímos. Se van después. Nosotros preguntamos a los mayores que se quedan por qué se ríen los nuestros que vienen de la montaña, ellos nos contestan que porque la guerra.

Nosotros preguntamos que si en la guerra se gana algo porque parece que sí porque si no, entonces ¿por qué se ríen? Nos contestan que ellos no ganan nada, pero que nosotros, los niños de estas tierras, sí vamos a ganar. Nosotros vimos lo que nos trajo el gobierno con la guerra, vimos los aviones y los helicópteros y vimos que tiraban balas aquí cerca y allá en la montaña donde están los nuestros. Nosotros tuvimos un poco de miedo pero no mucho, porque ya antes nos habían enseñado para dónde tenemos que correr y dónde nos tenemos que esconder para que no nos pase nada, también nos enseñaron a saludar la bandera de México y a cantar el himno nacional y a marchar y unos no marchan bien. Nosotros vimos en el otro pueblo unos que no marchan parejo y se ve claro que no marchan parejo. Nosotros vemos que nuestros mayores sí marchan parejo y queremos también marchar parejo.

Nosotros tenemos 10, 12, 8, 5, 9, 5, 11, 6 años. Los mayores dicen que ya nos "logramos", porque cuando uno tiene menos de 5 años pues se muere más fácil. Desde que nos acordamos, el gobierno nunca vino a vernos. La primera vez que vino fue después del primero de enero de este año y vino con aviones y helicópteros y balas y tanques y soldados. Así conocimos su cara del gobierno nosotros, niños y niñas de México y del mundo. Antes no lo conocimos y nadie venía a tomar fotos ni a preguntarnos si comemos o si estudiamos, ni si tenemos juguetes. Nuestros mayores se reunieron un día y se pusieron a hablar y a hablar. Acá uno ya es mayor si tiene más de 12 años porque ya tiene bueno su pensamiento y ya puede cargar un tercio de leña y rozar y sembrar y moler maíz y cuidar a los más chicos. Los mayores se reunieron y pensaron la guerra. Todos hablaron del miedo y de la muerte. Todos callaron. Todos hablaron de nosotros. Todos rieron. Cada quien dijo su palabra y llegó en la mayoría que se empezara ya la guerra y a nosotros nos enseñaron a no morirnos en la guerra. Nosotros preguntamos por qué, y ellos nos contestaron que luchaban porque la muerte sólo fuera cosa de mayores y ya no de niños. Así nos enseñaron. A no morir nos enseñaron. A pelear para que no se mueran los niños como nosotros.

No sabemos si está mal que nosotros aprendamos a protegernos y a defendernos en la guerra, no sabemos si está mal que aprendamos a no morirnos. Unos dicen que no se debe enseñar la violencia a los niños y nos llegaron a decir que debemos vivir como los otros niños de la ciudad, que aprenden karate y tiene pistolas de juguete y aviones y helicópteros de baterías que echan lucecitas los aviones y los helicópteros, pero aquí la tierra tiembla y los mayores tiemblan y no sabemos si allá donde están ustedes jugando a la guerra con esos juguetes no tiembla la tierra y acá no estamos jugando y sí tiembla. Entonces nosotros aprendemos a no morirnos. Tal vez eso está mal y es mejor que nos muramos sin aprender a no morirnos.

Nosotros vimos las fotos. Nosotros de por sí decimos que unos no marchan parejo y ahí se ve clarito que el beto está marchando chueco. Nosotros le preguntamos al sup si la foto dice que el beto marcha chueco porque está enfermo del pecho y ya pronto se muere pero dice el sup que la foto no dice eso. Entonces nosotros pensamos escribirles a ustedes, niños y niñas de México y del mundo, y explicarles por qué el beto marcha chueco y no vayan a pensar ustedes que el beto no marcha parejo porque no quiere, sino porque está enfermo del pecho y ya pronto se muere y como quiera quiso marchar. Y nosotros queremos que ustedes no piensen mal de nosotros porque no marchamos parejo. Nosotros queremos que el beto ya no se muera y podamos marchar parejo todos, por eso estamos aprendiendo a no morirnos. Y el beto está encabronado que porque las fotos no le dejan hablar y eso no está bien porque la foto va y le habla a otros que la ven, pero beto, que es el de la foto, no puede ir a donde va la foto y explicar por qué está marchando chueco y la foto va a muchos lados pero el beto sigue aquí, con el dolor en el pecho y muriéndose, y la foto no viene a preguntarle por qué marcha chueco el beto y el beto sigue bravo y ya no le duele el pecho porque se está muriendo, sino que ahora le duele de coraje al beto, dice. Y el beto se va con el sup porque está encabronado y el beto cuando se encabrona empieza a tirar piedras y el sup ya se escondió detrás de una mesa y el beto no encuentra piedras y el sup le dice al beto que se suba el cierre del pantalón, que no esté presumiendo, y el beto le cuenta al sup de la foto que habla por el beto pero le quita la palabra al beto y entonces el sup se queda pensando y le empieza a contar al beto la historia de un hombre que tomaba fotos allá en México en un lugar que se llama "Alameda" y que luego caminaba por las casas para vender la foto y después ese hombre se fue para marchar parejo con otros y dice el sup que fue hace muchos años y que ese hombre ya se murió y ya no nos acordamos si el sup contó si el hombre pudo vender sus fotos o no y el beto le preguntó al sup si las fotos de ese hombre sí dejaban que hablaran los niños fotografiados y explicaran por qué marchan chueco y el sup dice que no sabe y que a lo mejor eso fue a averiguar ese hombre cuando se fue para marchar parejo con otros y la historia se acabó porque el beto se olvidó de las fotos y del dolor del pecho y le quitó la pipa al sup y salió corriendo y nunca lo va a alcanzar el sup al beto con tanto fierro en el cuerpo y además el beto ya se subió al árbol y el sup dice que va a traer motosierra y el beto dice que bueno que al fin no hay gasolina y el sup nos dice que vamos a traer machete y todos fuimos a traer machete para tirar el árbol y el beto tuvo miedo y mejor se bajó del árbol y le dio su pipa al sup y nos pusimos a ver las fotos y todos vimos que sí, que las fotos no nos dejan hablar a nosotros y no nos preguntan por qué no marchamos parejo y decir que lo único que queremos es aprender a no morirnos y el beto y el sup ya se pusieron a ver las fotos de las mujeres encueradas y los dos ya se empezaron a reír.

El sup nos dijo que hoy es el día del niño acá en México y entonces también los queremos felicitar a todos los niños y niñas y que la pasen contentos y jugando. Nosotros no podemos jugar mucho porque también tenemos que aprender a no morirnos. Y dijo el sup que hoy van a venir unas buenas gentes que nos van a traer muchas vejigas para jugar y dice el sup que en la ciudad no se dice "vejigas", que se llaman "globos". El beto dice que las vejigas las mandó su tío para que jugáramos y nosotros le decimos que su tío se murió en Ocosingo y el beto dice que por eso, que las vejigas las mandó su tío para que jugáramos.

Y ya nos vamos a jugar con las vejigas y el sup dice que tenemos que firmar la carta esta que les mandamos nosotros, niños y niñas de México y el mundo, y nosotros le dijimos que la firme él porque nosotros sabemos que es su mentira del sup que tiene 25 años y bien que sabemos que es un niño igual que nosotros, porque si no es niño entonces ¿qué hace aquí con nosotros? El sup dice de por sí que él, cuando sea grande, va a ser niño otra vez.

Bueno, niños y niñas de México y del mundo, es toda nuestra palabra y claro les decimos que el sup habla muy otro el dialecto y el beto lo rió porque el sup quiso decir "ojo" y dijo chueco porque le salió decir "culo" y el sup también lo rió al beto pero no sabemos por qué se ríe el sup cuando nos ve y si le quitamos la pipa no se enoja y también les queremos decir que el sup no sabe inflar las vejigas porque ya lleva tres que reventó él solo y el beto lo burla y el sup dice que le va a poner su pasamontañas a una vejiga... para irse volando, dice el sup.

Adiós.

Niños zapatistas. Ejército Zapatista de Liberación Nacional. Montañas del Sureste mexicano. Chiapas.

[PRIMERO DE MAYO, 2 de mayo]

Al pueblo de México: 1º de mayo de 1994
A los pueblos y gobiernos del mundo:
A la prensa nacional e internacional:
Hermanos:

El Comité Clandestino Revolucionario Indígena-Comandancia General del Ejército Zapatista de Liberación Nacional se dirige a ustedes para declarar lo siguiente:

El día de hoy, 1º de mayo de 1994, se celebra un día más de los trabajadores. En todo el mundo, los trabajadores del campo y de la ciudad celebran su rebeldía contra la explotación y reafirman su aspiración a un mundo más justo. En México este día es un día de lucha. Desde que el mal gobierno, que ahora nos oprime desde el Zócalo de la ciudad de México, usurpó las justas aspiraciones de los Flores Magón, una cadena ahoga lo mejor de los trabajadores mexicanos. Líderes falsos y corruptos, alguno con más de nueve décadas, trafican con el dolor de los trabajadores mexicanos. Ellos son el sostén del supremo gobierno que ahora oferta nuestra historia y nuestro suelo a la moneda extranjera. La lucha por la independencia organizativa de los trabajadores ha dejado clara la triple alianza entre el mal gobierno, los líderes corruptos y los poderosos señores del dinero.

Una nueva etiqueta tiene el regocijo de la mala riqueza. Otra máscara oculta nuestro dolor de los propios ojos. Nuevo nombre a la injusticia, la esclavitud y la usurpación une: neoliberalismo.

Por tres heridas se desangran los trabajadores que construyen nuestra patria: los desangran los poderosos con salarios injustos, humillaciones y amenazas. Los desangran los traidores que encabezan las grandes centrales sindicales gubernamentales con extorsiones, golpes y muerte. Los desangran los vendepatrias que en los despachos de la usurpación redactan las leyes que su traición les dicta.

Tres veces muere el trabajador en la fábrica de la historia patria: de pobreza muere, pues no es pagado con medida justa su nuevo hacer. Muere de humillación porque su palabra de rebeldía es amordazada por la traición de quienes se dicen suyos. De esclavitud muere, pues el mal gobierno ignora su voluntad y empeño.

Tres veces lucha el obrero mexicano en la tierra y el asfalto: por justicia lucha para que haya pan y verdad en su casa y mesa. Lucha también porque sean libres su palabra y su andar para no heredar vergüenzas a los hijos. Por democracia lucha pues es su poder de transformar la materia, también poder de gobernar y gobernarse.

Tres vidas tiene el futuro que todos anhelamos para la patria toda. La vida de su fuerza propia en sus hermanos de labor reconocida. La vida de su mano en la mano campesina. La vida de su abrazo que incluya a todo el pueblo para juntos marchar con nuevo y buen rumbo.

Sin rostro tres veces vive y muere el obrero. Sin rostro limpio por el hambre que lo ensucia. Sin rostro libre por la traición que lo asesina. Sin rostro verdadero por su voluntad usurpada.

Tres veces muere, tres veces lucha, tres veces vive. Sin rostro tres veces camina el que hace de la riqueza de la patria algo que se toca, se mide y se cambia.

Hermanos:

Desde otra historia igual y diferente, otro estar sin rostro mira con esperanza este día. Desde las montañas del rincón último de México, la esperanza sin rostro, el caminar solo voz y fuego tierno, a los obreros saluda.

Tres veces deben caer las falsas máscaras que hoy nos roban, debe caer la injusticia en el trabajo y su pago. Debe caer la traición que nos deja sin palabra. Debe caer el gobierno que usurpa nuestra voluntad.

¡Justicia! ¡Libertad! ¡Democracia! Éstas son las tres llaves de las tres cadenas. Justicia en el derecho a un trabajo digno y bien remunerado. Libertad en el derecho a organizarnos con independencia del poderoso y sus voceros. Democracia en el derecho de exigir que el gobierno nos obedezca en su mandato.

Esto pedimos nosotros, los más pequeños de estas tierras. Nosotros esto queremos: tres derechos, tres luchas, tres soles. Un mañana: el del México nuevo.

Obreros mexicanos de la ciudad y el campo:

Que camine su voz junto a la nuestra. Que su grito suene fuerte y duro en este suelo. Acepten este abrazo que sus hermanos más pequeños les ofrecen. Tres fuerzas deben unir su paso: la fuerza de los obreros, la fuerza de los campesinos, la fuerza popular. Con estas tres fuerzas nada habrá que nos detenga.

Ya está nuestra sangre perdiéndose en la historia. Que no deje el hermano de la máquina a su campesino hermano morir de pena. Que venga el pueblo todo a unir todo. Que la maldición que divide no llegue otra vez a nuestros cielos.

Reciban nuestra voz aunque lejana viene: ¡Salud obreros del mar y de la tierra! ¡Los zapatistas los siguen en su lucha! ¡Con ustedes habrá patria y mañana para todos algún día! ¡Sin ustedes seguirá la noche reinando en estas tierras!

¡Libertad!
¡Justicia!
¡Democracia!
Respetuosamente
CCRI-CG del EZLN
Cuartel General
Montañas del Sureste mexicano, Chiapas

•

[DESPENALIZACIÓN DEL ABORTO, 11 de mayo]

A Marta Lamas, 5 de mayo de 1994
La Jornada

La presente es con el objeto de comentar y aclarar parte de su artículo *Chiapas, el Vaticano, el aborto y el Estado mexicano*, publicado en *La Jornada* el día viernes 29 de abril de 1994 (p. 25). En su primera parte, el artículo contiene algunas incorrecciones sobre el EZLN, sus leyes y sus demandas. Permítame aclararlas una a una y, por razones diversas, no en el orden en que aparecen:

1. Dice el artículo: "El punto tercero de dicha ley (Ley Revolucionaria de Mujeres) decía: 'Las mujeres tienen el derecho a decidir el número de hijos que pueden tener y cuidar' [...] De allí que la formulación del tercer punto de la 'Ley de Mujeres' contradiga la demanda actual del EZLN: penalización del aborto (*La Jornada*, 24 de abril)".

Bueno, el punto tercero de la Ley Revolucionaria de Mujeres no "decía", sino que DICE y así se aplica en nuestros territorios y dentro de las comunidades y unidades militares zapatistas. El EZLN en ningún momento ha demandado la penalización del aborto, no hemos presentado proyecto alguno de reforma al Código Penal estatal ni hemos tenido participación alguna en la discusión de las reformas en curso. Nuestra demanda, respecto al Código Penal de Chiapas, dice:

"VIGESIMOSÉPTIMO. Que se quite el Código Penal del estado de Chiapas porque no nos deja organizarnos más que con las armas porque toda la lucha legal y pacífica la castigan y reprimen."

Está claro que nuestra demanda de reforma al Código penal se refiere a la falta de garantías políticas, ¿o no? Lo que sucede es que el gobierno aprovecha nuestro estar ocupados cavando trincheras, minando accesos y realizando consultas para presentar sus propios intereses, o de otros, como "respuesta a las demandas del EZLN". El EZLN tiene la costumbre de emitir comunicados para fijar sus posiciones sobre puntos diversos. Esto lo hacemos así para que el pueblo mexicano, lo que ahora se llama *sociedad civil*, conozca nuestro pensamiento DIRECTAMENTE de nuestro corazón. Desgraciadamente, declaraciones de funcionarios, de mediadores y de comisionados se toman como declaraciones del EZLN. Esto es malo, pero es peor que, en los medios, no se aclare de dónde procede la declaración y entonces se escriban artículos para señalar contradicciones que no existen. El problema de las mentadas reformas en curso al Código Penal estatal, se repite en la metamorfosis de "propuestas" en "acuerdos", en la "inminente" y "espectacular" firma de la "paz", o de fastuosos programas sociales, o elecciones estatales y municipales. Lo que va a ocurrir es lo que ocurrió antes del 1º de enero de 1994, que nadie se tomó la molestia de venir a preguntarnos sobre lo que pensábamos. Como no hablábamos (lo hacíamos, pero nadie escuchaba) todos pensaron que estábamos bien. No lo estábamos, no lo estamos. Por eso hablamos con fuego y, a lo que se ve, tendremos que volver a hacerlo.

2. El artículo, en el primer párrafo, dice: "La influencia de la Iglesia católica sobre el EZLN...", y se argumenta que es esta "influencia" la que provoca la "demanda actual del EZLN". Lo lamento, la Iglesia católica no tiene influencia alguna sobre el EZLN. Lo pueden constatar los propios miembros de la jerarquía católica, incluso de la diócesis de San Cristóbal, y puede usted venir a hablar con Ramona, Susana o Ana María, miembros del CCRI-CG del EZLN o combatientes para verificarlo. No crea usted lo que escriben los autodenominados *apologistas de la paz* sobre el supuesto patrocinio del EZLN por parte de la Iglesia católica. Mejor haga caso de lo que dice el EZLN por su propia voz o pregúntenos.

Nuestro ejército es mayoritariamente analfabeta, es decir que *La Jornada* no es muy leída por estas tierras. El proceso de toma de decisiones para demandas y acciones estratégicas es DEMOCRÁTICO, es decir, preguntamos a la mayoría sobre tal o cual petición y TOMAMOS EN CUENTA esa opinión. Acá manda la mayoría, para bien o para mal. Por ambas razones, analfabetismo y confianza de la base en su dirección, su artículo no provoca problema alguno dentro de nuestras filas. Pero *La Jornada* sí es leída por muchos mexicanos y MEXICANAS honestos y con ganas de conocer la realidad de nuestro país. Por ellos, destinatarios verdaderos de nuestra palabra y nuestro empeño, es que me veo obligado a aclarar esas incorrecciones en su artículo. Le pido, respetuosamente, que haga la aclaración pertinente en el diario en que trabaja. Nosotros no podemos hacerlo, nuestra voz cada vez se apaga más y más, y cada vez son menos los dispuestos a escucharla, nuestras cartas ya ni siquiera alcanzan espacio en El Correo Ilustrado. No nos preocupa mucho, ya antes estuvimos solos, ya antes otros tomaron nuestra voz, porque ya sabemos cómo hacernos escuchar de nuevo.

A usted la leen muchos y muchas, le pedimos que haga la aclaración y separe las mentiras del supremo gobierno de la palabra pequeña pero verdadera de las insurgentes zapatistas.

Por cierto, ninguna de las leyes de la Ley Revolucionaria de Mujeres aparece en el pliego de demandas del EZLN. En lo referente a las mujeres INDÍGENAS, el pliego señala:

"VIGESIMONOVENO. PETICIÓN DE LAS MUJERES INDÍGENAS. Nosotras las mujeres campesinas indígenas pedimos la solución inmediata de nuestras necesidades urgentes que el gobierno nunca ha dado solución: [...]"

Y siguen una serie de demandas de apoyos económicos, atención médica, asistencia alimentaria, etcétera.

¿Por qué? ¿Por qué no aparece en las demandas al mal gobierno la Ley de Mujeres que LAS zapatistas NOS IMPUSIERON el 8 de marzo de 1993? Las compañeras zapatistas contestaron de esta manera, palabras más o menos: "Hay cosas que se piden y hay cosas que se imponen. Nosotras pedimos las condiciones materiales mínimas. Nosotras no pedimos que nos den libertad y respeto. Nuestra libertad y dignidad es algo que IMPONDREMOS, las reconozcan o no los compañeros o el gobierno". Escalofriante, ¿no?, y créame que lo están logrando, a pesar de periódicos, iglesias, códigos penales y nuestra, justo es reconocerlo, resistencia como varones a ser arrojados del cómodo espacio de dominación que nos heredaron. Falta mucho tramo por recorrer, dicen ellas, pero no les veo yo la mínima señal de cansancio. Nosotros en eso, y sólo en eso, estaríamos encantados de rendirnos.

Vale. Más atención a lo que sucede y más espíritu crítico al leer el periódico.

Salud y un corrector,
desde las montañas del Sureste mexicano,
Subcomandante Insurgente Marcos (rúbrica).

P.D. Por cierto, acá las indígenas sí abortan y no por elección propia. "Desnutrición crónica", dicen las estadísticas.

P.D. Dicen las compañeras que no piden clínicas de abortos porque ni siquiera tienen de partos, y que subir las lomas cargando un tercio de leña es algo que ningún código penal toma en cuenta ("ni ningún artículo periodístico", agrego yo).

•

[INVITACIÓN A CUAUHTÉMOC CÁRDENAS, 12 de mayo]

A Cuauhtémoc Cárdenas Solórzano,   9 de mayo de 1994
Candidato a la presidencia de la República Mexicana,
Partido de la Revolución Democrática
Señor Cárdenas:
Por medio de la presente nos dirigimos a usted respetuosamente pa-

ra invitarlo a un lugar de la zona zapatista. Según tenemos conocimiento, es usted uno de los candidatos a titular del poder Ejecutivo Federal para el sexenio 1994-2000. Suponemos que conoce usted las causas que originaron la justa lucha de los zapatistas por los 11 puntos básicos y necesarios para que, en nuestro país, los mexicanos volvamos a ser seres humanos: techo, tierra, trabajo, pan, salud, educación, independencia, libertad, democracia, justicia y paz. Nosotros queremos conocer su punto de vista respecto a las demandas del EZLN y conocer cuál será su posición respecto del cumplimiento de estas demandas en el dado caso de que alcanzara usted la Presidencia de la República.

Es posición actual de nuestro EZLN recibir a cualquiera de los candidatos a la Presidencia, sólo les pedimos que declaren públicamente que su partido y su persona no tienen remuneración alguna para la visita ni nos han pagado nada, ni en dinero ni en especie, y que la entrada, permanencia y salida de nuestro territorio lo hacen bajo su propia cuenta y riesgo.

En caso de que usted acepte la presente invitación, le rogamos que apersone a alguno de los miembros de su equipo de campaña para especificar día y lugar.

En todo.
¡Libertad!
¡Democracia!
¡Justicia!
Desde las montañas del Sureste mexicano
Subcomandante Insurgente Marcos
CCRI-CG del EZLN
Cuartel General

•

[Discurso del Subcomandante Marcos durante la visita del candidato presidencial del PRD, Cuauhtémoc Cárdenas, 17 de mayo]

Queremos agradecer a todos los hombres y mujeres, niños y ancianos, que se organizaron para recibir y alimentar al señor Cárdenas Solórzano y personas que lo acompañan. Estos niños, ancianos, mujeres y hombres son el verdadero sustento del Ejército Zapatista de Liberación Nacional, su fuerza y su base de apoyo. Si en ellos se sustentara cualquier gobierno, sería un buen gobierno.

Desde varias y diferentes poblaciones caminaron días y noches no sólo para recibir al señor Cárdenas y personas que lo acompañan, sino para hacerle ver una pequeña parte del motivo del fuego de nuestros fusiles.

Cercados por el enemigo, amenazados con hambre y sin medicinas, nuestros pueblos zapatistas no se rinden, no se venden y no olvidan.

En el nombre del Comité Clandestino Revolucionario Indígena-Comandancia General, queríamos agradecer a los hombres y mujeres sin rostro, a los que son montaña, a los sin nombre, a los sin más voz que el fuego, a las tropas zapatistas todas y, especialmente, a las heroicas tropas del primer regimiento de nuestro ejército. En la verdad de sus corazones, en la alerta de su pensamiento, y en el poder de sus fusiles que sostuvo el dispositivo de seguridad para recibir al señor Cárdenas Solórzano y personas que lo acompañan.

Queremos, por último, saludar la memoria de nuestros muertos, de nuestros muertos que bajo estas mismas tierras nos cuidan y nos guían. De su sangre que es el único alimento verdadero que nos sostiene. Para nuestros muertos, larga vida en la muerte nuestra.

Ejército Zapatista de Liberación Nacional.

Mensaje a Cuauhtémoc Cárdenas, candidato del Partido de la Revolución Democrática a la Presidencia de la República:

Al pueblo de México:

Hermanos:

El día de hoy, 15 de mayo de 1994, dentro del territorio controlado por las fuerzas insurgentes del Ejército Zapatista de Liberación Nacional (EZLN) hemos recibido la visita del señor Cuauhtémoc Cárdenas, candidato del Partido de la Revolución Democrática a la Presidencia de la República Mexicana.

El Comité Clandestino ya ha saludado, esta mañana, la presencia del señor Cárdenas y personas que lo acompañan. Quisiéramos hacer notar nuestro reconocimiento a su valentía para ingresar a nuestro territorio y a su honestidad por confiar su seguridad a los combatientes zapatistas que escribieron una página gloriosa en la historia militar revolucionaria, al tomar la cabecera municipal de Las Margaritas en la madrugada del día primero de enero de este año.

El señor Cárdenas ha venido a escucharnos y lo ha hecho con atención y respeto. Esperamos que la palabra verdadera de los hombres y mujeres sin rostro sea escuchada y tenga un lugar en su corazón.

Nosotros, hombres y mujeres con el rostro amordazado, no hemos pedido un lugar especial en la historia, no estamos luchando por dinero, por un cargo político o por unas líneas en los libros de historia política. No hemos reclamado en vez alguna la paternidad del parto del mañana mexicano, que será democrático o no será. No hemos ni habremos de escatimar sangre y muerte para ese mañana, aun cuando los que gobiernen ese mañana nos arrojen al rincón de donde salimos con nuestro grito de guerra.

Los que para hacernos escuchar tenemos que morir, los siempre olvidados de las ideas revolucionarias y de los partidos políticos, los ausentes de la historia, los presentes siempre en la miseria, los pequeños, los mudos, los eternos infantes, los sin voz y sin rostro, los abandonados, los receptores del desprecio, los incapacitados, los abandonados, los muertos sin cifras, los instigadores de la ternura, los profesionales de la esperanza, los del digno rostro negado, los pura rabia, los puro fuego, los del ya basta, los de la madrugada, los del para todos todo, para nosotros nada.

Los de la palabra que camina, nosotros, queremos no el deber, no la gloria, no la fama. Nosotros queremos ser simplemente la antesala del mundo nuevo. Un mundo nuevo con una nueva forma de hacer política, un nuevo tipo de política de gente del gobierno, de hombres y mujeres que mandan obedeciendo.

Nuestros muertos nos han hablado y hemos escuchado en la palabra democracia la base de ese mundo nuevo.

El candidato que hoy recibimos es apoyado por un partido político que lleva por apellido la palabra democracia. Por eso queremos decir unas palabras sobre el PRD.

Hemos visto con preocupación que el PRD tiende a repetir en su seno aquellos vicios que envenenaron desde su nacimiento al partido en el poder. Aquellos que luchan por la democracia practican en su interior la intriga palaciega, el acuerdo de cúpula, el eterno traicionarse, la mentira, el peor ajuste de cuentas: la traición.

Y puede decirse que no conocemos bien al PRD y por eso hablamos estas palabras. Se puede decir que no es así, que las diferencias se resuelven apelando al sentimiento de las bases, que no hay zancadillas, arrebatos ni golpes bajos.

Se puede decir que el PRD es en sí mismo democrático, se puede engañarnos y engañarse, pero es seguro que el mañana democrático en México no nacerá de estos métodos políticos.

Hay gente dispuesta a dar la vida por un proyecto partidario, pero qué democracia, libertad y justicia nos ofrece el PRD. ¿La que practica en la selección interna de sus candidatos y lo lleva a descalificar por decreto a todas las fuerzas políticas que no sean el PRD, o que no acepten sujetarse a él, o que lo llevan a practicar el mimetismo político y en nada diferenciarse al proyecto del partido en el poder, lo que lo hace practicar malabarismo político y aparecer ayer en la izquierda, hoy en el centro y mañana en dónde?

Lo que lo lleva a congraciarse con los poderosos, llevando la bandera de un proyecto económico que tanto costara y costará al país. ¿Cuál es la diferencia entre el PRD, el PAN y el PRI? ¿No ofrecen el mismo proyecto económico? ¿No practican la misma democracia interna?

Éstas son las preguntas que deberán contestarse antes del 21 de agosto. No lo pedimos para nosotros. Es a nosotros a quienes nos han pedido hacer llegar, a través de nosotros, estos interrogantes al PRD.

Muchas fuerzas apoyan la candidatura del señor Cárdenas Solórzano para la presidencia de México, pero no serán éstas las definitivas para el tránsito a la democracia, tampoco lo seremos nosotros, los zapatistas, la fuerza en que se llegue al cambio democratizador.

La única fuerza capaz de llevar a cabo el tríptico libertad, democracia y justicia, y de cambiar el mundo entero, es la fuerza del pueblo, la de los sin partido ni organización, la de los sin voz y sin rostro. Quien gane con verdad esta fuerza, será invencible.

Esta fuerza del pueblo no se obtiene con engaño ni imposiciones, no con mentiras, no con traiciones; esta fuerza se gana con ejemplo, verdad y honestidad.

Si un partido político puede reclamar para sí esta autoridad moral entonces puede estar seguro del triunfo, aun cuando un fraude le quite temporalmente la victoria.

El camino de hacer valer la libertad ya está marcado, lo señalaron hombres y mujeres sin rostro. No tiene regreso y sus aspiraciones están presentes: democracia, libertad y justicia.

El CCRI hace una diferenciación entre Cuauhtémoc Cárdenas Solórzano y el PRD. Queremos que se entienda bien este mensaje del EZLN.

No suplicamos, no rogamos, no mendigamos democracia; aconsejamos, advertimos, exigimos democracia.

Si se repite el panorama político de 1988, si no hay vía pacífica en el tránsito a la democracia, hay ya de nuestra parte, de hombres y mujeres sin rostro, otra vía, la guerra.

Un gobierno de transición democrática y un nuevo Constituyente que aseguren en la ley y en los hechos el complemento de las demandas fundamentales del pueblo mexicano, las demandas de democracia, libertad y justicia, demandas de dar voz a los sin voz, rostro a los sin rostro, mañana a los sin mañana y vida a nuestra muerte.

Éste es el camino que seguirá nuestro pueblo en cualquiera de las dos puertas que están abiertas. Éste es el camino que habremos de andar aun a costa de la vida de todos los zapatistas. Éste es el camino: democracia, libertad, justicia.

Desde las montañas del Sureste mexicano
Rúbrica del Subcomandante Marcos
CCRI-CG del EZLN

•

[LOS ARROYOS CUANDO BAJAN, 31 de mayo]

Al semanario nacional *Proceso*:   28 de mayo de 1994
Al periódico nacional *El Financiero*:
Al periódico nacional *La Jornada*:
Al periódico local de San Cristóbal de Las Casas, *Tiempo*:
Señores:
Va comunicado sobre el fin, al fin, de las consultas. Además cartas varias con destinatarios diversos.

Nosotros bien... cercados. Resistiendo "heroicamente" el vendaval de reacciones después del evento del 15 de mayo. A los vigilantes aviones ahora se suman, desde hace 3 días, helicópteros. Los cocineros se quejan de que no habrá ollas suficientes si se caen todos al mismo tiempo. El superintendente argumenta que hay suficiente leña para un asado, que por qué no invitamos a algún periodista argentino, que ésos saben hacer asados. Reviso mentalmente y es inútil: los mejores argentinos son guerrilleros (por ejemplo, el Che), o poetas (Juan Gelman, por ejemplo), o escritores (por ejemplo, Borges), o artistas (Maradona, por ejemplo), o cronopios (por siempre, Cortázar), no hay argentinos asadores de duraluminio. Algún ingenuo propone que esperemos las hamburguesas improbables del CEU. Ayer nos comimos la "consola" y dos micrófonos de la XEOCH, tenían un sabor rancio, como de algo podrido. Las sanitarias reparten hojas con chistes en lugar de analgésicos, dicen que la risa también cura. El otro día sorprendí a Tacho y a Moi llorando... de risa. "¿Por qué se ríen?", pregunté. No podían contestar porque las carcajadas les quitaban el aire. Una sanitaria explica apenada: "Es que les duele mucho la cabeza". Día 136 del cerco... (Suspiro)...

Para colmo Toñita me pide un cuento. Le cuento el cuento como me lo contó el viejo Antonio, el padre de aquel Antonio del viento que se levanta en "Chiapas: el Sureste en dos vientos, una tormenta y una profecía":

"Cuando el mundo dormía y no se quería despertar, los grandes dioses hicieron su asamblea para tomar los acuerdos de los trabajos y entonces tomaron acuerdo de hacer el mundo y hacer los hombres y mujeres. Y llegó en la mayoría del pensamiento de los dioses de hacer el mundo y las personas. Y entonces pensaron de hacer las gentes y pensaron de hacerlas que fueran muy bonitas y que duraran mucho y entonces hicieron a las primeras gentes de oro y quedaron contentos los dioses porque las gentes que hicieron eran brillantes y fuertes. Pero entonces los dioses se dieron cuenta que las gentes de oro no se movían, estaban siempre sin caminar ni trabajar, porque estaban muy pesadas.

Y entonces se reunió la comunidad de los dioses para sacar acuerdo de cómo van a resolver ese problema y entonces sacaron acuerdo de hacer otras gentes y las hicieron de madera y esas gentes tenían el color de la madera y trabajaban mucho y mucho caminaban y estaban otra vez contentos porque el hombre ya trabajaba y caminaba y ya se estaban de ir para echar alegría cuando se dieron cuenta que las gentes de oro estaban obligando a las gentes de madera a que las cargaran y les trabajaran.

Y entonces los dioses vieron que estaba mal lo que hicieron y entonces buscaron un buen acuerdo para remediar la situación y entonces tomaron acuerdo de hacer las gentes de maíz, las gentes buenas, los hombres y mujeres verdaderos, y se fueron a dormir y quedaron las gentes de maíz, los hombres y mujeres verdaderos, viendo de remediar las cosas porque los dioses se fueron a dormir. Y las gentes de maíz hablaron la lengua verdadera para hacer acuerdo entre ellas y se fueron a la montaña para ver de hacer un buen camino para todas las gentes."

Me contó el viejo Antonio que las gentes de oro eran los ricos, los de piel blanca, y que las gentes de madera eran los pobres, los de piel morena, que trabajaban para los ricos y los cargaban siempre y que las gentes de oro y las gentes de madera esperan la llegada de las gentes de maíz, las primeras con miedo y las segundas con esperanza. Le pregunté al viejo Antonio de qué color era la piel de las gentes de maíz y me enseñó varios tipos de maíz, de colores diversos, y me dijo que eran de todas las pieles pero nadie sabía bien, porque las gentes de maíz, los hombres y mujeres verdaderos, no tenían rostro...

Se murió el viejo Antonio. Lo conocí hace 10 años, en una comunidad muy adentro de la selva. Fumaba como nadie y, cuando se acababan los cigarros, me pedía tabaco y se hacía cigarrillos con "doblador". Veía mi pipa con curiosidad y, cuando alguna vez intenté prestársela, me mostró el cigarrillo de "doblador" en su mano, diciéndome sin palabras que prefería su método de fumar. Hace unos dos años, en 1992, cuando recorría comunidades haciendo las reuniones para ver si se empezaba la guerra o no, me llegué hasta el pueblo del viejo Antonio. Me llegó a alcanzar Antonio hijo y atravesamos potreros y cafetales. Mientras la comunidad discutía lo de la guerra, el viejo Antonio me tomó del brazo y me condujo hasta el río, unos 100 metros más abajo del centro del poblado. Era mayo y el río era verde y de discreto cauce. El viejo Antonio se sentó en un tronco y nada dijo. Después de un rato habló: "¿Lo ves? Todo está tranquilo y claro, parece que no pasa nada..." "Mmmh", le dije, sabiendo que no esperaba ni un sí ni un no. Después me señaló la punta de la montaña más cercana. Las nubes se acostaban, grises, en la cúspide y los relámpagos quebraban el azul difuso de las lomas. Una tormenta de las de deveras, pero se veía tan lejana e inofensiva que el viejo Antonio empezó a liar un cigarrillo y a buscar inútilmente un encendedor que no tenía, sólo el tiempo suficiente para que yo le acercara el mío. "Cuando todo está en calma abajo, en la montaña hay tormenta, los arroyos empiezan a tomar fuerza y toman rumbo hacia la cañada", dijo después de una bocanada. En la época de lluvias este río es fiero, un látigo marrón, un temblor fuera de cauce, es todo fuerza. No viene su poder de la lluvia que cae en sus riberas, son los arroyos que bajan de la montaña los que lo alimentan. Destruyendo, el río reconstruye la tierra, sus aguas serán maíz, frijol y panela en las mesas de la selva.

"Así es la lucha nuestra", me dice y se dice el viejo Antonio. "En la montaña nace la fuerza, pero no se ve hasta que llega abajo". Y, respondiendo mi pregunta de si él cree que ya es tiempo de empezar, agrega: "Ya es el tiempo de que el río cambie color..." El viejo Antonio calla y se incorpora apoyándose en mi hombro. Regresamos despacio. Él me dice: "Ustedes son los arroyos y nosotros el río... tienen que bajar ya..." Sigue el silencio y llegamos a la champa cuando ya oscurecía. Antonio hijo regresa al rato con el acta de acuerdo que decía, palabras más o menos:

"Los hombres y las mujeres y los niños se reunieron en la escuela de la comunidad para ver en su corazón si es la hora de empezar la guerra para la libertad y se separaron los 3 grupos o sea las mujeres, los niños y los hombres para discutir y ya luego nos reunimos otra vez en la escuelita y llegó su pensamiento en la mayoría de que ya se empiece la guerra porque México ya se está vendiendo con los extranjeros y el hambre pasa pero no pasa que ya no somos mexicanos y en el acuerdo llegaron 12 hombres y 23 mujeres y 8 niños que ya tienen bueno su pensamiento y firmaron los que saben y los que no ponen su dedo."

Salí en la madrugada, el viejo Antonio no estaba, temprano se fue al río.

Volví a ver al viejo Antonio hace unos dos meses. Nada dijo cuando me vio y me senté a su lado y, con él, me puse a desgranar mazorcas de maíz. "Se creció el río", me dijo después de un rato. "Sí", le dije. Le expliqué a Antonio hijo lo de la consulta y le entregué los documentos donde vienen nuestras demandas y las respuestas del gobierno. Hablamos de cómo le había ido en Ocosingo y, de nuevo en la madrugada, salí de regreso. En un recodo del camino real me estaba esperando el viejo Antonio, me detuve a su lado y bajé la mochila buscando el tabaco para ofrecerle. "Ahora no", me dijo rechazando la bolsa que le tendía. Me apartó de la columna y me llevó al pie de una ceiba. "¿Te acuerdas de lo que te conté de los arroyos en la montaña y el río?", me preguntó. "Sí", respondí con el mismo murmullo con el que me preguntaba. "Me faltó decirte algo", agrega él mirándose la punta de los pies descalzos. Respondí en silencio. "Los arroyos...", se detiene por la tos que domina el cuerpo, toma un poco de aire y continúa: "Los arroyos... cuando bajan...", un nuevo acceso de tos que me hace llamar al sanitario de la columna; él rechaza al compañero de la cruz roja en el hombro; el insurgente me mira y le hago una seña para que se retire. El viejo Antonio espera a que se aleje la mochila de medicinas y, en la penumbra, sigue: "Los arroyos... cuando bajan... ya no tienen regreso... más que bajo tierra". Me abraza rápido y rápido se va. Yo me quedo viendo cómo se aleja su sombra, enciendo la pipa y cargo la mochila. Ya en el caballo recuerdo la escena. No sé por qué, estaba muy oscuro, pero el viejo Antonio... me pareció que lloraba...

Ahora me llega la carta de Antonio hijo con el acta del poblado con su respuesta a las propuestas del gobierno. Me dice Antonio hijo que el viejo Antonio se puso muy grave de pronto, que ya no quiso que me avisaran y que esa noche se murió. Dice Antonio hijo que, cuando le insistían en que me avisarían, el viejo Antonio sólo dijo: "No, ya le dije lo que tenía que decirle... Déjenlo, ahora tiene mucho trabajo..."

Al terminar el cuento, Toñita, de 6 años y dientes picados, me ha dicho, con gran solemnidad, que sí me quiere pero que ya no me va a dar besos porque "mucho pica". Rolando dice que, cuando tiene que ir al puesto de sanidad, Toñita pregunta si está el Sup. Si le dicen que sí está, entonces no va a la enfermería. "Porque ese Sup puros besos quiere y mucho pica", dice la inapelable lógica de los 6 años y dientes picados que, del lado de acá del cerco, lleva el nombre de "Toñita".

Acá empiezan a insinuarse las primeras lluvias. Menos mal, pensábamos que tendríamos que esperar los camiones antimotines para tener agua.

Ana María cuenta que la lluvia viene de las nubes que se pelean en lo alto de las montañas. Lo hacen así para que los hombres y mujeres no vean esas disputas. Las nubes inician su fiero combate, con eso que llamamos truenos o relámpagos, en la cumbre. Armadas de infinidad de ingenios, las nubes pelean por el privilegio de morirse en lluvia para alimentar la tierra. Así somos nosotros, sin rostro como las nubes, como ellas sin nombre, sin pago alguno... como ellas peleamos por el privilegio de ser semilla en la tierra...

Vale. Salud y un impermeable (para las lluvias y para los motines).

Desde las montañas del Sureste mexicano
Subcomandante Insurgente Marcos

P.D. MAYORITARIA QUE SE DISFRAZA DE MINORÍA INTOLERADA. A todo esto de que si Marcos es homosexual: Marcos es gay en San Francisco, negro en Sudáfrica, asiático en Europa, chicano en San Isidro, anarquista en España, palestino en Israel, indígena en las calles de San Cristóbal, chavo banda en Neza, rockero en CU, judío en Alemania, ombusdman en la Sedena, feminista en los partidos políticos, comunista en la post guerra fría, preso en Cintalapa, pacifista en Bosnia, mapuche en los Andes, maestro en la CNTE, artista sin galería ni portafolios, ama de casa un sábado por la noche en cualquier colonia de cualquier ciudad de cualquier México, guerrillero en el México de fin del siglo XX, huelguista en la CTM, reportero de nota de relleno en interiores, machista en el movimiento feminista, mujer sola en el metro a las 10 p.m., jubilado en plantón en el Zócalo, campesino sin tierra, editor marginal, obrero desempleado, médico sin plaza, estudiante inconforme, disidente en el neoliberalismo, escritor sin libros ni lectores, y, es seguro, zapatista en el sureste mexicano. En fin, Marcos es un ser humano, cualquiera, en este mundo. Marcos es todas las minorías intoleradas, oprimidas, resistiendo, explotando, diciendo "¡Ya basta!". Todas las minorías a la hora de hablar y mayorías a la hora de callar y aguantar. Todos los intolerados buscando una palabra, su palabra, lo que devuelva la mayoría a los eternos fragmentados, nosotros. Todo lo que incomoda al poder y a las buenas conciencias, eso es Marcos.

De nada señores de la PGR, estoy para servirles... con plomo.

P.D. para el PRD. Sobre la lógica de los muertos. Los compañeros leyeron lo de "tenemos más bajas que el EZLN" e inmediatamente se pusieron a hacer cuentas. Suman, multiplican, desde que, hace ya más de 10 años, empezaron a de noche andar por veredas y caminos reales, sorteando emboscadas "contra los bandidos", para llevar las cuatro letras. Dicen los compañeros que a contar muertos nadie les gana. "De eso sí estamos muy entrenados", dice Gabino. La discusión entre "las tendencias" del EZLN se agudiza: los más radicales quieren contar desde que los españoles iniciaron el violento aventarlos hacia la selva y las montañas, los más discretos y prudentes dicen que sólo desde que se formó el EZLN. Algunos mandan preguntar si meten en la cuenta a los muertos en los 136 días y noches de cerco, preguntan si cuenta Amalia, 25 años y 7 hijos, que se empezó a poner "un poco mal" a las 6 de la tarde 125 del cerco, que comenzó con fibre, diarrea, vómitos y a desangrarse por entre las piernas, que a las 12 de la noche nos avisaron a nosotros para pedir ambulancia, que la ambulancia dijo que no podía, que a las 4 de la mañana nosotros conseguimos gasolina y fuimos por ella en un maltrecho camión de tres toneladas, que la trajimos a nuestro puesto de sanidad, que 100 metros antes de llegar con Teniente Elena dijo: "Me voy a morir", que cumplió su palabra y 98 metros antes de la morena cara de Elena se murió, que la sangre y la vida se le fueron por la entrepierna, que pregunté si seguro estaba muerta, que Elena dijo que sí, que se murió "de una vez", que en la mañana 126 del cerco, la hija segunda de Amalia miró la muerte en la camilla de palo y bejuco y le dijo a su papá que iba a pedir pozol en alguna casa, "porque mi mamá ya no va a poder". Preguntan si la niña de Ibarra, que murió "así nomás, como que se murió de toser", cuenta. Todos están haciendo cuentas, alguno usa una calculadora recuperada del palacio municipal de Ocosingo. En eso están cuando llega Juana a pedir que cuenten al viejo Antonio, "que se murió de pena". Luego viene Lorenzo a exigir que cuenten a Lorenzo hijo, "que se murió de noche". Por radio transmiten nombres y muertes, muertos "de una vez". De pronto todos se detienen, calculadora-lápiz-lapicero-gis-varita-uña en mano se miran unos a otros, están confundidos, no saben si están sumando... o restando...

De pontífices o pontificados. Magnífico, la autocrítica es siempre oportuna.

Finalmente, podrán acusarnos de inoportunos, de no tomar en cuenta la correlación de fuerzas, de torpeza política, de no tener satélite para ver el debate en directo, de no tener suscripciones en los principales diarios y revistas para enterarnos de las valoraciones post debate, de no ser amables, de ser descorteses, de padecer "el mal de montaña", de no reconocer posibles aliados, de sectarios, de intransigentes, de ser regañones. Se puede acusarnos de todo, menos de no ser consecuentes...

Vale, recordad que lo único que hemos hecho nosotros es ponerle un gatillo a la esperanza.
Salud y dejad el rencor para los enanos ociosos.
Un abrazo desde el lado de acá del cerco.
El Sup inoportuno e impertinente, just like a estornudo.

•

[FIN DE LA CONSULTA, 31 de mayo]

Al pueblo de México: 28 de mayo de 1994
A los pueblos y gobiernos del mundo:
A la prensa nacional e internacional:
Hermanos:
El Comité Clandestino Revolucionario Indígena-Comandancia General del Ejército Zapatista de Liberación Nacional se dirige a ustedes para declarar lo siguiente:

Primero. El CCRI-CG del EZLN ha terminado ya la consulta en todos los poblados que lo forman y apoyan, mediante asambleas realizadas en los distintos poblados, ejidos, rancherías y parajes que apoyan y simpatizan con la justa causa del EZLN, los hombres, mujeres, niños y ancianos zapatistas han analizado, discutido y expresado su decisión respecto a las 32 propuestas del gobierno federal, a las 34 demandas del pliego zapatista de San Cristóbal.

Segundo. Los hombres, mujeres, niños y ancianos que en 1993 votaron el inicio de la guerra, más todos aquellos que se han sumado a las filas zapatistas, han dado al país una lección de libertad y democracia al hacer valer su derecho a dirigir, mediante su voto libre y directo, nuestro EZLN.

Tercero. El CCRI-CG del EZLN ha recibido también las opiniones y consultas de los más diversos sectores sociales de todo el territorio nacional. La palabra de nuestros hermanos indígenas, campesinos, obreros, estudiantes, maestros, amas de casa, organizaciones no gubernamentales, mexicanos en el extranjero, intelectuales y artistas honestos, será tomada en cuenta por nosotros con respeto a la sabiduría que camina en sus letras.

Cuarto. El CCRI-CG del EZLN, a partir del 31 de mayo de 1994, se declara en asamblea permanente para realizar el conteo de los votos, analizar las opiniones recibidas y emitir su respuesta como jefatura suprema de las fuerzas militares y civiles del EZLN.

Quinto. Todos los accesos a territorio bajo control del EZLN serán cerrados a la prensa nacional e internacional mientras se realizan el conteo y el análisis, y se da a conocer el comunicado en el que se responderá al supremo gobierno.
Sexto. Con la oportunidad debida se darán a conocer lugar y fecha para la realización de una conferencia de prensa con el fin de dar a conocer, al pueblo de México y a los pueblos y gobiernos del mundo, la palabra del EZLN.
¡Democracia!
¡Libertad!
¡Justicia!
Respetuosamente, desde las montañas del Sureste mexicano
CCRI-CG del EZLN

•

[MEDALLA ROQUE DALTON, 31 de mayo]

Al Consejo Mexicano 500 Años de   26 de mayo de 1994
Resistencia Indígena, Negra y Popular.
Hermanos:
Recibimos, a través del Comisionado Nacional de Intermediación, la placa del premio "Medalla Roque Dalton 1994". El día que lo recibimos estábamos celebrando el primer aniversario de nuestro bautizo de fuego.
Conocimos en su palabra su inicial andar solos, supimos de su crecer y hacerse fuertes, saludamos el grito que por su voz de ustedes se escuchó en 1992. Nosotros, pequeños entre tantos grandes hombres y mujeres, recibimos con alegre sorpresa su decisión de ustedes de ceder el premio "Medalla Roque Dalton 1994" a la estrella pequeña que ondea en nuestros suelos. Cercados, resistiendo el hambre con la que pretenden rendirnos, hemos recibido su regalo de ustedes como la tierra de mayo recibe las primeras lluvias que habrán de hacer que el maíz amanezca en nuestras montañas. Es su voz sin palabras, alivio en nuestra desesperación.
Nuestros muertos cantan la palabra triste y digna de la resistencia. Para nuestro andar sin rostro viene la amenaza de la soledad y el olvido. La sangre de nuestros guerreros vive en la prisión de la desmemoria. Grandes señores decretan para nuestra muerte la muerte peor: bo-

rrarnos del corazón y la mente de nuestros hermanos. Canta en Votán Zapata nuestro dolor, baila con dignidad nuestro triste estar solos. Resistiendo nuestros muertos también pelean.

Nuestro canto guerrero resuena en las montañas, que no muera nuestra vida en la lucha de los hermanos mexicanos. Para otros será el maíz que nuestra sangre abona en la pobreza; moriremos los del ayer doliente para que haya paz en estas tierras.

¡Salud hermanos del Consejo Mexicano 500 Años de Resistencia Indígena, Negra y Popular!

Desde las montañas del Sureste mexicano
CCRI-CG del EZLN

•

[TORRICELLI, 3 de junio]

Al Semanario nacional *Proceso*:   1º de junio de 1994
Al periódico nacional *La Jornada*:
Al periódico nacional *El Financiero*:
Al periódico local de San Cristóbal de Las Casas, *Tiempo*:
Señores:

Va comunicado sobre primeras valoraciones de las consultas. El viento y el gris pueblan ya este junio, algunos jirones de mayo vendrán en varios de sus días. El viento, el verdadero capitán del mundo, manda ya de nuevo en estas tierras. Nosotros, como es preciso, lo obedecemos.

El salto del quinto al sexto mes fue con lluvia y viento para recordarse. No lo sabía y ahora lo leo. Era Juntacadáveres navegando por vez última...

Desde las montañas del Sureste mexicano
Subcomandante Insurgente Marcos

P.D. DE TORRICELLI. Discutíamos si lo íbamos a recibir o no. Lo que ocurrió es que las "tendencias" en el EZLN volvieron a enfrentarse: unos decían que lo recibiéramos y luego lo canjeáramos por un portaaviones (por aquello de los chorros de agua de los camiones antimotines), otros decían que se quedara en el retén y que teniente Serapio fuera a echar competencias de "tiradora" (resortera) para ver cuántos dólares le sacaba (esta tendencia fue derrotada casi inmediatamente, cuando preguntamos que en qué sucursal de banco íbamos a cambiar los dólares), unos más decían que pasara y que lo retuviéramos unos años (digamos 30) para que viera lo que se siente estar cercado (o bloqueado, que para el caso "no es lo mismo pero es igual"), los menos decían que se quedara y, cuando se cayera el avión, él probara primero el duraluminio, no vaya a ser que esté envenenado. La discusión estaba en lo más sabroso (o sea cuando estaban sirviendo la papilla), y entonces, después de encender la pipa, el cerillo encendido se me cayó sobre las dos hojas de fax y, ante la llamarada, cundió el entusiasmo: trajeron tostadas para calentar, galletas rancias y una guitarra. Empezaron a cantar y, ¡por supuesto!, a bailar. Las "tendencias" se diluyeron en el baile de una cumbia y las primeras gotas de las primeras lluvias deshicieron las cenizas... Corría la noche 133 del cerco y la luna era un rojo y grande agujero en la nocturna herida de mayo. Yo me hice a un lado, ése era el último cerillo seco...

P.D. DE "LA OTRA CONSULTA". Revisé parte de la correspondencia externa que va dirigida a mi pasamontañas. Hay de todo: caricaturas, albures, mentadas (de menta y de las otras), amenazas de muerte y retos a duelo. Éstos son los resultados preliminares:

-El 97.98% de los consultados piensa que soy muy mamón. El 2% dice que no soy mamón, sino bastante payaso. El 0.02% no contestó (está contando un chiste de Pepito).

-El 87.56% piensa que voy a terminar vendiéndome con el gobierno. El 12% pregunta que cuál es el precio. El 0.44% revisa la cartera en busca de cambio.

-El 74.38% dice que yo no escribo las cartas y comunicados, que con esta cara (?) dudan que pueda hilvanar un par de ideas coherentes. El 25% señala que sí escribo yo, pero me dictan. El 0.62% mejor se puso a leer *El Chahuistle*.

-El 69.69% dice lo que dice. El resto no lo dice, pero lo piensa. Varios no contestaron, pero entornaron los ojos y jadearon ostensiblemente.

El 53.45% dice que nunca he estado en la montaña, que despacho desde un escritorio público donde se mecanografían tesis y cartas como la que, el otro día, me dictó Rutilio y que dice: "Ufemia: Claro necesito que me digas si querétaro las manzanas para que poninas dijo popochas y, si naranjas podridas y ni maíz palomas, me boinas con los cuadernos". El 46% dice que sí estuve en la montaña pero en la de Vail, Colorado, *iuesei*. El 0.55% está haciendo fila en la taquilla de la montaña rusa.

-El 49.99% dice que nunca he agarrado un arma y que soy "soldado de escritorio". El 50% dice que la única arma que he agarrado es la que diosito me dio y quién sabe, dicen. El 0.01% se mantuvo a prudente distancia (¡órale! ¡no salpiquen!).

-El 33.71% dice que "perdí el piso" con la crítica al prd y el veto a "importantes diarios" (?). El 66% dice que nunca he tenido piso alguno, que seguro me desalojaron. El 0.29% no trajo su copia de la boleta predial.

-El 26.62% dice que mi pasamontañas ya está muy guango y que enseña TODO. El 73% dice que me suba el cierre del pantalón. El 0.38% fue por unos binoculares.

-El 13.64% dice que soy egocentrista. El 86% dice que soy un presumido. El 0.36% cambió de periódico y ahora lee *Nexos*.

-El 99.99999% dice que ya está hasta la madre de encuestas y consultas. El 0.00001% fue al baño, ahorita regresa (ojo: se llevó la hoja de la encuesta, no se vayan a manchar).

Pues así ya. Para contrarrestar estas tendencias adversas yo lo que necesito es el apoyo de una empresa "seria", como las que le hacen las encuestas de popularidad a Zedillo, o un padrón como el que se va a usar en agosto, o ya de plano un "carrusel" con las tropas más leales. Benito dice que en lugar de tamales podemos intentar la "operación tostada". Mario corta cartucho y dice que no es necesario "el ratón loco", que él se encarga de depurar el padrón. Pura modernidad pues.

Vale. Salud y ¡por favor!, asesoría para que "se caiga" el sistema de cómputo (¡apúrense!, el Comité amenaza con un comunicado "ad hoc" sobre la *supconsulta*).

Desde algún laboratorio *superelectoral* en el Sureste mexicano.

El *sup* intentando una alquimia de esas que ahora resucitan hasta dinosaurios.

•

[RESULTADOS DE LA CONSULTA NACIONAL, 3 de junio]

Al pueblo de México: 1º de junio de 1994
A los pueblos y gobiernos del mundo:
A la prensa nacional e internacional:
A las organizaciones no gubernamentales:
Hermanos:
El Comité Clandestino Revolucionario Indígena-Comandancia Gene-

ral del Ejército Zapatista de Liberación Nacional se dirige a ustedes para declarar lo siguiente:

Primero. El CCRI-CG del EZLN ha terminado ya, como se avisó oportunamente, de recibir las opiniones de diversos sectores sociales, de todo el país, como parte de la consulta nacional sobre la propuesta de acuerdos de paz presentada por el gobierno federal al EZLN en la mesa del diálogo de San Cristóbal de Las Casas, Chiapas.

Segundo. El CCRI-CG del EZLN ha recibido, hasta la fecha de hoy, lo siguiente:

a) 64,712 opiniones sobre la propuesta de acuerdos. Además se han recibido críticas, solicitudes de apoyo, consejos, poemas, videos, canciones, libros, obras de teatro, música grabada, obra gráfica, solicitudes de ingreso, apoyos económicos y adhesiones, en número que no ha sido posible cuantificar.

b) Estas 64,712 comunicaciones fueron recibidas por el EZLN a través de la CONAC-LN, la Comisión Nacional de Intermediación y por vía directa.

c) Las comunicaciones proceden de diversos sectores sociales: amas de casa, partidos políticos, Organizaciones No Gubernamentales, organizaciones campesinas, grupos indígenas, sindicatos, obreros, empleados, estudiantes, empresas, secretarías de estado, maestros, colonos, artistas e intelectuales, organizaciones de mexicanos residentes en el extranjero, niños, agrupaciones culturales y ciudadanos comunes.

d) Las comunicaciones vienen de: Baja California Norte, Baja California Sur, Chiapas, Chihuahua, Estado de México, Distrito Federal, Guerrero, Hidalgo, Jalisco, Morelos, Oaxaca, Puebla, Quintana Roo, Tabasco, Tlaxcala, Veracruz, Yucatán, Campeche, Sonora, Sinaloa, Coahuila, Tamaulipas, Zacatecas, Querétaro, Nayarit, Colima, Nuevo León, San Luis Potosí, Aguascalientes, Guanajuato, Durango y Michoacán.

e) Por sectores sociales, la consulta nacional presenta que:

El 48% de las comunicaciones son de campesinos e indígenas.

El 6% de obreros y empleados.

El 37% son del sector popular (amas de casa, estudiantes, maestros, colonos, Organizaciones No Gubernamentales).

El 1.9% son de artistas e intelectuales.

El 3% son de mexicanos en el extranjero.

El 2% son de niños.

El 0.08% son de la iniciativa privada.

El 0.02% son de oficinas gubernamentales.

El 2% son de partidos políticos.

f) Por regiones de la República Mexicana, las comunicaciones provienen:

Del norte de México el 10%
Del centro del país el 20%
Del occidente el 10%
De los estados del Golfo el 20%
Del sur, sureste y Península de Yucatán el 40%
Tercero. Se recibieron también comunicaciones de otros países: Alemania, Estados Unidos, Canadá, España, Italia, Francia, Gran Bretaña, Austria, El Salvador, Suiza, Brasil, Holanda, Chile, Noruega, Japón, Puerto Rico, Panamá, Sudáfrica e Irlanda.
Por zonas internacionales, las comunicaciones provienen:
De Norteamérica el 80%
De Europa el 18%
De Latinoamérica el 1.3%
De Asia el 0.5%
De África el 0.2%
Cuarto. Las opiniones y propuestas de nuestros hermanos mexicanos serán tomadas en cuenta por este CCRI-CG del EZLN en la decisión que tomemos para responder al supremo gobierno.
Quinto. El resultado de la consulta nacional será dado a conocer en su oportunidad.
¡Libertad!
¡Justicia!
¡Democracia!
Respetuosamente
CCRI-CG del EZLN
Cuartel General.
Montañas del Sureste mexicano.

•

[BREVE GUIÓN CINEMATOGRÁFICO, 7 de junio]

Al semanario nacional *Proceso*:   3 de junio de 1994
Al periódico nacional *La Jornada*:
Al periódico nacional *El Financiero*:
Al periódico local de San Cristóbal de Las Casas, *Tiempo*:
Señores:
Van comunicados sobre "representantes" y datos de las consultas. Acá las nubes se recuestan con pereza en las faldas de las montañas. El

sol es de un gris claro y somnoliento. El día es ya un húmedo murmullo que se arrastra entre el lodo y las espinas.
Vale, salud y un despertador (no se vayan a quedar dormidos).
Desde las montañas del sureste mexicano.
Subcomandante Insurgente Marcos.

PD para Nuncio, Abraham. El *rocket* fue derribado. La unidad antiaérea que comanda *El Beto* (ocho resorteras y ocho muy buenas punterías) lo detectó cuando ya se enfilaba rumbo a tierra, 20 metros antes de que su punta tocara el suelo. Ocho piedras, piedritas, pedruzcos lo tocaron de muerte en su flanco derecho. Como quien se recuesta, el *rocket* se fue de lado. Los nuestros, como es ley, organizaron un baile. Cuando traían la marimba, *El Beto* se acercó al cadáver del *rocket* y dijo: "Es papel, no se puede comer... todavía". Nadie lo escuchó, la marimba ya se arrancaba con *Carta marcada* y las parejas, con el pretexto de la lluvia, se arrejuntaban más. Hubo que esperar a que llegara el periódico que absurdamente, como todo acá, llegó en una copia de fax. La fotocopia del *rocket* quedó archivada en la "R" (de "Rocket" y de "Reproches"). Saludos a Monterrey, tierra de valientes.

PD cinematográfica.

Toma aérea. Llueve. El gris de arriba y la humedad le devuelven el verde a estas tierras. Las quemas terminaron, algo nuevo empieza a insinuarse por entre piedras y montañas.

Traveling shot. Tierra, bejuco y zacate ("casas", les dicen acá). Mujeres en el arroyo lavan con mucho cuidado, "si tallas mucho se rompe la ropa y ya no hay hilera para el remiendo". Un niño juega a que una cajetilla vacía de cigarros *flip top* es un camión, lo carga de piedritas, "son bultos de maíz" le explica al zapatista del retén que trata, en medio de la lluvia, de cubrir al niño con un *nylon*; es inútil, el camión se aleja del retén y la posta debe volver a la posición. *Toñita* se lava la cara con el agua de lluvia que juntó en una lata de refresco *light*. En una vieja construcción de madera, la única con techo de lámina ("escuela", le dicen acá), rostros morenos, ojos negros, botas llenas de lodo, camisas viejas, paliacates rojos, bigotes discuten la guerra y la paz. La guardia del cuartel general zapatista tirita bajo el raído techo de plástico. Los gondoleros llegan mojados, mitad sudor, mitad lluvia, lodo completo. En el fogón se agolpan manos frías e historias de sombrerones, cajitas parlantes y mujeres que caminan de noche. *El Beto* estira la boquilla del globo, lo ha llenado de agua y juega a que hace llover; a los pies de *El Beto* llueve sobre mojado. *Moisés* y *Tacho* ven con preocupación el río crecido, intentan cruzarlo en una balsa de troncos; nadie habla; miran el agua marrón como si miraran la vida...

Long shot. En el recodo del camino real aparece *María*. 30 años y ocho hijos vivos ("cuatro se murieron"), con un tercio de leña en la espalda; el peso, el mecapal y el lodo la obligan a mirar al suelo, lleva un hacha en la diestra. Le sigue *Josefa*, 15 años, otro tercio de leña bamboleante; *Josefa* no se preocupa del suelo lodoso, su atención está en que el mecapal no le arruine el peinado y la despoje de los "prensapelo" que, en número de ocho, lleva en el copete. Un tercio más atrás, otro montón de leña con pies descalzos, levantando apenas unas cuartas del suelo. Abajo debe estar *Pedro*, ocho años, con un machete en una mano y la otra en el mecapal para ayudar a la cabeza con el peso...

Medium shot. *Hortensia*, insurgente zapatista y costurera, enseña orgullosa su máximo logro: de cinco pantalones rotos y desgarrados ha conseguido hacer uno. Cuando lo muestra a la tropa, todos recuerdan que tienen algo que hacer en otro lado. *Hortensia* queda con el pantalón en las manos: es de cuatro colores distintos y tiene, accidentalmente dice ella, una florecita en la entrepierna.

Close up. Semicubiertas por mangas color marrón, las manos manejan lezna e hilo grueso, recosen una bota que tiene ya más cicatrices que el lomo de la ballena de *Acab*. El rojo paliacate alivia las ampollas...

Contrapicado. El ceño fruncido, bailan los ojos de uno a otro lado, los labios se mueven y, en silencio, dibujan:

"Que mi voz suba a los montes
y baje a la tierra y truene,
eso pide mi garganta
desde ahora y desde siempre."

Picado. Alguien lee, el fusil descansa en los muslos, las letras dicen, lloran.

"Ayer amaneció el pueblo
desnudo y sin qué ponerse,
hambriento y sin qué comer,
y el día de hoy amanece
justamente aborrascado
y sangriento justamente.
En sus manos los fusiles
leones quieren volverse
para acabar con las fieras
que lo han sido tantas veces.
Aunque te falten las armas
pueblo de cien mil poderes,

no desfallezcan tus huesos,
castiga a quien te malhiere
mientras que te queden puños,
uñas, saliva, y te queden
corazón, entrañas, tripas,
cosas de varón y dientes."
La mano derecha da vuelta a la hoja del libro de Miguel Hernández. El lente desenfoca, duda, enfoca de nuevo, hiere las letras del
"Aquí estoy para vivir
mientras el alma me suene,
y aquí estoy para morir
cuando la hora me llegue,
en los veneros del pueblo
desde ahora y para siempre.
Varios tragos es la vida
y un solo trago la muerte."
Audio en off. "¿Quién vive?" "¡La Patria!" El eco baila entre la lluvia y la niebla, el chasquido de los pies en el lodo recomienza.
Fade out. Había un verde de marrón y rojo salpicado, como que se escondió detrás del gris y del guiño final del obturador.
Audio en off. Un lejano avión, en vano, en el aire se desgasta...
Vale. El *Sup* detrás de la lente pensando, torpemente, que el *play* en la cámara quiere decir "jugar"...

•

[NO HAY RELACIÓN CON PROCUP NI CON PT, 7 de junio]

Al pueblo de México: 3 de junio de 1994
A los pueblos y gobiernos del mundo:
Hermanos:
El Comité Clandestino Revolucionario Indígena-Comandancia General del Ejército Zapatista de Liberación Nacional se dirige a ustedes para declarar lo siguiente:
Primero. Nos hemos enterado que personas que dicen militar en la organización llamada Partido Revolucionario Obrero Clandestino Unión del Pueblo (PROCUP), se han hecho presentes en algunos lugares de la Unión Americana, para declarar que el PROCUP tiene ligas con el Ejército Zapatista de Liberación Nacional y que el EZLN es "el brazo armado"

del PROCUP. Estas personas han recabado fondos económicos aduciendo que "son para el EZLN".

Segundo. El Ejército Zapatista de Liberación Nacional declara que no tiene relación ni liga alguna con la organización Partido Revolucionario Obrero Clandestino Unión del Pueblo. El EZLN nunca ha tenido contacto con el PROCUP ni es parte de su estructura ni tiene nada que ver con él. Las aportaciones económicas recibidas por el PROCUP no son, de manera alguna, para el EZLN.

Tercero. En varios municipios del estado de Chiapas, militantes de la organización llamada Partido del Trabajo tratan de convencer a los campesinos que voten por el Partido del Trabajo en las próximas elecciones de agosto argumentando que tiene, el PT, contacto con el EZLN y que "hay acuerdo con el Subcomandante insurgente Marcos" para apoyar al Partido del Trabajo en agosto.

Cuarto. El Ejército Zapatista de Liberación Nacional declara que no ha tenido relación ni trato alguno con el llamado Partido del Trabajo, nunca se han reunido dirigentes del Partido del Trabajo con el Subcomandante insurgente Marcos ni con miembros del CCRI-CG del EZLN. No apoyamos al Partido del Trabajo en las próximas elecciones de agosto.

Quinto. Exhortamos a las distintas organizaciones a que no hagan uso del nombre del EZLN para beneficio de sus intereses y que no mientan respecto a las supuestas relaciones que, saben bien, no tienen con nosotros.

Sexto. Llamamos al pueblo de México y a los pueblos del mundo a no dejarse engañar. Cuando el EZLN tiene contactos o acuerdos con alguna organización, se da a conocer en un comunicado público, tal como hemos hecho con el CEOIC y la CONAC-LN.

¡Democracia!
¡Libertad!
¡Justicia!
Respetuosamente
CCRI-CG del EZLN
Montañas del Sureste mexicano, Chiapas.

•

[FORMA DE REALIZACIÓN DE LA CONSULTA, 7 de junio]

Al pueblo de México: 3 de junio de 1994
A los pueblos y gobiernos del mundo:
A las organizaciones no gubernamentales:
Hermanos:
El Comité Clandestino Revolucionario Indígena-Comandancia General del Ejército Zapatista de Liberación Nacional se dirige a ustedes para declarar lo siguiente:

Primero. El CCRI-CG del EZLN, como se informó oportunamente, terminó de consultar a todos los poblados, rancherías y parajes que forman el EZLN.

Segundo. Con el fin de informar al pueblo de México de los detalles de las consultas externa e interna sobre las propuestas de acuerdos de paz presentadas por el gobierno federal en la mesa del diálogo de San Cristóbal, el CCRI-EZLN da a conocer los siguientes datos de la consulta interna:

-La consulta se realizó en todos los poblados, ejidos, rancherías y parajes donde hay miembros del EZLN.

-El estudio, análisis y discusión de las propuestas de acuerdos de paz se realizó en asambleas democráticas. La votación fue directa, libre, democrática.

-Después de la votación, se levantaron actas de asamblea donde se especifica:
    -Lugar y fecha de la asamblea.
    -Número de asistentes: hombres, mujeres y niños mayores de 12 años.
    -Opiniones y puntos principales discutidos.
    -Votación con número.
-Del total de la población zapatista consultada tenemos que:
    -El 100 por ciento son indígenas.
    -El 49.54 por ciento son mujeres adultas.
    -El 42.13 por ciento son niños mayores de 12 años.
    -El 8.32 por ciento son niños menores de 12 años.
-Después de estudiar, analizar y discutir las propuestas de acuerdo, se debía votar lo siguiente:
-Sí se firma el acuerdo de paz.
-No se firma el acuerdo de paz.
-Además, después de votar sí o no al acuerdo de paz, se hacen propuestas sobre el paso a seguir.

Tercero. En estos momentos estamos realizando el conteo de votos

de la consulta interna y analizando los resultados de la consulta externa. Seguiremos informando al pueblo de México de los resultados.
¡Democracia!
¡Justicia!
¡Libertad!
Respetuosamente:
CCRI-CG del EZLN
Cuartel General.
Montañas del Sureste mexicano, Chiapas.

•

[RESULTADO DE LA CONSULTA, 12 de junio]

Para todos todo. Nada para nosotros.   10 de junio de 1994
El diálogo de San Cristóbal. Punto y aparte.
Al pueblo de México:
A los pueblos y gobiernos del mundo:
A las organizaciones no gubernamentales:
Al comisionado nacional de intermediación:
A la prensa nacional e internacional:
El Comité Clandestino Revolucionario Indígena-Comandancia General del Ejército Zapatista de Liberación Nacional se dirige a ustedes para informar y declarar lo siguiente:
Primero. El CCRI-CG del EZLN ha terminado ya, como se avisó oportunamente, la consulta en todos los poblados que lo forman y apoyan. Por medio de actas de asambleas de ejidos, rancherías y parajes hemos conocido el sentir del corazón de los nuestros.
Segundo. El CCRI-CG del EZLN ha realizado ya el conteo de los votos respecto a las propuestas de acuerdos de paz hechas por el gobierno federal al EZLN en el diálogo de San Cristóbal de Las Casas, Chiapas.
Tercero. El resultado de la votación libre y democrática es el siguiente:
Por firmar la propuesta de acuerdo de paz del gobierno votaron 2.11% del total.
Por NO firmar la propuesta de acuerdo de paz del gobierno votaron 97.88% del total.
Cuarto. En las propuestas sobre el paso a seguir, en caso que se acordara no firmar la propuesta de acuerdo de paz del gobierno, la votación quedó como sigue:

Por reanudar las hostilidades votó 3.26% del total.

Por la resistencia y la convocatoria a un nuevo diálogo nacional y con todas las fuerzas honestas e independientes votó 96.74% del total.

Quinto. En consecuencia, y por acuerdo de la mayoría zapatista, el CCRI-CG del EZLN comunica:

que rechaza la propuesta de acuerdos de paz del gobierno federal;

que da por terminado el diálogo de San Cristóbal;

que llama al pueblo de México a un nuevo diálogo nacional con todas las fuerzas progresistas del país, con el tema central de democracia, libertad y justicia para todos los mexicanos;

que, con el fin de no dar marcha atrás en la búsqueda de una salida política al conflicto y no interferir en el proceso electoral de agosto venidero, el CCRI-CG del EZLN ordena a las fuerzas regulares e irregulares en todo el territorio nacional y en el extranjero la prórroga unilateral del cese del fuego ofensivo;

que el EZLN garantiza que no realizará acción militar ofensiva alguna en contra del ejército federal si no es agredido;

que el EZLN no impedirá la realización de los comicios próximos en los territorios bajo su control y permitirá la instalación de casillas electorales bajo la vigilancia de las ONG y del Comité Internacional de la Cruz Roja,

y que el EZLN no aceptará absolutamente ninguna ayuda de parte de los gobiernos federal, estatal o municipales y resistirá el cerco son sus propios medios y con la ayuda del pueblo mexicano solamente.

Sexto. El CCRI-CG del EZLN agradece al comisionado para la paz y la reconciliación en Chiapas, señor Manuel Camacho Solís, su esfuerzo verdadero en la búsqueda de una solución política al conflicto. Desgraciadamente, la ceguera histórica del supremo gobierno le impide ver que su negativa a ceder ante el empuje democratizador llevará al país a un enfrentamiento doloroso y de consecuencias imprevisibles.

Séptimo. El CCRI-CG del EZLN agradece al comisionado nacional de intermediación, señor obispo Samuel Ruiz García, y a su equipo de trabajo, su esfuerzo y sacrificio para mediar entre las partes en conflicto, su entereza para resistir presiones y amenazas y su disposición a escuchar. Esperamos que en la nueva etapa del diálogo a la que hoy convocamos, sume su participación honesta en la búsqueda de salidas políticas a las demandas nacionales de democracia, libertad y justicia.

Octavo. El CCRI-CG del EZLN agradece a los medios de comunicación honestos e independientes su empeño en conocer la verdad y en darla a conocer al pueblo mexicano sin importar amenazas, presiones y chantajes. Les pedimos públicas disculpas si, en nuestra torpe política de medios, los herimos o desconfiamos de su profesionalismo. Esperamos que comprendan que nunca antes habíamos hecho una revolución y que estamos aprendiendo. Reiteramos que, gracias al esfuerzo de la prensa, fue posible detener la fase militar de la guerra. Esperamos sinceramente que sabrán entender las difíciles condiciones en que nos encontramos y nuestra injusta selección y eliminación de medios que acceden a nosotros. Deseamos que sigan en su camino de palabra verdadera.

Noveno. El CCRI-CG del EZLN agradece, especialmente, a las organizaciones no gubernamentales, vanguardia de la sociedad civil. Las ONG desempeñan un trabajo desinteresado para conseguir la paz con justicia y dignidad que anhela nuestro pueblo. La cerrazón gubernamental impide que, por el momento, se pueda llegar a acuerdo alguno. Nosotros seguimos abiertos al diálogo y en disposición a seguir el camino que nos señalaron ustedes con su empeño: el de la vía política en el tránsito a la democracia.

Décimo. El CCRI-CG del EZLN saluda a todos los hombres, mujeres, niños y ancianos, seres sin rostro en todo el país y en el extranjero, que nos han hecho llegar su solidaridad y su adhesión a nuestra justa causa. Por ustedes, hermanos, es nuestra lucha, para ustedes nuestra muerte. No descansaremos hasta que todos los mexicanos, los indígenas, los campesinos, los obreros, los empleados, los estudiantes, los maestros, las amas de casa, los colonos, los artistas e intelectuales honestos, los jubilados, los desempleados, los marginados, los hombres y mujeres sin voz y sin rostro, tengan todo lo necesario para una vida digna y verdadera. Para todos todo, nada para nosotros.

Mientras la bandera nacional no ondee con democracia, libertad y justicia sobre el suelo mexicano, nosotros, la tierra furia, seguiremos en lucha.

¡Democracia!
¡Libertad!
¡Justicia!
Respetuosamente (Rúbrica del Subcomandante Marcos).
CCRI-CG del EZLN
Cuartel General.
Montañas del Sureste mexicano, Chiapas.

•

[RESPUESTA A LA PROPUESTA DE ACUERDOS PARA LA PAZ DEL SUPREMO GOBIERNO, 12 de junio]

Al pueblo de México: 10 de junio de 1994
A los pueblos y gobiernos del mundo:
A la prensa nacional e internacional:
Hermanos:
El Comité Clandestino Revolucionario Indígena-Comandancia General del Ejército Zapatista de Liberación Nacional se dirige con respeto y honor a todos ustedes para darles a conocer su valoración y réplica a las propuestas de acuerdo de paz presentadas por el supremo gobierno en la mesa del diálogo de las Jornadas para la Paz y la Reconciliación en Chiapas.

Primero. El Ejército Zapatista de Liberación Nacional, organización beligerante mexicana y formada mayoritariamente por indígenas, se alzó en armas contra el supremo gobierno el día 1 de enero de 1994. Las demandas del EZLN están resumidas en los 11 puntos señalados en *La Declaración de la Selva Lacandona: trabajo, tierra, techo, alimentación, salud, educación, independencia, libertad, democracia, justicia y paz*. Estas demandas son apoyadas por la mayoría del pueblo mexicano y el EZLN lucha porque sean solucionadas para todos los mexicanos.

Segundo. Después de cruentos combates librados entre nuestras tropas y efectivos gubernamentales de la policía y el Ejército Federal, un movimiento nacional y civil nos obligó a detener los enfrentamientos y a intentar un diálogo con el supremo gobierno, mismo que se realizó en la ciudad de San Cristóbal de Las Casas, Chiapas, a finales del mes de febrero e inicios de marzo de 1994.

Tercero. En ocasión del diálogo de San Cristóbal, el EZLN presentó un pliego de demandas compuesto por 34 puntos cuya resolución sería la llegada de una paz con justicia y dignidad.

Cuarto. El pliego de las 34 demandas del EZLN contiene exigencias nacionales y estatales, unas que abarcan a toda la población y otras que se refieren a los campesinos e indígenas. El supremo gobierno intentó, en vano, reducir la importancia de nuestra justa lucha al ámbito local indígena e incluso limitarlo a 4 municipios del sur oriental del estado de Chiapas.

Quinto. Entre las demandas nacionales que incluyen a todos los mexicanos están:

A) Elecciones libres y democráticas, con igualdad de derechos y obligaciones para todas las fuerzas políticas.

B) Para garantizar la libertad y democracia, exigimos la renuncia del titular del Ejecutivo Federal y la de los titulares ilegítimos de los ejecutivos estatales. A la renuncia del Presidente de la República deberá formarse un gobierno de transición que organice elecciones libres y democráticas. Se exige también que se legisle el derecho de ciudadanos y grupos de ciudadanos que, sin militancia partidaria, participen en el proceso electoral como autoridad real máxima.

C) Se exige un nuevo pacto federal que acabe con el centralismo y permita la autonomía de comunidades indígenas y municipios.

D) Se exige la revisión del Tratado de Libre Comercio firmado con Canadá y los Estados Unidos porque no corresponde a la realidad de México.

E) Se exige trabajo digno y salario justo para todos los trabajadores del campo y de la ciudad, y que se aplique y se respete la Ley Federal del Trabajo en beneficio de *los trabajadores del campo y de la ciudad*.

F) Se exige que se acabe con el saqueo de las riquezas nacionales.

G) Se exige la cancelación de todas las deudas contraídas por créditos, préstamos e impuestos.

H) Se exigen soluciones al problema nacional del hambre y la desnutrición en el campo y la ciudad mexicanos.

I) Se exige la libertad inmediata e incondicional de todos los presos políticos y de los pobres presos injustamente en todas las cárceles del país.

Sexto. El supremo gobierno evitó responder positivamente a estas demandas nacionales del EZLN y suscritas por amplios sectores del pueblo mexicano.

Los acontecimientos posteriores al diálogo de San Cristóbal dieron la razón a las demandas de democracia del EZLN. El cobarde asesinato del licenciado Colosio, la designación impuesta de Zedillo como candidato del PRI y los nuevos bríos con los que avanza la línea dura gubernamental demuestran que lo mejor para la nación hubiera sido que el señor Salinas de Gortari renunciara a la titularidad del Ejecutivo Federal desde el 1º de enero. Su afán de perpetuarse en el poder permite ahora que nuestro país viva en un permanente clima de inseguridad y su empeño en un fraude electoral para continuar su usurpación, ahora a través de Zedillo, pone a la nación al borde de la guerra civil.

La reforma electoral fue, a todas luces, incompleta. La permanencia de un padrón electoral viciado permite el fraude electrónico y reitera la usurpación de la voluntad popular.

El reforzamiento de los aparatos represivos gubernamentales y el intento de forzar al Ejército Federal a cumplir labores policiales, permite ver, con toda claridad, que la apuesta del grupo salinista no es a la transición democrática sino al fraude y la imposición.

El Ejército Zapatista de Liberación Nacional ratifica lo que la realidad señala: no hay voluntad de democracia en el supremo gobierno. El sistema de partido de Estado debe ser destruido. El EZLN reitera las demandas expresadas en los puntos 1 y 2 del pliego presentado en San Cristóbal:

1. Elecciones libres y democráticas.
2. Derrocamiento de los usurpadores en los poderes de la Unión y en los estados de la Federación.

El EZLN amplía sus demandas:

Son necesarios un gobierno de transición democrática y un nuevo Constituyente que aseguren, en ley y hecho, el cumplimiento de las demandas fundamentales del pueblo mexicano: las demandas de democracia, libertad y justicia, demandas que encontraron voz en los sin voz, rostro en los sin rostro, mañana en los sin mañana, vida en nuestra muerte.

El mal gobierno pretendió reducir la demanda de autonomía a las comunidades indígenas y deja intacto el esquema centralista de poder que magnifica, a estatura dictatorial, el Poder Ejecutivo Federal. La demanda de autonomía real para los municipios fue hecha a un lado en las respuestas gubernamentales.

La ley prometida por el gobierno para reconocer autonomía política, económica y cultural a las comunidades indígenas sigue el trámite acostumbrado: iniciativa de ley que no resuelve el problema de fondo, no es consensada en los sectores indígenas ni en los especialistas, y pretende ser aprobada al vapor. Violando su propio ofrecimiento de que la llamada "Ley General de los Derechos de las Comunidades Indígenas" respondería "a las demandas, opiniones, preocupaciones y consensos políticos de las comunidades indígenas" y que se vería enriquecida "por un grupo de especialistas", la ley sigue el mero trámite de cubrir el expediente de reglamentar el artículo 4 constitucional, sin consultar a ningún sector interesado.

A la demanda de revisión del Tratado de Libre Comercio, el gobierno responde en su empecinamiento en continuar con un proyecto económico que no ha hecho sino aumentar la pobreza de nuestro país y engañar a los socios extranjeros prometiéndoles estabilidad económica y paz social. El gobierno se comprometió a, en un plazo de 90 días, hacer "una evaluación cuidadosa de los impactos del TLC". Esta "evaluación" no se ha realizado, pero el pueblo mexicano puede ahorrarle el gasto de tiempo y dinero a una comisión "de evaluación del impacto":

los impactos del TLC pueden ser observados en las mesas de cualquier hogar pobre de México.

Como respuesta a la demanda nacional de trabajo digno y salario justo, el gobierno continúa con su política económica que aumenta el desempleo y el subempleo, y disminuye el poder adquisitivo de los trabajadores. El charrismo sindical sigue siendo la base de sustento del proyecto económico neoliberal.

La exigencia de terminar con el saqueo de las riquezas nacionales es pasada por alto y la respuesta gubernamental se reduce al problema ecológico. No existe una política nacional de defensa de las riquezas naturales de nuestro país.

A la demanda de cancelación de todas las deudas que padecen los sectores empobrecidos de la nación, el gobierno responde con la promesa, incumplida, de un estudio cuyo resultado seguro será el posponer el problema.

Como en los puntos anteriores, la demanda de fin al hambre y a la desnutrición de nuestro pueblo pretende ser limitada a algunas regiones de Chiapas. Como si el hambre y la desnutrición sólo fueran patrimonio de los indígenas de Los Altos y la Selva, y como si los programas se pudieran comer, el gobierno responde con promesas de programas de nutrición infantil.

La libertad a todos los presos políticos y a todos los pobres injustamente retenidos en las cárceles del país es burlada con la promesa de comisiones de estudio de casos. El injusto sistema judicial mexicano, que sólo favorece a los poderosos, permanecerá intacto.

En suma, las justas demandas nacionales del EZLN no fueron, en modo alguno, respondidas con satisfacción por el gobierno federal. Por tanto, el EZLN rechaza las propuestas gubernamentales de acuerdos de paz en los puntos 1, 2, 4, 7, 18, 20, 21, 22 y 23.

Séptimo. Entre las demandas campesinas del EZLN, que incluyen a todos los campesinos mexicanos, están:

A) La exigencia de que el artículo 27 constitucional respete el espíritu original de Emiliano Zapata: La tierra es de quien la trabaja.

B) Construcción de hospitales y clínicas de campo en todas las comunidades rurales del país, con doctores y medicinas.

C) Precio justo a los productos del campo, eliminación del intermediarismo y comercialización directa de los campesinos.

D) Que los ejércitos y policías no actúen ya en las comunidades rurales en beneficio de caciques y terratenientes.

Octavo. El supremo gobierno se negó a responder con satisfacción a las demandas nacionales de los campesinos:

La negativa gubernamental a dar marcha atrás a las reformas salinistas al 27 constitucional y devolver el derecho a la tierra a su lugar en la **Carta Magna**, fue repudiada por amplios sectores campesinos de todo el país. Base de la política neoliberal en el campo mexicano, las reformas al artículo 27 perpetradas por el grupo de Salinas deben desaparecer. La Constitución Política de los Estados Unidos Mexicanos debe retomar la lucha de Emiliano Zapata.

La respuesta a la demanda de hospitales, clínicas, doctores y medicinas para el campo mexicano se limita a ofrecimientos hacia la zona de conflicto únicamente. El campo mexicano seguirá olvidado en lo que se refiere al derecho a la salud.

A la demanda de precios justos a los productos del campo y eliminación del intermediarismo, el gobierno responde ofreciendo la oficina de compra de votos, Procampo, cuya eficacia es medida en tanto que pueda corromper a los líderes campesinos para que comprometan su voto en favor del partido del Estado. Promesas de proyectos es la solución gubernamental a un campo mexicano que se debate ya en los límites de la supervivencia.

A la exigencia de salida de policías y ejércitos de las zonas rurales, el gobierno responde con una promesa de cambios en la impartición de justicia, con el aumento de tropas y medios bélicos en la zona en conflicto, y el intento de obligar al Ejército Federal a cumplir funciones policiales. La prepotencia de grandes ganaderos, con el patrocinio económico del gobierno, agrede y hostiga a los campesinos ejidatarios y a los indígenas en general.

En suma, las justas demandas campesinas nacionales del EZLN no fueron respondidas a cabalidad por el gobierno federal. Algunas de las respuestas sólo apuntan a la promesa de soluciones parciales y locales. Por tanto, el EZLN rechaza las propuestas de acuerdos de paz en los puntos 8, 9, 19 y 24.

Noveno. Entre las demandas indígenas nacionales del EZLN están:

A) Derecho de los indígenas a una información veraz y oportuna mediante una radiodifusora indígena independiente del gobierno, dirigida y manejada por indígenas.

B) Educación completa y gratuita para todos los pueblos indígenas.

C) Que las lenguas de todos los grupos indígenas sean oficiales y obligatoria su enseñanza en todos los niveles escolares.

D) Que se respete la cultura y tradición de los pueblos indígenas.

E) Que se termine la discriminación y el racismo contra los indígenas.

F) Autonomía cultural, política y judicial para los pueblos indígenas.

G) Respeto al derecho a la libertad y a una vida digna de los pueblos indígenas.
H) Apoyos económicos y sociales para las mujeres indígenas.

Décimo. El supremo gobierno contestó parcialmente a estas demandas indígenas nacionales del EZLN.

Aunque el gobierno responde con la promesa de una radiodifusora indígena independiente, su respuesta a las demandas de educación se remite al método selectivo de becas que dejan fuera a muchos indígenas con derecho a la educación en todos los niveles. El resto de las respuestas a estos puntos se limita a promesas de estudios y programas en plazos que, en la mayoría de los casos, ya se vencieron.

En suma, las respuestas parciales del gobierno a nuestras demandas nacionales indígenas y la falta de cumplimiento a compromisos anteriores nos llevan a rechazar las propuestas de acuerdos de paz en los puntos 10, 12, 13, 14, 15, 16, 17, 27 y 29.

Décimo primero. Entre las demandas estatales del EZLN están:

A) Realización de elecciones generales en Chiapas y reconocimiento legal de todas las fuerzas políticas en el estado.

B) Electrificación del campo chiapaneco y porcentaje del ingreso económico por la comercialización del petróleo.

C) Indemnización a las víctimas de la guerra.

D) Derogación del Código Penal del Estado de Chiapas en lo referente a las limitaciones de la lucha política.

E) Cese a las expulsiones, retorno libre y voluntario de los expulsados de sus tierras de origen e indemnización por daños sufridos.

F) Juicio político a los señores Patrocinio González Garrido, Absalón Castellanos Domínguez y Elmar Setzer M.

Décimo segundo. El supremo gobierno respondió insatisfactoriamente a las demandas estatales del EZLN:

La reforma electoral chiapaneca no permite a grupos no partidarios organizarse para contender en las elecciones; a la demanda de electrificación del campo chiapaneco se responde con programas y promesas; las expulsiones continúan y siguen sin castigo los responsables; sólo hay promesas de apoyos económicos a los indígenas del estado y, cuando las hay, son a cambio de votos; el juicio político a los 3 exgobernadores, culpables de obligarnos a alzarnos en armas, se omite.

En suma, las respuestas insatisfactorias y la desconfianza que tenemos al cumplimiento real de las promesas gubernamentales nos llevan a rechazar las propuestas gubernamentales de acuerdos de paz en los puntos 5, 6, 25, 27, 28, 29 y 30.

Décimo tercero. Por último, el EZLN demandó su reconocimiento, por parte del gobierno, como fuerza beligerante. El pueblo de México, a través de diversas organizaciones, nos ha otorgado ya ese reconocimiento.

A nuestras demandas de reconocimiento como fuerza beligerante y de nuestras tropas como auténticos combatientes, el supremo gobierno responde ofreciendo garantías de trato digno y respetuoso a los integrantes del EZLN y ofrece registro legal al EZLN.

El mal gobierno no puede siquiera dar garantías plenas de seguridad a los que son parte de él, mucho menos podemos esperar que dé trato digno y respetuoso a quienes, interpretando los afanes legítimos de democracia, libertad y justicia del pueblo mexicano, se alzaron en armas en justa lucha.

El EZLN se formó como ejército demandante del respeto a la voluntad popular. Este respeto continúa siendo negado y la voluntad popular es atropellada por el gobierno de la usurpación.

Las razones que dieron nacimiento al EZLN prevalecen, el EZLN seguirá en armas hasta que se cumplan las demandas de democracia, libertad y justicia para todos.

El EZLN se comprometió a cumplir los tratados internacionales que regulan los combates en las guerras. El EZLN sí cumplió con estos tratados. Seguiremos haciéndolo.

El EZLN reitera su demanda de ser reconocido como fuerza beligerante y de sus tropas como auténticos combatientes. Para ello, el EZLN acudirá a los distintos foros internacionales demandando de los pueblos y gobiernos del mundo este reconocimiento.

El reconocimiento del EZLN como fuerza beligerante es necesario para que el proceso de diálogo tenga bases firmes de desarrollo.

Décimo cuarto. El supremo gobierno, en el diálogo de San Cristóbal, presentó su propuesta de acuerdos de paz. El EZLN respondió explicando que debía consultar a todos sus integrantes, pues el pueblo que nos forma fue quien nos dio la orden de guerra y sólo de él puede venir la orden de paz. Después de múltiples contratiempos, la consulta terminó; ésta es nuestra réplica a las propuestas gubernamentales.

Décimo quinto. Por lo anterior y en base a la votación libre y democrática de quienes lo forman, el Ejército Zapatista de Liberación Nacional responde NO a la propuesta de firmar los acuerdos de paz del supremo gobierno, da por terminado el diálogo de San Cristóbal, reitera su disposición a seguir buscando una salida política que lleve a una paz con justicia y dignidad, y llama a todos los sectores progresistas e inde-

pendientes a un diálogo nacional de paz con democracia, libertad y justicia.
¡No nos rendiremos!
¡Democracia!
¡Libertad!
¡Justicia!
Respetuosamente:
Desde las montañas del Sureste mexicano
CCRI-CG del EZLN

•

[LOS ZAPATISTAS NO SE RINDEN, 12 de junio]

Al semanario nacional *Proceso*:   10 de junio de 1994
Al periódico nacional *La Jornada*:
Al periódico nacional *El Financiero*:
Al periódico local de San Cristóbal de Las Casas, *Tiempo*:
Señores:
¡Corred! ¡Avisadles a los mazahuas, los amuzgos, los tlapanecos, los nahuatlacas, los coras, los huicholes, los yaquis, los mayos, los tarahumaras, los mixtecos, los zapotecos, los mayas, los chontales, los seris, los triquis, los kumiai, los cucapá, los paipai, los cochimi, los kiliwa, los tequistlatecos, los pame, los chichimecos, los otomíes, los mazatecos, los matlatzincos, los ocuiltecos, los popoloca, los ixcatecos, los chochopopoloca, los cuicatecos, los chatinos, los chinantecos, los huaves, los pápagos, los pimas, los tepehuanos, los guarijios, los huastecos, los chuj, los jacaltecos, los mixes, los zoques, los totonacos, los kikapús, los purépechas y a los o'dham de Caborca!

¡Que lo sepan los ceuístas y las bandas todas! ¡Que llegue hasta el oído de obreros y campesinos sin tierra! ¡Que escuchen los del Barzón, las amas de casa, los colonos, los maestros y los estudiantes!

¡Que los mexicanos en el extranjero oigan este mensaje!

¡Que lo escuchen los banqueros y los dinosaurios de Atlacomulco! ¡Que retumbe en los pasillos de la Bolsa de Valores y en los jardines de Los Pinos!

¡Que esta voz llegue hasta los mapuches y los auténticos farabundos!

¡Que los hermanos todos de estas tierras abran un lugar en su corazón para este grito!

¡Que suenen los tambores y los teletipos! ¡Que los satélites enloquezcan!
¿Qué? ¿Que cuál es el mensaje? Uno solo:
Los zapatistas. Stop.
¡No se rinden! Stop.
¡Resisten! Stop y fin.
Desde las montañas del Sureste mexicano
Subcomandante Insurgente Marcos.

P.D. de la imprudencia. Nos aconsejan ser prudentes y firmar la paz, nos dicen que el gobierno nos acabará en horas, en días si se tardan, si no firmamos la paz. Nos recomiendan conformarnos con las promesas ofrecidas y esperar. Nos piden la prudencia de rendirnos y vivir... ¿Quién podría vivir con esa vergüenza? ¿Quién cambia vida por dignidad? Fueron inútiles tan sensatos consejos. En estas tierras reinan, desde hace muchos años, la imprudencia... y la dignidad.

P.D. En el Comité estuvimos discutiendo toda la tarde. Buscamos la palabra en lengua para decir "RENDIR" y no la encontramos. No tiene traducción en tzotzil ni en tzeltal, nadie recuerda que esa palabra exista en tojolabal o en chol. Llevan horas buscando equivalentes. Afuera llueve y una nube compañera viene a recostarse con nosotros. El viejo Antonio espera a que todos se vayan quedando callados y sólo quede el múltiple tambor de la lluvia sobre el techo de lámina. En silencio se me acerca el viejo Antonio, tosiendo la tuberculosis, y me dice al oído: "Esa palabra no existe en lengua verdadera, por eso los nuestros nunca se rinden y mejor se mueren, porque nuestros muertos mandan que las palabras que no andan no se vivan". Después se va hacia el fogón para espantar el miedo y el frío. Se lo cuento a Ana María, ella me mira con ternura y me recuerda que el viejo Antonio ya está muerto...

La incertidumbre de las últimas horas de diciembre pasado se repite. Hace frío, las guardias se relevan con una contraseña que es un murmullo. Lluvia y lodo apagan todo, los humanos murmuran y el agua grita. Alguien pide un cigarrillo y el fósforo encendido ilumina la cara de la combatiente que está en la posta... un instante solamente... pero se alcanza a ver que sonríe... Llega alguien, con la gorra y el fusil chorreando agua. "Hay café", informa. El Comité, como es costumbre en estas tierras, hace una votación para ver si toman café o siguen buscando el equivalente de "RENDIRSE" en lengua verdadera. Por unanimidad gana el café. NADIE SE RINDE...

¿Nos quedaremos solos?

[12 de junio]
Segunda declaración de la Selva Lacandona

Hoy decimos: ¡No nos rendiremos!

...no son únicamente los que portan espadas que chorrean sangre y despiden rayos fugaces de gloria militar, los escogidos a designar el personal del gobierno de un pueblo que quiere democratizarse; ese derecho lo tienen también los ciudadanos que han luchado en la prensa y en la tribuna, que están identificados con los ideales de la Revolución y han combatido al despotismo que barrena nuestras leyes; porque no es sólo disparando proyectiles en los campos de batalla como se barren las tiranías; también lanzando ideas de redención, frases de libertad y anatemas terribles contra los verdugos del pueblo, se derrumban dictaduras, se derrumban imperios [...] y si los hechos históricos nos demuestran que la demolición de toda tiranía, que el derrumbamiento de todo mal gobierno es obra conjunta de la idea con la espada, es un absurdo, es una aberración, es un despotismo inaudito querer segregar a los elementos sanos que tienen el derecho de elegir al Gobierno, porque la soberanía de un pueblo la constituyen todos los elementos sanos que tienen conciencia plena, que son conscientes de sus derechos, ya sean civiles o armados accidentalmente, pero que aman la libertad y la justicia y laboran por el bien de la Patria.

Emiliano Zapata en voz de Paulino Martínez, delegado zapatista a la Soberana Convención Revolucionaria, Aguascalientes, Ags., México, 27 de octubre de 1914.

Al pueblo de México:
A los pueblos y gobiernos del mundo:
Hermanos:
El Ejército Zapatista de Liberación Nacional, en pie de guerra contra el mal gobierno desde el 1 de enero de 1994, se dirige a ustedes para dar a conocer su pensamiento:

I

Hermanos mexicanos:
En diciembre de 1993 dijimos ¡BASTA! El primero de enero de 1994 llamamos a los poderes Legislativo y Judicial a asumir su responsabilidad constitucional para que impidieran la política genocida que el poder Ejecutivo Federal impone a nuestro pueblo, y fundamentamos nuestro derecho constitucional al aplicar el artículo 39 de la Constitución Política de los Estados Unidos Mexicanos:
"La soberanía nacional reside esencial y originariamente en el pueblo. Todo poder público dimana del pueblo y se instituye para beneficio de éste. El pueblo tiene, en todo tiempo, el inalienable derecho de alterar o modificar la forma de su gobierno."
A este llamado se respondió con la política del exterminio y la mentira, los poderes de la Unión ignoraron nuestra justa demanda y permitieron la masacre. Pero sólo duró 12 días esta pesadilla pues otra fuerza superior a cualquier poder político o militar se impuso a las partes en conflicto. La Sociedad Civil asumió el deber de preservar a nuestra patria, ella manifestó su desacuerdo con la masacre y obligó a dialogar, todos comprendimos que los días del eterno partido en el poder, quien detenta para su beneficio el producto del trabajo de todos los mexicanos, no puede continuar más; que el presidencialismo que lo sustenta impide la libertad y no debe ser permitido, que la cultura del fraude es el método con el que se imponen e impiden la democracia, que la justicia sólo existe para los corruptos y poderosos, que debemos hacer que quien mande lo haga obedeciendo, que no hay otro camino.
Eso todos los mexicanos honestos y de buena fe, la Sociedad Civil, lo han comprendido, sólo se oponen aquellos que han basado su éxito en el robo al erario público, los que protegen, prostituyendo a la justicia, a los traficantes y asesinos, a los que recurren al asesinato político y al fraude electoral para imponerse.
Sólo esos fósiles políticos planean de nuevo dar marcha atrás a la historia de México y borrar de la conciencia nacional el grito que hizo suyo todo el país desde el primero de enero del 94: ¡YA BASTA!
Pero no lo permitiremos. Hoy no llamamos a los fallidos poderes de la Unión que no supieron cumplir con su deber constitucional, permitiendo que el Ejecutivo Federal los controlara. Si esta legislatura y los magistrados no tuvieron dignidad, otras vendrán que sí entiendan que deben servir a su pueblo y no a un individuo, nuestro llamado trasciende más allá de un sexenio o una elección presidencial en puerta. Es en la SOCIEDAD CIVIL en quien reside nuestra soberanía, es el pueblo quien

puede, en todo tiempo, alterar o modificar nuestra forma de gobierno y lo ha asumido ya. Es a él a quien hacemos un llamado en esta

SEGUNDA DECLARACIÓN DE LA SELVA LACANDONA

para decirle:

Primero. Hemos cumplido sin falta el llevar las acciones bélicas dentro de los convenios sobre la guerra establecidos a nivel mundial; ello nos ha permitido el reconocimiento tácito de nacionales y extranjeros como fuerza beligerante. Seguiremos cumpliendo con dichos convenios.

Segundo. Ordenamos a nuestras fuerzas regulares e irregulares en todo el territorio nacional y en el extranjero la PRÓRROGA UNILATERAL DEL CESE AL FUEGO OFENSIVO.

Mantendremos el respeto al cese al fuego PARA PERMITIR A LA SOCIEDAD CIVIL QUE SE ORGANICE EN LAS FORMAS QUE CONSIDERE PERTINENTES PARA LOGRAR EL TRÁNSITO A LA DEMOCRACIA EN NUESTRO PAÍS.

Tercero. Condenamos la amenaza que sobre la Sociedad Civil se cierne al militarizar el país, con personal y modernos equipos represivos, en vísperas de la jornada para elecciones federales. No hay duda de que el gobierno salinista pretende imponerse por la cultura del fraude. NO LO PERMITIREMOS.

Cuarto. Proponemos a todos los partidos políticos independientes el que reconozcan ahora el estado de intimidación y de privación de los derechos políticos que ha sufrido nuestro pueblo los últimos 65 años y que se pronuncien por asumir un gobierno de transición política hacia la democracia.

Quinto. Rechazamos la manipulación y el tratar de desligar nuestras justas demandas de las del pueblo mexicano. Somos mexicanos y no depondremos ni nuestras demandas ni nuestras armas si no son resueltas la Democracia, la Libertad y la Justicia para todos.

Sexto. Reiteramos nuestra disposición a una solución política en el tránsito a la democracia en México. Llamamos a la Sociedad Civil a que retome el papel protagónico que tuvo para detener la fase militar de la guerra y se organice para conducir el esfuerzo pacífico hacia la Democracia, la Libertad y la Justicia. El cambio democrático es la única alternativa a la guerra.

Séptimo. Llamamos a los elementos honestos de la Sociedad Civil a un Diálogo Nacional por la Democracia, la Libertad y la Justicia para todos los mexicanos.

Por eso decimos:

II

Hermanos:

Después de iniciada la guerra, en enero de 1994, el grito organizado del pueblo mexicano detuvo el enfrentamiento y se llamó al diálogo entre las partes contendientes. A las justas demandas del EZLN, el gobierno federal respondió con una serie de ofrecimientos que no tocaban el punto esencial del problema: la falta de justicia, de libertad y de democracia en las tierras mexicanas.

El límite del cumplimiento de los ofrecimientos del gobierno federal a las demandas del EZLN es el que se marca a sí mismo el sistema político del partido en el poder. Este sistema es el que ha hecho posible que en el campo mexicano subsista y se sobreponga al poder constitucional otro poder cuyas raíces posibilitan el mantenimiento del partido en el poder. Es este sistema de complicidad el que hace posible la existencia y beligerancia de cacicazgos, el poder omnipotente de los ganaderos y comerciantes y la penetración del narcotráfico... El solo ofrecimiento de los llamados *Compromisos para una Paz Digna en Chiapas* provocó gran revuelo y un abierto desafío de estos sectores. El sistema político unipartidista trata de maniobrar en este reducido horizonte que su existencia como tal le impone: no puede dejar de tocar a estos sectores sin atentar contra sí mismo, y no puede dejar las cosas como antes sin que aumente la beligerancia de los campesinos e indígenas. En suma: el cumplimiento de los compromisos implica, necesariamente, la muerte del sistema de partido de Estado. Por suicidio o fusilamiento, la muerte del actual sistema político mexicano es condición necesaria, aunque no suficiente, del tránsito a la democracia en nuestro país. Chiapas no tendrá solución real si no se soluciona México.

El EZLN ha entendido que el problema de la pobreza mexicana no es sólo la falta de recursos. Más allá, su aportación fundamental es entender y plantear que cualquier esfuerzo, en algún sentido o en todos, sólo pospondrá el problema si estos esfuerzos no se dan dentro de un nuevo marco de relaciones políticas nacionales, regionales y locales: un marco de Democracia, Libertad y Justicia. El problema del poder no será quién es el titular, sino quién lo ejerce. Si el poder lo ejerce la mayoría, los partidos políticos se verán obligados a confrontarse a esa mayoría y no entre sí.

Replantear el problema del poder en este marco de Democracia, Libertad y Justicia obligará a una nueva cultura política dentro de los partidos. Una nueva clase de políticos deberá nacer y, a no dudarlo, nacerán partidos políticos de nuevo tipo.

No estamos proponiendo un mundo nuevo, apenas algo muy anterior: la antesala del nuevo México. En este sentido, esta revolución no concluirá en una nueva clase, fracción de clase o grupo en el poder, sino en un "espacio" libre y democrático de lucha política. Este "espacio" libre y democrático nacerá sobre el cadáver maloliente del sistema de partido de Estado y el presidencialismo. Nacerá una relación política nueva. Una nueva política cuya base no sea una confrontación entre organizaciones políticas entre sí, sino la confrontación de sus propuestas políticas con las distintas clases sociales, pues del apoyo REAL de éstas dependerá la titularidad del poder político, no su ejercicio. Dentro de esta nueva relación política, las distintas propuestas del sistema y rumbo (socialismo, capitalismo, socialdemocracia, etcétera) deberán convencer a la mayoría de la Nación de que su propuesta es la mejor para el país. Pero no sólo eso, también se verán "vigilados" por ese país al que conducen de modo que estén obligados a rendir cuentas regulares y al dictamen de la Nación respecto a su permanencia en la titularidad del poder o su remoción. El plebiscito es una forma regulada de confrontación Poder-partido político-Nación y merece un lugar relevante en la máxima ley del país.

La actual legislación mexicana es demasiado estrecha para estas nuevas relaciones políticas entre gobernantes y gobernados. Es necesaria una CONVENCIÓN NACIONAL DEMOCRÁTICA de la que emane un GOBIERNO PROVISIONAL o de TRANSICIÓN, sea mediante la renuncia del Ejecutivo federal o mediante la vía electoral.

CONVENCIÓN NACIONAL DEMOCRÁTICA y GOBIERNO DE TRANSICIÓN deben desembocar en una nueva Carta Magna en cuyo marco se convoque a nuevas elecciones. El dolor que este proceso significará para el país será siempre menor al daño que produzca una guerra civil. La profecía del sureste vale para todo el país, podemos aprender ya de lo ocurrido y hacer menos doloroso el parto del nuevo México.

El EZLN tiene una concepción de sistema y de rumbo para el país. La madurez política del EZLN, su mayoría de edad como representante del sentir de una parte de la Nación, está en que no quiere imponerle al país esta concepción. El EZLN reclama lo que para sí mismo es evidente: la mayoría de edad de México y el derecho de decidir, libre y democráticamente, el rumbo que habrá de seguir. De esta antesala histórica saldrá no sólo un México más justo y mejor, también saldrá un mexicano nuevo. A esto apostamos la vida, a heredar a los mexicanos de pasado mañana un país en el que no sea una vergüenza vivir...

El EZLN, en un ejercicio democrático sin precedentes dentro de una organización armada, consultó a sus componentes sobre la firma o no de la propuesta de acuerdos de paz del gobierno federal. Viendo que el tema central de Democracia, Libertad y Justicia para todos no había sido resuelto, las bases del EZLN, indígenas en su mayoría, decidieron rechazar la firma de la propuesta gubernamental.

En condiciones de cerco y presionados por distintos lugares que amenazaban con el exterminio si no se firmaba la paz, los zapatistas reafirmamos nuestra decisión de conseguir una paz con justicia y dignidad y en ello empeñar la vida y la muerte. En nosotros encuentra, otra vez, lugar la historia de lucha digna de nuestros antepasados. El grito de dignidad del insurgente Vicente Guerrero, "Vivir por la Patria o Morir por la Libertad", vuelve a sonar en nuestras gargantas. No podemos aceptar una paz indigna.

Nuestro camino de fuego se abrió ante la imposibilidad de luchar pacíficamente por derechos elementales del ser humano. El más valioso de ellos es el derecho a decidir, con libertad y democracia, la forma de gobierno. Ahora la posibilidad de tránsito pacífico a la democracia y a la libertad se enfrenta a una nueva prueba: el proceso electoral de agosto de 1994. Hay quienes apuestan al periodo poselectoral predicando la apatía y el desengaño desde la inmovilidad. Pretenden usufructuar la sangre de los caídos en todos los frentes de combate, violentos y pacíficos, en la ciudad y en el campo. Fundan su proyecto político en el conflicto posterior a las elecciones y esperan, sin nada hacer, a que la desmovilización política abra otra vez la gigantesca puerta de la guerra. Ellos salvarán, dicen, al país.

Otros apuestan desde ahora a que el conflicto armado se reinicie antes de las elecciones y la ingobernabilidad sea aprovechada por ellos para perpetuarse en el poder. Como ayer hicieron usurpando la voluntad popular con el fraude electoral, hoy y mañana, con el río revuelto de una guerra civil preelectoral, pretenden alargar la agonía de una dictadura que, enmascarada en el partido de Estado, dura ya décadas. Algunos más, apocalípticos estériles, razonan ya que la guerra es inevitable y se sientan a esperar para ver pasar el cadáver de su enemigo... o de su amigo. El sectario supone, erróneamente, que el solo accionar de los fusiles podrá abrir el amanecer que nuestro pueblo espera desde que la noche se cerró, con las muertes de Villa y Zapata, sobre el suelo mexicano.

Todos estos ladrones de la esperanza suponen que detrás de nuestras armas hay ambición y protagonismo, que esto conducirá nuestro andar en el futuro. Se equivocan. Detrás de nuestras armas de fuego hay otras armas, las de la razón. Y a ambas las anima la esperanza. No dejaremos que nos la roben.

La esperanza con gatillo tuvo su lugar en el inicio del año. Es ahora preciso que espere. Es preciso que la esperanza que anda en las grandes movilizaciones vuelva al lugar protagónico que le corresponde por derecho y razón. La bandera está ahora en manos de los que tienen nombre y rostro, de gentes buenas y honestas que caminan rutas que no son la nuestra, pero cuya meta es la misma que anhelan nuestros pasos. Nuestro saludo a estos hombres y mujeres, nuestro saludo y nuestra esperanza de que lleven esa bandera adonde debe de estar. Nosotros estaremos esperando, de pie y con dignidad. Si esa bandera cae, nosotros sabremos levantarla de nuevo...

Que la esperanza se organice, que camine ahora en los valles y ciudades como ayer en las montañas. Peleen con sus armas, no se preocupen de nosotros. Sabremos resistir hasta lo último. Sabremos esperar... y sabremos volver si se cierran de nuevo todas las puertas para que la dignidad camine.

Por esto nos dirigimos a nuestros hermanos de las organizaciones no gubernamentales, de las organizaciones campesinas e indígenas, trabajadores del campo y la ciudad, maestros y estudiantes, amas de casa y colonos, artistas e intelectuales, de los partidos independientes, mexicanos:

Los llamamos a un diálogo nacional con el tema de Democracia, Libertad y Justicia. Para esto lanzamos la presente convocatoria para la Convención Nacional Democrática.

Nosotros, el Ejército Zapatista de Liberación Nacional, en lucha por lograr la democracia, la libertad y la justicia que nuestra patria merece, y considerando:

Primero. Que el supremo gobierno ha usurpado también la legalidad que nos heredaron los héroes de la Revolución Mexicana.

Segundo. Que la Carta Magna que nos rige no es ya más la voluntad popular de los mexicanos.

Tercero. Que la salida del usurpador del Ejecutivo federal no basta y es necesaria una nueva ley para nuestra patria nueva, la que habrá de nacer de las luchas de todos los mexicanos honestos.

Cuarto. Que son necesarias todas las formas de lucha para lograr el tránsito a la democracia en México.

Llamamos a la realización de una Convención Democrática Nacional, soberana y revolucionaria, de la que resulten las propuestas de un gobierno de transición y una nueva ley nacional, una nueva Constitución que garantice el cumplimiento legal de la voluntad popular.

El objetivo fundamental de la Convención Nacional Democrática es organizar la expresión civil y la defensa de la voluntad popular.

La soberana Convención revolucionaria será nacional en tanto su composición y representación deberá incluir a todos los estados de la federación, plural en el sentido en que las fuerzas patriotas podrán estar representadas, y democrática en la toma de decisiones, recurriendo a la consulta nacional.

La Convención estará presidida, libre y voluntariamente, por civiles, personalidades públicas de reconocido prestigio, sin importar su filiación política, raza, credo religioso, sexo o edad.

La Convención se formará a través de comités locales, regionales y estatales en ejidos, colonias, escuelas y fábricas por civiles. Estos Comités de la Convención se encargarán de recabar las propuestas populares para la nueva ley constitucional y las demandas a cumplir por el nuevo gobierno que emane de ésta.

La Convención debe exigir la realización de elecciones libres y democráticas y luchar, sin descanso, por el respeto a la voluntad popular.

El Ejército Zapatista de Liberación Nacional reconocerá a la Convención Democrática Nacional como representante auténtico de los intereses del pueblo de México en su tránsito a la democracia.

El Ejército Zapatista de Liberación Nacional se encuentra ya en todo el territorio nacional y está ya en posibilidad de ofrecerse al pueblo de México como Ejército garante del cumplimiento de la voluntad popular.

Para la primera reunión de la Convención Nacional Democrática, el EZLN ofrece como sede un poblado zapatista y todos los recursos con que cuenta.

La fecha y lugar de la primera sesión de la Convención Nacional Democrática será dada a conocer en su oportunidad.

III

Hermanos mexicanos:
Nuestra lucha continúa. Sigue ondeando la bandera zapatista en las montañas del Sureste mexicano y hoy decimos: ¡No nos rendiremos!

De cara a la montaña hablamos con nuestros muertos para que en su palabra viniera el buen camino por el que debe andar nuestro rostro amordazado.

Sonaron los tambores y en la voz de la tierra habló nuestro dolor y nuestra historia habló.

"Para todos todo", dicen nuestros muertos. Mientras no sea así, no habrá nada para nosotros.

Hablen la palabra de los otros mexicanos, encuentren del corazón el oído de aquellos por los que luchamos. Invítenlos a caminar los pasos dignos de los que no tienen rostro. Llamen a todos a resistir, que nadie reciba nada de los que mandan mandando. Hagan del no venderse una bandera común para los más. Pidan que no sólo llegue palabra de aliento para nuestro dolor. Pidan que lo compartan, pidan que con ustedes resistan, que rechacen todas las limosnas que del poderoso vienen. Que las gentes buenas todas de estas tierras organicen hoy la dignidad que resiste y no se vende, que mañana esa dignidad se organice para exigir que la palabra que anda en el corazón de los mayoritarios tenga verdad y saludo de los que gobiernan, que se imponga el buen camino de que el que mande, mande obedeciendo.

¡No se rindan! ¡Resistan! No falten al honor de la palabra verdadera. Con dignidad resistan en las tierras de los hombres y mujeres verdaderos, que las montañas cobijen el dolor de los hombres de maíz. ¡No se rindan! ¡Resistan! ¡No se vendan! ¡Resistan!

Así habló su palabra del corazón de nuestros muertos de siempre. Vimos nosotros que es buena su palabra de nuestros muertos, vimos que hay verdad y dignidad en su consejo. Por eso llamamos a todos nuestros hermanos indígenas mexicanos a que resistan con nosotros. Llamamos a los campesinos todos a que resistan con nosotros, a los obreros, a los empleados, a los colonos, a las amas de casa, a los estudiantes, a los maestros, a los que hacen del pensamiento y la palabra su vida, a todos los que dignidad y vergüenza tengan, a todos llamamos a que con nosotros resistan, pues quiere el mal gobierno que no haya democracia en nuestros suelos. Nada aceptaremos que venga del corazón podrido del mal gobierno, ni una moneda sola ni un medicamento ni una piedra ni un grano de alimento ni una migaja de las limosnas que ofrece a cambio de nuestro digno caminar.

No recibiremos nada del supremo gobierno. Aunque aumenten nuestro dolor y nuestra pena, aunque la muerte siga con nosotros en mesa, tierra y lecho, aunque veamos que otros se venden a la mano que los oprime, aunque todo duela, aunque la pena llore hasta en las piedras. No aceptaremos nada, resistiremos. No recibiremos nada del gobierno, resistiremos hasta que el que mande, mande obedeciendo.

Hermanos: No se vendan. Resistan con nosotros. No se rindan. Resistan con nosotros. Repitan con nosotros, hermanos, que la palabra de "¡No nos rendiremos! ¡Resistimos!" Que se escuche no sólo en las montañas del Sureste mexicano, que se escuche en el norte y en las penínsulas, que en ambas costas se escuche, que en el centro se oiga, que en valles y montañas se vuelva grito, que resuene en la ciudad y en el campo. Unan su voz hermanos, griten con nosotros, hagan suya nuestra voz:

"¡No nos rendimos! ¡Resistimos!"

Que la dignidad rompa el cerco con el que las manos sucias del mal gobierno nos asfixian. Todos estamos cercados, no dejan que la democracia, la libertad y la justicia entren a tierras mexicanas. Hermanos, todos estamos cercados, ¡no nos rindamos!, ¡resistamos!, ¡seamos dignos!, ¡no nos vendamos!

¿De qué le servirán al poderoso sus riquezas si no puede comprar lo más valioso en estas tierras? Si la dignidad de los mexicanos todos no tiene precio, ¿para qué el poder del poderoso?

¡La dignidad no se rinde!
¡La dignidad resiste!
¡Democracia!
¡Libertad!
¡Justicia!
Desde las montañas del Sureste mexicano
CCRI-CG del EZLN

La Convención: la nave de los locos

En lugar de construir trincheras y casamatas, en lugar de adquirir armas, los rebeldes ahora, desde fines de junio, construyen un caracol marino asentado en un cerro y con forma de navío. Arman en el tramo de bosque cercano a Guadalupe Tepeyac —en el paraje que albergó la primera casa de seguridad del EZLN *en sus inicios—, lo que será el nuevo* Aguascalientes: *el sitio desde donde una Convención representativa de las mejores fuerzas civiles y pacíficas del país se pueda reunir para cambiar el rumbo de la nación. Para recuperar el sentido original de la patria y soñar con una nueva Constitución, con un gobierno de transición que llame a nuevas elecciones en condiciones de absoluta imparcialidad y sin la mediación perversa del mal gobierno.*

En sólo veintisiete días se construye el navío y el puerto de salida: la torre de Babel, el barco de Fitzcarraldo, la locura marinera de los sin rostro. En sólo veintisiete días se moviliza el país entero, para una reunión que albergará, ya a principios de agosto, y en plena campaña electoral, a seis mil personas. El primer chapuzón azotará el día 8, llevándose el velamen y parte de la desunión y la desconfianza. El segundo parece un naufragio, aunque es sólo, en opinión de Marcos, *un zarandeo de olas amigas del viento de arriba, del que manda y domina todavía. En Aguascalientes se entrega la bandera, la olvidada en los solitarios museos del poder, a la Convención Nacional Democrática. La bandera sigue en sus manos, la esperanza sigue.*

El triunfo del partido de Estado en una elección marcada por el fraude y la inequidad, en una situación presidida por el miedo que paraliza, abre desde agosto un nuevo compás de espera. El triunfo del partido de Estado es solitario como los pasillos del poder: nadie lo cree, nadie lo festeja. Los que mantienen en rehén a la patria, los del tráfico y el dinero, festejan —tal vez— en la soledad de sus palacios. Y en palabras de Marcos, *"el* EZLN *sigue en lucha, en esperanza sigue... camina... navega... con la Convención Nacional Democrática".*

[EL CERCO HA SIDO ROTO, 23 de junio]

Para: La Caravana de Caravanas.　　　　　18 de junio de 1994
El CCRI-CG del EZLN me encargó que les escribiera a todas las personas que habían participado en la recolección y envío de la ayuda humanitaria que trajo la Caravana de Caravanas. "¿A todos?", dije. "Sí, a todos" dice Simón, ya montado en su mula dorada. "Pero es que son un chingo" intenté aducir. Simón no escuchó, ya se alejaba, junto con su escolta, a galope tendido. Yo volteé buscando apoyo en mi tropa, pero estaban platicando de una película que, dicen, estaban pasando en uno de los autobuses. "Esos de la ciudad montan muy otro", alcancé a escuchar que alguien decía. Solo y abandonado, tomé mi "máquina de hacer comunicados" y empecé esta carta que lleva por título:

La Caravana de Caravanas vista desde el lado de acá del cerco

Para los que se quedaron
Os saludo con respeto, frente inclinada y reverencias varias. Os platicaré lo ocurrido en tan aciagos días. Juzgad con benevolencia hechos y letras y acompañadme a revisar, entre otras cosas, el diario de campaña de esos días. Saltaos esa parte de tan alta y sensual temperatura y encontrad lo siguiente:
Lunes 13 de junio de 1994. Cuartel General. 07:00. Nublado. Avisa el comité que hoy llega la caravana y le encargan a Ramón y Fernando que vayan a recibir las cosas; me mandan a mí por si viene alguna comisión y quieren hablar con nosotros. El camión con una estrella roja de cinco puntas muy abiertas en cada puerta y unas delgadas letras "EZLN" avanza dando tumbos y patinando en el lodo y el estiércol.
12:00. Avisan que ya van a llegar. Nos dirigimos hasta el límite del territorio del EZLN con el de la zona franca. En la grabadorita un *blues* llena la cabina y el alma.
13:00. En el retén del límite de territorios. El sol hace brillar al verde. Un periodista que se adelantó, dice, me alarma con el informe de

que vienen "veintitantos camiones y como 200 personas". Ramón sonríe con nerviosismo, yo lo tranquilizo: "No te preocupes, la prensa siempre exagera".

Sí, tenéis razón, hasta esa hora la Caravana de Caravanas era, para nosotros, sólo una amenaza probable. Para evitaros angustias innecesarias, os aclaro ya que no os preocupéis, llegaron todas las cosas que mandasteis y llegaron bien. En horas de la noche, cuando el sol se había cansado de esperar pero no nosotros, llegaron varios camiones, camioncitos, camionzotes, y una cierta cantidad de gente que nuestro riguroso sistema de control clasificó en el rango de "un chingo". En el límite que separa la zona franca de la zona zapatista me encontré con los "coordinadores" (que, según pude averiguar, son una especie de "moderadores de debate" pero chacoteros), les transmití mi angustia, que había avivado el comentario del periodista que se les adelantó, preguntando si era cierto que venían 200 gentes. Una de las coordinadoras intentó tranquilizarme: "Noooo, cómo crees que 200". El remedo de una sonrisa, que apenas se iniciaba, se me congeló en el rostro (es decir, en el pasamontañas) cuando agregó, implacable: "Son 380". "¿380?", balbuceé. Entonces uno de los coordinadores intervino para decir que cómo crees-no-son-380-yo-conté-400 y otro no-son-390-y yo-saqué-la-lista-pero-no-se apuntaron todos ah-pues-no-es-mi-cul-pa pues-mía-tampoco, etcétera. Mientras ellos llegaban al "consenso" me retiré para avisar que reforzaran las defensas mientras se averiguaba cuáles eran sus intenciones.

Envié un parte de guerra al CCRI-CG del EZLN:
"Límite de la zona zapatista.
14 de junio de 1994. 01.00 hrs.
Al CCRI-CG del EZLN
De Subcomandante Insurgente Marcos
Compañeros:
EL CERCO HA SIDO ROTO, entre los días 13 y 14 de junio de 1994, elementos diversos, representantes de la llamada sociedad civil mexicana, pasaron, como en enero, por encima de los dos ejércitos. No parece que tengan intenciones de detenerse. Recomiendo no ofrecer resistencia, son un chingo, representan más que nosotros y vienen armados de libros y gritos de esperanza.
Salud y calienten los frijoles, deben traer un filo que hasta crudos.
Vale. Nosotros llegaremos, como en la historia, detrás de ellos.
Firma
PD. Dice El Monarca que lo esperen para el baile.
Difícil la situación ¿no? Pero seguidme en la sonriente revisión del diario:
14 de junio de 1994, 00.30. En horas en que la tarde empieza a estirarse, perezosa, para acostarse en eso que llaman noche, pasamos a checar para evitar "colados". El silencio se apoderó de los pasajeros cuando

subí al autobús. Cuando me apeé empezaron a gritar y a cantar, me imagino que de gusto porque ya me había retirado. Uno a uno, a pesar de vados y choferes, los camiones de la madre de todas las caravanas fueron ingresando a territorio zapatista. El último vehículo cruzó la línea de las 00:00. Nosotros nos fuimos atrás, desde lo alto de la loma el largo serpentear de focos daba escalofríos. Estábamos aterrorizados, así que empezamos a contar chistes y a fumar.

Después, algunos retazos de memoria, recuerdos y cartas reconstruyen lo ocurrido.

Llegamos al pueblo, parte del potrero era ya un estacionamiento. Las personas subían y bajaban de los autobuses y camiones en una desorganización digna de admiración. Cuando los encontramos, todo tenía un agradable sentimiento de desmadre organizado. Pablo, del CCRI-CG, reforzó nuestra defensa ante esta desconcertación intromisión, es decir, organizó un baile. Monarca dio el informe más preciso que las circunstancias le permitían: "Son un chingo". Ramón escuchó que alguien dijo que tenían hambre y no tenían comida, partió en la madrugada con una unidad a pedir prestada una vaca. Ella (la vaca) no tuvo inconveniente alguno ("No dijo nada" alega Ramón cuando cuenta cómo trajo la res). Las mujeres del poblado, que se habían angustiado al escuchar el ruido de los "torton" pensando que eran tanques, se aterrorizaron cuando vieron que eran civiles.

En las guardias la situación no era más clara: Vicente y El Caballero estaban discutiendo si lo que gritaban desde el autobús era "No están solos" o era "Ya están solos". Nadie entendía nada y los del comité me miraban buscando una respuesta. Yo me escondí tras el humo de la pipa y expliqué, disculpándome, con el inapelable "Son un chingo".

Localizamos a los coordinadores y nos reunimos. Después de un rápido referéndum, se llegó a la conclusión de que dejáramos para el día siguiente la descarga de la ayuda humanitaria y que se fueran a dormir. Evidenciando la popularidad del consenso alcanzado, más de la mitad se negó a irse a dormir y se dedicó a deambular por el poblado. Paseando su desconcierto por entre canciones, ladridos de perros y grillos (de los de acá y de los de allá), los sorprendió la aurora frente a una manta que dice: "Bienvenidos a la Selva Lacandona, guarida de transgresores, cuna del EZLN y rincón digno de la patria".

Al otro día, o sea al rato, el sol saludó a hombres y mujeres, sin distinción de grados militares o civiles. Los de la Caravana de Caravanas se organizaron, dicen. Con la antigua técnica de "mano cadena" descargaron, entre cantos y risas, una cantidad de ropa, alimentos y medicinas que, en la balanza zapatista, marcó "UN CHINGO".

Después, en breve ceremonia, se intercambiaron saludos, canciones, papeles y esperanzas. Ya en la tarde hablaron representantes de TODOS los que venían y, a juzgar por el número de oradores, también de TODOS los que no venían. Acordaron hablar dos minutos cada uno y, como eran setentaitantos mensajes, yo me recosté en la hierba. Los del Comité me miraron con reprobación. "Va a tardar", les dije. Después de la primera veintena de oradores, el Comité en pleno se acomodó como pudo. En el entretanto, escribí cartas diversas a 236 abuelitas (lo que suena lógico porque es evidente que varios de los que llegaron no tienen abuela), 178 constancias de que sí llegaron las cosas, y 356 mentadas, de las que no son de menta, para que las repartieran entre los incrédulos.

Ya más tarde se fueron a comer. Una vaca solidaria y bien cocida esperaba en las pailas humeantes. Yo revisé un costal y encontré una bolsa de canicas y, mientras los demás bailaban, me fui a jugar un "chiras pelas" con Héctor que, además de saber de caballos, resulta que tiene una puntería que deja apenadas a las "smart bombs". En suma, me despojó de todas mis "agüitas" y me hizo firmar un vale por otro tanto (tendré que recurrir a un crédito a la palabra o a un convenio "respetuoso de la soberanía nacional" con el FMI). Derrotado en las canicas, me fui a la posta. El guardia miraba divertido y lejano el estacionamiento que ayer era todavía un potrero.

Le pedí fuego para la pipa (Héctor también se había quedado con mis cerillos) y, mientras se buscaba en los bolsillos, me preguntó "Oye *sup*, ¿y como cuántos son?" Yo me sumé a lo que ya era consenso y estaba corriendo por todas las cañadas, con un suspiro de resignación, dije: "Son un chingo".

En la madrugada del 15 de junio, cuando hacía el rondín, me reuní con los vegetarianos, por unanimidad se decidió que era inútil ya esperar las hamburguesas. El exceso de carne engorda, dicen, y te deja sin el "ham". Las vacas se sumaron incondicionalmente a la declaratoria. En horas distintas se fueron todos. Nosotros nos quedamos recogiendo los restos del naufragio.

Me avisaron que el último vehículo había ya traspasado la zona franca en su largo retorno. La Caravana de Caravanas, todo y todos los que se conjuntaron para hacerla posible, había cumplido.

Al día siguiente, ya tarde en la noche, me avisaron de una nueva incursión y fui a ver: gentes procedentes de verdaderos centros de formación de futuros transgresores de la ley, UNAM, UAM, ITAM, CCH, otros, y un finlandés que provocó mis celos profesionales pues sus chistes son todavía más malos que los míos (lo que ya es casi aspirar al Nobel), se habían apersonado en la zona franca, y después de descargar, miraban con incredulidad el nocturno techo. Una luz verde trazó un rápido y grueso rayón-sobre el horizonte y yo pensé que era un buen color para la esperanza. Después de intercambiar anécdotas, desánimos, lúgubres sentencias y sí, una que otra esperanza, llegó ese momento absurdo en que todos saben que hay que irse, unos para un lado del cerco y los otros para el otro lado, y cada uno espera que el otro diga: "Bueno... pues... hasta luego". Los choferes, como es de rigor en estos casos, resolvieron el dilema y el ruido de motores y el olor a diesel acabaron con los titubeos.

La aurora se fue apagando, lo que no deja de ser una forma muy triste de irse. El día ya reinaba entre verdes azulados. Yo me di cuenta de que mis botas estaban rotas. Monarca, sonriendo, resumió la jornada: "Son un chingo". Yo asentí con un suspiro mientras veía con preocupación mis pies. "Vamos bien", pensé, "la bota rota es la derecha".

Arrancó el camión y, dando tumbos, se echó a andar nuestra esperanza...

Vale, salud a los que os quedasteis; vuestro aliento, desde lejos, también rompió el cerco.

Desde las montañas del Sureste mexicano
Subcomandante Insurgente Marcos

P.D. Ceceachera. Maestros y estudiantes del CCH vinieron a decirnos lo que nosotros ya sabíamos: que ellos tampoco se iban a rendir. A falta de alcohol brindamos con café.

P.D. DE ADVERTENCIA PARA LOS QUE VINIERON. Ahí van de regreso, cumplieron y cumplieron bien. Tened cuidado con ellos, han adquirido una enfermedad muy contagiosa que abunda en estas tierras, la dignidad. Pero no es eso lo peor, ocurre también que ellos piensan, ingenuos, que ya de aquí se fueron...

•

[A JORGE MADRAZO, 14 de julio]

Al pueblo de México:　　　　　　　　　　　　　　　8 de julio de 1994
A los pueblos y gobiernos del mundo:
Hermanos:
El Comité Clandestino Revolucionario Indígena-Comandancia General del EZLN ha revisado con atención la carta que, con fecha de 1º de julio de 1994, ha dirigido a esta comandancia del EZLN el nuevo Comi-

sionado para la Paz y la Reconciliación, el señor Jorge Madrazo Cuéllar. A este respecto el CCRI-CG del EZLN declara:

Primero. Que saluda el nombramiento del señor Jorge Madrazo como nuevo Comisionado para la Paz y la Reconciliación, y lo reconoce como representante oficial del Gobierno Federal.

Segundo. Que solicita al señor Obispo Samuel Ruiz García, Obispo de la Diócesis de San Cristóbal Las Casas, Chiapas, para que, en compañía de otros distinguidos personajes, forme parte de la Comisión Nacional de Intermediación.

Tercero. Que, mientras otras personalidades distinguidas se suman a la Comisión Nacional de Intermediación, todas las comunicaciones del Gobierno Federal y del Comisionado de Paz deberán dirigirse al Comité Clandestino Revolucionario Indígena-Comandancia General del Ejército Zapatista de Liberación Nacional a través del señor Obispo Samuel Ruiz García, si es que éste acepta formar parte de la mediación.

Cuarto. Que el término del diálogo de San Cristóbal no es el fin de la voluntad de diálogo del Ejército Zapatista de Liberación Nacional.

Quinto. Que el CCRI-CG del EZLN exhorta al señor Comisionado para la Paz, señor Jorge Madrazo, para que haga su mejor esfuerzo en la consecución de un clima favorable a la celebración pacífica de elecciones estatales y federales, y a una futura reanudación del diálogo para una paz con justicia, dignidad y democracia.

¡Democracia!
¡Libertad!
¡Justicia!
Desde las montañas del Sureste mexicano
CCRI-CG del EZLN

•

[INVITA EL EZLN A SAMUEL RUIZ A LA NUEVA COMISIÓN DE INTERMEDIACIÓN, 14 de julio]

Al señor Samuel Ruiz García,   8 de julio de 1994
Obispo de la diócesis de San Cristóbal
de Las Casas, Chiapas
Comisión Nacional de Intermediación
Señor Obispo:
Este Comité Clandestino Revolucionario Indígena-Comandancia Ge-

neral del Ejército Zapatista de Liberación Nacional quiere invitarlo a que forme parte de la nueva Comisión Nacional de Intermediación, con el fin de no detener la búsqueda de una solución política al conflicto.

Saludamos y recibimos con beneplácito el que usted haya aceptado formar parte de la Comisión Nacional de Intermediación que desembocó en el diálogo de San Cristóbal a finales del mes de febrero e inicios de marzo de 1994.

Como oportunamente informamos, nuestro rechazo a las propuestas de acuerdos con el gobierno federal no significa un rechazo a seguir buscando el diálogo y la solución política a nuestras justas demandas. El diálogo de San Cristóbal fue sólo un paso en el camino de la paz con justicia y dignidad. Hemos sido informados del nombramiento del señor Jorge Madrazo Cuéllar como comisionado para la Paz. Nos estamos dirigiendo a él para informarle que, en caso de que usted acepte volver a formar parte de la Comisión Nacional de Intermediación, las comunicaciones dirigidas al EZLN deberán hacerse a través de la diócesis de San Cristóbal. Estamos haciendo también una exhortación al nuevo comisionado para la Paz, señor Jorge Madrazo, para que haga su mejor esfuerzo en crear un clima favorable a la realización de elecciones pacíficas y a la probable reanudación del diálogo para la paz entre el EZLN y el supremo gobierno.

Esperamos sinceramente que acepte usted formar parte de la nueva Comisión Nacional de Intermediación y que los pasos para un diálogo público, verdadero y justo sigan avanzando para el bien de nuestros pueblos.

Respetuosamente
Desde las montañas del Sureste mexicano
CCRI-CG del EZLN

•

[NIEGA MARCOS QUE EL EZLN RECIBA APOYO DEL EXTRANJERO, 14 de julio]

Al semanario nacional *Proceso*:   10 de julio de 1994
Al periódico nacional *La Jornada*:
Al periódico nacional *El Financiero*:
Al periódico local de San Cristóbal de Las Casas, *Tiempo*:
Señores:

Van comunicados sobre "financiamientos extranjeros" y nuevo comisionado para la paz. Además, completamente gratis, un prólogo coleccionable para ediciones marginales y piratas de los comunicados. De nada, no hay por qué darlas... todavía.

Me enternecen hasta las lágrimas las denuncias de los autodenominados diputados del (¿alguien lo duda?) PRI, Ramón Mota y Cuauhtémoc Sánchez. Que alguien me haga el favor de informarles a esos señores que si hubiéramos tenido financiamiento extranjero nosotros estaríamos designando al comisionado de paz; los señores Ramón Mota y Cuauhtémoc Sánchez estarían presos y siendo juzgados por ilegítimos y por fraude y malversación de fondos; el diálogo de San Cristóbal se hubiera dado en el Ajusco y estaríamos discutiendo, ahora, la posibilidad de darle al "Revolucionario Institucional" el reconocimiento de "fuerza política en formación". Finalmente, hubiera sido más original culparnos por "crear el clima propicio" para la "Batalla del Ángel" y para facilitar los penaltis (¿así se escribe?).

Vale, salud y un antiácido para la cruda por el exceso de búlgaros.

Desde las montañas del Sureste mexicano

Subcomandante Insurgente Marcos

P.D. que guarda los banderines hasta dentro de cuatro años. Yo hubiera metido a Hugo. La culpa no la tiene Miguel; al que hay que reclamarle es a Emilio ("el que paga manda"). Lo de Maradona fue un crimen. A ver cuándo le toca su primero de enero a la FIFA.

P.D. que hace una moción a la mesa; la mesa pregunta si es moción de orden o de procedimiento. La P.D. aclara que en realidad es una moción a la moción; la mesa abre un debate para ver si procede. 17 horas después la P.D. toma por asalto el micrófono, sacude su melena alborotada, envuelve a la asamblea con la luz de su mirada y dice así, con entonado acento:

"El consenso es la garantía que tiene la minoría de poder imponer su voluntad a la mayoría."

P.D. que, iluminada por la luz de la hoguera, explica por qué hay que hacer una revolución y cuenta un cuento para niños disfrazados de adultos y para adultos disfrazados de niños. El cuento se llama: *De elefantes, hormigas y revoluciones.*

Decía Julio Cortázar que decía Marcel Duchamp que los elefantes son contagiosos, y decía Julio que él agregaría que las revoluciones también son contagiosas.

Y las hormigas, Julio, basta ir a mi cuartel donde, con paciencia y dedicación, se han instalado en las paredes, el suelo y hasta en el techo. Eso sí, faltará el alimento, pero las hormigas tenemos para rato o, más bien, ellas nos tienen a nosotros, y la convivencia pacífica es nuestra garantía de supervivencia. Los elefantes, está claro, confirman una vez más que la naturaleza imita al arte y esa pesada asimetría lo reconcilia a uno consigo mismo.

Pienso que la historia habrá de hacerles justicia algún día a los elefantes, sobre todo si son de color violeta y la trompa verde. Este ser noble y modesto mucho tiene de símil con la hormiga, por más que sus relaciones sean, como las llamarían los "brillantes" politicólogos, de *guerra fría* (que en nuestra América está ya en punto de ebullición). ¿Ves cómo tengo razón? Apenas está uno hablando de elefantes y hormigas y ya tocan a la puerta los servicios de inteligencia *made in Fort Gullick*, cosa que al elefante lo deja imperturbable y de la hormiga ni hablamos, bastante trabajo tiene con el azúcar que derramé al servirme el café.

Bueno, pero trataba de decir que las hormigas y los elefantes tienen sospechosas similitudes. Por ejemplo, los elefantes les gustan a los niños, pero es de notar que los dueños de circos y zoológicos no comparten ese entusiasmo cada vez más acallado por grupos "musicales" y etcéteras vestidos con modas galácticas (o eso creen), porque si no, no me puedo explicar cómo obligan a los paquidermos a viajar en esos camiones tan incómodos y oscuros. En fin, los elefantes son seres incomprendidos y también las hormigas. Por ejemplo, el otro día un sanitario me ha saltado un largo discurso sobre lo antihigiénicas que son las hormigas y las bondades que nos traería acabar con ellas.

No lo creo. Además de la simpatía que me provocan, acabarían venciendo en esa pequeña guerra que nos iría agotando mientras ellas crecen. Todos los cursos de contrainsurgencias y todas las maniobras militares no bastarían para siquiera intimidarlas. Son más y conocen mejor el terreno. Yo estoy por una alianza o, por lo menos, un pacto de no agresión, de convivencia pacífica. Esto último creo que ha dado resultado. El cuartel tiene sus horarios. En la intendencia, por ejemplo, hay horas para que hombres y mujeres deambulen neciamente en ese lugar y hay horas para que las hormigas busquen alimento o nada más se paseen en las piedras porque afuera está el calor o la lluvia. En fin, que en estos pocos días hemos sido felices. Admito que tratándose de elefantes el problema crecería desmesuradamente, pero creo que terminaremos arreglándonos. Sí, sí, ya sé que los sanitarios, iracundos, se disponen a escribir sendas cartas hablando de la cantidad de microbios que las hormigas acarrean, y ni hablar de los elefantes, pero creo que me doy a entender. Las revoluciones también son antihigiénicas... para el neoliberalismo. Sobre todo porque son contagiosas (como los elefantes y las hormigas). Y así como hay que aprender a amar a las hormigas y a los elefantes, hay que aprender a amar y a hacer las revoluciones.

Volviendo a la relación entre las hormigas y los elefantes, a mí no me convence esa aparente indiferencia que asumen una al paso del otro. Sospecho una secreta alianza en ese ignorarse mutuamente. Tal vez se ayudan sin saberlo nosotros; tal vez tras las grandes orejas se esconden las hormigas por millones, recuperan fuerzas, conspiran y preparan el contraataque cuando alguna campaña higiénica las ha obligado a un repliegue táctico; tal vez las hormigas construyen bajo tierra inmensas galerías para resguardar a los elefantes cuando los niños terminen por olvidarlos y queden en las perversas manos de los dueños de los circos. ¿A dónde irían si no bajo tierra a esconderse? ¿Dónde podrían rehacer sus fuerzas sin que fuertes cazadores armados con *napalm* los encontraran? Quién dice que no, a lo mejor...

Por ejemplo, cuando veo un elefante, en las afueras de un circo o en un zoológico, se me contagia casi inmediatamente y sé que me miran con secreta complicidad, dándome a entender que se preparan para rebelarse. Seguro es que las jaulas no ni tampoco las cadenas que los atan. Las romperán un día e irán felices a retozar, por fin, en los jardines y a comer todo el algodón de azúcar que quieran (todo elefante que se respete enloquece de gusto con el algodón de azúcar y con retozar en los jardines y mejor si tienen una fuente).

Por esto, y por otras cosas, hay que hacer una revolución...

•

[EL MÉXICO QUE QUIEREN LOS ZAPATISTAS, 22 de julio]

A: Diálogos "El México que queremos"   17 de julio de 1994
Atención: Primitivo Rodríguez Oseguera
Academia Mexicana de Derechos Humanos
Centro de Estudios Educativos
Centro de Estudios del Movimiento Obrero y Socialista
CIVICUS, Alianza Mundial para la Participación Ciudadana
Fundación para la Promoción y Defensa de la Legalidad
Instituto Mexicano de Estudios Políticos
Señor Primitivo Rodríguez Oseguera.

Leí, apenas hoy, su atenta invitación, aparecida en El Correo Ilustrado de *La Jornada*, para participar en los diálogos "El México que queremos". Agradecemos la oportunidad que nos dan, en ese espacio plural, de presentar un dibujo, a grandes rasgos, del México que queremos los zapatistas.

Heriberto (3 años, tojolabal hijo de tojolabales) sonríe sin dientes cuando consuela a su hermana Eva (5 años, tojolabal hija de tojolabales) que se despertó llorando porque soñó que el gato hacía "mau" y no "miau". Heriberto le explica a Eva que fue el chuchito ("perrito" para los chiapanecos) el que lo corrió al gato y por eso dijo "mau".

Su hermana duda, pero la sonrisa sin dientes de Heriberto le empieza a contar una historia bastante complicada sobre el chuchito que vino el otro día y traía, el chuchito, un dulce en la bolsa y Heriberto, para que no haya duda, saca un dulce de la bolsa del pantalón y se lo ofrece a Eva que, ante prueba tan racional, se sorbe las lágrimas, se deja convencer y prueba el dulce. Heriberto sigue hablando y la historia del chuchito ya va detrás de una hormiga que, dice, quiere llevarse el envoltorio del dulce y Heriberto y su hermana ya se olvidaron del chuchito y del gato que hace "mau" y no "miau" y, alternándose el dulce, observan a la hormiga que ya escogió una esquina de celofán. El gato del cuento de Heriberto es un gato pequeño, por decir "gatito" Heriberto dice "gatillo". Un país donde "gatillo" quiera decir "gatito", ÉSE ES EL MÉXICO QUE QUEREMOS.

Un ganadero declara que no puede haber igualdad, que siempre habrá ricos y pobres, sus congéneres aplauden a rabiar. "Esta tierra va muriendo", dice Fidel, el zapatista, mientras desmenuza entre las manos un terrón de una milpa maltrecha. En un restaurante de lujo, políticos de alto vuelo descubren que coinciden en que lo que se necesita en este país es mano dura y un buen golpe para aplacar a tanto revoltoso, sonríen satisfechos mientras ordenan que el costo de la comida lo carguen a la cuenta de una secretaría de Estado. Una patrulla policiaca secuestra a una mujer que regresa, sola y de noche, a su casa. La patrulla enfila hacia un baldío. "La modernidad debe llegar a todas partes", sonríe con cara de entendido el funcionario, "El acarreo y el robo de urnas son la prehistoria", se arregla la corbata, "es más moderno usar el padrón electoral, así el 'trabajo sucio' sigue siéndolo, pero mucho más higiénico." PRONASOL es un programa gubernamental moderno, no se trata de remediar la pobreza, sino de optimizarla, de maquillarla para que sea aceptable a los ojos de un mercado que, con el nombre mexicanísimo de NAFTA, amenaza los cielos entre el Bravo y el Suchiate. La optimización de la pobreza muestra su efectividad en el campo mexicano: los indígenas mueren, como hace siglos, de enfermedades curables que el blanco trajo, junto a cruces y espadas, para "civilizar" a estos salvajes que piensan, ingenuamente, que es razón y derecho de las gentes gobernar y gobernarse. En las montañas del sureste mexicano es más barato morirse que curarse, una a una se van cerrando todas las puertas.

Oyendo el llanto de los suyos, los muertos de siempre regresan para hablar palabras de guerra, escuchan a los ancianos y van traduciendo a los jóvenes la misión que trae el viento de abajo. Un país donde todo esto sea sólo una pesadilla y no una realidad, ése es EL MÉXICO QUE QUEREMOS.

Al amanecer de un año, un ejército formado por indígenas declara la guerra al gobierno, luchan por "utopías", es decir, por democracia, libertad y justicia en EL MÉXICO QUE QUEREMOS. En un muro de una presidencia municipal chiapaneca, palacio de caciques, queda pintado un "¡YA BASTA!" de rojo apagado, de sangre seca. Los empleados tratarán inútilmente de borrarlo. "Sólo tirando el muro", dicen y se dicen los empleados. Alguien, en cualquier lugar del país, empieza a entender... EN EL MÉXICO QUE QUEREMOS.

Heriberto sólo lleva, por ropa, un paliacate rojo. A los tres años el paliacate tapa el ombligo y el dedito del sexo. Cuando Heriberto se cae en el lodo, rápidamente voltea a ver si alguien lo observa o se ríe, si no hay nadie a su vista, se incorpora de nuevo y va al arrollo a bañarse, a su mamá le dirá que se bañó porque fue a pescar. Si alguien lo burla cuando se tropieza, Heriberto va por un machete de su tamaño y, empuñandolo, arremete contra todo lo que esté a su alrededor. Llora Heriberto no porque le duela la caída. Porque duele más la burla, por eso llora Heriberto.

En EL MÉXICO QUE QUEREMOS, Heriberto tendrá zapatos buenos para el lodo, un pantalón para los raspones, una camisa para que no se escapen las esperanzas que suelen anidar en el pecho, un paliacate rojo será sólo un paliacate rojo, y no un símbolo de rebeldía. Tendrá el estómago satisfecho y limpio y habrá en su pensamiento mucha hambre de aprender. Llorar y reír serán sólo eso, y Heriberto no tendrá que hacerse adulto tan de temprano.

Una mañana, después de una noche larga, llena de pesadillas y tierno dolor, amanecerá EL MÉXICO QUE QUEREMOS. Habrán de despertar los mexicanos sin palabras que callar, sin máscaras para vestir sus penas. Habrá en los pies esa inquieta urgencia de bailar y en las manos la comezón de estrechar, amigas, otras manos. Ese día, ser mexicanos dejará de ser una vergüenza. Ese día EL MÉXICO QUE QUEREMOS será una realidad y no apenas un tema para coloquios de sueños y utopías.

Vale, señores, aprovecho para hacerles una invitación a que asistan a la Convención Nacional Democrática.

Salud y más sueños de esos que pueden parir realidades.

Desde las montañas del Sureste mexicano
Subcomandante Insurgente Marcos

•

[EL "ACCIDENTE" DE AVENDAÑO, 30 de julio]

Al pueblo de Chiapas: 28 de julio de 1994
Al pueblo de México:
Al Comisionado para la paz y la reconciliación:
Hermanos:
El Comité Clandestino Revolucionario Indígena-Comandancia General del Ejército Zapatista de Liberación Nacional declara lo siguiente:

Primero. El día 25 de julio de 1994, en horas de la mañana y por medio de una transmisión radial, nos enteramos de lo ocurrido al señor Amado Avendaño Figueroa, candidato de la sociedad civil al gobierno del estado de Chiapas. El "accidente" del señor Avendaño Figueroa y acompañantes tiene todos los visos de un atentado; en un estado militarizado, donde hay más soldados que escuelas y más policías que indígenas alfabetizados, un vehículo sin placas, sin tarjeta de circulación y sin ninguna identificación, atraviesa el estado, se "aparece" en la ruta del señor Avendaño y lo embiste de frente. ¿Cómo explican las autoridades que un vehículo con estas características pueda transitar libremente por las carreteras del estado?, ¿cómo explican toda la serie de contradicciones y desmentidos en las versiones oficiales del "accidente"?, ¿cómo explican la complicidad de agentes de Migración en la fuga del chofer?, ¿por qué, sin mediar investigación alguna, las autoridades declaran que se trata de un "accidente"?

Segundo. El EZLN ha manifestado su disposición a seguir el diálogo con el gobierno en un clima favorable a la paz. Este clima sigue deteriorándose con la beligerancia de los grandes ganaderos, ahora con la complicidad de los grandes comerciantes; el Ejército federal continúa con sus vuelos rasantes sobre territorio zapatista, especialmente sobre las construcciones para la Convención Nacional Democrática en Aguascalientes, Chiapas, buscando provocar a nuestras tropas. El atentado contra el señor Avendaño sigue marcando la ruta guerrerista que el gobierno persigue. Hablando de paz, el supremo gobierno prepara la guerra abierta.

Tercero. El EZLN declara que es necesario que se aclaren las circunstancias de este suceso, y se presente un clima verdaderamente favorable para la distensión.

Cuarto. El clima de provocación y guerra sucia podría provocar el fracaso de los esfuerzos de diálogo y precipitar una serie de medidas que reanuden los enfrentamientos.

¡Democracia!
¡Libertad!
¡Justicia!
Desde las montañas del Sureste mexicano
CCRI-CG del EZLN

•

[HAY UN CLIMA DE PROVOCACIÓN, 30 de julio]

Al pueblo de Chiapas: 28 de julio de 1994
Al pueblo de México:
A los delegados, invitados y observadores de la Convención Nacional Democrática:
Hermanos:
El Comité Clandestino Revolucionario Indígena-Comandancia General del Ejército Zapatista de Liberación Nacional, después de analizar el clima de provocación belicista que impera en el país y en el estado de Chiapas, declara lo siguiente:

Primero. El llamado "accidente" del señor Amado Avendaño, candidato de la sociedad civil a la gubernatura de Chiapas, presenta las características de un atentado. En los medios oficiales de información existe un clima de provocación y terror. La complicidad renovada de los grandes ganaderos y comerciantes presta sus servicios al guerrerismo del gobierno. El ejército federal aumenta su vigilancia aérea y refuerza sus medios bélicos en la zona en conflicto. Hay rumores de que la Convención Nacional Democrática se suspenderá. El objetivo de todos estos elementos, y de los que continuarán presentándose, es impedir la realización de la Convención Nacional Democrática en tierras chiapanecas.

Segundo. El Ejército Zapatista de Liberación Nacional cumplirá con su compromiso de organizar y realizar la Convención Nacional Democrática; ésta se llevará a cabo pase lo que pase, pues responde a un derecho legal del pueblo mexicano. La Convención se llevará a cabo en los días y lugares citados en la convocatoria. ¡No nos detendremos!
¡Democracia!
¡Libertad!
¡Justicia!
Desde las montañas del Sureste mexicano
CCRI-CG del EZLN

•

[POR QUÉ SE REQUIERE OTRA CONSTITUCIÓN
Y UN GOBIERNO DE TRANSICIÓN, 31 de julio]

A los mexicanos que participarán   27 de julio de 1994
en la primera sesión de la Convención Nacional Democrática:
Al pueblo de México:
A los pueblos y gobiernos del mundo:
Hermanos:
El Ejército Zapatista de Liberación Nacional, de acuerdo con su política de dar a conocer claramente sus posiciones al pueblo mexicano, presenta públicamente el documento que contiene los puntos principales de la posición que los delegados zapatistas llevarán a la primera sesión de la Convención Nacional Democrática, a realizarse del 6 al 9 de agosto de 1994 en Chiapas, México.

Invitamos respetuosamente a los mexicanos y organizaciones de mexicanos que asistirán a la primera sesión de la Convención Nacional Democrática para que analicen estas posiciones, las critiquen, enriquezcan, rechacen o, si están de acuerdo con todas ellas o con parte de ellas, las apoyen, junto al EZLN, en las mesas de discusión de la Convención Nacional Democrática y en la plenaria de la CND.

Por qué son necesarios, para el cambio democrático en México, un gobierno de transición y una nueva Constitución.

1. Porque estamos rompiendo con una dictadura, con un sistema político dictatorial definido por un partido de Estado y por el presidencia-

lismo, un sistema político que basa su poder en la usurpación de la voluntad popular y en la imposición de un proyecto económico que sacrifica a los sectores sociales más importantes del país, para beneficiar a un puñado de familias, entre las que se encuentran las familias de los gobernantes.

2. Porque, destruida esa dictadura, es necesario construir un nuevo espacio de relaciones políticas.

3. Porque este nuevo espacio de relaciones políticas debe tener como base la justicia, la garantía de las condiciones de vida digna para todos los mexicanos: techo, tierra, trabajo, alimentación, educación, salud, independencia, libertad, democracia, justicia y paz.

Gobierno de transición

1. Un gobierno de transición democrática NO es un gobierno transitorio, NO es un gobierno temporal, NO es un gobierno interno, NO es un gobierno de excepción.

2. Un gobierno de transición democrática es un gobierno con un programa político de democratización de la vida política del país. Un gobierno que se comprometa a abrir todos los espacios de participación política legal y pacífica para que las distintas fuerzas políticas, partidarias o no, puedan manifestarse, presentar sus propuestas a la sociedad, y competir, en igualdad de circunstancias, por el apoyo popular. Con un gobierno de transición, la participación política no se limitará al aspecto electoral. Porque existen, en nuestro país, realidades que no tienen figura legal para reconocer su derecho de existencia. Realidades como las formas de autogobierno en las comunidades indígenas, como la creciente participación política de grupos no partidarios, como la necesidad de consultar en toda la sociedad decisiones que atañen a los intereses de la nación, como el trabajo de partidos y organizaciones políticas que no cuentan con registro legal porque su existencia legal se limita por resultados electorales fraudulentos.

3. Un gobierno de transición democrática es un gobierno con un programa político que rompa con el sistema político de partido de Estado y con el presidencialismo. Un gobierno que se comprometa a romper con el maridaje entre gobierno y partido, y que fortalezca los otros poderes de la Unión de modo que el Poder Ejecutivo cumpla, exclusivamente, su función ejecutiva de hacer que se cumplan las leyes y disposiciones que emanen de un Poder Legislativo producto de la voluntad popular.

4. Un gobierno de transición democrática es un gobierno que permite, mediante disposiciones gubernamentales, el tránsito de un sistema

autoritario y corrupto a un sistema basado en una nueva cultura política. En un gobierno de transición democrática se abre el espacio para la manifestación de TODAS las corrientes políticas.

5. Un gobierno de transición democrática es un gobierno que rompe con la dictadura del partido de Estado y el presidencialismo y sienta las bases DEMOCRÁTICAS para un nuevo sistema político.

La Convención Nacional Democrática debe pronunciarse por un programa de lucha, el programa de la Convención. Un programa que, en su aspecto político, exija un gobierno de transición democrática.

Congreso Constituyente

1. La legalidad actual es insuficiente para incorporar y encauzar las demandas populares de Democracia, Libertad y Justicia. Las últimas reformas a la Carta Magna no son meras adecuaciones sexenales, constituyen una verdadera CONTRARREFORMA constitucional. Como resultado, la Constitución vigente en 1994 ha perdido ya el espíritu social de la de 1917 y es, además, incapaz de contener las nuevas realidades que se presentan en la vida política de México.

2. Es necesario un Congreso Constituyente que analice la actual ley suprema de la nación bajo la luz de las demandas sociales del pueblo mexicano y de las diversas formas de participación ciudadana que, ante el autoritarismo gubernamental, se han desarrollado.

3. El Congreso Constituyente deberá tener representatividad de todas las entidades federativas, de la totalidad de los municipios, de las comunidades indígenas, de las diversas organizaciones sociales y ciudadanas, de las distintas organizaciones políticas nacionales, regionales y locales, sociales, técnicos y jurídicos deben tener su lugar en el Congreso Constituyente.

4. La Convención Nacional Democrática NO es el Congreso Constituyente. La Convención Nacional Democrática se pronuncia por que se convoque a un Congreso Constituyente plural, representativo, nacional y popular.

La Convención Nacional Democrática debe pronunciarse por un programa de lucha, el programa de la Convención. Un programa que, en su aspecto jurídico, exija la convocatoria a un Congreso Constituyente.

Nueva Constitución

1. Es necesario revisar nuestra actual Carta Magna. No tiene, ya, los principios esenciales que animaron al Constituyente en 1917.

2. Es necesaria una nueva Constitución Política de los Estados Unidos Mexicanos que, con base a los principios de la Constitución del 17,

vuelva a incorporar, con las mejoras que nuestra realidad demanda, los derechos políticos y sociales que el neoliberalismo ha eliminado. Más allá, la nueva Carta Magna y el cuerpo de leyes del país deben incorporar a la legalidad las nuevas realidades como el plebiscito, el referéndum popular, la autonomía de las comunidades indígenas, los derechos políticos de grupos no partidarios de ciudadanos, el derecho de actividad política de organizaciones políticas regionales, locales o nacionales pequeñas, la aplicación de la justicia para sancionar conductas delictuosas de funcionarios públicos.

3. La nueva Constitución Política de los Estados Unidos Mexicanos deberá incorporar las demandas populares y el derecho de los mexicanos todos a luchar por su satisfacción. El derecho a una *vivienda* digna, a la *tierra* y a los medios necesarios para hacerla producir, a un *trabajo* digno y un salario justo, a una buena *alimetación*, a una *atención médica* eficiente y gratuita, a una cultura democrática y popular, a la independencia nacional para decidir, sin injerencia extranjera alguna, los destinos del país, a la aplicación de la justicia en condiciones de igualdad, legalidad y con pleno respeto a los derechos humanos, a la libertad para expresarse y manifestarse en lo político, lo social y lo ideológico, a la democracia para elegir, o destituir, una forma de gobierno y a los funcionarios públicos de ese gobierno, a una paz con justicia y dignidad.

La Convención Nacional Democrática deberá pronunciarse por un programa de lucha, el programa de la Convención, un programa que, en su aspecto legal, exija una nueva Constitución que retome los principios esenciales de la Constitución de 1917, (que) reconozca las nuevas realidades mexicanas e incorpore el derecho de los mexicanos a techo, tierra, trabajo, alimentación, salud, educación, información, cultura, independencia, democracia, libertad, justicia y paz.

Vías pacíficas del tránsito de la democracia, elecciones, resistencia civil y defensa de la voluntad popular.

1. La lucha por la transición democrática incluye la lucha electoral.

2. En el proceso electoral próximo se debe exigir a las autoridades y a las organizaciones políticas elecciones limpias, libres y pacíficas.

3. Todos los ciudadanos deben ejercer su derecho al voto libre, directo, secreto y pacífico. Los ciudadanos deben participar soberanamente en el proceso electoral, exigiendo el pleno respeto al libre ejercicio del voto y haciendo valer, antes, durante y después de la jornada electoral, todos los recursos para hacer valer el ejercicio de ese derecho.

4. Todos los órganos de autoridad deben respetar la libertad, la lega-

lidad, el secreto y la imparcialidad del proceso y deben abstenerse de cualquier actividad que, directa o indirectamente, impida la limpieza, legalidad y objetividad de las elecciones.

5. Todos los órganos electorales, partidos políticos, observadores nacionales y extranjeros y ciudadanos tienen la obligación de participar en las elecciones con apego a la ley y respetando la voluntad popular expresada libremente.

6. La falta de unas elecciones democráticas, limpias, legales, imparciales y confiables significa una amenaza a la paz.

7. El principal obstáculo para la democracia en México lo constituye el binomio partido de Estado-presidencialismo. El sistema político mexicano, basado en esta antidemocracia, es incapaz de sobrevivir y garantizar la estabilidad de la nación. La lucha por la democracia en México reviste, en su forma electoral, la forma del voto contra el partido de Estado. Luchar electoralmente por la democracia en México significa votar en contra de los candidatos del Partido Revolucionario Institucional y sus equivalentes.

8. La lucha por la Democracia, la Libertad y la Justicia en México no se inicia ni se acaba en las elecciones. La lucha electoral es sólo un aspecto de la lucha por la democracia. El fortalecimiento de las organizaciones independientes, la lucha por las demandas sociales, por los derechos ciudadanos, la defensa de las conquistas populares, no se agotan ni satisfacen con la lucha electoral ni la defensa de la voluntad popular es sólo la defensa del voto.

9. LA RESISTENCIA CIVIL no es llevar adelante a un gobernante o a un gobierno, sea mediante el voto, sea mediante la defensa del voto por esa opción. La resistencia civil es la legítima defensa de la voluntad popular frente al autoritarismo gubernamental. La resistencia civil se convierte en insurgencia civil cuando se lleva adelante la lucha, por todos los medios posibles, por el cumplimiento de los derechos y la satisfacción de las demandas populares. La lucha electoral es sólo un momento de la insurgencia civil, la defensa del voto es sólo un momento de la defensa de la voluntad popular. La INSURGENCIA CIVIL es la movilización en torno a un programa popular y revolucionario que rebasa a un programa de gobierno. El problema de la INSURGENCIA CIVIL no es quién está en el gobierno, sino cómo garantizar que el que mande, mande obedeciendo.

La Convención Nacional Democrática deberá pronunciarse por un programa de lucha, el programa de la Convención, un programa que, en su aspecto preelectoral, llame a ejercer el derecho al voto y a la vigilancia del ejercicio libre y democrático de este derecho. Un programa que, en su aspecto electoral, llame a votar en contra del sistema de partido de Estado y a favor del programa de la Convención, un programa que, en su aspecto poselectoral, llame a la movilización civil y pacífica para la defensa de la voluntad popular. Un programa que, en su aspecto revolucionario, incluya un plan de acción para luchar por el cumplimiento de los acuerdos de la Convención más allá del proceso electoral.

Ésta es nuestra palabra que hablará en la Convención Nacional Democrática. Es nuestro pensamiento, no es el único ni el único verdadero. Puede y debe confrontarse. Lo haremos con respeto y tolerancia.

¡Democracia! ¡Libertad! ¡Justicia!

Desde las montañas del Sureste mexicano

CCRI-CG del EZLN

•

[Los comicios en la zona de conflicto, 31 de julio]

Al pueblo de Chiapas: s.f.
Al pueblo de México:
A la prensa nacional e internacional:
Hermanos:

El Comité Clandestino Revolucionario Indígena-Comandancia General del Ejército Zapatista de Liberación Nacional, declara lo siguiente:

Primero. Por medio de comunicaciones escritas y a través de la Comisión Nacional de Intermediación y del comisionado para la Paz y la Reconciliación, el Comité Clandestino Revolucionario Indígena-Comandancia General del Ejército Zapatista de Liberación Nacional ha concretado su disposición a no obstruir el proceso electoral venidero.

Segundo. El dispositivo para la instalación de casillas y para la realización de las elecciones en la zona en conflicto ha sido ya acordado, en el aspecto estatal y federal, con el gobierno del estado, las autoridades electorales, la Comisión de Intermediación, el comisionado de Paz, y el Ejército Zapatista de Liberación Nacional.

Tercero. El Ejército Zapatista de Liberación Nacional ha demostrado, así, su voluntad de paz, el fracaso del proceso electoral en Chiapas será responsabilidad única del gobierno.

¡Democracia!
¡Libertad!

¡Justicia!
Desde las montañas del Sureste mexicano
CCRI-CG del EZLN

•

[UN PODEROSO NAVÍO: EL *AGUASCALIENTES*, 6 de agosto]

Al semanario nacional *Proceso*:   3 de agosto de 1994
Al periódico nacional *La Jornada*:
Al periódico nacional *El Financiero*:
Al periódico local de San Cristóbal de Las Casas, *Tiempo*:
Señores:
Hoy no hay comunicado, nomás les escribo para que no se sientan solos los que no pudieron o no quisieron venir al delirio neozapatista: la Convención Nacional Democrática. En una posdata va la mera verdá' sobre "Aguascalientes" (a ver si con mi "confesión" se siente aludido Prigione).
    Vale. Salud y cuidado al cruzar la calle (un paso peatonal interestatal no vendría mal y, seguro, sería más barato que las privatizadas).
    Desde las montañas del Sureste mexicano
    Subcomandante Insurgente Marcos
    PD: Opcional para *Rayuela*: "Letrero en Aguascalientes, Chiapas: Prohibido el paso de tráilers."
    PD: De cartera política vencida. Casi todos los partidos y organizaciones políticos, grandes y chicos, del confuso espectro de la izquierda mexicana han venido, en tiempos distintos, a dejarnos claro que ellos sí nos han apoyado, detallan tiempos y lugares, cantidades y calidades. Nos quieren cobrar desde la marcha del 12 de enero hasta las distintas caravanas. Nos reclaman que los apoyemos en sus distintos ajustes de cuentas a cambio del apoyo que nos dieron. No les debemos absolutamente nada. Solos iniciamos, solos peleamos, solos nos morimos, fue nuestra sangre, y no la de ellos, la que alumbró el 94.
    Casi todos los sin partido y sin organización política, grandes y chicos, del confuso espectro de la sociedad civil mexicana han venido, en tiempos distintos, a dejarnos claro que no les debemos nada, que ellos nos deben todo, que no estamos solos, que qué más se nos ofrece. Todo les debemos a ellos, por ellos iniciamos, por ellos peleamos, por ellos morimos, fue nuestra sangre, y la de ellos, la que alumbró el 94.

Con ellos, con los que dan todo y no cobran nada, con los siempre insatisfechos porque piensan que están haciendo poco o nada, con los mayoritarios, con ellos queremos hablar. Para ellos es la Convención, nosotros los apoyaremos a ellos en la Convención, no a los dirigentes de partidos y organizaciones políticas, grandes y chicos, no a los que dejan clara la deuda que, dicen, tenemos con ellos. Con los desorganizados sí, con los sin rostro, como nosotros, con los sin nombre, como nosotros, con los despreciados y marginados por no tener partido ni proyecto político "histórico", con ellos sí. A partir de ahora la historia tendrá que tomarlos en cuenta, tendrá que tomarnos en cuenta...

PD: Que delata lo que en realidad esconde "Aguascalientes".— Ya la tarde se ha ido detrás de los últimos periodistas que, bajo la amenaza del minado de los accesos, se retiran con "exclusivas" y otras reiteraciones. Cuando quedan solos el *Sup* hace una seña, oculta por la sombra de la gorra. Todo mundo se pone en un movimiento que sólo en apariencia es caótico. Todos, incluso el *Sup*, se arrancan el pasamontañas y el rostro. Multitud de torvos marineros aparecen, el *Sup* delata ya un austero parche en el ojo diestro y empieza a cojear ostensiblemente con su pata de palo. En el muñón siniestro, donde debiera haber una mano, lleva un garfio que guiña al reflejo de los relámpagos de agosto. Otra señal y la gigantesca lona descubre lo que "Aguascalientes" oculta bajo el boludo vientre atravesado de bancas y horquetas. La lona en realidad es velamen, las bancas remos, la colina el cuerpo de un poderoso navío, la tarima es el puente mando. La proa apunta hacia el poniente, por la escalerilla de estribor se suben cañones y barriles de pólvora, por la de babor ascienden marineros de tatuajes infinitos en brazos y en rostros desamordazados. "Aguascalientes" se devela, se revela. Un barco pirata, el único, el mejor. Ondea ya la bandera del cráneo terrible sobre las dos tibias. Se inicia el navegar por la noche hasta el día siguiente. Huye del sol, parece, este absurdo navío. Por eso su obsesivo apuntar hacia Occidente. El *ex-Sup* ahora murmura...

"Ya viene de la noche el mar, ya el viento viene. Ya se cumple el ciclo de la maldición, ya recomienza nuestro navegar. El viento quiere dejar constancia de su furia y empieza a zarandear mi navío como se zarandea la voluntad marinera ante femenina presencia. El desorden empieza a apoderarse de hombres y demonios, nadie se ocupa del timón, a nadie le importa el rumbo ni el destino. Este barco ha recorrido mares de todo tipo y condición, su velamen ha sido acariciado por vientos de orígenes diversos, ha naufragado en todas las islas y su amenazante emblema ha conquistado todos los puertos. ¿Por qué habría de preocuparnos este huracán sureño? Es preciso poner orden en cubierta, ordeno que el timonel lo arrojen a los tiburones. Nadie me escucha. Degüello al marinero que encuentro más a la mano. El barco está a la deriva, estamos a punto de perecer en los mil mordiscos de un arrecife de coral en el Peloponeso. Tomo el timón con el garfio, el navío sigue dando tumbos sin decidirse aún a recibir los ásperos y mortales besos del coral. Por fin la nave parece enderezar su rumbo y regresar a la bahía de la que mi desesperanza nos sacó esta madrugada. El orden regresa paulatinamente a cubierta, todos mis marinos miran fijamente el sable que sostiene mi mano única, el sable que no es sable sino una vieja espada que llegó a mis manos después de duro y desigual combate contra un tal caballero de los espejos. ¿Cuándo? Cuando mi desventura me obligó a llevar mi paso por hidalgas tierras y mi desesperanza, hoy fiero y bucanero navío, era cabalgadura de frágil y evidente osamenta.

"Ahora soy un pirata... Un pirata es una ternura que explota fiera, es justicia incomprendida, es desconsolado amor, es triste batallar y soledad compartida, es un siempre navegar sin puerto, es perenne tormenta, es beso robado, es siempre insatisfecha posesión, es sin descanso.

"Almirantazgos de diversas sedes han puesto precio a mi estar sin rostro. Quieren mi noble cabellera, mi único ojo y la mueca que llevo en lugar de labios, mi cabeza de mi cuello separada y de adorno para sus suntuosas mesas. '¡Agarradlo!', gritan histéricos. '¡Es un transgresor de la ley!', claman las buenas y terrenas conciencias. '¡Matadle!', ordenan los grandes señores de múltiples palacios. '¡Es un profesional de la violencia!', murmuran en las cloacas ratas de todas las raleas. '¡Es malo!', '¡Es cruel!', '¡Un criminal embozado!', '¡Que venga la paz!', '¡Sí, que venga sobre su sangre y la de los suyos!', gritos y murmullos de gente que se dice buena y lleva mierda en las venas y podredumbre en las entrañas. Grandes y poderosos sabios, doblegados por el lujo y el dinero, aconsejan la muerte peor: '¡Olvidadle! ¡No hay castigo más cruel!' Mi barco y los míos no titubean, ya antes hemos navegado solos, puro mar y viento puro. El miedo a los hombres lo enterramos un amanecer de año incierto, estando muertos vivimos, sonriendo lloramos. Nada debemos al mundo e infinita es la cuenta por cobrar. ¡Por eso nuestro fiero estar sin rostro! ¡Por eso nuestro tierno andar! ¡Por eso nuestro permanente desvelo! ¡Por eso nuestro todo apostar... para que ganen otros!

"Ahora el viento se opone a nuestro paso, por entre milpas y acahuales acechan monstruos diversos, secretarios de Estado, pacíficos enterradores de la esperanza, conformes del hartazgo. El barco del pirata empieza a detenerse, será necesario recurrir a velas y remos. Truena mi voz, tormenta en la tormenta, relámpago en la luz, ronco canto sin tonada: ¡Preparad todo! ¡Avanzar debemos! ¡Arrojad todo lo inútil! ¡Que todo lo que no sirva para volar ofende al impávido mar! Monstruos y vientos no ceden y obligan al navío en una bahía entrar. La niebla nos acoge, cómplice y discreta. El viento, en su desconcierto, se extravía en alguna biblioteca. Empieza a amanecer...

"Hay un revuelo de pájaros y hombres en cubierta, blancas nubes se despliegan de mástiles y cielos, la larga cadena del ancla del destierro gime al despegarse del húmedo lecho como de femenino vientre nuestro sexo. El barco se mueve de nuevo, de nuevo se mueven hombres y velas... nuestra esperanza camina... de nuevo. Todo se mueve, menos mi sable fiero, mi espada de espejos arrancada, mi arma tierna de noche y duermevela, de montaña..."

Amanece y todo vuelve a la normalidad. El barco es de nuevo "Aguascalientes" y los piratas son, otra vez, transgresores de la ley. Nada delata la nocturna confesión. Una sirena, apenada, pregunta dónde quedan las letrinas. Un par de milicianos cavan un agujero para enterrar un viejo cofre de tesoros. Un oficial, en previsión, dibuja un mapa para localizarlo luego. Heriberto juega con una caracola abandonada...

"Aguascalientes" está listo. Nosotros estamos listos. Fumamos... y esperamos.

Desde algún puerto en las montañas del Sureste mexicano
Subcomandante Insurgente Marcos
Pirata extraviado, profesional de la esperanza, transgresor de la injusticia, bandido de suspiros, amo de la noche, señor de la montaña, hombre sin rostro y sin mañana, y, ahora, confeso conspirador que pinta barcos del color de "Aguascalientes", es decir, del color de la esperanza...

Agosto de 1994
México, con un cercano, eso espero, viento a su favor...

•

[Discurso del Subcomandante Marcos ante la CND]

Honorable Convención Democrática: 8 de agosto de 1994
Presidencia de la Convención Democrática:
Delegados, invitados, observadores:
Hermanos:

Por mi voz habla la voz del EZLN. Aguascalientes, Chiapas, un cuartel, un búnker, una fábrica de armas, un centro de adiestramiento militar, una bodega de explosivos. Aguascalientes, Chiapas, el Arca de Noé, la Torre de Babel, el barco selvático de Fitzcarraldo, el delirio del neozapatismo, el navío pirata.

La paradoja anacrónica, la tierna locura de los sin rostro, el despropósito de un movimiento civil en diálogo con un movimiento armado.

Aguascalientes, Chiapas, la esperanza en gradas escalonadas, la esperanza en las palmitas que presiden la escalera, para mejor asaltar el cielo, la esperanza en el caracol marino que desde la selva por el aire llama, la esperanza de los que no vinieron pero están, la esperanza de que las flores que en otra tierra mueren, en ésta vivan.

Aguascalientes, Chiapas, para el EZLN, 28 días de trabajo, 14 horas diarias, seiscientos hombres-mujeres por hora, doscientos treinta y cinco mil doscientos horas-hombre de trabajo en total, nueve mil ochocientos días de trabajo, sesenta millones de viejos pesos, una biblioteca, un presídium con pinta de puente trasatlántico, bancas sencillas para ocho mil convencionistas, 20 casas para hospedaje, 14 fogones, estacionamiento para cien vehículos y área para atentados.

Aguascalientes, Chiapas, esfuerzo común de civiles y militares, esfuerzo común por un cambio, esfuerzo pacífico de los armados.

Y antes de Aguascalientes, ellos dijeron que era una locura, que nadie podía, desde el límite que marcan fusiles y pasamontañas, tener éxito en convocar a una reunión nacional en vísperas electorales. Y antes de Aguascalientes, ellos dijeron que ninguna persona sensata iba a responder al llamado de un grupo rebelde, proscrito de la ley, del que poco o mucho se sabe, la luz que iluminó enero, el lenguaje obsesivo tratando de recuperar viejas y gastadas palabras: democracia, libertad, justicia; los rostros amordazados, el paso nocturno, la montaña habilitada como esperanza: la sola mirada indígena, que desde centurias nos persigue en nuestro atropellado intento de modernización; el necio rechazar limosnas para exigir el aparente absurdo: para todos todo, nada para nosotros.

Y antes de Aguascalientes, ellos dijeron que había poco tiempo, que nadie se embarcaría a arriesgarse a un proyecto que, como la Torre de Babel, anunciaba su fracaso desde el lugar y momento mismo en que era convocado.

Y antes de Aguascalientes, ellos dijeron que el miedo, el dulce terror que alimenta desde su nacimiento a las gentes buenas de este país, acabaría por imponerse, que la evidencia y comodidad del nada hacer, del sentarse a esperar a observar, a aplaudir o abuchear a los actores de esta comedia amarga que llaman patria, reinaría junto a otras evidencias, en el renombrado nombre del pueblo de México, la sociedad civil.

Y antes de Aguascalientes, ellos dijeron que las insalvables diferencias que nos fragmentan y enfrentan unos contra otros nos impedirían voltear hacia un mismo punto, que el omnipotente partido de Estado y las obviedades que a su alrededor se potencian: el presidencialismo, el sacrificio de la libertad y la democracia en aras de la estabilidad y la bonanza económica, el fraude y la corrupción como idiosincrasia nacional, la justicia prostituida en limosnas, la desesperanza y el conformismo elevado a estatus de doctrina de seguridad nacional.

Y antes de Aguascalientes, ellos dijeron que no habría problema, que la convocatoria a un diálogo entre un grupo de transgresores de la ley y una masa informe desorganizada y fragmentada hasta el microcosmos familiar, la llamada sociedad civil, no tendría eco ni causa común, que la dispersión reunida sólo puede causar una dispersión potenciada hasta la inmovilidad.

Y antes de Aguascalientes, ellos dijeron que no había que oponerse a la celebración de la Convención Nacional Democrática, que abortaría por sí sola, que no valía la pena sabotearla abiertamente, que era preferible que reventara desde adentro, que se viera en México y en el mundo que la inconformidad era incapaz de ponerse de acuerdo entre sí, que por lo tanto sería incapaz de ofrecer al país un proyecto de nación mejor que el que la revolución institucionalizada y estabilizada nos regalaba, junto al orgullo de tener ya 24 próceres de la patria internacional del dinero, a todos los mexicanos.

A eso apuestan, a eso, por eso dejaron correr la convocatoria, por eso no impidieron que ustedes llegaran hasta acá; el previsible fracaso de la CND no debe ser atribuido al poderoso; que sea evidente que el débil lo es porque es evidente que es incapaz de dejar de serlo; es débil porque lo merece, es débil porque lo desea.

Y antes de Aguascalientes, nosotros dijimos que sí, que era una locura, que desde el horizonte que abren fusiles y pasamontañas sí se podía convocar a una reunión nacional en vísperas electorales y tener éxito: ¿quieren un espejo?

Y antes de Aguascalientes nosotros dijimos que la sensatez se sienta hace años a lamentarse en los quicios dolientes de la historia, que la prudencia permite hoy el reiterado golpeteo de no hacer nada, del esperar, del desesperar; que la insensata y tierna furia del para todos todo, nada para nosotros, encontraría oído en los otros, en los otros que se trueca falsamente en nosotros y ustedes.

Y antes de Aguascalientes, nosotros dijimos que tiempo sobraba, que lo que faltaba era vergüenza por el miedo a probar a ser mejores, que el problema de la Torre de Babel no estuvo en el proyecto sino en la falta de un buen sistema de enlace y un equipo de traducción.

El fracaso estaba en el no intentar, en el sentarse a ver cómo se levantaba la torre, cómo se detenía, cómo se derrumbaba. En sentarse a ver cómo la historia daría cuenta no de la torre, sino de los que se sentaron a esperar su fracaso.

Y antes de Aguascalientes, nosotros dijimos que el miedo, que el seductor terror que despiden las cloacas del poder que nos alimentó desde el nacimiento, puede y debe ser puesto a un lado, no olvidado, no pasado por alto, sólo puesto a un lado. Que el miedo a permanecer como espectadores sea mayor al miedo a intentar buscar un punto común, algo que una, algo que pueda transformar esta comedia en historia.

Y antes de Aguascalientes, nosotros dijimos que las diferencias que nos fragmentan y enfrentan unos contra los otros no nos impedirán voltear hacia el mismo punto: el sistema de obviedades que castran, de evidencias que oprimen, de lugares comunes que asesinan, el sistema de partido de Estado y los absurdos que en él cobran validez e institucionalidad: la dictadura hereditaria, el arrinconar la lucha por la democracia, la libertad y la justicia, en el lugar de los imposibles, de las utopías; la burla electoral elevada en la imagen de la alquimia computacional, el estatus de monumento nacional, la miseria y la ignorancia como vocación histórica de los desposeídos, la democracia lavada con detergente de importación y agua de tanques antimotines.

Y antes de Aguascalientes, nosotros dijimos que no había problema, que la convocatoria a un diálogo entre los que están sin rostro y armados y el desarmado estar con rostro de la sociedad civil encontraría causa común, que la dispersión reunida y dialogando bien puede provocar un movimiento que dé por fin vuelta a esta página de vergüenza, a esta página en la historia mexicana.

Y antes de Aguascalientes, nosotros dijimos que no habría que oponerse a la celebración de la CND, que sería precisamente eso: ni más ni menos que una celebración, la celebración del miedo roto, del primer y titubeante paso de la posibilidad de ofrecer a la nación un ya basta que no tenga sólo voz indígena y campesina, un ya basta que sume, que multiplique, que reproduzca, que triunfe, que pueda ser la celebración de un descubrimiento: el de sabernos, no ya con vocación de derrota, sino de pensarnos con la posibilidad de victoria del lado nuestro.

A eso apostamos, por eso la voluntad anónima y colectiva que sólo tiene por rostro una estrella roja de cinco puntas, símbolo de humanidad y de lucha, y por nombre cuatro letras, símbolo de rebeldía, se levantó en este lugar olvidado de la historia, de los estudios gubernamentales, de los tratados internacionales, de los mapas y rutas del dinero, esta construcción que llamamos Aguascalientes, en memoria de intentos anteriores de unir la esperanza.

Por eso miles de hombres y mujeres con el rostro amordazado, indígenas en su inmensa mayoría, levantamos esta torre, la torre de la esperanza, por eso dejamos a un lado, por un tiempo, nuestros fusiles, nuestro rencor, nuestro dolor por los muertos nuestros, nuestra convicción guerrera, nuestro paso armado. Por eso construimos este lugar para una reunión que si tiene éxito será el primer paso para negarnos como alternativa. Por eso levantamos Aguascalientes como sede de una reunión que si fracasa nos obligará de nuevo a llevar adelante con fuego el derecho de todos a un lugar en la historia.

Por eso los invitamos, por eso nos da gusto que hayan llegado hasta acá, por eso esperamos que la madurez y la sapiencia los lleven a descubrir que el enemigo principal, el más poderoso, el más terrible, no está aquí sentado entre ustedes.

Por eso nos dirigimos con todo respeto a esta CND para pedir, a nombre de todos los hombres y mujeres, de todos los niños y ancianos, de todos los vivos y muertos del EZLN, que no les den la razón a todos los que predicen el fracaso de esta convención, que busquen, que encuentren lo que nos une, que hablen palabra verdadera, que no olviden las diferencias que los separan y que con más frecuencia de la deseable los enfrentan unos a otros, que las guarden un momento, unos días, unas horas, los minutos suficientes para descubrir al enemigo común. Esto les pedimos respetuosamente, que no traicionen sus ideales, sus principios, su historia, no se traicionen y se nieguen; les pedimos respetuosamente que lleven adelante sus ideales, sus principios, su historia, que se afirmen, que sean consecuentes para decir ya basta a la mentira que hoy gobierna nuestra historia.

El EZLN participa en esta CND con 20 delegados con un voto cada uno. Queremos así dejar claras dos cosas: la una es nuestro compromiso con la CND, la otra es nuestra decisión de no imponer nuestro punto de vista, hemos rechazado también toda posibilidad de participar en la presidencia de la CND. Ésta es la convención de la búsqueda pacífica del cambio, no debe de manera alguna ser presidida por gente armada. Agradecemos que nos den un lugar, uno más entre todos ustedes, para decir nuestra palabra.

Queremos decir, por si alguien lo duda, que no nos arrepentimos de habernos alzado en armas contra el supremo gobierno, que reiteramos que no nos dejaron camino, que no renegamos de nuestro paso armado ni de nuestro rostro amordazado, que no lamentamos nuestros muertos, que estamos orgullosos de ellos y que estamos dispuestos a poner más sangre y más muerte si ése es el precio para lograr el cambio democrático en México.

Queremos decir que nos dejan inamovibles las acusaciones de ser sacerdotes del martirologio, de ser belicistas; que no nos atraen los cantos de sirenas y ángeles para darnos acceso a un mundo que nos mira con desprecio y desconfianza, que escatima el valor de nuestra sangre y ofrece fama a cambio de dignidad. No nos interesa vivir como ahora se vive.

Mucho se ha preguntado, con la perversidad inquisitiva del que busca confirmar supuestos, qué es lo que pretenden los zapatistas de esta CND, qué es lo que esperan los zapatistas de esta convención, se preguntan: un trato civil, responden unos; las ocho columnas de la prensa nacional e internacional, argumentan otros; una nueva justificación para su afán belicista, dicen algunos; un aval civil a la guerra, aventuran en otro lado; la plataforma de resurrección para el mundo olvidado del sistema, temen en algún partido oficial mientras ponen precio al partido oficial; un espacio para disfrutar el liderazgo de una izquierda sin vida aparente, murmuran en la oposición; el aval para una claudicación, sentencian en la ultratumba conspirativa de la que puede salir eventualmente la bala que pretenda acallarnos; la plataforma para que Marcos negocie un puesto en la próxima administración de la modernidad, deduce alguna brillante columna de algún analista brillante, eso sí, de opacas intrigas políticas.

Hoy, frente a esta CND, el EZLN responde a la pregunta ¿qué esperan los zapatistas de la CND? No un brazo civil que alargue el siniestro brazo de la guerra hasta todos los rincones de la patria, no la promoción periodística que reduce la lucha por la dignidad a una nota esporádica de primera plana, no más argumentos para adornar nuestro traje de fuego y muerte, no un escalón para cálculos de políticos, de grupos y subgrupos de poder, no el dudoso honor de ser vanguardia histórica de las múltiples vanguardias que padecemos, no el pretexto para traicionar ideales y muertes que llevamos con orgullo como herencia, no un trampolín para lograr un escritorio, en una oficina, en un despacho, en un gobierno, en un país improbable.

No la designación de un gobierno interino, no la redacción de una nueva Constitución, no la conformación de un nuevo constituyente, no el aval para un candidato a la presidencia de la república del dolor y el conformismo, no la guerra.

Sí el inicio de una construcción mayor que la de Aguascalientes, la construcción de una paz con dignidad; sí el inicio de un esfuerzo mayor que el que vino a desembocar en Aguascalientes, el esfuerzo de un cambio democrático que incluye la libertad y la justicia para los mayoritarios en el olvido. Sí el inicio del fin de una larga pesadilla de esto que grotescamente se llama Historia de México.

Es el momento para decirles a todos que no queremos ni podemos ocupar el lugar que algunos esperan que ocupemos, el lugar del que emanen todas las opiniones, todas las rutas, todas las respuestas, todas las verdades, no lo vamos a hacer.

Esperamos de la CND la oportunidad de buscar y de encontrar alguien a quien entregarle esta bandera, la bandera que encontramos sola y olvidada en los palacios del poder, la bandera que arrancamos con nuestra sangre de la apenada prisión de los museos, la bandera que cuidamos día y noche, que nos acompañó en la guerra y que queremos tener en la paz, la bandera que hoy entregamos a esta CND, no para que la retenga y la escatime al resto de la nación, no para suplantar por probables protagonismos armados comprobados protagonismos civiles, no para abrogarse representatividad y mesianismos. Sí para luchar porque todos los mexicanos la vuelvan a hacer suya, para que vuelva a ser la *bandera nacional*, su bandera, compañeros.

Esperamos de esta CND, la organización pacífica y legal de una lucha, la lucha por la democracia, la libertad y la justicia, la lucha que nosotros nos vimos obligados a caminar armados y con el rostro negado.

Esperamos de esta CND la palabra verdadera, la palabra de paz, pero no la palabra de claudicación en la lucha democrática; la palabra de paz, pero no la palabra de renuncia a la lucha por la libertad; la palabra de paz, pero no la palabra de complicidad pacifista con la injusticia.

Esperamos de esta CND la capacidad de entender que el derecho a llamarse representativa de los sentimientos de la nación no es un resolutivo que se apruebe por votación o consenso, sino algo que tiene que ganarse todavía en los barrios, en los ejidos, en las colonias, en las comunidades indígenas, en las escuelas y universidades, en las fábricas, en las empresas, en los centros de investigación científica, en los centros culturales y artísticos, en los rincones todos de este país.

Esperamos de esta CND la claridad para darse cuenta de que éste es sólo un paso, el primero de muchos que habrá que dar incluso en condiciones más adversas que las presentes.

Esperamos de esta CND la valentía de asumir el color de la esperanza que le vemos muchos mexicanos, incluidos nosotros, de demostrarnos que los mejores hombres y mujeres de este país ponen sus medios y fuerzas para la transformación que es la única posibilidad de sobrevivencia de este pueblo, la transformación a la democracia, la libertad y la justicia.

Esperamos de esta CND la madurez para no convertir este espacio en un ajuste de cuentas interno, estéril y castrante.

Esperamos de esta CND, finalmente, un llamado colectivo a luchar por lo que nos pertenece, por lo que es razón y derecho de la gente buena únicamente, por nuestro lugar en la historia.

No es nuestro tiempo, no es la hora de las armas, nos haremos a un lado, pero no nos vamos. Esperaremos hasta que se abra el horizonte o ya no seamos necesarios, hasta que ya no seamos posibles, nosotros, los muertos de siempre, los que tenemos que morir de nuevo para vivir.

Esperamos de esta CND una oportunidad, la oportunidad que nos negaron los que gobiernan este país, la oportunidad de regresar con dignidad después del deber cumplido a nuestro estar bajo tierra. La oportunidad de volver otra vez al silencio que callamos, a la noche de la que salimos, a la muerte que habitamos. La oportunidad de desaparecer de la misma forma en que aparecimos, de madrugada, sin rostro, sin futuro. La oportunidad de volver al fondo de la historia, del sueño, de la montaña.

Se ha dicho erróneamente que los zapatistas han puesto un plazo para reiniciar la guerra, que si el 21 de agosto no salen las cosas como quieren los zapatistas la guerra va a empezar. Mienten. Al pueblo mexicano, nadie, ni siquiera el EZLN, le puede imponer plazos y dar utimátums. Para el EZLN no hay más plazos que el que las movilizaciones civiles y pacíficas determinen. A ellas nos subordinamos, incluso, hasta desaparecernos como alternativa.

No vendrá de nosotros el reinicio de la guerra, no hay ultimátums zapatistas para la sociedad civil. Esperaremos, resistiremos, somos expertos en eso.

Luchen. Luchen sin descanso. Luchen y derroten al gobierno. Luchen y derrótennos. Nunca será tan dulce la derrota como si el tránsito pacífico de la democracia, la dignidad y la justicia resulta vencedor.

El Comité Clandestino Revolucionario Indígena-Comandancia General del EZLN les ha hecho entrega de Aguascalientes para que se reúnan y para acordar no la inmovilidad, no el escepticismo estéril, no el intercambio de reproches y halagos, no la tribuna para la promoción personal, no el pretexto para el turismo belicista, no el chantaje pacifista incondicional, no la guerra, pero no la paz a cualquier precio.

Sí para discutir y acordar la organización civil, pacífica, popular y nacional de la lucha por la democracia, la libertad y la justicia. El Comité Clandestino Revolucionario Indígena-Comandancia General del EZLN les entrega ahora la bandera nacional para recordarles lo que ella significa: Patria, Historia y Nación y comprometerlos en lo que debe significar: democracia, libertad y justicia.

Salud, hermanos convencionistas. Por ustedes se levantó Aguascalientes. Para ustedes se construyó, en medio de un territorio en armas, este espacio para una paz con justicia y dignidad.

Muchas gracias.
Democracia.
Libertad.
Justicia.
Desde las montañas del Sureste mexicano
CCRI-CG del EZLN

Crónica de una Convención (que no lo fue tanto) y de un acontecimiento muy significativo
por Carlos Monsiváis

Foto panorámica: la generación de Aguascalientes

En Aguascalientes, Chiapas, en la Selva Lacandona, el graderío se colma lentamente y el ánimo se recobra, en lo posible, de las inclemencias del viaje. Para integrarse en esta "foto de generación", la primera de su índole, han venido de todas partes del país el contingente previsible y los imprevisibles: personas altamente representativas y los que con dificultades se representan solos, líderes de colonos, politólogos, líderes de movimientos campesinos, algunos (escasos) representantes de la causa obrera, académicos, marxistas jubilados y renacidos, variedad de periodistas extranjeros y nacionales, estudiantes del CEU y del ITAM y la Universidad Iberoamericana, feministas, miembros de las organizaciones en defensa del voto, lesbianas y gays, escritores (en número regular), (escasísimos) empresarios, activistas del PRD y militantes de la izquierda a la izquierda de la izquierda... Y numerosos viejos y acopio de jóvenes, los veteranos de las causas perdidas y los esperanzados en inaugurar el triunfalismo.

Las diferencias de toda índole son enormes, y no obstante casi desde el principio se juntan idealmente y en la práctica los integrantes de la foto simbólica. En el centro figuran doscientos solados del EZLN, miembros de las comunidades zapatistas, el comandante Tacho, el subcomandante Marcos... Los fotógrafos y los reporteros y los camarógrafos se añaden a "la foto de generación" que, en lo básico, consiste en la acumulación de impresiones negativas o penosas (que se van disolviendo), de vivencias extraordinarias (que se magnifican y se organizan en comportamientos políticos), de críticas y admiraciones, de impactos visuales y fatigas corpóreas. La "foto de generación" de Aguascalientes, Chiapas, se imprime en la memoria colectiva fijando las esperanzas sucesivas y simultáneas: en la paz, en la sociedad civil, en la revolución (algunos), en la tolerancia (la mayoría). En este paisaje humano, en su acreditación facial y anímica, se localiza mucho de lo que México es ahora y mucho de lo que no es o de lo que ya fue. Si "la foto de generación" es parcial y fragmentaria, permite sin embargo un gran acercamiento a la etapa donde la urgencia del cambio es el único contrapeso a la confusión y las frustraciones.

Entre el conjuro y la convocatoria

El Ejército Zapatista de Liberación Nacional cercado en lo militar, con apoyos fluctuantes a su alcance, ha encontrado su defensa óptima en las movilizaciones civiles y, por eso, propuso desde hace meses una Convención Nacional Democrática en su territorio. Desde la Selva Lacandona se han prodigado invitaciones a organizaciones y personas, y el subcomandante Marcos ha intensificado su obsesión epistolar. Un número importante aceptó, otros han declinado, otros aprovecharon la oportunidad para conminarlo al arrepentimiento. Pero el resultado fue y es notable, con todo y descalificaciones y apoyos, preguntas severísimas ("¿Qué hay detrás de paliacates y pasamontañas? ¿Es posible juzgar a un grupo sólo por sus propósitos ostensibles?") y consideraciones morales ("Sin el EZ no se habría avanzado tanto en unos cuantos meses / Ellos le dieron prisa a la voluntad de cambio"). Una organización al margen de la ley le propone un encuentro a la sociedad civil (a quienes desean considerarse así en el espacio de la izquierda y el centro-izquierda), y si el viaje hacia Aguascalientes no tiene proporciones abrumadoras su representatividad es innegable.

El viernes 5 en la tarde ya están en San Cristóbal de Las Casas casi todos los seis mil o siete mil invitados, delegados, observadores y corresponsales de prensa, radio y televisión. Todavía esa noche hay quienes buscan sus acreditaciones, hacen colas bajo la lluvia, se quejan, se desinforman unos a otros. No hay duda: quedaron rebasadas las capacidades de la Comisión Organizadora compuesta por enviados del EZ y miembros de la Caravana de Caravanas y la Convención Chiapaneca para la Democracia.

La lucha interna como paraíso del desencuentro

En la mañana del sábado 6 no consigo entrar a los debates, que se inician muy tarde de cualquier manera. Sólo a través de rumores se vislumbra el criterio para rechazar a los periodistas: no conviene ofrecer a los medios el *show* del canibalismo de las izquierdas, ¿para qué? La ropa sucia... Hay protestas, enfrentamientos con el Comité Organizador, regaños a la prensa de doña Conchita Villafuerte de Avendaño... En la tarde, se facilita la entrada con mínimas restricciones. En la mesa 2 se discute la vía pacífica a la democracia (elecciones, resistencia civil y defensa del voto). Aquí el desorden extremo es el equivalente del horizonte histórico. Los ultras ensayan su repertorio, el gutural al menos, y el abuso vocal mediatiza la desesperación. Estos compas (en la tierra que fueres el idioma que oyeres) abominan de las elecciones, se cumplen en el odio al gobierno y a "los reformistas", y depositan su proyecto en las exigencias del "país nuevo" en llamas. Hacen lo de siempre: arden en santa ira, se distribuyen en la sala como batallones de la guerra final, exigen hambrientos su ración de palabra, prodigan el "¡Moción!" para crear el ritmo de las interrupciones, ven en el micrófono el botín de la hora. Su táctica no es gloriosa pero explica el fracaso de todo lo sustentado en el asambleísmo, donde la consigna (vociferada, repetida) toma el sitio de honor y es exorcismo y territorio libre del resentimiento. Mientras ellos griten y no dejen hablar, el mundo, dividido desde el génesis entre revolucionarios y traidores, seguirá en su sitio.

En la Mesa 2 y en la Mesa 3 (Formación de un proyecto nacional) el ala silenciosa o de intervenciones breves está casi siempre a cargo de quienes, desde el principio, optan por un proyecto más racional. La discusión la avasallan los ultras; la votación la ganan la izquierda electoral y la "sociedad civil", ese conglomerado de activistas deseosos de avance. El fenómeno es sorprendente: a principios de año, cuando el EZ le dio sitio principalísimo en su discurso a la sociedad civil, ésta, en el campo de la izquierda y el centro izquierda, era un amasijo de buenas intenciones y grandes recuerdos (los días del terremoto, el 88, las pequeñas y grandes conquistas). Hoy, en gran medida debido a la fe que el EZ —para ellos autoridad moral y visión externa— deposita en "la sociedad civil", quienes sienten integrarla creen de veras en sus alcances y las comillas van desapareciendo.

Me detengo en este fenómeno, tan característico de lo que fue y lo que no pudo ser la Convención. Si, por ejemplo, la mayoría perceptible es perredista o apoya la campaña de Cuauhtémoc Cárdenas, el tono de las discusiones fue por otro lado, y la desconfianza hacia los partidos se interiorizó a veces con furia dogmática. Por lo demás, en San Cristóbal las peticiones, que en su origen fueron exigencias, se desbordan. Si antes fue posible una reunión de estas dimensiones obliga a la estrategia: si se vociferan las demandas se aclaran los propósitos. ("Si jamás reclamo con rabia, nunca jerarquizaré mis demandas.") Todo a la vez: que renuncie el presidente Salinas, que se convoque a un Congreso Constituyente al margen del cambio de poderes, que se expulse al Partido de Estado, que se llame a votar y que no se llame, que se organicen las movilizaciones contra el fraude si éste se consuma, que se enjuicie políticamente a Salinas, Jorge Carpizo y Patrocinio González Garrido, que se exija el reconocimiento del EZ como fuerza beligerante, que se elimine el sistema de Seguridad Nacional, que se exhorte a los candidatos a no asumir la Presidencia si los abstencionistas son mayoría, que se esclarezca el "accidente" de Avendaño, que se replantee el proyecto nacional, que se modifique el Artículo Cuarto para conformar una Circunscripción Plurinominal que garantice la representación indígena en el poder legislativo, que se combata la homofobia, que las etnias tengan representación propia en todos los niveles de gobierno... En caso de duda se recurre, canónicamente, a los Once Puntos del EZLN y a la fórmula casuística: se aprueba todo en lo general, pero nada en lo particular. Y ya la dirigencia elegirá qué es lo general y qué es lo particular.

—El Ejército Federal debe salirse de Chiapas, Guerrero y Michoacán. Creo que eso no tiene discusión.

—Que el gobierno de transición esté integrado por obreros, campesinos e indígenas conformando todos una asamblea nacional popular.

Al delirio totalizador se opone, mayoritariamente, el deseo genuino de paz y democracia, y la novedad: ya se filtran los planteamientos de las minorías culturales y sexuales, las perspectivas feministas y homosexuales, hace todavía diez años una osadía inconcebible.

El viaje a la Nueva Tenochtitlán: la fundación de la ciudad como hazaña de la paciencia

Se nos cita a las cinco de la mañana cerca de la feria de San Cristóbal para salir en punto. Luego de cuarenta minutos de vagar por las calles de San Cristóbal hallo sitio en una camioneta habilitada de taxi que me conduce a los caminos. Previsiblemente, el minibús que me corresponde abandona San Cristóbal a las ocho y media. Y de modo lógico también, lo que no se consiguió en las Mesas se obtiene en el viaje. La idea de la Convención se perfila entre bromas, canciones, repartos fraternales de refrescos y comida chatarra, develación del misterio de las siglas de grupos participantes que para el neófito equivalen a sonidos del Más Allá.

En el retén del Ejército Nacional un soldado asciende al autobús a darnos cortésmente la bienvenida. Y luego las horas ahondan las conversaciones circulares, y las razones de esa sin razón que es la logística. Los autobuses se detienen cuando les da la gana a los organizadores; mientras, algunos camiones se descomponen o se accidentan sin consecuencias. El viaje se alarga, y en el territorio zapatista la gente sale a recibirnos, a vitorear al EZLN, a mostrar carteles con afirmaciones de paz. Como a las once de la noche, un retén zapatista. Se escudriña camión por camión, equipaje por equipaje. El resultado es el hartazgo, el sentir a la demora el propósito oculto de la travesía. Tres de mis compañeros les insisten a los zapatistas:

—Díganles a sus jefes que esto es insoportable. Venimos muy cansados. Con una revisión tan exhaustiva, los últimos camiones, los de la prensa, entrarán a Guadalupe Tepeyac a las diez de la mañana. Cerca de treinta horas de viaje.

No hay respuesta. Inútil argumentar. La travesía se reanuda, el humor languidece, el sueño va y viene. A las tres de la mañana llegamos a Guadalupe Tepeyac y de allí a pie al nuevo Aguascalientes. Más escrutinio de las pertenencias. Avanzamos a través de líneas delimitadas por trozos de madera y alambres de púas que, según me alecciona un radical de los setenta, son "útiles para forzar la energía revolucionaria". Lo dicho: los zapatistas aún no son los grandes anfitriones. *To say the least*. Me siento agotado y no consigo desestimar mi reacción. La mochila me pesa como si fuera el currículum de un aspirante a secretario de Estado. La escena es alucinante y sólo la autocompasión en la que me refugio me impide descubrir sus vetas literarias. ¡Qué reparto de funciones visuales! Los soldados inmóviles y, hasta donde es posible percibirlos, indiferentes, las luces frontales que desnudan los rostros de toda pretensión de inocencia, el riesgo de las púas, las piedras puntiagudas que se esparcen como trampas para los turistas. Mis habilidades campiranas son perfectibles. Tropiezo y me toca la regañada del dolor.

La última etapa de la odisea: otra revisión, idéntica, desdeñosa, silente. Se me explican las condiciones de seguridad, el miedo al atentado. Alguien afirma para arrojarnos al abismo pequeño-burgués: sólo los cobardes se quejan, vinimos a compartir la forma de vida de los compañeros indígenas, no a hospedarnos en el Aguascalientes Hilton. Como puedo llego al auditorio y me derrumbo en donde sea (a las cinco y media de la mañana todo es "donde sea"). Un joven paramédico me venda el pie. Ahora tengo a la disposición dos horas de sueño.

Aguascalientes: la historia revisitada

En la mañana los convencionistas calientan café, comen tortillas, doblan *sleeping bags*, canjean datos confiables. En efecto, Aguascalientes es impresionante. A lo largo de 28 días, en jornadas de 14 horas, 600 hombres y mujeres han construido el anfiteatro, el caracol marino, el Arca de Noé, el navío de Fitzcarraldo. El esfuerzo costó 60 millones de viejos pesos, "con todo y área para atentados". Presiden el centro de convenciones en la Selva Lacandona dos inmensas banderas nacionales. Los activistas ajustan el toldo. A los lados del presídium mantas con temas de la revolución y manteles bordados. Se avisa que hay que retirarlos.

La mañana del lunes 8 transcurre en el duermevela y en una espera donde se intercambian saludos y se hacen encuestas mentales sobre el equilibrio de fuerzas partidarias y grupusculares. A la una de la tarde se avisa: "Se empezará a las cinco". Los convencionistas se disuelven en el tedio, en los preparativos que no cesan. Hay colas para el café, las tortillas, los frijoles, el baño, el agua. Se está, variadamente, ante Woodstock, Avándaro, un campamento minero, *Mad Max IV*. Se pasea por entre las cabañas. A las siete de la noche se notifica: "Dentro de un rato comenzarán los trabajos".

—Me quiero jalar las pinches orejas y no puedo. Hice una composición a Ramona y la olvidé.

—¡Marcos, amigo, el pueblo está contigo!

—¡Gobierno de transición y nueva Constitución!

El señor José Cortés V., delegación Guerrero, reparte un poema, "¿Será de Dios mensajero?", dedicado al subcomandante Marcos, que concluye:

Hirió de la noche el manto
se hizo la luz y entre tanto
probó que nada es eterno.
¡Transgresor!, grita el gobierno
mi madre dice: es un santo.

Un grupo canta:

Venceremos, venceremos.
Mil cadenas habrá que romper.
Venceremos, venceremos.
Al gobierno sabremos vencer.

Un altercado: se pide el retiro de una manta donde, en la mejor tradición del cómic maoísta, están juntos Cuauhtémoc Cárdenas y Marcos. La ultra, distribuida en bloques muy visibles, conspira a grito abierto contra la intrusión electoral. Se acepta el enclaustramiento del minimural. Su autor, precavido, declara no ser del PRD. Ovación.

Vítores a Ramona y Ana María. Atruenan las voces que pertenecerían holgadamente al coro del Juicio Final.

—¡Viva la autodeterminación de los pueblos indígenas!

—¡La Convención / Nacional / poder electoral! (Rechifla)

—¡Repudio total / a la farsa electoral! (Rechifla)
Una señora de voz perfecta para el caso canta un corrido de Zapata. Otros entonan un himno guerrillerista de los setenta:

> Vestido de verde olivo,
> políticamente vivo,
> no has muerto,
> no has muerto,
> no has muerto camarada,
> tu muerte será vengada.

Supongo que entre las causas del retraso se halla la obtención de consensos (el término que desplazó muy decorosamente a "la grilla"). Las delegaciones pelean, se irritan y se aquietan nombrando a sus delegados.

El pasmo, el aplauso, las porras. Aquí están los zapatistas, y Marcos, con pipa:

—Buenas tardes. Bienvenidos a bordo... Proponemos la presidencia de esta Primera Convención.

Lee el comandante Tacho la lista:

—Rosario Ibarra (¡Bravos!), Elena Poniatowska, Luis Javier Garrido, Concepción Villafuerte, Carlos Payán, Antonio García de León, Armando Bartra, Octavio Rodríguez Araujo, Manuel Nava, Mariclaire Acosta, Jorge Fernández Souza, Arnoldo Martínez Verdugo, Raúl Álvarez Garín, Sergio Zermeño, Polo de Gyves, Guillermo Briseño, Pablo Gómez, Héctor Díaz Polanco, Carlota Botey, Enrique González Rojo, Enrique González Ruiz, Luz Rosales, David Huerta, Rodolfo Stavenhagen, Axel Didrikson, Pablo González Casanova (gran aplauso), y varios chiapanecos: Antonio Hernández, Elva Macías, Juan Bañuelos, Eraclio Zepeda, Óscar Oliva, Mercedes Olivera.

—¿Están de acuerdo en que presidan esta sesión? (Sí tumultuoso).

—Si nos permiten saludarlos los vamos a saludar con las bases de apoyo del EZLN.

El desfile a continuación es o me parece extraordinario, en su vigor, en su indefensión, en su orgullo que es declaración de principios. Pasan hombres, mujeres, niños y niñas enarbolando los palos de madera, con paliacates o sin ellos, seguros de que el mundo los contempla. Luego del gran aplauso se comenta:

—Son las bases de los pueblos en lucha. Son representantes civiles, promotores de las bases de apoyo al EZLN... Estos niños, estas niñas, son los que sostuvieron, los que mantuvieron en la clandestinidad los secretos más profundos de la vida de México y del Ejército Zapatista. Ellos son civiles. Ellos nos llevaron las tostadas, el pinole y todo lo que necesitábamos. Ellos guardaron el secreto. Ellos nos dieron todo cuando estábamos en la clandestinidad.

—¡Duro! ¡Duro!

Habla Tacho:

—Nos da mucho gusto verlos. Sabemos que han sufrido para venir hasta acá. Hasta hace unas semanas Aguascalientes no existía, una casa de seguridad, un campo de entrenamiento. Hace unos días aquí había sólo mata, había yerba. Trabajamos para que Aguascalientes quedara un poco bonito. Discúlpennos si quedó mal. Éste es territorio zapatista que quiere decir territorio rebelde contra el mal gobierno. Pero nosotros no estamos rebeldes contra el pueblo mexicano. A nombre del EZLN queremos hacer entrega formal de Aguascalientes a la Convención Nacional Democrática siendo las 8:20, hora suroriental. A partir de hoy Aguascalientes ya no es del EZLN. Pueden hacer ustedes todo lo que quieran. Trago, drogas, no, porque eso sí no estamos de acuerdo. Es su casa, la casa de la CND.

El turno en el podio es de Marcos. El instante es eléctrico, o así lo proclaman los rostros iluminados al ver que, por lo menos en esta magna alegoría, se cumple lo esperado desde 1914, o alguna otra fecha legendaria.

—Nadie nos ha podido decir cuántos son los delegados, invitados, gorrones, colados, extraviados que llegaron aquí a Aguascalientes. La Comisión Organizadora se ha hecho pato. Con nuestro moderno sistema de cómputo hemos llegado a una conclusión: somos un chingo. ¡Somos un chingo!... Creo que ya no es necesario que en nuestras postas las fuerzas zapatistas pregunten quién vive. Creo sinceramente que uno de los primeros resolutivos de esta Convención es declarar que quien vive es la Patria... Si acá estamos un chingo allá afuera hay, lo menos, dos chingos... Pido permiso para que las tropas zapatistas presenten un saludo a los convencionistas, con una cinta blanca en la punta de los fusiles, significando que no son armas para enfrentar a la sociedad civil, sino una paradoja: armas que aspiran a ser inútiles.

El anfiteatro por así decirlo se vuelve una sola persona. A estas alturas ya no sé el significado de "carismático", pero sí tiene algo que ver con la mezcla de admiración, intriga, relajo, sorpresa, recelo, aturdimiento teórico y pasmo ante el logro, Marcos es definitivamente carismático. Y solidifica su actuación su manejo de los símbolos, su creencia en que los símbolos pueden cobrar sentido si se usan en el momento oportuno con el énfasis debido. Con Marcos lo simbólico, tan acosado por la posmodernidad, cobra para muchísimos el sentido transparente de que alguna vez dispuso.

—La tecnología más alta: el pueblo que nos está respaldando. Aquí está la pequeña fuerza de disuasión para el que no respete a la Convención y el reglamento.

El desfile zapatista pospone el análisis de los contenidos militares del discurso. Pasan los combatientes con sus pantalones verdes o cafés, sus pasamontañas negros o grises, sus mascadas.

El EZLN ya no se manda solo

El discurso de Marcos se divide, según creo, en dos partes: en la primera cuenta el lucimiento de la palabra, el humor, la retórica perfeccionada en mil combates epistolares, las respuestas flamígeras a críticos y enemigos, expresiones de la melancolía cívica y del juego inevitable con la muerte, diálogo con la cada vez menos espectral sociedad civil. Él se jacta del triunfo, y el complemento visual de su alarde es el anfiteatro rebosante, las construcciones hazañosas en la selva, la puesta en marcha de sectores hasta hace unos meses hundidos en la apatía o en la incapacidad de trascender su localismo o en el desaliento, por el éxito del régimen, el aplastamiento de los movimientos populares, las asimilaciones de Pronasol, las elecciones del 91. Marcos habla desde el escenario que el EZ ha hecho posible, y desde la solidaridad con la paz digna de los miles por ellos convocados. Y desde allí condena la inacción, la falta de unidad: "Antes de Aguascalientes nosotros dijimos que la sensatez se sienta desde hace años a lamentarse en los quicios dolientes de la historia, que la prudencia permite el incesante golpeteo de no hacer nada". La realización de la CND, según dice, es "la celebración del miedo roto", de un ya basta que no tenga sólo voz indígena y campesina.

Él recapitula, en un discurso que la manera de oírlo vuelve diálogo. El EZ no se arrepiente de haberse alzado en armas, no reniega de su paso armado ni de su rostro amordazado, no le interesa vivir como ahora se vive. Y ofrece su versión de la CND. No la quiere como brazo civil, ni como aval civil para la guerra o la claudicación, ni para el dudoso honor de ser vanguardia histórica de las múltiples vanguardias históricas que padecemos. "Esperamos de la CND la oportunidad de encontrar a alguien a quien entregar esta bandera, la bandera que encontramos sola y olvidada en el palacio del poder". Y la entregan "para que todos los mexicanos la puedan hacer suya, para que vuelva a ser la bandera nacional". Los delegados a la Convención tienen, agrega Marcos, que ganarse su representatividad en todos los lugares de este país.

"Esperamos de esta Convención la madurez para no convertir este espacio en un ajuste de cuentas interno, estéril y castrante... Nos hacemos a un lado pero no nos vamos... Nosotros, los muertos de siempre, los que tenemos que morir de nuevo para vivir, esperamos de esta CND la oportunidad que nos negaron los que malgobiernan este país, la oportunidad de regresar después del deber cumplido a nuestro estar bajo tierra... al silencio que callamos, a la noche de que salimos, a la muerte que habitamos... la oportunidad de desaparecer de la misma forma en que aparecimos, de madrugada, sin rostro, sin futuro, la oportunidad de volver al fondo de la historia, del sueño, de la montaña." Y concluye: "Al pueblo mexicano nadie, nadie, ni siquiera el EZLN, le puede imponer plazos ni dar ultimátums. Para el EZLN no hay más plazo que el que las movilizaciones civiles y pacíficas determinen. A ellos nos subordinamos, incluso hasta desaparecernos como alternativa." Marcos abandona el podio y se dirige al presídium, a entregarle la bandera nacional a Rosario Ibarra, la defensora de los derechos humanos en los años setenta. Se canta el Himno Nacional y se alzan los brazos con el puño o la V de la victoria.

La plenaria continúa con discursos y saludos. De pronto, el estallido. Se abate la tormenta y todos se congregan bajo la lona. Lo que sigue es a la vez terrible y magnífico, soberbio y patético. El ruido de la lluvia amenaza y encandila, y si en Woodstock la muchedumbre lanzó gritos encantatorios para detener a la naturaleza ("No rain! No rain!"), aquí las consignas hacen las veces de sortilegios. Sigue la precipitación pluvial y un grupo resiste con exorcismos históricos:

—¡Zapata vive!
—(Coro) ¡La lucha sigue!
—¡Zapata vive y vive!
—Si Zapata viviera.
—(Coro) Con nosotros estuviera.

Murmuro con resignación: "Si Zapata no hablara, con nosotros se empapara". Pero la ironía no se acomoda aquí en Aguascalientes. La lona amenaza con derrumbarse, y algunos se empeñan en sostenerla con lámparas. La gente huye (los presentes huimos), se refugia en donde puede y descubre que no hay refugios, se enfrenta a las provocaciones resbaladizas del lodo, se protege de la tormenta en tiendas de campaña siempre frágiles, se apretuja en las cabañas disponibles. El toldo se derrumba con estrépito, el Arca de Noé naufraga, Fitzcarraldo no oirá a Caruso esta noche, las lámparas sintetizan la racionalidad concebible... El símbolo cede: las dos grandes banderas nacionales se parten y los trozos se lanzan con ímpetu al vacío que es la morada de miles.

La noche se puebla de llamados, gritos de alerta, bromas que buscan recompensar a los cuerpos ateridos, cocteles o simposios en torno a las fogatas. En la biblioteca, donde el espacio se comprime, Eugenia León canta y Elena Poniatowska toma notas para su crónica. La solidaridad es vasta y confortable. Los convencionistas han venido hasta acá para ver, admirar, reconstituirse políticamente, discutir en corrillos, ayudarse unos a otros.

"¡No te la quites!"

En la mañana, mientras la sociedad neohidrocálida se repone e intercambia anécdotas del diluvio, se anuncia el regreso en prevención de otra tormenta. Hay saludos y discursos del viejo cuño, hay la certeza de que la Convención en rigor quedó pendiente, y hay el fin de fiesta: la entrevista de prensa con Marcos, que reitera su combinación de sarcasmos, simbología y lenguaje patriótico. Él insiste en su ofrecimiento de paz digna, promete hacer lo posible por disuadir de sus propósitos inmediatos a los otros grupos armados en el país ("los ejércitos revolucionarios nunca se pueden alzar contra el pueblo, con el que dicen marchar o al que dicen representar"), describe la ilusión de los reunidos como "un placer, casi el orgasmo", informa del decomiso de seis mil condones sin usar "o sea que la lluvia les pegó muy duro", y a la pregunta de si alguna vez se quitará el pasamontañas, responde: "Si quieren, me lo quito ahorita. Ustedes digan". Y la muchedumbre feliz bajo el sol se unifica: "¡No! ¡No te lo quites! ¡No!" La escena es regocijante en su confirmación metafórica. Marcos sin pasamontañas no es admisible, no es fotografiable, no es la leyenda viva. El humor y el símbolo se funden bajo la aspiración patriótica.

El regreso es, necesariamente, agobiante. Pero en los camiones y al paso por los pueblos la esperanza de paz se afirma y disemina. Si esto es así el viaje valió la pena.

Proceso, 15 de agosto de 1994

La CND: de naves mayores a menores
por Elena Poniatowska

La naturaleza es sabia. ¿Qué más podía pasar después del ofrecimiento de la gran nave de "Aguascalientes" por el mayor Tacho a los seis mil convencionistas de todo el país, del discurso del subcomandante Marcos y, ante todo, del desfile sobrecogedor de algunos soldados del Ejército Zapatista y de los hombres, mujeres y niños armados con palos y pobreza que vimos avanzar en absoluto silencio, el lunes 8 de agosto en la noche?

"Cualquier cosa resultaría un anticlímax después de oír: 'Se ha dicho erróneamente que los zpatistas han puesto un plazo para reiniciar la guerra, que si el 21 de agosto no salen las cosas como quieren los zapatistas, la guerra va a empezar. Mienten, al pueblo mexicano, nadie, nadie ni siquiera el EZLN, le puede imponer plazos y dar ultimátums.

"Para el EZLN no hay más plazos que el que las movilizaciones civiles y pacíficas determinen. A ellas nos subordinamos, incluso hasta desaparecernos como alternativa.

"No vendrá de nosotros el reinicio de la guerra. No hay ultimátums zapatistas para la sociedad civil. Esperaremos, resistiremos, somos expertos en eso.

"Luchen, luchen sin descanso. Luchen y derroten al gobierno. Luchen y derroten al gobierno. Luchen y derrótennos. Nunca será tan dulce la derrota, si el tránsito pacífico a la democracia, la libertad y la justicia resulta vencedor."

Después ese hombre que tiene a un dios adentro y se llama Marcos le entregó la bandera de México a Rosario Ibarra, la que siempre está, la erguida, la presente, la madre que permanece y sigue, la que lucha a pesar de toda esperanza y va mucho más allá de la esperanza, la de los setentas, la de los noventas, la del año 2000.

Los seis mil la abrazamos con los ojos.

La asamblea en su totalidad votó por ella para la presidencia y por Luis Javier Garrido y Mariclaire Acosta para secres en la primera sesión.

¡Qué lejos está Marcos de la vieja retórica de la izquierda mexicana! No habla del imperialismo yanqui o de la burguesía, no aburre con esa cantinela, sus palabras son nuevas, son jóvenes, se mueven, avanzan, salen del fuego de su pecho. Además, pasa la estafeta, dice: "A ustedes les toca"; no quiere retener nada, tiene una enorme sagacidad política; su bitácora está al día y su conocimiento náutico se lo da la estrella del sur, o quizá Sirio, la más brillante de todas las estrellas, la primera en salir. Jamás había visto a Pablo González Casanova más entusiasmado. Por lo general es más bien *poker face*, escucha con resignada filosofía planteamientos y diatribas, pero ahora no cabía en sí de la admiración. Nunca un discurso le produjo tanto impacto, nunca un desfile lo había conmovido tanto, nunca las porras habían sido más exactas: ¡Zapata vive, la lucha sigue!, tiene razón Marcos, ahora que los que hablan son "los muertos de siempre, los que tienen que morir para vivir, los que esperamos de esta CND la oportunidad que nos negaron los que malgobiernan este país, la oportunidad de regresar después del deber cumplido a nuestro estar bajo tierra, al silencio que callamos, a la noche de que salimos, a la muerte que habitamos..." Y de nuevo la porra: ¡Si Zapata viviera, con nosotros estuviera!

En vez de que la Convención se viniera abajo entre las eternas discusiones de una izquierda discursiva y siempre fraccionada, en vez de las interminables "horas-nalga" como las llama Jesusa de los seis mil concurrentes, la naturaleza se vino abajo.

¡Duro!, ¡duro!

Primero fueron gotas, las de la noche del 8 de agosto, luego el viento resonó contra los largos tramos de lona; al rato, en medio del agua, oímos romperse ramas de árbol, y unos segundos más tarde las gotas se volvieron chorros a presión, se fue la luz y salimos destapados a nuestras respectivas guaridas salvo los que quedaron bajo la lona desgarrada. El único temor: que se venciera el cable que sostenía la vela mayor del barco de Fitzcarraldo y que los zapatistas habían clavado de un poste allá, en frente, sobre la montaña. Ese chicotazo sí, podría ser mortal. Busqué con los ojos a Mariana Yampolsky, el rostro limpio de Carmen Castillo tras de sus cámaras, a Margarita González de León, a Juan Gelman, a Monsi con su pata coja, y ahora el que de por sí no corre ¿cómo va a correr? ¿dónde estará Alejandro? No pensé en mis hijos que son buenos marinos, ni en la dulce, acomedida, Graciela Iturbide ni en Jesu, gacela de sí misma ni en "Superbarrio". Pensé en don Pedrito, zapatista de 89 años, en la multitud arremolinada allá abajo, en los puños en alto de quienes insistían en quedarse a pesar de los latigazos del agua.

¡Duro!, ¡duro!

La nave oscura enfilaba hacia las olas, su quilla zarpaba, los mexicanos tercos a bordo, toros testarudos, machitos de toro, tripas, buche, nenepil, necios, necios, cerrados de niebla espesa. Los vientos de popa hincharon la vela, cayó el reflujo y el palo mayor, los mexicanos desenvainaron su buena voluntad, toda el agua de Chiapas en contra de su cara y de su pecho. Después fuimos arrojados pálidos y tiernos sobre la tierra ancha, caímos de golpe y las olas corrieron tras de nosotros y escuchamos la voz-de-Mar-cos-dique-y-rompe-olas en la noche: "Mañana tendrán que volver a la nave". La tierra se volvió lodo, el agua comenzó a correr entre las tiendas de campaña montadas al lado del presídium, subió de nivel, se violentó y llegó hasta la rodilla. Todos fuimos ídolos con pies de barro, el fango se fue hinchando como si la tierra hirviera y desbordara y no hubo cordaje ni remos ni proa ni popa que valiera.

Jesusa se asomó a la escotilla de proa y la golpeó el olor a brea.
—¿Viste el timón?
—Sólo sus cadenas.
—¿Y el cordaje?
—Flota entre las algas.
—¿Y la paloma?
—Tampoco, sólo pasó un leopardo con lámpara de mano.

Ya no hubo *show*. No cantó Eugenia León, Jesusa no fue maestra de ceremonias, no tocó Guillermo Briseño, no vimos la larga cabellera china de Hebe Rosell, María Alicia Medrano y su teatro campesino tuvieron que guardar silencio; CLETA no actuó, tampoco oímos al grupo de rock Santa Sabina con su cantante Rita, la Banda de Oaxaca no llegó a tocar, Mariana Yampolsky no tomó fotografías y se desesperó.

El sonido magnífico fue de los hermanos Rafael y Miguel Vásquez que tienen su propia empresa. Nadie se hubiera arriesgado a ir hasta allá por las dificultades del camino, las 26 horas, los percances, la posibilidad que la lluvia mojara todo y lo echara a perder. Los hermanos Rafael y Miguel Vásquez pasaron la noche en un retén. Cobraron sólo 33 mil nuevos pesos pagados ese mismo día 8: las dos terceras partes fueron de colecta y la última la pagó Epigmenio Ibarra porque utilizó su planta de luz. Epigmenio traía otra que donó a los zapatistas.

¿Qué hicieron Eugenia León y Jesusa después de patrullar toda la noche junto a Blanche Petrich? Salieron al mar de la noche y bajo el oleaje del velamen blanco se pusieron a recoger ancianitos zapatistas junto a Manuel Fernández que tuvo que dejar por la paz su jarana tlacotalpeña. Otros muchachos y muchachas porteros de noche anunciaban con voz estentórea en cada uno de los galerones: "Un joven que haya descansado, por favor que ceda su lugar" y entraba un ancianito de barro forjado e inmediatamente se tiraba al sitio indicado y, acostumbrado a los deslizaderos y al chapoteo, de inmediato caía en el olvido del sueño y roncaba como aserradero.

En la biblioteca, una señora dijo con voz lacrimosa: "¡Qué bueno que esto nos esté pasando para que sepamos lo que han sufrido los zapatistas!", mientras que otra preguntaba si nadie había visto su celular. Los chilangos somos imprevisibles. Unos se quejaban: "Mis piecitos, mis pobres pies congelados". Otros resultaban heroicos. El alto poeta Juan Gelman se indignó porque a su lado un joven no cedía su pedazo de suelo a un viejito empapado y fingía el más profundo de los sueños. Gelman entonces dijo con desencantada voz de tango: "Yo estoy quebrado, pero allí está mi lugar, véngase a acostar aquí" y salió bajo la lluvia a lo más oscuro de la noche, "No Juan, no Juan, tú no, Juan, métete por favor" gritaron varios poetas desvelados y el novelista Juan Villoro, acuclillado en un rincón porque acostado hubiera abarcado toda la biblioteca.

La capacidad organizativa de Jesusa Rodríguez me dejó apabullada. Jesusa y Eugenia León salieron en la madrugada a recoger la basura, apilarla, darles a los zapatistas su Arca de Noé, su barca de Fitzcarraldo, tal y como se la habían entregado a la sociedad civil. Enrollaron las velas, limpiaron el mar de tablas y Eugenia vio cómo, mientras ellas trabajaban, otras señoras corrían a apartar lugar con su suéter, su chamarra o lo que fuera. Somos un mundo. Cada cabeza es un mundo. En la neblina de las cinco de la mañana aparecieron formas fantasmales, desveladas y grises, los pelos parados y las ojeras lilas. El único guapo: Enrique Semo frente a quien azoté en el fango como chango viejo enlodando el largo calzón blanco y térmico de braguera que me prestó Eugenia León: "Es de mi hermano". Allá en el galerón que decía: "Cocina", el café humeaba en un enorme perol, obra de los zapatistas.

A las ocho de la mañana, Jesusa dio directivas por micrófono. Recojan, guarden, acomoden. Lo que les vamos a dejar a los zapatistas pónganlo en una pila. Botas, *sleeping-bags*, chamarras, morrales, gorras, suéteres, mangas de hule muy pronto se hicieron pirámide. La comida, pónganla en bolsas de plástico. La latería por un lado, por el otro galletas, nueces, dulces, pasas, chocolates. Dejen sus pastillas para desinfectar el agua, por favor. Y sus pastas de dientes y su jabón. A barrer, a escombrar. No les vamos a heredar nuestro cochinero a los zapatistas. A las botas quítenles el lodo, lávenlas, nada de porquerías. Ahora vénganse a arreglar las sillas, a sacudir las bancas. El agua todavía escurría de las hojas de los árboles cuando todo empezó a rechinar de limpio y apareció Rosario, el pelo recién lavado. ¿Con qué agua? Sólo ella y Dios lo saben.

Nadie quiere irse.

Daniel Giménez Cacho corta con un arma blanca los miles de nudos nylon de las lonas que entre todas medían metros cuadrados. ¡Qué bueno que no la confiscaron los zapatistas quienes no contaron con la astucia de Jesusa y su navaja providencial!

Nadie quiere irse.

La mañanita es preciosa. Monsiváis parece salir de alguna pastorela con su bordón y su gran sombrero de paja. Lo malo es que su grey no es blanca sino chocolate. Hoy Monsi no protesta ni está de malas. Durmió en "Salú" como llaman los zapatistas a la enfermería sobre la cual han puesto el gran letrero de "salud". También dicen "talú" en vez de talud y explican que para que la colina en que acomodaron las gradas no se viniera abajo en un torrente de lodo colorado, levantaron allí un "talú". Enrique González Rojo es un arcángel blanco que cayó en un gallinero igualito al de García Márquez. Le lavan las alas hechas trizas su mujer y su hija.

La naturaleza resolvió problemas que la izquierda no ha solucionado en años. Ante todo la paz. Sobre todo la paz. No votar por el PRI, hacer resistencia civil, no dejarse vencer, no huir, buscar el cambio del agua y adquirir el buen humor de los delfines. Dar tumbos fáciles dentro del agua y hacer de la tierra nuestra estrella marinera. Izar las velas encima de los pinos y seguir a las gaviotas en su trayecto.

"Tenemos cuatro horas de sol" advirtió envuelto en su poncho, a las ocho de la mañana, Pepe Álvarez Icaza, patriarca si los hay. "Salimos a las doce." No valieron ni protestas ni enojos ni berrinches ni gente que aseguraba que ahora sí no habría tempestad. Una segunda tormenta sería fatal para la CND, los zapatistas no podían ser nanas de los delegados ni rescatarlos del barro iniciático. "Bueno ¿y cuándo se van a ir?" preguntó Marcos mirando las nubes.

Todos, absolutamente todos queríamos seguir.

"Marcos, amigo, el pueblo está contigo."

Somos un árbol más, una tabla más de aquel bosque y de aquel mar de tablas.

La Jornada, 16 de agosto de 1994

La nave capitana
por Antonio García de León

>...Había grandes vientos sobre la tierra de los hombres, grandes vientos obrando entre nosotros. Que nos cantaban el horror de vivir y nos cantaban el honor de vivir... nos cantaban en el momento más álgido del peligro. Y sobre las flautas salvajes del infortunio nos conducían, hombres nuevos, a nuestras nuevas maneras... Y ese mismo movimiento de altas marejadas crecientes, nos arrebataba una noche desde las marejadas de alta tierra, hasta las marejadas de alta mar...
> [Saint-John Perse, *Vientos*]

El viento y la lluvia rasgaron de pronto la vela mayor bajo el fenomenal estruendo de rayos y truenos. La brusca irrupción de las fuerzas naturales había sido precedida por el paso acompasado de las tropas enmascaradas sobre la cubierta terrestre del navío: su caminar era como el tambor de la tierra, como el corazón de la tierra que convocó a los dioses del aire, el trueno y la lluvia, a los ángeles *chauk* que con sus bastones de madera golpearon después sin cesar los cántaros de nube. El desfile campesino de los sin rostro, las advertencias del comandante Tacho a las ocho y media de la "hora suroriental", el discurso de Marcos y la entrega de la enseña nacional a la sociedad civil —encarnada en doña Rosario Ibarra—, sólo habían sobrecargado el aire de intensas emociones. El barco parecía elevarse entonces sobre la línea de flotación y nadie advertía la cercanía de la lluvia y el huracán. Quinientos metros de eslora apuntaban hacia el cielo en forma de cerro y caracol, en aquella *nao* casi dispuesta a emprender el vuelo nocturno, cuando un centenar de miembros del presídium se agrupaban ya en el largo castillo de popa, justo atrás de la tolda desde donde el capitán lanzaba su "bienvenidos a bordo", arengando a una multitud sentada de espaldas a la proa, como de dispuestos remeros. Balcón desde donde el espectáculo de la tormenta resultó sorpresivo y sobrecogedor: primero como lluvia fina que pasaba apenas el cedazo de velas y amarras, formando una niebla espesa que semejaba copos de nieve, y después como franco torbellino.

Ocurrió entonces la magia de la paradoja del naufragio que tantos reportes produjo en la historia de la navegación. Informes de pilotos y capitanes de los siglos XVII y XVIII —que hoy se aplican en los ramos Marina y otros del Archivo General de la Nación—, y que dan cuenta de la repetida extrañeza de los fuegos fatuos que recorren las cubiertas y velámenes, los "fuegos de San Telmo", que semejan centellas viajeras y son buenos augurios, y de los paradójicos naufragios en el Golfo de México: en donde lo que debía flotar se hunde, y lo que no, tiende a aparecer en la superficie de las aguas calmas del día siguiente. Como en el hundimiento de la balandra *Nuestra Señora del Rosario*, que encalló bajo la tormenta en diciembre de 1762 en el arrecife de la Gallega, y en donde cuerdas, velamen y tablazón se perdieron para siempre, mientras que en el soleado amanecer del nuevo día, en las playas de Antón Lizardo, se amontonaban ordenadas las cadenas, anclas, clavazones, objetos de metal... y el intacto cofre del capitán.

Por eso la vieja paradoja renace en el curioso inicio del recorrido del *Aguascalientes* hacia el puerto de la buena esperanza, hacia el puerto de la democracia y la paz con dignidad: la paradoja de que mientras más pasajeros se suban menos tiende a hundirse, de que hace falta peso y variedad para que la nave, desprovista de velas pero dotada hoy de un poderoso motor ciudadano, pueda llegar en un día cercano a la ansiada bahía y al buen puerto. Porque contra viento y marea la nave va. Y lo que parecía un triste naufragio, aguacero renovador en el aniversario del natalicio de Zapata, se asume hoy como una celebración y un bautizo, o de plano como una boda cósmica en la que sellaron sus destinos el EZLN y la sociedad civil: una ceremonia iniciática de viento y agua que renovó desde dentro a los miles de asistentes que se treparon al bajel de *Aguascalientes* y que siguen allí todavía envueltos en la fascinación de la lluvia repentina que a todos quedó en el corazón. Ahora toda una flota navega hacia el Zócalo, hacia las aguas que puedan confluir el 21 de agosto en un solo movimiento ciudadano que derrote al proyecto de eternización del partido de Estado. La flota va allí precedida por la nave capitana que lleva en la proa esculpida la imagen de la democracia, y que a falta de una torre de mando lleva dos: una fincada en la selva de banderas que se unen por el verde y otra sembrada en las aguas del Zócalo, en el ombligo de la luna, aguas que se irisaron eléctricas a la sola mención de la Convención y los zapatistas en el inmenso mitin de la esperanza de la mañana del 13 de agosto. Y si algunos todavía andan por la sentina haciéndole agujeros con un berbiquí, son más los que se trepan para asegurar la navegación y que están dispuestos a hacer pasar la nave intacta por los arrecifes y tormentas del 21: a organizar comités, a armar la resistencia civil pacífica en caso de fraude y cruzar al otro lado del canal con las amarras bien puestas. El nuevo proyecto de nación es como la rosa de los vientos, como el astrolabio que apunta a las dos estrellas: a la que viene del sur vegetal y a la que parece flotar sobre ese corazón del pueblo que late en el costado izquierdo de la gran plaza, en ese "navegar por las olas civiles" de la Suave Patria de López Velarde.

Bajo la vela mayor desgarrada y en la oscuridad de la noche de la selva, miles de luces pequeñas habían convertido a un ejército de hormigas en una nerviosa reunión de cocuyos y luciérnagas. El lodo original que cubría a tantos sobrevivientes de naufragios anteriores, y el agua implacable que caía a cubetadas, recordaban los días de la creación, cuando el *Vaxakmen* de los relatos tzotziles recorría el mundo de la oscuridad líquida orinando todo y creando las aguas de los estanques, las lagunas, los manantiales y los ríos. Eran las fuerzas de la naturaleza que daban su lección, que soltaban su húmedo grito del origen.

El arca de Noé reconcilió entonces la diversidad de la fauna que iba a bordo y dio testimonio feliz de su diferencia. La torre de Babel dejó de ser por momentos la de la confusión de lenguas y mensajes y se siguió levantando hacia los cielos como un proyecto posible, "con un buen sistema de enlace y un equipo de traducción". La torre de la esperanza ha sido también construida en muy pocos días: 28 a lo menos, pero sus cimientos vienen desde el primero de enero en una sucesión de escenarios que han desfilado a gran velocidad y que han mostrado las diferentes facetas de encuentro entre el Ejército Zapatista y la sociedad civil, un periodo previo de enamoramientos que ha dado cuerpo a las dos extrañas entidades. Primeramente, el escarceo de los primeros doce días de la guerra, que condujo a la gran manifestación del 12 de enero —la que virtualmente paró la confrontación y que condensó el gran primer apoyo civil a la revuelta—, las conversaciones de la catedral y su cordón ciudadano movilizado, las crecientes caravanas que penetraron la zona zapatista, y, por último, la gran proeza de meter en la selva a una multitud, casi siete mil personas, "un chingo" que rebasó las expectativas censales de la Comisión Organizadora y que en sí misma representa un acontecimiento histórico sin precedentes en el país.

Todas las tareas están ahora por delante y, tal vez, en condiciones más adversas que las actuales, pues la Convención es ahora la nave que nos permite trasponer el 21 de agosto y recorrer juntos otros mares, otras corrientes que la historia depara en estos atropellados días. La Convención llama desde cubierta a votar masivamente, a participar, a observar: a enterrar a fuerza de votos al antiguo régimen de privilegios y corrupción. Que lo superficial se hunda y que el inmenso peso de la nación flote en las aguas de un nuevo amanecer.

Los de a bordo ahora deberán organizarse en comités de barrio, pueblo, ejido, fábrica, escuela, centro de trabajo, etcétera, permitiendo una comunicación horizontal a lo largo y ancho del país, ampliando los justos deseos de un cambio definitivo. Deberán seguir manteniendo abierto ese cofre del tesoro, ese itinerario de las nuevas maneras que la tormenta hizo recalar hacia la playa verde de la selva tojolabal. Ese arcón lleno de banderas, paliacates, listones blancos, mensajes de palabra verdadera y buenos augurios, ese lenguaje terrestre y vegetal que siete mil transgresores del miedo trajimos de la selva, y que hoy ha quedado bajo la custodia de los que luchan por una transición pacífica a la democracia.

Iza, marinero iza,
iza para barlovento:
yo también fui marinero
y navegué contra el viento...

La Jornada, 19 de agosto de 1994

Fotocomposición:
Alba Rojo
Impresión:
Fuentes Impresores, S. A.
Centeno 109, 09810 México, D. F.
10-VII-1996
Edición de 2000 ejemplares

Colección Problemas de México

Antonio Alonso
El movimiento ferrocarrilero en México. 1958/1959

Alejandro Álvarez
La crisis global del capitalismo en México. 1968/1985

Arturo Anguiano
El Estado y la política obrera del cardenismo

Armando Bartra
Los herederos de Zapata

Armando Bartra (comp.)
Regeneración 1900-1918

Roger Bartra
Campesinado y poder político en México

Roger Bartra
Estructura agraria y clases sociales en México

Charles R. Berry
La reforma en Oaxaca, 1856-1876

David Brading
Los orígenes del nacionalismo mexicano

Lázaro Cárdenas
Ideario político

Barry Carr
El movimiento obrero y la política en México. 1910/1929
La izquierda mexicana a través del siglo XX

Elvira Concheiro Bórquez
El gran acuerdo. Gobierno y empresarios en la modernización salinista

Arnaldo Córdova
La formación del poder político en México
La política de masas del cardenismo
La ideología de la Revolución Mexicana

Enrique Florescano
Precios del maíz y crisis agrícolas en México. 1708-1810

Olivia Gall
Trotsky en México

Antonio García de León
Resistencia y utopía. 500 años de historia de la provincia de Chiapas

Antonio García de León (comp.)
Crónicas de Carlos Monsiváis y Elena Poniatowska
EZLN Documentos y comunicados
Tomo 1. 1o. de enero / 8 de agosto de 1994
Tomo 2. 15 de agosto de 1994 / 29 de septiembre de 1995

Adolfo Gilly
La revolución interrumpida

Pablo González Casanova
El Estado y los partidos políticos en México
La democracia en México

Héctor Guillén Romo
Orígenes de la crisis en México. 1940/1982
El sexenio de crecimiento cero

Michel Gutelman
Capitalismo y reforma agraria en México

Salvador Hernández Padilla
El magonismo: historia de una pasión libertaria. 1900-1922

Octavio Ianni
El Estado capitalista en la época de Cárdenas

Ian Jacobs
La revolución mexicana en Guerrero

Friedrich Katz
La servidumbre agraria en México en la época porfiriana
La guerra secreta en México
Tomo 1 Europa, Estados Unidos y la revolución mexicana
Tomo 2 La revolución mexicana y la tormenta de la primera guerra mundial

Friedrich Katz (compilador).
Revuelta, rebelión y revolución

Aurora Loyo Brambila
El movimiento magisterial de 1958 en México

David Martín del Campo
Los mares de México. Crónicas de la tercera frontera

Salvador Martínez Della Rocca e Imanol Ordorika Sacristán
UNAM: **Espejo del mejor México posible**

Tzvi Medin
El minimato presidencial: historia política del maximato. 1928-1935
El sexenio alemanista

Andrés Molina Enríquez
Los grandes problemas nacionales. (1909)

Laurens Ballard Perry
Juárez y Díaz. Continuidad y ruptura en la política mexicana

Francisco Pineda Gómez
La revolución zapatista en Morelos. 1911

Miguel Ángel Rivera Ríos
Crisis y reorganización del capitalismo mexicano
El nuevo capitalismo mexicano

Blanca Rubio
Resistencia campesina y explotación rural en México

Enrique Semo
Historia del capitalismo en México. Los orígenes 1521-1763
Historia mexicana. Economía y lucha de clases

Silvestre Terrazas
El verdadero Pancho Villa

John Tutino
De la insurrección a la revolución en México

José Valenzuela Feijóo
El capitalismo mexicano en los ochenta

Varios autores
Chiapas 1
Chiapas 2